外空矿物资源

——挑战与机遇的全球评估

Space Mineral Resources

——A Global Assessment of the Challenges and Opportunities

[美] 阿尔瑟・M・杜勒 (Arthur M. Dula) [中] 张振军　主编
中国航天科技国际交流中心　编译

中国宇航出版社
・北京・

Translation from the English language edition:
Space Mineral Resources—A Global Assessment of the Challenges and Opportunities
Edited by **Arthur M. Dula and Zhang Zhenjun**

图书在版编目(CIP)数据

外空矿物资源：挑战与机遇的全球评估／（美）阿尔瑟·M·杜勒（Arthur M. Dula），张振军主编；中国航天科技国际交流中心编译. -- 北京：中国宇航出版社，2017.6

书名原文：Space Mineral Resources—A Global Assessment of the Challenges and Opportunities

ISBN 978-7-5159-1358-2

Ⅰ.①外…　Ⅱ.①阿…　②张…　③中…　Ⅲ.①外太空—矿产资源—研究　Ⅳ.①D98

中国版本图书馆 CIP 数据核字(2017)第 150888 号

责任编辑　彭晨光
责任校对　祝延萍　　**封面设计**　宇星文化

出版发行　中国宇航出版社
社　址　北京市阜成路 8 号　**邮　编**　100830
(010)60286808　(010)68768548
网　址　www.caphbook.com
发行部　(010)60286888　(010)68371900
(010)60286887　(010)60286804(传真)
零售店　读者服务部
(010)68371105
承　印　北京画中画印刷有限公司

版　次　2017 年 6 月第 1 版
2017 年 6 月第 1 次印刷
规　格　787×1092
开　本　1/16
印　张　17.75
字　数　432 千字
书　号　ISBN 978-7-5159-1358-2
定　价　148.00 元

序　一

外空资源开发是航天事业发展和空间应用的前沿领域，也是近年来国际空间外交舞台及各国航天科技界、空间法学界的热议话题。随着地球资源具有日益面临枯竭之虞，人类在地球环境实现长期可持续发展方面面临巨大挑战。与此同时，商业航天企业以前所未有的速度和规模发展，正在深刻影响世界航天的发展格局，而商业航天企业关注的一个重要领域就是外空资源开发。

国际宇航科学院（IAA，The International Academy of Astronautics）是在世界著名科学家西奥多·冯·卡门倡导下于1960年成立的旨在利用航天科技促进人类和平与社会发展的全球性国际学术机构，由在航天科技及其相关领域具有突出贡献的各国专家组成，拥有基础科学、工程科学、生命科学和社会科学等四大学部。长期以来，国际宇航科学院高度重视上述领域的战略问题、前沿问题，每年组织各国顶级专家开展专题研究，已产生大量的科研成果，在许多方面引领了世界航天科技事业的发展方向，在国际宇航界的影响力举足轻重。2010年，国际宇航科学院研究中心在中国成立，为各国的国际宇航科学院院士开展学术交流和务实合作提供了新平台，有效促进了中国航天事业的对外交往工作。

2012年，国际宇航科学院批准启动“外空矿物资源”课题研究立项。2013年，国际宇航科学院“外空矿物资源”课题组（SG3.17）成立，由国际宇航科学院院士、美国海因莱因基金会负责人阿尔瑟·M·杜勒（Arthur M. Dula）与中国航天科技国际交流中心副主任、中国空间法学会秘书长张振军担任共同主持人，来自中国、美国、俄罗斯、法国、德国、英国、意大利、澳大利亚、乌克兰、以色列、西班牙、爱尔兰、日本、韩国等国的30名专家担任课题组成员。2015年8月，经过近三年的紧张工作，课题组全面完成课题研究工作，课题报告顺利通过国际宇航科学院相关评审程序。

2015年10月，上述两位课题主持人共同主编的国际宇航科学院课题研究成果《外空矿物资源——挑战与机遇的全球评估》（英文版）在美国出版发行。这是国际宇航界首次组织不同国家、不同专业背景的专家从技术、经济、管理、法律、政策等不同视角就外空矿物资源这一前沿领域联合进行的全方位专题研究，也是中国专家共同主持的国际宇航科学院课题研究成果首次在美国出版。本课题报告集中展示前沿科技发展动态，研讨外空矿物资源开发、利用的经济技术可行性，探讨时间表和路线图，并分析目前在政策和法律层面的解题路径和工作建议，对中国航天科技工业及商业航天发展具有较高的决策参考价值。

本课题研究成果在美国出版之时，恰逢美国加快新一轮商业航天立法进程，在美国主流媒体和各类航天机构及多个国际会议场合引起积极反响和广泛关注。2015 年 11 月，美国时任总统奥巴马签署《2015 年外空资源探索和利用法》，明确外空矿物资源开采后的所有权归属，引发国际社会热议。国际空间法学会（IISL）在第一时间就此发布立场文件，各国随后在 2016 年召开的联合国外空委科技小组委员会、法律小组委员会届会上展开激烈辩论，并同意将“关于外空资源探索、开发和利用活动的潜在法律模式的一般性意见交流”作为法律小组委员会正式议题，但国际社会后续为此制定法律规则、实现国际法与各国国内法相统一任重道远。

2016 年，中国航天科技国际交流中心（中国宇航出版社）将该书引进中国，组织精干队伍进行翻译，并与国际宇航科学院原英文课题研究团队密切合作，补充编译了大量新内容。2017 年 6 月，经过一年的紧张工作，该书中文版在中国首发之时，恰逢中国宇航学会与国际宇航联合会（IAF）联合举办的全球航天探索大会（GLEX 2017）在北京隆重举行，深空探测成为举世瞩目的热点话题。2016 年，我国的火星探测任务批准立项。随着我国后续发射“嫦娥五号”月球探测器并首次开展月面无人钻孔取样返回试验，中国探月工程将迈出关键步伐。国际宇航科学院课题报告《外空矿物资源——挑战与机遇的全球评估》中文版如期在中国问世，必将积极推动相关领域的理论探索和国际交流合作。

“探索浩瀚宇宙，发展航天事业，建设航天强国，是我们不懈追求的航天梦。”期待有更多的航天科技工作者、空间法学工作者深入系统研究航天活动前沿领域，密切跟踪国际最新发展动态，特别要注重研究全局性、战略性、前瞻性重大课题，持续增强自主创新能力，与各国携手打造外层空间的人类命运共同体、利益共同体、发展共同体和责任共同体，为把我国早日建成世界航天强国、实现中华民族伟大复兴的中国梦、不断开创人类航天文明新高度作出应有的贡献。

国际宇航科学院副主席
原中国航天工业总公司总经理
中国国家航天局首任局长
2017 年 6 月 8 日

序　二

托马斯·马尔萨斯（Thomas Malthus）认为，而且他的追随者今天仍然这样认为，人类由于自身生产和物质生产不断膨胀，过度消费着地球上的可用资源，经济发展模式因此变得不可持续，而且一场灾难正在临近。上述主张无疑可为我们当今建设资源节约型、环境友好型社会提供一定的基础理论支撑。然而，人类的全部历史已经证明，在每一个历史转折点，马尔萨斯主义者的很多观点其实并未得到充分验证。因为他们忽略了人性的两大关键特征：适应环境和创新求变。在历史长河中，人们总是通过提高稀缺货物的价格、降低充足货物的价格进行适应性调整，从而在激励稀缺货物生产的同时，抑制充足货物的生产；人们总是通过不断寻找新资源、新能源，寻求获得新资源、新能源的新路径以及提高劳动生产率的新方法而持续进行创新。其结果必然是一个螺旋式上升过程，资源能源利用效率和经济社会运行效率得以不断提高，从而让更多的人幸福而长寿。

外层空间带给人类的全新机遇和裨益只会受到人类自身想象力的局限。外空资源给全球经济带来的增长潜力无疑将是指数级的，也是可以持续的。这是应对马尔萨斯主义恐惧症的一个长期解决方案，他们一直担心人类和地球的崩溃即将到来。而与此论调相反，正如本课题研究所展示，外空资源开发代表着一种积极务实的新经济发展方向，有望让地球上至少一半的贫困人口摆脱贫困。这将是足以让全世界瞩目和期待的一项新使命。

今天，人类正在通过开发丰富的外空资源来实现新的伟大飞跃。这些资源将造福整个地球，对传统的资源稀缺理论重新定义，并为人类真正进入太阳系发展奠定基础条件。人类进军宇宙可谓目标宏远，但任务复杂艰巨，前行之路荆棘密布，而且由于知识、信息、经验和能力的局限，我们在很多时候其实并不知晓如何抓住机遇、迎接挑战，更不用说大量的机遇和挑战事实上还处于混沌未知状态。国际宇航科学院（IAA）的这份课题研究报告全面描述了蕴藏其中的机遇和挑战，并提出了挖掘我们身边巨额财富的潜在路径。

本项课题研究成果英文版自 2015 年出版以来，在短短的一段时间内，在技术和法律上出现一些重大突破，使得开发利用外空资源的路径变得更短、更清晰。像蓝色起源（Blue Origin）和太空探索（SpaceX）这样的私人公司已经成功演示了可重复使用的运载火箭，这将大幅度降低商业航天发射的成本。在法律层面，美国于 2015 年 11 月 25 日通过一部新法律，承认任何获得外空资源的美国实体均将成为这些资源的所有者。卢森堡也在积极推进类似的外空采矿立法，并于 2017 年成为全球第二个通过专门立法的国家。

过去几十年间，外空资源所有权归属问题一直处于法律的灰色地带。联合国 1967 年《外空条约》明确禁止对外层空间及其天体提出任何领土要求，但国际社会目前针对外空资源归属权的处理大多是一些默契式的谅解，其中对月球岩石的处理则提供了一些先例。而国际社会对 1979 年《月球协定》的冷漠和争论更是凸显出相关国际规则的缺失。

尽管在外交层面尚可接受，但上述制度安排让那些有志于探索和开发外空资源的私营公司（及其潜在投资者）感到其应该拥有的权利处于一种不确定状态。这种制度安排显然会抑制相关的投资动力和投资行为。美国 2015 年 11 月通过的新法律正是试图用国内法对这种规则的不确定性加以弥补。由于美国立法的推动，联合国外空委开始正视这一法律问题，让我们看到了国际社会通过协商解决外空治理新问题的曙光。

任何单一国家都不可能仅仅依靠政府自身力量、传统模式和国家意志来完成外空资源开发这一史上规模最大、耗时最长、技术复杂程度最高的地外拓展任务。但我们并不会遭遇失败——只要我们能够运用行之有效的方式充分激发人类崇尚自由、追求财富、开疆拓土、勇于创新的固有禀性，推动所有的利益相关方朝着共同目标不断砥砺前行，最终必将到达理想的彼岸。

人类自 1957 年通过发射首颗人造地球卫星而进入外空的 60 年间，政府对航天活动的战略引领作用从来不应被低估，今后也是如此。但从长远来看，政府的作用将更多着眼于提供空间基础设施、营造公平竞争法治环境、鼓励创新发展、促进国际合作。企业是最有生机、最具活力的经营实体和创新实体，大量的地外拓展任务由商业航天企业按照市场规律自主完成，将是新时期太空经济的魅力和价值所在，也是必由之路。

美国海因莱因基金会作为专门从事航天科普教育、推动商业航天发展及国际合作交流的非营利组织，非常高兴能够支持本项课题研究工作及本书中文版在中国的问世，让我们得以有机会与更多的中国同行交流外空资源开发这一前沿话题。衷心感谢中国航天科技国际交流中心及其编译团队为本书的翻译出版和内容更新所开展的卓有成效的工作。衷心感谢备受尊敬的国际宇航科学院副主席、中国航天老领导刘纪原院士在百忙之中为本书中文版亲笔撰写序言。同时也借此机会，再次感谢国际宇航科学院、本课题共同主持人/共同主编张振军先生、本课题研究团队所有成员及相关机构、商业航天企业为顺利完成本课题研究工作所付出的智慧和心血。特别感谢美国 K&L Gates 公司的 Paul Stimers 先生对本课题研究提供的支持和帮助。

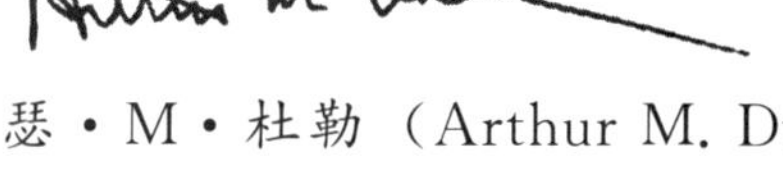

阿尔瑟·M·杜勒（Arthur M. Dula）
国际宇航科学院院士
“外空矿物资源”课题共同主持人、共同主编
美国海因莱因基金会受托人

《外空矿物资源——挑战与机遇的全球评估》

编译说明

《外空矿物资源——挑战与机遇的全球评估》（中文版）由中国航天科技国际交流中心组织编译。中国航天科技国际交流中心为此专门成立了编委会，由中国航天科技国际交流中心主任、中国宇航出版社社长邓宁丰担任编委会主任，中国航天科技国际交流中心副主任、中国宇航学会副秘书长张铁钧和中国航天科技国际交流中心副主任、中国空间法学会秘书长张振军担任编委会副主任。编委会对编译和出版工作进行了总体策划，并对全部文稿进行了最终审校。

国际宇航科学院（IAA）副主席、原中国航天工业总公司总经理、中国国家航天局首任局长刘纪原院士亲笔为本书作序，充分体现了国际宇航科学院对本书编译工作的高度重视和充分肯定。中国航天科技集团公司副总经理、中国空间法学会理事长袁洁对本课题研究高度重视，在2012年本课题获得国际宇航科学院立项之前，亲自批准委派中国专家参研，并就课题研究进展情况和课题报告中文版编译工作多次提出重要的指导意见。中国航天科技集团公司科技委、中国航天科技集团公司国际业务部、国际宇航科学院研究中心、国土资源部信息中心、美国海因莱因基金会对本书的编译和出版工作提供了宝贵支持，在此一并表示诚挚的谢意。

本书编译工作积极遵循“信、达、雅”和求真务实、严慎细实要求，编译、编辑团队在力求忠实于原著的基础上，对原文中的一些文字性错误进行了修正，并与国际宇航科学院原课题组研究团队通力合作，对部分内容进行了更新。

本书主要由以下人员编译完成：

张振军　中国航天科技国际交流中心副主任、中国空间法学会秘书长，承担本书主译、主审工作

陈丽萍　国土资源部信息中心战略与改革研究室主任、研究员、《国土资源情报》主编

汤文豪　国土资源部信息中心战略与改革研究室博士、《国土资源情报》执行主编

胡家烨　中国航天科技集团公司十二院工程师

张鑫伟　中国航天科技集团公司五院高级工程师

范嵬娜　中国航天科技集团公司五院高级工程师

王雪瑶　中国航天科技集团公司五院工程师

关　丹　中国航天科技集团公司五院工程师

胡冠松　中国航天科技集团公司五院通信卫星事业部工程师

苗　楠　郑州航空工业管理学院副教授

吕卓艳　法国国际空间大学讲师

黄泽雯　中国航天科技国际交流中心职员

需要指出，本书中文版各项观点并不代表中国航天科技国际交流中心及本书编译团队成员所在单位的意见。

中国航天科技国际交流中心及本书编委会在此谨向所有参加本书编译、编辑工作的人员及其所在单位表示衷心的感谢。由于时间仓促，水平有限，错误和疏漏在所难免，恳请广大读者提出宝贵意见。

中国航天科技国际交流中心

2017年6月8日

英文版主编致谢

《外空矿物资源——挑战与机遇的全球评估》课题研究是在国际宇航科学院（IAA）第三委员会（空间技术与系统开发委员会）的大力支持和指导下进行的，受益于国际宇航科学院许多院士特别是第三委员会院士、专家的严格评审。来自美国、中国、俄罗斯、法国、德国、英国、意大利、澳大利亚、乌克兰、以色列、西班牙、爱尔兰、日本、韩国等国的30名专家担任课题组成员。

如果没有来自世界各地不同领域顶级专家的宝贵而高效的共同努力，这项跨学科的课题研究不可能顺利完成到如此的精细程度。这些专家不仅无私奉献自己的时间和激情，还提供了大量素材和各自领域的专业技能。除课题组全体成员外，各章节执笔人和编辑校对人员同样居功至伟。执笔人大多来自于航天机构、商业公司、高等院校和非营利组织，也有从这些机构退休的高级专业人士。

国际宇航科学院秘书长让-米歇尔·康坦（Jean-Michel Contant）院士对本课题研究高度重视，多次过问课题研究进展，积极推荐本课题组在2014年举办的世界航天局长峰会期间向各国航天局政要展示研究结果，并对本课题给予高度评价。国际宇航科学院时任第三委员会主席、中国航天科技集团公司所属中国运载火箭技术研究院科技委主任鲁宇院士对本课题的成功立项和结题评审做了大量卓有成效的工作。国际宇航科学院评审委员会针对本课题报告提出大量宝贵意见，朱塞佩·雷邦迪博士（Giuseppe Reibaldi）针对课题研究内容提供了重要支持，在此一并表示感谢。特别感谢布兰德·布莱尔（Brad Blair）先生对技术内容、杰森·朱伦（Jason Juren）先生对法律内容的研究支撑，以及阿娜特·弗里德曼（Anat Friedman）女士对课题组秘书处的管理支撑。

需要指出，本课题研究成果虽然业已获得国际宇航科学院主席团的批准，但本报告中提出的任何意见、调研发现、结论及建议均为课题组成员及执笔人个人的意见，并不一定反映本课题主办机构、资助机构或课题组成员隶属机构的意见，也并不完全反映每位课题组成员的所有观点。主编注意到，不同章节之间存在少量的内容交叉重复之处。这主要是考虑到不少读者并不习惯于从头到尾按顺序阅读学术文献，因此有必要尽可能让各章自成一体，一些重要观点因此可能需要在不同章节均予以强调。主编同时也坦承，不同章节之间的写作风格存在一些差异。这是由于我们的文案执笔人来自世界各地，文风不一致确实在所难免。我们认为，如果没有特殊情况，应该尽可能如实体现撰稿人原汁原味的描述。由于时间及专业水平的局限，缺点和疏漏在所难免，恳请广大读者提出宝贵意见。

国际宇航科学院（IAA）成立于1960年，是获得联合国认可的非政府国际学术组织，其宗旨是为和平目的促进宇航学科的发展，表彰在宇航领域具有杰出贡献的专业人士，并为全体院士提供一个能够让大家为促进航天国际合作、提升航天活动水平而贡献独到才智的国际平台。有关国际宇航科学院的更多信息，敬请访问其官方网站 www. iaaweb. org。

本课题核心研究团队成员简介

（按照英文姓氏首字母排序）

一、课题共同主持人、共同主编

【美国】阿尔瑟·M·杜勒（Arthur M. Dula）

阿尔瑟·M·杜勒先生是国际宇航科学院院士，美国海因莱因基金会（HPT）受托人，美国王剑-奥马兹有限公司（Excalibur Almaz）董事长兼首席执行官。兼任职务包括：国际空间法学会（IISL）会员，中国空间法学会（CISL）国际顾问咨询委员会特聘专家委员，美国国家航天协会（NSS）理事，国际空间大学（ISU）校董会成员，美国航空航天学会（AIAA）副研究员，英国星际协会（BIS）研究员，美国律师协会（ABA）科学技术和航空航天法专委会前任主席，美国休斯敦大学客座教授，具有美国得克萨斯州休斯敦市执业律师资格。

【中国】张振军（Zhenjun Zhang）

张振军先生是国际宇航科学院通讯院士，现任中国航天科技国际交流中心副主任、中国空间法学会秘书长，《空间法学研究年刊》创刊主编，研究员级高级经济师、高级国际商务师、企业法律顾问，兼任北京市丰台区政协副主席、欧美同学会留美分会理事、国际空间法学会理事、国际宇航联合会外空安全委员会委员等职。受中国国家航天局和中国航天科技集团公司委派，自2011年起担任联合国外空委“外空活动长期可持续性”工作组专家，多次随中国代表团执行联合国外空治理规则谈判任务，深度参与国家航天立法促进和论证工作，主持多项国家部委研究课题，在国内外发表数十篇（部）空间法律政策论文、专著、合作译著及主编、共同主编著作。

二、课题组成员

【俄罗斯】奥列格·阿里夫诺夫（Oleg Alifanov）

奥列格·阿里夫诺夫教授是国际宇航科学院（IAA）院士，俄罗斯莫斯科航空研究所（MAI）空间系统及火箭部首席科学家和行政负责人，俄罗斯航空航天科学创新教育联合体主席，俄罗斯宇航科学院副院长，俄罗斯科学院通讯院士。阿里夫诺夫教授是航空航天科技教育和研究领域的科学家、演讲家和组织者，是航空航天器的热设计和测试领域的专家。

【沙特阿拉伯】海赛姆·阿尔特韦瑞（Haithem Altwaijry）

海赛姆·阿尔特韦瑞博士现任美国加州理工学院地球与空间科学联合项目的共同主任，曾任 KACST 空间研究所所长及沙特阿拉伯国家卫星技术项目副主任。

【乌克兰/美国】博赫丹·I·拜吉姆克（Bohdan I. Bejmuk）

博赫丹·I·拜吉姆克先生是一位航空航天资深顾问，对空间系统和运载火箭具有深刻的了解，曾在波音公司从事管理工作，曾任美国国家航空航天局（NASA）星座计划常设审查委员会主席，并担任 2009 年奥古斯丁委员会成员。

【法国】乔瓦尼·F·贝格美（Giovanni F. Bignami）

乔瓦尼·F·贝格美教授是法国天体物理学和外空研究领域最权威的科学家之一，曾率先发现了中子星"Geminga"。乔瓦尼·F·贝格美教授曾在法国图卢兹担任光学空间研究中心主任，曾任意大利天体物理研究所所长，同时也曾担任国际空间研究委员会（COSPAR）主席，并曾担任法国天体物理研究所（INAF）所长。

【法国】克里斯多夫·博纳尔（Christophe Bonnal）

克里斯多夫·博纳尔先生是国际宇航科学院通讯院士，目前在法国空间研究中心（CNES）担任高级专家。他是法国航空航天协会会员，并自 2000 年以来担任该协会下属的空间运输委员会主席。

【澳大利亚/意大利】安德里亚·博伊德（Andrea Boyd）

安德里亚·博伊德先生曾作为一名机电工程专业的毕业生，在欧洲空间局中心担任国际空间站飞行控制团队的飞行操作工程师。安德里亚·博伊德已在 50 多个国家参与了各类自筹资金研究项目，联合创建航空航天期货公司，并帮助澳大利亚阿德莱德赢得 2017 年国际宇航大会（IAC 2017）的承办权。

【哥斯达黎加/美国】富兰克林·张-迪阿兹（Franklin Chang-Diaz）

富兰克林·张-迪阿兹先生是一名机械工程师、物理学家，同时也是美国阿斯特拉（Ad Astra）火箭公司的总裁和创始人。富兰克林·张-迪阿兹先生曾是 NASA 的一名航天员，曾在约翰逊航天中心担任 NASA 高级空间推进实验室主任。他在美国麻省理工学院（MIT）担任访问学者期间（1983—1993），主持完成一个研发项目，开发了用于载人飞往火星的等离子推进器。

【美国】凯瑟琳·康利（Catharine Conley）

凯瑟琳·康利博士是位于美国华盛顿特区的 NASA 总部的行星保护官员和科学任务指挥部成员，并负责确保美国遵守联合国《外空条约》第九条的履约监督工作。凯瑟琳·康利博士曾担任 NASA 艾姆斯研究中心的研究科学家，其研究领域主要集中在运动演变规律，特别是动物肌肉的演变规律。

【美国】阿尔瑟·M·杜勒（Arthur M. Dula）

阿尔瑟·M·杜勒先生是国际宇航科学院院士，美国海因莱因基金会（HPT）受托人，美国王剑-奥马兹有限公司（Excalibur Almaz）董事长兼首席执行官。兼任职务包括：

国际空间法学会（IISL）会员，中国空间法学会（CISL）国际顾问咨询委员会特聘专家委员，美国国家航天协会（NSS）理事，国际空间大学（ISU）校董会成员，美国航空航天学会（AIAA）副研究员，英国星际协会（BIS）研究员，美国律师协会（ABA）科学技术和航空航天法专委会前任主席，美国休斯敦大学客座教授，具有美国得克萨斯州休斯敦市执业律师资格。

【以色列/美国】阿娜特·弗里德曼（Anat Friedman）

阿娜特·弗里德曼女士具有以色列律师执业资格，是美国王剑-奥马兹有限公司的法律专员，并担任“国际武器交易管理条例”（ITAR）和“出口管理条例”（EAR）的授权官员，专事编制与新型商业化低地球轨道飞行和跨月球载人航天飞行相关的专有技术援助协议。阿娜特·弗里德曼女士在以色列获得法学学士学位，在美国休斯敦大学获得法学硕士学位。

【斯里兰卡/美国】希拉子·杰里尔-汗（Shirazi Jaleel-Khan）

希拉子·杰里尔-汗女士是在美国纽约和斯里兰卡同时获得执业资格的商标及版权业务专业律师，对外层空间法具有浓厚兴趣。希拉子·杰里尔-汗女士在斯里兰卡获得法学学士学位，随后在美国得克萨斯州休斯敦大学获得法学硕士学位。

【爱尔兰】苏珊·麦肯纳-朗罗尔（Susan McKenna-Lawlor）

苏珊·麦肯纳-朗罗尔教授是一名天体物理学家，也是爱尔兰梅努斯大学的实验物理学教授。1986 年，苏珊·麦肯纳-朗罗尔教授与风险投资家德莫特·德斯蒙德（Dermot Desmond）共同建立从事航天仪器制造业务的航天技术爱尔兰有限公司（STIL），并担任该公司执行董事。苏珊·麦肯纳-朗罗尔教授在 1986 年获得年度康复人物奖，2005 年当选为国际宇航科学院院士。

【韩国】李泰山（Tai Sik Lee）

李泰山博士是韩国土木工程建筑技术研究所（KICT）所长，韩国汉阳大学土木与环境系统工程系教授。近年来，李泰山博士成功发起若干个国际项目，例如经合组织（OECD）空间论坛（2006 年），并主办一系列国际会议，如 COP211、第七届世界水论坛、2015 年第 25 届世界道路大会和 ASCE 地球与空间会议（2008 年和 2012 年）。通过他的社会活动、研究项目和出版物，李泰山博士为国际建筑业的发展做出了贡献，支持了发展中国家的建筑技术及后续外层空间建设的未来发展。

【美国】罗格·李纳德（Roger Lenard）

罗格·李纳德先生是国际宇航科学院院士，美国行星电力公司首席技术官，杰出的物理学家、工程帅和美国前空军战斗机飞行员。罗格·李纳德先生不久前曾担任 NASA 主系统工程师和 Sandia 国家实验室项目技术团队的首席成员，向马歇尔航天飞行中心提供有关核电及核热力推进计划的技术和程序性建议。罗格·李纳德先生曾在美国的两个总统研究委员会和四个国防科学委员会任职。

【中国】李芙蓉（Furong Li）

李芙蓉教授毕业于北京大学，国际宇航科学院院士。李芙蓉教授自20世纪70年代初一直在中国航天系统工作。长期以来主要从事航天科普教育工作和航天科技领域的国际学术交流和合作事务。曾任中国宇航学会（CSA）副秘书长，国际宇航联合会（IAF）大会选址委员会委员，现任美国海因莱因基金会亚洲地区顾问。

【美国】约翰·曼金斯（John Mankins）

约翰·曼金斯先生是美国Artemis创新管理解决方案有限公司总裁，是国际公认的空间系统和技术创新领军人物。约翰·曼金斯先生在NASA和设在加州理工大学的喷气推进实验室（JPL）拥有25年的职业生涯，亲历了从飞行项目和太空任务运行到系统级创新和先进技术的研发管理。约翰·曼金斯先生是国际宇航科学院院士并担任第三委员会（空间技术与系统开发）主席，并在国际宇航联合会、美国航空航天学会和Sigma Xi研究会担任委员。

【美国】乔治·C·尼尔德（George C. Nield）

乔治·C·尼尔德博士是美国联邦航空管理局（FAA）负责商业航天运输业务的副局长。乔治·C·尼尔德博士在美国空军、NASA以及私人工业领域拥有30多年的航空航天经验，曾担任美国航天与导弹系统组织的宇航工程师，美国空军飞行测试中心的飞行测试工程师，美国空军学院助理教授和研究主任，NASA约翰逊航天中心航天飞机计划飞行整合办公室主任，曾参与过美国航天飞机/俄罗斯和平号空间站计划及国际空间站计划。

【俄罗斯】费拉季斯拉夫·舍夫琴科（Vladislav Shevchenko）

费拉季斯拉夫·舍夫琴科先生是俄罗斯天文学家，专门从事月球探测领域的研究工作。他是莫斯科国立大学Sternberg国家天文研究所月球和行星研究系主任，并担任国际天文学联合会、国际天文学会、国际大地测量与地球物理联合会及国际空间研究委员会会员。

【英属马恩岛/美国】克里斯多夫·斯托德（Christopher Stott）

克里斯多夫·斯托德先生是ManSat公司董事长兼首席执行官，ManSat是一家从事轨道频率和监管服务的专业公司，总部设在英属马恩岛，客户遍及北美洲各地。克里斯多夫·斯托德先生还分别在国际卫星专业人士协会（SSPI）、国际商业航天研究所（IISC）理事会任职，也是国际空间大学工商管理学院联合主席，同时是国际空间大学的教师和校董会成员。

【美国】凯西·斯旺（Cathy Swan）

凯西·斯旺博士是国际宇航科学院院士，现任美国西南分析网络公司总裁，获美国加州大学洛杉矶分校博士学位。她的专业研究领域是空间政策，博士论文主题是“长时间航天飞行的影响及乘组人员承受压力研究”。1989年，她在美国首都华盛顿成立“军备控制和技术评估中心”，专事处理极其复杂的卫星操作、军备控制及履约核查工作。凯西·斯旺博士参与了国际宇航科学院许多课题研究工作，出版了许多论文和著作，其中包括国际宇航科学院另一项课题研究报告《太空电梯：技术可行性和前行之路的评估》（2014 年）。

【美国】彼德·斯旺（Peter Swan）

彼德·斯旺博士是国际宇航科学院院士，现任国际太空电梯联盟（ISEC）总裁。多年来，他所带领的团队通过持续研究和年度会议不断推动“太空电梯”这一概念的发展。1998 年，彼德·斯旺博士协助创建了一家教授空间系统工程的科技公司，他所开设的课程强调成功开发国家级空间系统所必需的工程技能和管理技能。彼德·斯旺博士早年毕业于美国加州大学洛杉矶分校机械工程系空间系统专业，曾参与国际宇航科学院多个宇宙课题研究项目。在过去十年中，他作为作者、共同作者及共同主编出版了很多著作，其中包括国际宇航科学院另一项课题研究报告《太空电梯：技术可行性和前行之路的评估》（2014 年）。

【美国】里克·特姆林森（Rick Tumlinson）

里克·特姆林森先生是美国数家航天专业公司和非营利组织的联合创始人，包括深空工业公司、空间轨道装备公司、新世界研究所和空间前沿基金会等。里克·特姆林森先生是一名非常活跃的商业航天创业企业家和航天事务活动家。他领导了接替和平号空间站的相关任务并打造了世界上首个商业化航天设施的团队，将金融家丹尼斯·蒂托（Dennis Tito）发展成为第一个短期驻留国际空间站的普通公民探险家，并且是 X 奖励基金的创始受托人。里克·特姆林森先生共同创立了航天前沿基金会，并发起成立得克萨斯航天联盟、地球之光研究所等机构。里克·特姆林森先生曾在美国参议院两次就空间政策问题作证，在美国众议院就空间政策问题四次作证，并协助 NASA 制定了重返月球计划、组建了月球探测分析小组。

【中国】杨俊华（Junhua Yang）

杨俊华先生为国际宇航科学院院士，研究员，原中国航天国际交流中心主任，中国宇航学会原副理事长兼秘书长，中国空间法学会原副理事长，世界空间周协会（WSWA）理事会原理事。长期从事航天科技领域的国际国内学术交流、国际合作事务及航天科普教育工作。

【中国】张振军（Zhenjun Zhang）

张振军先生是国际宇航科学院通讯院士，现任中国航天科技国际交流中心副主任、中国空间法学会秘书长，《空间法学研究年刊》创刊主编，研究员级高级经济师、高级国际商务师、企业法律顾问，兼任北京市丰台区政协副主席、欧美同学会留美分会理事、国际空间法学会理事、国际宇航联合会外空安全委员会委员等职。受中国国家航天局和中国航天科技集团公司委派，自 2011 年起担任联合国外空委“外空活动长期可持续性”工作组专家，多次随中国代表团执行联合国外空治理规则谈判任务，深度参与国家航天立法促进和论证工作，主持多项国家部委研究课题，在国内外发表数十篇（部）空间法律政策论文、专著、合作译著及主编、共同主编著作。

此外，参与本课题研究的核心团队成员还包括：美国的拉塞尔 · E · 杜勒（Russel E. Dula）先生、西班牙的约瑟 · 戈维拉（Jose Gavira）先生、西班牙的费尔南多 · G · 冈萨雷斯（Fernando G. Gonzalez）先生、意大利的安德里亚 · 索马里瓦（Andrea Sommariva）先生、德国的汉斯 · E · W · 霍夫曼（Hans E. W. Hoffmann）先生、日本的藤原诰 · 吉由弘（Hiroshi Yoshida）先生等。

本课题报告撰稿团队成员名单

一、参与本课题报告研究、撰稿和编辑工作的个体成员

美国的阿尔瑟·M·杜勒（Arthur M. Dula）先生
中国的张振军（Zhenjun Zhang）先生
美国的彼德·斯旺（Peter Swan）先生
美国的罗格·李纳德（Roger Lenard）先生
美国的凯西·斯旺（Cathy Swan）女士
美国的布兰德·布莱尔（Brad Blair）先生
以色列/美国的阿娜特·弗里德曼（Anat Friedman）女士
斯里兰卡/美国的希拉子·杰里尔-汗（Shirazi Jaleel-Khan）女士
美国的杰森·朱伦（Jason Juren）先生

二、参与本课题报告供稿、撰稿工作的机构成员

美国海因莱因基金会（HPT）
美国国家航天协会（NSS）
国际空间开发大会（ISDC）
美国得克萨斯农机大学航空航天工程系
欧洲空间大会（都灵）
新空间会议
国际空间大学（ISU）
国际太空电梯联盟（ISEC）
中国宇航学会（CSA）
中国空间法学会（CISL）
加拿大航天协会（CSS）
澳大利亚航天协会（ASS）

三、参与本课题报告供稿、撰稿工作的商业航天企业

美国月球快车公司
美国王剑探索有限公司
美国深空工业公司
美国阿斯特拉火箭公司
美国沙克尔顿能源公司

全书内容摘要及相关事件概述

外空矿物资源（SMR）开发正在成为一项为全人类福祉和裨益而开展的商业航天行为。2012 年，国际宇航科学院（IAA）批准从技术、经济、法律和政策等层面开展关于识别、获取和利用外空矿物资源的全方位研究。2013 年和 2014 年，多家商业航天企业宣布其对月球、火星和小行星实施载人或机器人探索任务的意向。如今，关键问题并不在于要不要利用、如何利用外空矿物资源，而是如何最有效地利用它们。本课题研究的目的是在同一份文献中提供当前状态下与外空矿物资源相关的先进技术、经济、法律和政策分析。本课题还针对相关机遇和挑战进行了简要分析并提出了具体而务实的应对建议。

航天事业及地基采矿业的迅猛发展，使得人类对外空矿物资源进行工业化利用不再是天方夜谭；而且其可行性已经不再完全由工程决定，经济学原理在这里也将发挥至关重要的作用。初步的经济结论包括：第一、仅仅局限于将外空贵金属运回地球表面的总体设计似乎并不切合实际；第二、对推进剂、易耗品、结构材料和屏蔽物具有需求的太空客户的存在，使得小行星采矿活动在经济上变得可行；第三、长远来看，随着开发成本的不断下降和市场规模的持续扩大，同时服务地球客户和太空客户的混合式架构设计也将变得现实可行。

本课题研究的假设条件是国际航天业界能够另辟蹊径、有所作为。作为一个行业和人类的一部分，航天人可以也应该能够改变历史发展方向，使人类的生存发展状况能够得到持续改善。实现这一战略目标所需要的变化是：

有效利用太阳系现有的海量资源。这些资源来自于外空，更要服务于外空。

本课题研究团队主要来自两个行业的高级专家：航天业和商业采矿业。因此，本课题报告也将服务两大读者群：全球航天业和采矿业的领导者及广大同仁。

本课题研究得出的主要结论：

本课题组发现，外空矿物资源的有效开发利用将使得地球表面与太阳系内附近位置之间的经济旅行成为可能。在小行星、月球或火星开采水资源的关键要素在于未来的太空港可资利用。外空水资源将确保载人航天活动能够超越低地球轨道（LEO）向外拓展，而且成为驱动其他外空矿物资源开发利用的赢利动力。上述结论的支撑性论据源于以下的课题研究发现概述。

本课题研究的总体发现：

商业航天企业不能坐等政府的航天计划来降低技术和项目风险。商业航天企业必须确定其获得商业化成功的优化路径，积极主导超越低地球轨道的探测活动。21 世纪上半叶，商业航天活动将成为人类航天活动的重要组成部分；航天领导力将主要来自商业航天企业，而且不再完全依赖政府的航天计划。形成这些倡议的概念基础是为了让政府机构确信，商业航天企业将率先“走出去”，并将能够通过在指定地点向政府项目销售太空产品来支持政府的航天探索活动。

发现之一：降低技术风险，开展工程设计

针对小行星和月球表层土进行采矿已在人类目前掌握的技术状态范围之内。推动地基采矿技术在外层空间的直接应用似乎成为必然路径，但由于外层空间具有真空、微重力和极端天气条件等因素，因此需要进行大量的适应性调整。科研人员已经提出很多解决方案并在地球上进行了环境模拟试验，从而让我们针对这一主题能够得出积极的结论。

发现之二：低成本进入外空将促进外空资源开发

航天发射活动的财务问题实际上大都集中在进入外空的发射成本上，特别是摆脱地球引力进入低地球轨道阶段。目前，人类进入深空的成本极为昂贵，因为别无选择，所以只有在确有必要时才会证明其合理性。而本课题研究发现：低成本进入外空特别是深空的现实需求将牵引外空资源开发活动的开展。如果降低两个数量级的空间运输成本就能抵达地月轨道拉格朗日点1（EML-1），将会推动大批企业家涌入这一市场去追求巨大的商业机会。

发现之三：确立法律制度框架，确保国际法国内法相统一

尽管外层空间及其天体属于“全球公域”范围，需要受到国际法和国际空间法的规制。但经验表明，各国的国内法却是直接约束政府和私人行为体开展航天活动的主要法律框架。外空矿物资源的开采权和所有权需要符合一国国内法的规定，同时也需要与现行国际法基本原则保持一致。国际空间法已经明确，各国需要通过其国内法管制本国的航天活动。

另一方面，在防范和解决来自不同国家的空间活动行为体之间可能发生的潜在国际利益冲突方面，国际法的介入更加至关重要。而国家实践辅之以符合国际法基本原则的国内立法，将在外空矿物资源探索和开发领域促进具体国际规则的确立和应用，从而寻求从国际角度为所有的利益相关者提供最大的法律确定性。本课题研究团队期待，商业航天活动的先驱们能够为全人类的共同利益进一步发展国际空间法做出应有的贡献。

发现之四：外空矿物资源开发基本路线图

在本课题研究期间，多家从事或拟从事外空矿物资源开发的商业航天公司提交了各自的路线图，以开展有利可图的外空采矿业务。综合来看，当前人类开展外空矿物资源开发的基本路径似乎清晰可见：

第一阶段：2014—2020年间，在地球启动商业基础设施建设。

第二阶段：2015—2022年间，在低地球轨道（LEO）验证相关的硬件设施，并到潜在的小行星执行试验飞行任务。

第三阶段：2018—2029年间，正式启动外空采矿项目并销售相关产品。预期结果：在EML-1销售水资源。

建立太空港并售卖从月球或小行星上开采的水资源将使人类在太阳系获得长足发展。

这样的发展意义非凡，因为来自月球或小行星的水资源价格肯定要比从地球表面提取输送到外空便宜得多。当人们发现，为到达月球轨道，地球发射场的有效载荷中超过80%的质量是推进剂，人们便会认识到，发射到轨道上的有效载荷中水资源的价格应该会有多高。经济学计算结果显示，开发于月球或小行星上的水资源价格将比从地球运送上来的水资源价格至少低出两个数量级。在外层空间原位加工、售卖水资源的商业活动应该能够获得成功。从人类的拓荒历史中可以发现，许多早期企业的成功秘诀均在于就地找到可以向后续探险者及定居者出售的资源。在地月经济圈，这样的资源就是水。水资源必将成为未来太空经济的“通用货币”。

在国际宇航科学院及各有关方面的大力支持下，本课题研究呈现出敢为人先、选题精准、及时高效、影响广泛等特点，2012年正式立项，2013年正式启动，2015年8月全面完成相关工作。先后持续30个月的课题研究活动，有效激发了国际宇航界对外空资源开发这一主题的浓厚兴趣，产生了较为广泛的国际影响。这里仅仅列举其中近年来12个与外空资源开发相关的典型事件：

（一）2014年9月6日～7日，美国国家航空航天局（NASA）旗下的艾姆斯(Ames)研究中心举办题为“近地天体经济学”的专题研讨会，其目的之一是“作为促进工业界、学术界和政府之间加强沟通和合作的催化剂”。会议详情见本书附录G。

（二）2014年12月1日，在荷兰政府的支持推动下，“外空矿物资源治理”会议在荷兰海牙召开。这次会议的主要成果是宣布依托荷兰莱顿大学组建非官方的海牙外空资源治理工作组，专门研究外空资源开发的国际治理规则问题。该工作组自2016年4月以来，已经先后召开三次正式会议。

（三）2015年3月20日～21日，卢森堡政府经济部举办题为“走进外空资源利用”的专题研讨会。会议围绕商业行为和政府活动的关系，以及需求、投资与技术成熟度的关系，风险识别等话题展开讨论。

（四）自2015年10月起，一年一度的国际宇航大会（IAC）追加一个独立的分会场，名为“外空矿物资源、小行星采矿及月球/火星原位资源利用”。

（五）2015年11月25日，美国时任总统奥巴马签署《商业航天发射竞争力法》，其第四部分《2015年外空资源探索和利用法》对已获取的小行星资源或外空资源的相关权利作出明确规定，对现行外空法律制度构成重大突破。

（六）2015年12月8日～20日，针对美国颁布的《2015年外空资源探索和利用法》，国际空间法学会（IISL）理事会以协商一致方式编制并发布《国际空间法学会关于外空资源开采的立场文件》表达关切，成为率先发声的国际组织和学术权威机构。

（七）2016年2月3日，卢森堡副首相兼经济部长埃蒂安·施耐德（Etienne Schneider）宣布，卢森堡政府将通过包括为企业报销45%的研发费用、直接向企业注资等一系列激励政策，加快推动小行星采矿业的发展，吸引一批美国商业航天企业在卢森堡创新创业。2016年6月3日，卢森堡首相泽维尔·贝特（Xavier Bettel）和副首相兼经济部长埃蒂安·施耐德举办新闻发布会，宣布其小行星采矿立法计划，同时宣布愿意向有志于从事小行星采矿的公司进行投资。埃蒂安·施耐德同时宣布，美国深空工业公司和行星资源公司已在卢森堡开设子公司，卢森堡将成为后者的主要股东。2017年，卢森堡国会通过外空资源立法成为全球第二个进行外空采矿专门立法的国家。

（八）2016年2月15日～26日，联合国外空委科技小组委员会第53届会议在维也纳举行，俄罗斯、巴西等国代表团对美国的外空资源单边立法行为提出尖锐批评。2016年4月4日～15日，联合国外空委法律小组委员会第55届会议在维也纳举行，外空资源开发利用涉及的法律问题成为各国辩论热点。会议决定将“关于外空资源探索、开发和利用活动的潜在法律模式的一般性意见交流”列为法律小组委员会正式议题。

（九）2016年3月18日，欧洲空间局（ESA）旗下的欧洲空间法中心（ECSL）举办题为“从科技和法律视角看外空自然资源开发”的主题论坛，外空资源归属问题再度引发热议。

（十）2016年9月8日，美国国家航空航天局（NASA）用“宇宙神”5-411运载火箭发射无人探测器，启动执行其首次小行星采样返回任务。

（十一）2017年3月27日～4月7日，联合国外空委法律小组委员会第56届会议在维也纳举行，“关于外空资源探索、开发和利用活动的潜在法律模式的一般性意见交流”首次成为正式议题。会议期间，国际空间法学会和欧洲空间法中心联合举办空间法研讨会，会议主题是“《外空条约》通过50年之后如何看待探索、开采、利用外空资源的法律模式”。

（十二）2017年6月5日～8日，中国宇航学会（CSA）和国际宇航联合会（IAF）联合举办的全球航天探索大会（GLEX 2017）在北京隆重举行，深空探测成为举世瞩目的热点话题。

2017年3月，本课题两位共同主持人发起的《外空矿物资源——挑战与机遇的全球评估》第2期学术课题研究正式通过国际宇航科学院的立项评审。目前，课题研究团队已经成立，课题研究工作已经全面启动，研究内容将更加聚焦、更加深入。课题组期待各国各界专业人士积极支持参与后续的课题研究工作。

目　录

第 1 章　绪论

1.0　引言

当我今天早上醒来，环顾四周，我所看到的大自然正处于危机之中。

我们不得不回收牛奶容器，汽油价格达到每加仑 4 美元，水资源需要限量供应，极端天气似乎越来越多，还有威胁人类生命安全的风暴、城市上空爆炸的小行星不时光顾，我们所到之处也都非常拥挤。如果将这种现象从一个小社区扩展到全人类，那么“罗马俱乐部”（梅多斯，1972）的预言似乎就变成了现实。然而，开发外空资源不仅将会改变我们的生活，也将改变我们的命运。对此我们能做什么并不是问题之所在。问题的关键在于，我们能做些什么来应对那些快要淹没这个世界的难题。答案似乎是简单的：

1）对日渐稀少的资源进行等式变量；

2）对假设条件作出改变；

3）增加资源供给，锐意创新，不断创造就业岗位和财富。

本课题研究的前提是国际航天界能够另辟蹊径、开创未来。我们，作为一个行业，作为人类的一部分，可以改变当前的历史发展潮流，使它步入更加积极乐观的方向。唯有如此，人类的生存条件才能得到改善和提升。我们应当去完成的变革就是：

有效利用我们太阳系中可用的海量资源。取之于太空，用之于太空。

1.1　需求

犹豫和冷漠正在侵蚀我们脚下的地面，人类在灾难的边缘摇摇欲坠。我们背后是一个拥挤不堪而且备受资源约束的世界，而我们面对的却是充满无限可能和危险的悬崖峭壁。我们是否应该注意“伊卡洛斯命运”的警告，把我们的脚步牢牢地放置在当下；或者，人类应当准备好亲吻天空，并把生物、创造力和数字记忆的使者传入未知的荒野？我们的选择，正如赫伯特·乔治·威尔斯所言：“要么选择宇宙，要么一无所有。”

地球也许到了一个临界点。根据最新的研究，“罗马俱乐部”做出的灾难预测与当前数据相符，这意味着如果当前的发展趋势保持不变，到 2050 年地球环境将很有可能崩溃。如果没有颠覆性的事件或者突破性的科技出现，人类将不得不面对其“增长的极限”。很显然，地球上的矿物和能源正在消耗殆尽。矿物，被定义为一种不可再生资源。人类的消费需求继续增加，因为全球性贫困正在被一个新兴的全球中产阶级所替代，他们渴望物质丰富的生活方式。人类正在稳步地消耗着地球上有限的资源。虽然通过创造替代品和提高效率，开发新技术给我们带来了希望，但是有数据清楚地表明，全球年度人均消费总量仍然在不断上涨。正如一位作者所言，消费着“最后几个小时的古老的阳光”，我们已经走上了一条不归之路［哈特曼（Hartmann），1999］——比喻我们将不可再生和快速消耗的碳氢化合物库存作为我们的能量金字塔的根基。这是一条不可逆转的道路，很容易导致社会崩溃。但是，一种方法就是利用外空资源并推翻那个预言，正如奥尼尔博士［奥尼尔（O’Neill）1976］所描绘的那样：

“只有当人们忽视了我们大气层之外的所有资源，忽视了那些数千倍于我们从这个被困的地球所能获得的所有资源的时候，生长极限的宿命论或许才是合理的。正如‘房屋决议案451’中用美妙的语言所表述的那样：‘这个微小的地球并不是人类的监狱，她并非一个封闭的、资源不断减少的星球，事实上她处于一个充满机遇的庞大体系之中……’”

图 1-1 从太空观察到的脆弱的地球（NASA 图片）

1.1.1 选择太空

术语“选择太空”的首创者马尔科·贝尔纳斯科尼博士和阿瑟·伍兹博士认为，对外层空间的利用将为人类推翻“罗马俱乐部”的预言创造条件。他们相信：

“‘选择太空’概念是一种利用近地资源，特别是太空能量，以满足人类的基本和预期需求的渐近式计划。”［伍兹（Woods）］

作为人类继续成长并以体面方式走向未来的手段，这一概念已经被讨论了多年。对于太空旅行者，即那些走出去探险完成伟大壮举以改变未来、使世界更加强大的人们来说，宇宙现在已对他们敞开了大门。技术上的投资、人文精神和突破低地球轨道的商业活动将使人类能够保持积极的增长。

伍兹和贝尔纳斯科尼在他们的网站上写道：

“来自太空的无限的环境清洁能源不仅能维持和刺激全球经济，开发其他地外资源最终也将保证人类的后代有足够的物质资源供应。因此，虽然现在的先进社会可以保证人类的生活水平和持续发展，但我们星球上也存在不太幸运的群体，‘选择太空’将为其生活水平的提高带来希望。因此，‘选择太空’可以并且应当成为太空可持续探索和发展的主要动机——甚至是超越国家荣誉、安全和科学探索的更强大的太空探索驱动力。事实上，它应该是吸引新一代探险家和企业家的能量和资本、开启“新型太空经济”的催化剂。如果能够及时实施并且有足够的保障条件，最终将收获的是充满繁荣和活力的星际文明、健康的环境，甚至有可能超越合理预期，提供可以供人类这一物种在太空中扩张到太阳系及其以外的基础设施条件。”（伍兹）

“选择太空”的执行力将会导致：

1）快速增长的技术被航天公司和航天国家所利用，并刺激高效制造和地外资源回收技术的飞跃发展。

2）地外发展所需的外空矿物资源将被大规模利用，并且必要时，稀缺资源将会被带回地球以满足地球上的消费需求。

3）随着小行星交会对接和采矿方面经验的积累，针对太空中威胁性天体的设计、跟踪及移转能力将会大大提升。

4）对燃煤能源的需求将会大幅度下降，因为太阳能发电卫星将提供能源，且几乎不会排放任何温室气体。

5）基于参与或支持这些地外活动的巨大教育培训需求，新的学习环境将在全球范围内呈现激活状态。

6）为了支持地外活动，大量的投资和资源需求将会刺激全球经济，新兴经济必须具备独创性和进取性，才能确保它们能够支持这些高度复杂的地外活动。

7）人类在地外拥有未来这一意识的涌现，使得人文精神被再次唤醒并注入能量。

8）重新点燃“扩张主义”激情理念：“去吧，年青人”。

1.2 外空矿物资源的概念

外空矿物资源（SMR）这个概念是整个“选择太空”的关键组成部分。SMR商业化已经讨论了几十年了。克拉夫特·艾瑞克早在20世纪60年代就已强调“地外的必要性”。“这个想法指的是，克拉夫特·艾瑞克坚信，为了维持物种的持续发展，探索太空并利用太阳系的资源是人类的责任所在，没有任何外在的‘发展的限制’”［维基百科，艾瑞克（Ehricke）］。现在，在SMR的利益驱动下，大胆、创新和冒险精神将会带领人类走向地外星球并提升地球自身环境。可以提供两种SMR开采方式。航天科技可以直接通过提供新的消费替代品、更高效的材料和更有效的回收利用，来缓解地球的压力。而且，人类现在有能力扩张到宇宙，同时创造、拓展新的生物环境以适应其条件和机会。考虑到附近SMR和能源的数量，我们没有必要打断这种从全球性贫困向现代生活水平的转变进程。实际上，约翰·刘易斯（John Lewis）博士估计，按照今天的生活标准，太阳系范围内的人口容纳能力在10千万亿（基于1997年北美矿物和能源的人均消费量统计数据）（刘易斯，1997）。

作为“选择太空”路径取向的一部分，本课题研究将会讨论SMR的重要需求。SMR的本质包括两个方面：

（1）改善地球上的人类生活状况

1）提供就业机会；

2）振兴科学、技术、工程和数学方面的教育；

3）激励创新；

4）提供航天活动拥有投资回报率（ROI）的愿景；

5）鼓励针对航天活动的商业投资；

6）为商业开发进入太阳系提供路径。

（2）启动进入太阳系的商业活动

1）提供奔赴地外星球活动的愿景；

2）提供奔赴地外星球的利润动机；

3）提供国家太空探索计划的商业产品；

4）为太空探索活动提供必要条件；

5）使人类在外空建立定居点成为可能；

6）使基于外空的太阳能卫星为地球服务成为可能。

对上述需求的关注是因为地球上的资源正在减少。人类正在接受清洁水的缺乏、清洁能源限制、失业及各类全球性危机的多重挑战。开发太阳系可以拓宽视野和增加就业机会，使人类在地球上的境况得到大幅改善。

在我们力所能及的范围内，我们拥有技术、经济、法律和政策手段。这些手段不仅在收获财富方面，在保护我们在太空中的安全方面也起着非常重要的作用。我们人类现在拥有的尖端技术可以将小行星的撞击威胁转化为任何人都想象不到的更丰富的物质资源。太阳系内部所能容纳的人口数量大约为千万亿。现在的经济将会成比例实现增长，私人和商业企业将会更加繁荣。俄罗斯航天先驱康斯坦丁·齐奥尔科夫斯基［齐奥尔科夫斯基（Tsiolkovsky），1895］曾经预言：

“踏上小行星的土壤，在月球上用一只手举起一块石头，在数十千米之外观察火星，登陆其卫星甚至火星表面，还有什么能比这更加有趣呢？从开始使用火箭的那刻起，天文学的一个伟大新纪元就开始了：这是一个精细化研究浩瀚苍穹的时代。”

一般在讨论SMR之前，为了了解小行星的数量和SMR的价值，简单地调查某种具体情况（例如小行星），会很有帮助。数以百万计的小行星正在围绕太阳在轨道上运行。它们的直径小的不足1 m，大的超过400 km。它们是石头或者山一样大小的矿石星体，在深邃的太空中围绕太阳运行。人类已经登陆了一些小行星并且拍摄了照片。

新一轮开采SMR之旅将使我们的社会摆脱贫困，创造出从未想象到的物质和经济最繁荣的时期。我们可以将重工业和危险的研究活动搬到一个更加安全的地方——太空，这样也会使我们的世界远离污染。这也能够让我们通过探索新前沿和新世界展开想象的翅膀。这会挑战我们，凭借我们的勇气，使我们摆脱只能在陆地上生存的束缚。我们要做的就是勇往直前，并且捕捉到太空巨大的能量和矿物资源来实现这些目标。创造性地利用这些资源可以使科幻小说中所想象的大型结构、新型住所、娱乐设施、社会和生态环境成为可能。我们并不缺乏使其将来成为可能的技术、运输系统、设计才能和配套的基础设施。地球上的工业已经具备了加工处理外空资源的设备，并且我们的社会将无缝地整合引入这个新的财富源泉来达到繁荣的新高度。人类仅需要穿过一扇已经打开的大门到达外空的边界。剩余需要添加的部分是资本、远见和坚持不懈。斯蒂芬·霍金教授，在他 65 岁的时候体验了他的第一次零重力飞行，并用一句话说出他的体会："我们长期生存的唯一机会并非困于地球，而是探索外层空间。"[霍金（Hawking），2011] 很明显，现在不是人类文明是否要扩展到宇宙的问题，而是什么时候、怎样及由谁扩展到宇宙的问题。

的确，开采外空资源正是一个拯救地球的及时机会。

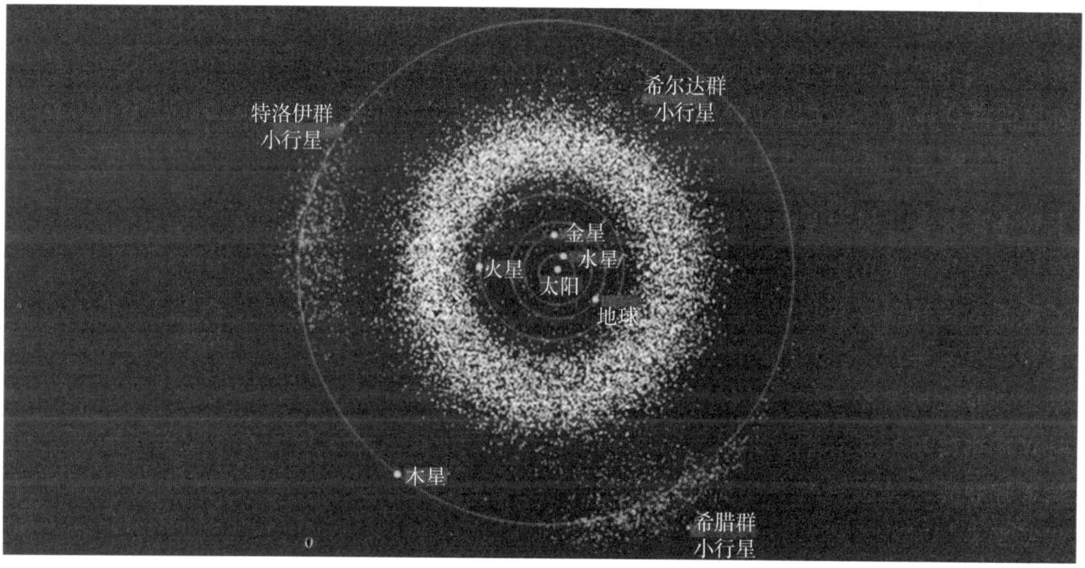

图 1-2　太阳系中数十亿的小行星 [维基百科]

1.2.1　SMR 的开发方式

探索 SMR 的历史性方法是以"就地取材"的方法对外空资源进行原位利用。当你到达目的地时利用你手边的资源，采用经济的手段（以各种形式；经济的，一起升空，一起操作，一起保护自己，一起返回）到太空旅行是很明智的选择。下面就是两个很明显的例子：

1）用表土覆盖月球栖息地来抵御辐射。

2）回收冰层（从月球的火山口或者从火星的次表层）来提供燃料、水和氧气。

为了从这些显而易见的资源进行扩展，例如，火星可以提供二氧化碳、地下水和从大气中提取的水，下面列举一些预期的用途：

1）广泛的能源再生问题。这包括在火星内部和表面的能量。没有太空和其他星球表面充足的能源，任何的探索或者开采事业都是不可能的。能源（特别是电能）是一种最容易探测和可替代的资源。在深邃的太空和其他星球表面都是必不可少的资源。

2）在密封的栖息环境中种植农作物。

3）改变二氧化碳，通过各种工艺流程减少栖息地辐射，同样也是用于增材制造的一种材料资源。

4）给火箭推进和月球车做推进剂和助燃剂。

这个经济的太空探索方法会使人类足迹扩展到太阳系成为可能。实际上，这不仅仅是一个非常不错的选择，还是将走出低地球轨道之外旅行的必由之路。扩展到太阳系的总体设计会在后面的章节中详细讨论，但为了明确概念，在这里我们概述一下利用 SMR 的 3 种方法。一种思想是让商业界创造利润，由他们提供必需的服务。很显然，第一项服务就是给国际探索活动提供燃料、氧气和水。这就意味着送货给客户——开始这可能会由机器人完成——到达月球表面的设备，地球-月球拉格朗日太空港，或者回到低地球轨道或地球同步轨道的建设设备。

1.2.1.1　SMR 开发方式之一——原位利用

这将是初期的方式，因为这是最简单的方式，可以实现早期的探索并到达低地球轨道附近。通过采集和使用当地的资源，任务范围可以扩大。水、燃料和氧气可能是率先被开发的资源（被发现、移动、加工、储存和利用）。这类资源具有很高的经济价值，可以计算为节约下来的成本，以及因此而避免和减少的任务风险。最终这个 SMR 开发方式之一在将来会发展并且成为载人和机器人任务不可或缺的模式。设想商业企业可以和远在太空、希望减少初期到月球和火星探索/居住成本的国家签订合同。这些太空站所可以做任何事来为国内和国际探索任务提供原位基础设施。这些位于当地资源附近的私企，按照一定的收费标准提供产品给探险家们，这个费用会大大少于从地球运送相同水平产品的成本。SMR 开发方式之一的理念会尽可能迅速地把我们从依赖地球基础设施和补给品中解放出来。这个理念就是商业企业率先到达小行星，在月球和火星上建立一个永久的基站，因为他们的任务是给国际和科学企业提供一个商业化运作的基站。建立这些基站的动机是与使用基础设施和物资的国际实体和组织签订合同。买卖和使用居住所需的当地资源、燃料、水、氧气、推进剂、种植农作物的土壤，还有用于增材制造的材料，会使大批的国家和国际企业能够完成他们的任务，而不需要自行建造他们所需的基础设施。这和很多历史上的商业项目（开始都是由政府支持的）例如哈德逊海湾公司和东印度公司类似。

不论哈德逊海湾、美国航空快递服务，还是东印度公司，只要第一个拥有到达小行星、月球或者火星的能力，就一定会取得商业上的成功，并且对其国际航天探索事业提供支持。

1.2.1.2　SMR 开发方式之二——运输材料到加工点

这个概念通过在适当的地点提供电力、仓储设施、增材制造和其他能量/设备，帮助人类到达低地球轨道之外的范围。第一项活动很可能是能量的生成，为水、燃料、推进剂和植物生长提供氧气、氢气、氮气（潜在的）和含碳物质的储存。这一想法的优点在于会将矿工、探险家或“殖民者”所需的资源和资产放置在方便的轨道位置。其中一些位置会作为设计涉及的任务在接下来的章节中阐明。一些较明显的原位资源所在位置包括：

1）月球的表层。

2）小行星的表层。

3）火星的表层。

4）拉格朗日点：地月轨道 EML－1 和 EML－2。

5）月球轨道。

6）火星轨道（或许在火星的卫星上）。

7）地球和火星或者地球和小行星带之间的环形轨道。

8）地球太空电梯或月球电梯的最顶端。

对 SMR 进行加工并将它们运送到特定的太空站所，然后由机器人或人类旅行者利用它们开拓太阳系。建立太空站所的概念已经形成了数年，并得出一个简单的结论：

人类冲出低地球轨道之前必须完成相应的基础设施建设。

第一个这样的太空站所似乎应当位于地月轨道 [EML－1]，这样前往月球和火星的探险之旅才有可能上演。这个概念利用了 SMR 开发方式之一：原位利用资源并生产补给品。下一步就是将这些资源供应给客户（例如地月轨道 EML－1）。国际政府项目可以在太空站所买到这些产品，而无须从地球携带。

在讨论太空站所的燃料加注时，大部分人关注的主要是以下两个方面：

1）一方面，大部分的研究最终聚焦在水及其组成元素上。因为，毋庸置疑，水是丰富的、非常有用的，但是从地球运输是昂贵的。通过水资源提取技术，我们能够得到饮用水、农业用水、氧气、氢气及可呼吸的空气。

2）另一方面，政府航天项目和商业航天活动之间可以通过一种自然的“主要租户”关系强化合作。尽管今天在任何一个太空港，都没有购买燃料（和水资源）的需求，未来在特定日期以一定价格购买特定数量的商品，对于商业企业而言将是一个主要的激励手段。

1.2.1.3 SMR 开发方式之三：将 SMR 运送到地球

由于万有引力的存在，此前有关 SMR 的研究低估了将资源送返给人类的价值。巨大的地球重力加速度给设计带来了巨大的困难，且远远超出当前散热问题和资产控制问题带来的麻烦。许多研究表明，碎石和冰可以作为产品的隔热板，但是，在 25 000 英里/小时（1 英里＝1 609.3 米）的返回速度下，即便是最理想的情况，这也是困难的。就这一点而言，从深空或月球运输资源返回地球的前景是模糊的。在过去几年中，一个关键项目取得了突破，即国际宇航科学院发现太空电梯“似乎”是一个可行的方法。但还有大量的工作亟待完成，且该方法所需的锁链材料还远没有研发成功。但是可以预测，这个可供上下运动的基础设施的未来是乐观的。在基础设施章节，我们将给出有关太空电梯的详细讨论。多年来，产品、服务及资源的返回价值一直被低估。但是，将资源运回地球的价值，强化了向 SMR 项目投资的理由。

考虑到这些需求，将 SMR 送返回地球，不仅仅是可行的，更是值得的。其主要思想很简单：

1）运输资源（原产的和加工的）到太空电梯的最顶端；

2）装载到太空电梯的下行机构；

3）沿太空电梯向下转移到地球同步轨道（从轨道高度 100 000 km 降至 36 000 km）；

4）通过可控缆绳爬升机构降落返回地球，尤其是使用制动装置。

后续的系统章节将给出更多细节，但其主要思想是简单的，且其特征与 SMR 任务具有很好的匹配度。其基本思想包含低速、柔性座椅和安全操作。地球太空电梯概念的一个扩展是可以加入月球电梯。该设备将安全、及时地将 SMR 从月球表面运送到 EML－1。对 SMR 的加工过程可以在 EML－1 处的加工点进行，然后在其途中再被发送到与地球太空电梯的顶端交会对接。从那里，将其放在缆绳爬升机构里并传送到地球表面。

在月球上处理材料然后运输到 EML－1 是否明智，是一个合理的辩题。月球的表面有许多优势，其中并非最不重要的是微重力。重力是一个伟大的组织者。此外，月球的质量应该可以保护居民，使其受到的辐射量至少是 EML－1 处的一半。

还有其他方法可以用于将加工后的 SMR 送回到地球表面。每一种新的方法经过研究均被认为是困难的。然而，SMR 向地球表面的返回对于未来充分利用我们的外层空间是必不可少的。

1.2.1.4　SMR 开发方式小结

利用外空矿物资源的一般方式按照其复杂性和基础设施需求被分为三大类。随着人类离开地球而走向月球、火星甚至更远，在整个太阳系中，对矿物的利用将是有用的。在这个时候，我们不能确定哪些矿物是最有用的，或者哪些是最麻烦的。但是，我们可以得出结论，原位利用当地矿物质存、建设定居点或补充燃料，将是人类扩张的一大步。此外，原位利用资源可以提供大量的电力。

1.2.2　SMR 概念的简史

下文将简要介绍 SMR 的背景及其概念形成的历史和发展。

“对月球衍生氧气的利用早在第一次登月之前就被提出。人们长期以来已经认识到，利用月球表面的推进剂源为太空飞行器加注燃料，将大大增加空间运输系统的有效性，并且实际上可以减小人类勘探任务的风险，为探险者提供备用空气供应，以及在遇到着陆问题的情况下提供备用推进剂。美国陆军 1959 年的一项研究表明，对月球资源原位利用（ISRU，In Situ Resource Utilization）最早记录的考察，是永久居住的地下月球基地的关键启动因素：

“根据目前的标准，为了支持月球基地，维持和补给工作将是昂贵的。持续的设备供应和生存手段是必需的，且每次补给的费用都将是昂贵的。我们必须探索每个可能想到的解决方案，来使物流成本最小化。必须通过利用再生或其他技术在月球上最大限度使用任何氧气或电源。”（报告，美国陆军，1959）

这项月球基地研究被称为“地平线项目”。除了月球资源原位利用，该项研究还标志着第一次使用术语“商业化”与月球基地相关联。它被军队人员用作“调查月球的科学、商业和军事潜力”的指令。在这份开创性的报告完成后不久，第二次月球研究（美国空军的项目 LUNEX）提出了一个目标更加有限的浅层次月球探索设想。(LUNEX，1961 年)

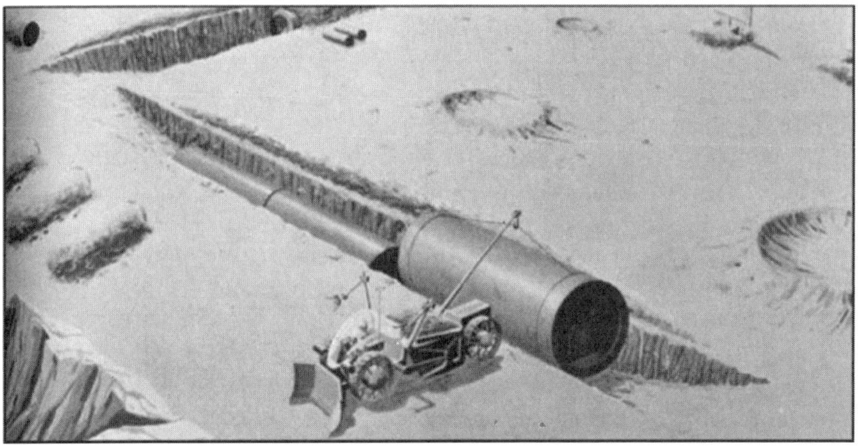

图 1-3 “地平线项目”图像显示如何使用 SMR 掩埋月球栖息地模块（美国陆军，1959）

也许由于美国陆军已对地下月球设施的建设和后勤支持要求进行更详细考察的影响，一个资金充足的月球资源原位利用课题组突然出现在新成立的美国国家航空航天局(NASA) 架构中。伯特利（Portree，2001）总结了他们的工作：

“NASA 首次于 1962 年正式考虑月球资源原位利用，当时它成立了地外资源工作组(WGER)。在整个 20 世纪 60 年代，地外资源工作组专注于月球资源。这是因为有更多关于月球资源潜力的数据，并且因为在阿波罗时代月球资源的利用可能与 NASA 的活动更加相关。……在 20 世纪 60 年代，月球资源原位利用的研究主要是为了提供生命支持消费品。到 20 世纪 80 年代，研究月球资源原位利用的推进剂生产潜力占据主导地位。月球资源原位利用可以定义为使用当地的资源来协助其探索活动——与短语“就地生存”基本上是同义词。在空间探索的背景下，月球资源原位利用使航天器质量最小化。例如，如果航天器可以在其目的地收集推进剂，那么这些推进剂就不需要耗费昂贵的成本从地球表面运输。”(伯特利，2001 年)

对目的地选择要借助于必要的态势感知，因为在那里会有很多的意外情形。拟议中的小行星任务数量已超越月球任务数量并仍在不断增加。这对商业飞行任务和行星保护具有双重好处。这项研究一般会描述那里有什么，以及对此可以做些什么。

为了进行经济上的比较，让我们将讨论限于 1986 年发现的一颗由金属构成的近地小行星（小行星 1986 DA）。它的直径约为 2 km，大约是南美常规露天煤矿的大小。仅仅是这颗小行星中的镍的价值就约为 2012 年美国国债总量的 3 倍。

最有价值的近地小行星（NEA）是那些轨道接近地球的小行星，这样需要最少的能量就能到达它们并返回地球。估计存在 200 多万颗这样的小行星，但是，只有 10 000 颗被记

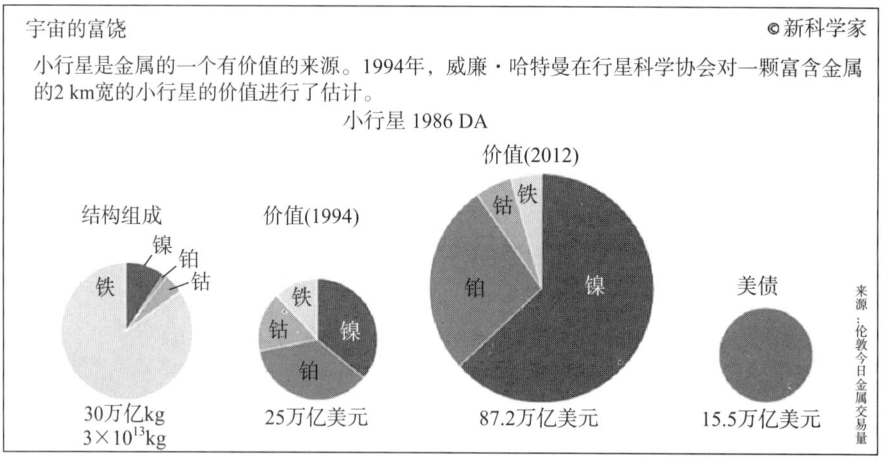

图 1-4 小行星 1986 DA 的价值（新科学家）

录在册。目前已知的近地小行星的数量每年增长约 1 200 颗，但随着更多资源被用于支撑这项任务，小行星数量将会持续增长。鉴于近地小行星拥有极其丰富的资源，其技术可达性、经济可行性将继续扩大。每个月都会发现 1 km 或更大直径的近地小行星；幸运的是，没有一个轨道在未来几个世纪会威胁地球。较小的近地小行星仍然可能对区域范围造成破坏。目前，寻找近地小行星的重点集中在对地球存有威胁的小行星。这项全球性工作由政府赞助实施，天文学界自愿参与。寻求近地小行星资源价值的繁荣的太空行业，可以提供后续资金，以识别和描述尽可能多的近地小行星。

1.2.3 SMR 的分类

在地球表面上存有极其丰富的资源，其中一些已经广泛用于人类的航天活动。第一类是普遍存在的资源，存在于太空的大部分区域，特别是在地球-月球周围区域。这类外空资源多种多样，包括太阳辐照度和具有热/冷转换性质的真空环境。这些资源是有价值的，将被 SMR 公司用于地表以外的活动。下一个类别，轨道位置，这一类资源不突出，但同样有价值。诸如低地球轨道（LEO），地球静止轨道（GEO），拉格朗日点（L-1～L-5），环月低轨道和环火星低轨道等地点都将对企业在太阳系内的商业探险活动具有价值。下一组资源来自我们太阳系内不同天体上的矿物，包括小行星、月球、火星及其卫星。

表 1-1 SMR 开发方式

资源类型	SMR ＃1-原位利用	SMR ＃2-转移到某处	SMR ＃3-转移到地球表面
普遍存在的资源	√		
轨道位置资源	√		
小行星	√	√	√
月球	√	√	√
一般行星	√	√	√

1.2.3.1 外空资源类型之一——普遍存在的资源

这类外空资源包括我们在航天历史上最常用的一种资源——阳光。此外，还有无处不在的真空状态，以及不同程度的热/冷状态。外层空间的这些属性都被用作外空资源，并将继续被应用在航天飞行任务中。这些是几乎所有太空玩家都在利用的“原位”资源。

1.2.3.2 外空资源类型之二——轨道位置

该类资源的价值以地球同步轨道的位置为例介绍。通信世界听取了亚瑟·克拉克爵士的讲话，他解释了在太空中，地球某条经线上方的一个稳定位置的价值。目前在地球同步轨道中400多颗商业通信卫星能够赚钱，其中有价值的位置资源包括：

近地球轨道具有可重复使用的观测和通信机会，这对于我们地球现象的观测是非常有价值的。地球资源卫星，气象卫星，商业图像系统，当然，国际空间站也在这一范围内。

地球同步轨道是有史以来在地球附近可以成功进行通信和预报天气的位置。

地球-月球轨道将是一个宝贵的位置资源，作为未来执行太阳系飞行以及月球任务的太空站和航路站。L－1是一个部分稳定且在我们的地月生态圈内容易访问的位置。

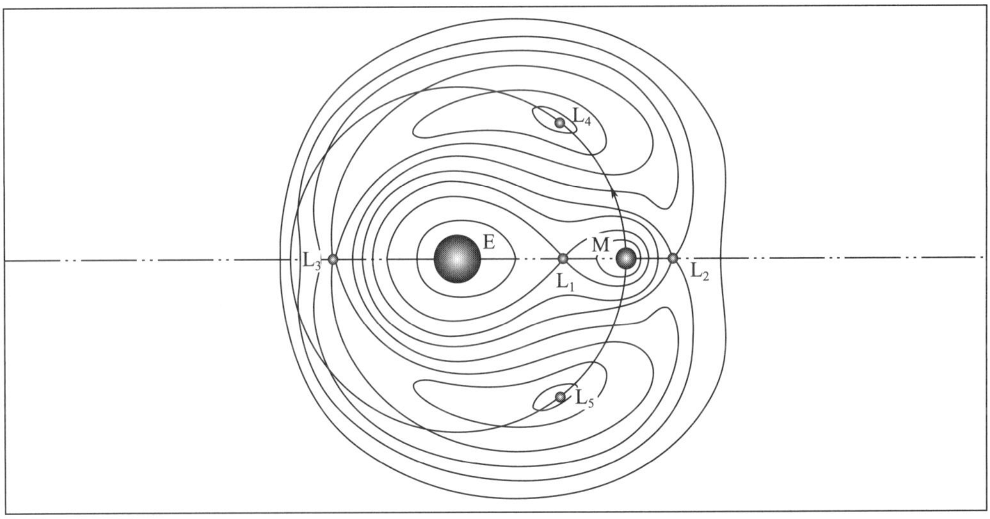

图1－5 地月系统拉格朗日点（纳德，罗伯-佐治亚州州立大学，地月系统拉格朗日点）

（http://hyperphysics. phyOastr. gsu. edu/hbase/mechanics/lagpt. html.）

环月低轨道与低地球轨道具有相似的特征，只是前者环绕月球运行。

环火星低轨道与低地球轨道、环月低轨道具有相同的优势。此外，火星卫星将提供可能对未来商业空间企业有价值的有力位置。

1.2.3.3 外空资源类型之三——小行星

这类外空资源具有显著的矿物多样性，也是对人类最大的威胁之一。应对威胁问题已开始得到解决，而其潜在的商业价值估计是巨大的。

“小行星代表了原材料的重要潜在资源，既可持续支持太空探索活动，也能支持更广泛意义上的全球经济［例如马丁（Martin），1985；哈特曼，1986；刘易斯等，1993］。许多近地小行星在能量方面相对容易达到，并且具有非常低的表面重力，这将使得从其提取到的材料转移到地球附近的成本实现最小化。此外，对于其中很多天体，大自然已经为我们进行了有效精炼，或者至少说是预处理。例如，金属类小行星（其构成近地小行星群体的百分之几）基本上由纯的镍-铁合金组成，并且尽管地球上有这两种元素作为重要储备，但它们在未来航天事业发展的背景下仍然是非常有价值的。也许更令人感兴趣的是，金属类小行星还含有约百万分之一的金和铂族元素（PGE），其具有足够高的价值（例如作为工业催化剂），使得它们可能值得直接运送回地球［例如卡盖尔（Kargel），1994］。以今天这些元素的价格（每千克＄20 000～＄50 000）计算，结果是一个单独的约200 m跨度的小型金属类行星的可能价值在1 000亿美元的量级上。因此，除了是科学意义上的金矿，一些小行星也可能被证明是真正战略意义上的金矿。此外，虽然基本上属于岩石天体，普通的球粒状陨石类小行星（其可能占近地小行星总量中的大多数）本身由几个百分比的镍-铁金属组成，其类似地包含百万分之一水平的铂族元素。此外，碳质陨石类小行星（其可能占近地小行星的10%～15%）相对富含挥发性物质，可以为未来的太空任务提供水、氢和氧，而不需要克服地球引力将这些材料从地球运出，这对未来的太空经济可能具有重要价值。最后但并非最不重要的是，也有强烈的环保主义主张，即使是从小行星开采相对普通的材料（如铁、镍、铜和日益重要的稀土元素），作为地球上露天开采的替代方案，小行星本土生态系统可能不会受到人类采矿活动的破坏，而我们的地球却会破坏（见哈特曼，1986年的讨论）。基于所有这些原因，发展从小行星和其他外星源获取有用资源的能力，可以看作是对世界经济未来的重要投资［例如克劳福德（Crawford），1995］。”（克劳福德，2013）

由于缺乏一般性解释和推广，很少有人了解SMR的基本参数。本研究课题旨在对这种情况进行补救。毫无例外地，地球上的一切都可以在太空中找到更多（可高达几个数量级）。一个例子是在土卫六的碳氢化合物湖或土星环存在的纯净冰。还有许多其他的例子，包括哈雷彗星——它的碳氢化合物存储量几乎与所有石油输出国组织（OPEC）国家的探明总储量相同，除此之外，其水含量比美国密歇根湖更多。下一个问题就是——哪种外空资源更接近于“实用”？

“外空材料原位利用（ISMU，以前称为原位资源利用）可以降低成本，并且可以在我们开发和扩展月球或火星前哨基地时显著提高我们的能力。我们的外空材料原位利用计划的目标是尽快使这些前哨基地摆脱对地球的完全依赖，从而迅速将我们的太空运输货物的对象从散装材料（如推进剂和建筑材料）转移到更多的人和复杂设备。”［沙利文（Sullivan）等，1991］

在美国航空航天学会（AIAA）2013年学术年会上发表的题为《小行星采矿》的论文介绍了对小行星产品的分类。

“资源和市场的层次结构表明，一般来说，从小行星可获得的资源可以分为4大类：

游离水、结合水、金属和土壤。”

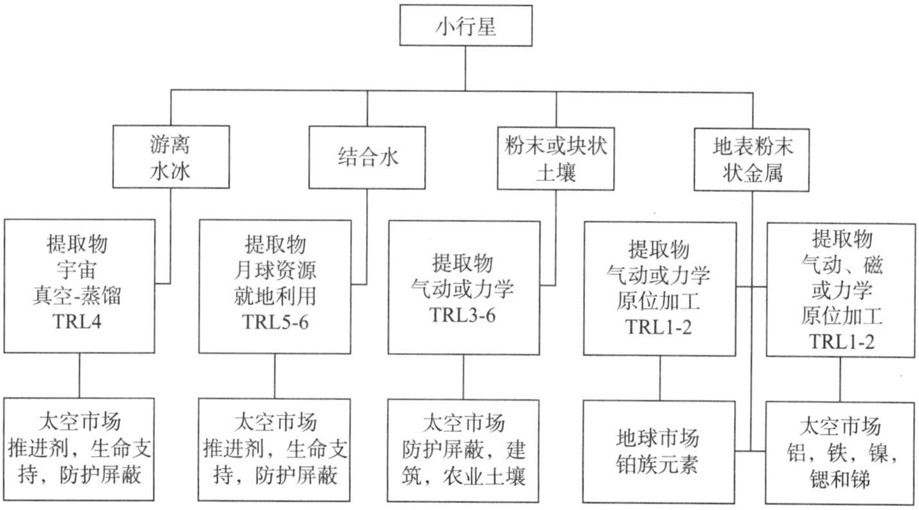

图 1-6 外空资源提取物及其市场的分层系统（蜜蜂机器人航天飞船机械公司）

“这是一个标准做法，地面矿井组织围绕主要矿物的采矿作业，同时从集中度较低的副产品中获取额外收入。同样地，我们不会一路航行到一个小行星，却只挖掘一种资源。”[扎西尼（Zacny），2013]

1.2.3.4 外空资源类型之四——月面

在这类外空资源中，已有我们实际到达过的地点。新一轮探索计划不再仅仅是简单拾取资源，而是要把资源利用起来。我们已经针对如何利用月球资源来支持月球基地的活动进行了大量研究（详见 WGER，1962—1970）。在早期的会议论文集中可以找到许多现代原位资源利用（ISRU）的思想。这项工作一直持续到阿波罗计划执行时期直到 20 世纪 70、80 年代。该计划是由一小群在 NASA 约翰逊航天中心（JSC，Johnson Space Center，即月球样本采集中心所在地）的月球科学家、工程师，以及许多行星科学界名家来领导的。阿波罗任务带回了足够多的月球岩石和土壤样本，稳固地确立了月球的地质特征，特别是降落点所在的赤道地区的地质特征。门德尔（Mendell，1985）和麦凯（McKay，1992）的两篇论文概述了这段时期大量的原位资源利用研究工作。一个由通用动力公司提供大量资金的 NASA 研究项目调查了利用月球资源建设大规模空间太阳能发电系统的潜力［博克（Bock），1979］。随后 Eagle Engineering 公司为 NASA 约翰逊航天中心开展了一系列重要的、更为细致的关于原位资源利用和可重复使用航天器设计的研究。［戴维斯（Davis），1988］

当美国时任总统乔治·H·W·布什（George H. W. Bush）在 1989 年呼吁“重返月球，这次留下来”时，他认识到了学会“靠山吃山”的价值。由 NASA 牵头的，后续对关于月球/火星探索进行的努力，被称为“太空探索计划（SEI，Space Exploration Initiative）”，该计划赞助了一系列在 NASA 组织内部和周围展开的月球基地建设设计工

图 1-7　固定在月球上的推进剂生产装置（Frassanito & Associates 公司/美国航空航天学会/麻省理工学院）

作［见林德罗斯（Lindroos），2008］。一个月球基地设计（1993 年 NASA 约翰逊航天中心一个名为 LUNOX 的月球建筑设计）认定原位资源利用是一个核心要素。这种设计在很大程度上利用了戴维斯（1988）的建模工作。该方法建立了映射关系，用来预测未来月球挖掘和材料加工处理中质量和功耗的参数估计。遗憾的是，由于老布什总统的政府需要应对经济衰退，使得国会反对任何昂贵的计划，上述“太空探索计划”的寿命因此极为短暂。这戏剧性地降低了美国政府资助载人航天探索设计的研究工作以及原位资源利用的支撑性技术研发。然而，情况在 2004 年再次发生变化，乔治·W·布什总统清晰而有力地阐述了重返月球和利用月球资源的目标：

“对于我们的太空探索计划来说，重返月球是非常重要的一步。在月球上建立长期的人类基地，可大大减少今后进行太空探索的成本，使人类实现更加伟大的探索计划成为可能。使沉重的航天飞船和燃料摆脱地球引力的束缚，并将它们送入太空代价高昂。而在月球上进行航天飞船的组装和发射准备，只需要摆脱很轻的引力、只需要很少的燃料，因此只会花费小得多的成本。此外，月球也蕴藏着大量的资源。它的土壤里含有的原料，也许可以收集加工成发射火箭用的燃料，或者可以呼吸的空气。我们可以在月球上研制和试验新的太空探索技术、系统和方法，以便在其他更具挑战性的太空环境中展示我们的能力。”（布什，2004）

“这次挑战的结果迎来了原位资源利用技术的又一次复兴。为了使 ISRU 更加有效和鲁棒，需要在矿物开发、化学加工、制造和航天技术领域进行必要的融合，必须要求美国民用航天机构广泛开展合作，并将合作范围延伸到大学、企业甚至国际合作伙伴。正在进行的研究已经从 NASA 得到了比以往任何时候都更大的资金支持，这还包括用原位资源利用任务需求规划来指导 NASA 的投资。现在大量文献已经清楚地指出原位资源利用的优势。原先的概念已经逐步演变成工业模型，现在正在从硬件子系统原型机中收集到越来越多支持这一理论的信息。然而，当时的 NASA 月球基地建设架构在需求中小心地避免了将 ISRU 放在关键路径上。也因此将原位资源利用的目标定义限制到了一个相对局限的部分，即在人类到达月球后，可以很好地完成后期演示功能［桑德斯（Sanders），2007a］。这种做法将原位资源利用技术和能力中大多数收益推迟到下游的任务中，将月球基地建筑设计限定在昂贵且浪费的方法，进而增加了计划和任务的风险。”［拜登（Baiden）和布莱尔（Blair），2009］

1.2.3.5 外空资源类型之五——一种目前SMR探索任务的例子，中国“玉兔”月球探测车

月球探测车的科学目标是测绘月球表面的地貌并探测表面的物质构成。图1－8为从着陆器上拍摄的中国首个月球探测器“玉兔”在月球表面的照片。

商业技术路线：为了方便理解“如何”使SMR的开发满足商业上的可行性，本文将阐述4个SMR公司的商业技术路线。第4章将会对每个公司选择的方法进行详细说明。

深空工业公司（DSI，Deep Space Industries）

沙克尔顿能源公司（SEC，Shackleton Energy Company）

行星资源公司（PR，Planetary Resources）

王剑探索公司（EE，Excalibur Exploration）

图1－8 “玉兔”号在月球上①（中国国家航天局）

① 见维基百科，Yutu（rover），http：//en.wikipedia.org/wiki/Yutu_（rover）。（于2015年6月9日12：00 GMT）

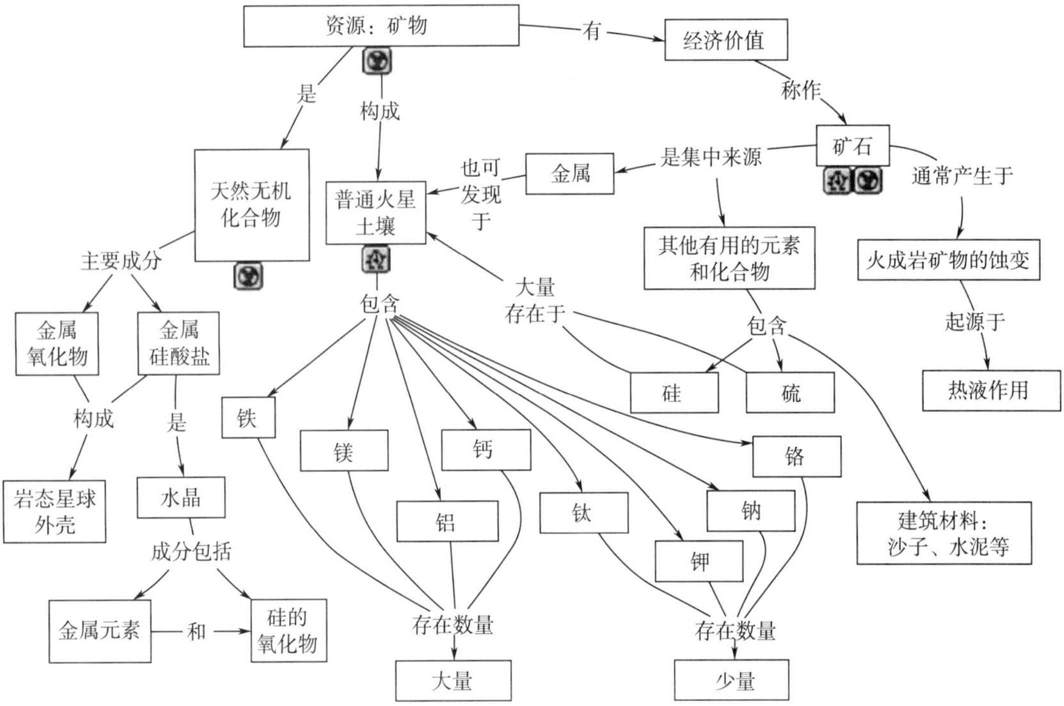

图 1-9 火星矿物资源①

1.3　法律政策概述

本课题研究的重要结论之一是商业化 SMR 开发活动是合法的。针对此话题，最近很多会议上都有很多讨论，越来越多的人希望支持 SMR 项目。后面的法律和政策专门章节将会针对 SMR 活动的国际问题和现有国际公约进行研讨。菲利浦·哈里斯（Philip Harris）在他的《外空法律与外空资源》（“Space Law and Space Resources”）一书中曾有很好的总结：

“美国的立场在联合国和平利用外层空间委员会的辩论中得到了鲜明的阐述，即这些条款可以解释为允许任何国家或公司开采或以其他方式利用外层空间资源。即使在十分反对资本主义的《月球协定》谈判中，美国在联合国和平利用外层空间委员会的官方立场一直是，该条约应允许公司和国家开采月球上的矿物资源。例如，少量元素氢、氮、碳在月球土壤中的数量有限，而冷冻水却可能大量存在于月球两极。在美国长期存在的法定解释下，找到这些资源的国家将有权挖掘他们。国家本身并不拥有这些资源所在的土地，但其劳动将赋予对其所开采的矿物拥有所有权。”（哈里斯）

① 火星矿物资源，详见 http：//reseauconceptuel. umontreal. ca/rid = 1225319082132 _ 441683932 _ 76782/Mineral%20Resources. cmap.

1.4　治理

外空资源，无论是矿物资源还是空间太阳能，对发展中国家来说都将比发达国家更为重要。这是因为发达国家已经拥有世界上 96% 的财富。任何研读过历史的人都知道，在不发生大规模战争的情况下，发达国家不太可能以任何方式分享这笔财富。发展中国家有拥 40 亿人口，占世界人口的 60%，却只拥有世界上 6% 的财富。他们的出路必须是外层空间。

发达国家可以为外层空间开发提供技术、借贷和股权融资。发展中国家可以提供人力资源、工程及管理人才。任何航天计划中至少 50% 的总成本都来自人力资源。发展中国家并不需要施舍。施舍从长期来看并不会成功。他们可以成为平等的合伙人，并且通过在外空开发计划中提供人力资源获得应有的回报。想要达成合作，发展中国家必须在高中和大学开展科学、技术、工程和数学教育，否则他们将没有人力资本参与到投资项目当中。

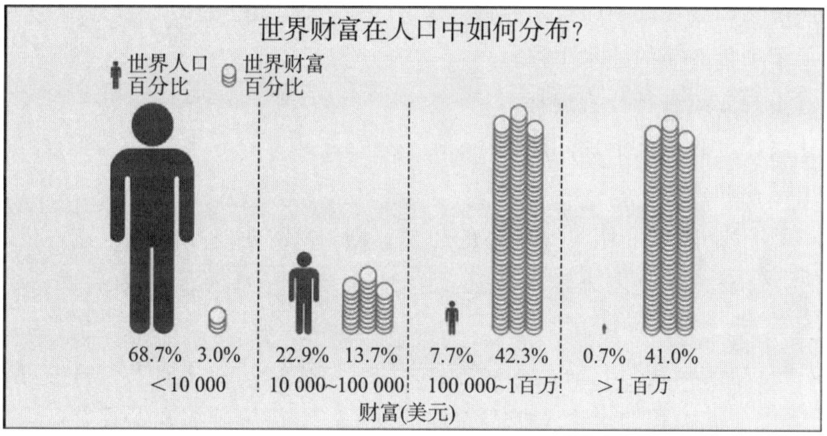

图 1-10　财富分布（来源：人类发展报告，1992，全球人类发展维度）

任何提出航天项目治理模型的人都必须非常小心，以确保在发展中国家和发达国家间进行的创新活动中不会存在不必要的障碍。此前的模式都没能满足这个需求。新的治理模式相比之前要有所改变，应利用谨慎的思维提前做好对所有事情的规制。

1.5　国际宇航科学院课题研究

本课题研究的目的是在一份文档中提供当前状态下与 SMR 机遇和挑战相关的先进技术、经济、法律和政策分析。本课题还将提供具体而务实的建议。国际宇航科学院的组织成员基于选举产生，是从全球选出的能够持续为未来做出贡献的航天专家（详见附录 F）。本课题仅是该组织正在进行的许多研究项目中的一项，其研究目标如下：

为促成和鼓励对 SMR 的短期评估、开发和利用提供一个合乎逻辑的、系统且实际的规划技术路线。

尽管已经有一些关于 SMR 的书籍和/或学术类、科普类论文发表，就本课题组成员的学识而言，在此问题上现在还没有对 SMR 问题进行全方位论述的文章。与空间太阳能不同的是，SMR 至今还未成为近期政府或产业资助的研究项目。国际宇航科学院（IAA）这一课题研究将会成为全球第一个全面研究这一主题的项目，因此本研究课题对惠及人类的 SMR 开发活动具有重要价值。

1.5.1 本报告的组织结构

进行本课题研究的目的是提供技术信息、政策和法规分析，经济环境和机会分析，以及建议下一步发展方向。最终，提供一个全球技术发展路线图。按照这一技术路线，将会实现 SMR 开发效率和效能最大化，并获得能够避免人类文明及物种灭绝灾难的必然收益。整个研究报告的布局遵循以下逻辑顺序：

1）做好准备工作，确定大背景，解决“如何开采”的问题；

2）描述市场和潜在获利的技术路线；

3）着眼于项目必需的技术手段；

4）针对不同方案进行分析选择；

5）评估法律、政策及治理问题；

6）提出结论和建议。

第 1 章　绪论：本章介绍贯穿全书的思想，对 SMR 处理方法进行描述，对所寻找资源进行类型化列表。除此之外，本章还简单地介绍了一些见解，为后文进行详释作出铺垫。

第 2 章　外空矿物资源开采：本章将会介绍外空矿物开采和加工材料的可能存在位置的矿物含量，对工艺流程的讨论及所需的技术设备。小行星矿物开发具有极大的潜力，但是每个小行星的情况都不尽相同，而且在准备开采前需要对其有一定的了解。行星表面能提供一系列的矿物资源，但所面临的问题是，在哪里以及如何开发它们。

第 3 章　市场分析：本章将着眼于确保商业成功的财务分析方法。经济模型除了着手于所开采矿物的价值，还要考虑到达开采点、提供开采设备、储存资源及运输到客户手中所涉及的投资需求。

第 4 章　外空矿物资源开发路线图：本章将会着眼于 4 种已经成熟的基本技术路线。有资产和计划的部分公司已经投入了大量资金在其所选择的方法上，这已成为不争的事实。本章将会对比各个技术路线的相同点和差异点。

第 5 章　外空矿物资源系统速览：本章将就太阳系层级的项目从系统角度进行分析。此分析将有助于识别、理解和避免多种风险。本章将会基于传统的 NASA 技术成熟度方法和评级标准对所涉技术成熟度进行评估。最终，还要对 SMR 商业航天企业实现盈利的技术可行性进行评估。

第 6 章　建模分析：本章将讨论商业航天企业理解问题时的需求。除此之外，建模分析将会帮助公司理解短期资金的投资方向，进而实现创业成功。

第 7 章　政策与法律视角下的外空矿物资源：本章将对世界范围内的国际公约和政策法律进行分析。

第 8 章　研究发现、结论及建议：本章将会对本课题研究成果进行归纳整合并从中得出结论和建议。

第 9 章　面向未来的概念设计——水资源是太空通用货币：这是一条对未来开采水资源重要性认知的简要推论。

附录：术语及缩略词，IAA 课题管理大纲，针对水资源的需求分析，针对镍资源的需求分析，全球战略情景，国家宇航科学院简介，近地天体经济学。

参考文献。

第 2 章　外空矿物资源开采

2.0　摘要

外空矿物资源（SMR）的 3 种开发方式为我们在太阳系范围内进行矿物资源的开采、加工和分配打下了基础。一个基本的问题是哪些矿物资源可以在原位收集位置获取。本章将会集中分析 SMR 方式之一，原位就地利用，也就是依靠载人或者机器人着陆的地理条件就地生存的能力。本章将会重点关注活跃的 SMR 商业公司、SMR 的收益、矿石的加工处理及原位外空资源开采的概述。鉴于“商业企业”的本质是盈利，因此，本章将着重介绍在我们开发外层空间中可以利用的宝贵资源。

2.1　研究报告范本

本研究报告将用两个案例为读者阐述 SMR 的收益、优势和面临的困难。每个案例均会在报告中作出详细阐述，同时，每个例子又独立作为在未来 SMR 领域可能存在的概念加以描述。

运水到地月轨道（EML－1）：这个案例比较简单。即将发现、开采、加工、存储的水资源运输到一个有价值的地方，像现在 EML－1 待命区这样有燃料库的位置。这种能在月球和小行星上大量找到的资源在 SMR 中被认作“低挂的水果”（容易获取的资源）。本案例的概念是为未来太阳系之旅寻找冰，并从待命区向客户提供产品。冰可以制成燃料（氢氧）、水、空气（有添加物），并为 EML－1 燃料库提供防护。相比于从地球摆脱重力井运输燃料，包括探险者（和机器人探险）在内的客户将会倾向于从 EML－1 处购买更为便宜的燃料。由于火箭有质量限制，如果可以从其他地方购买燃料，火箭就可以携带更多的有效载荷。在 EML－1 站点上，水的价值将由把水从地球表面运输到 EML－1 处的成本中得到，这笔费用将会根据发射能力在一定范围内变动。后续章节将会展示一个简单的方法，将每吨水从地球运送到 EML－1 的费用控制在 2 000 万美元左右。也就是说，从月球表面或是小行星生产和交付水的目标价格应当低于每千克 20 000 美元。

运镍到地球表面：将矿物资源运送回地球表面的价值取决于太空中相关资源的储量和可供量。其价格是由商品市场确定的，从长期来看是相对稳定的。如果资源更加难以发现和处理，其价格就会上涨。SMR 企业必须权衡他们能输送给市场的原材料的数量与开采小行星和月球表面的成本间的关系。同样，如果 SMR 行业建立一个未来商品价格（估计未来 10 年的价格）的 80％作为价格点，他们就将会对运回一吨矿石的潜在收入有一个估计。本课题以镍为例进行说明，但以上方法也适用于铂和钻石。本课题研究选择一个有确定价格的稳定材料来帮助未来的企业确定收入潜力。在 2014 年夏，镍的价格行情约为每磅 8.14 美元（每吨折合 17 930 美元）。

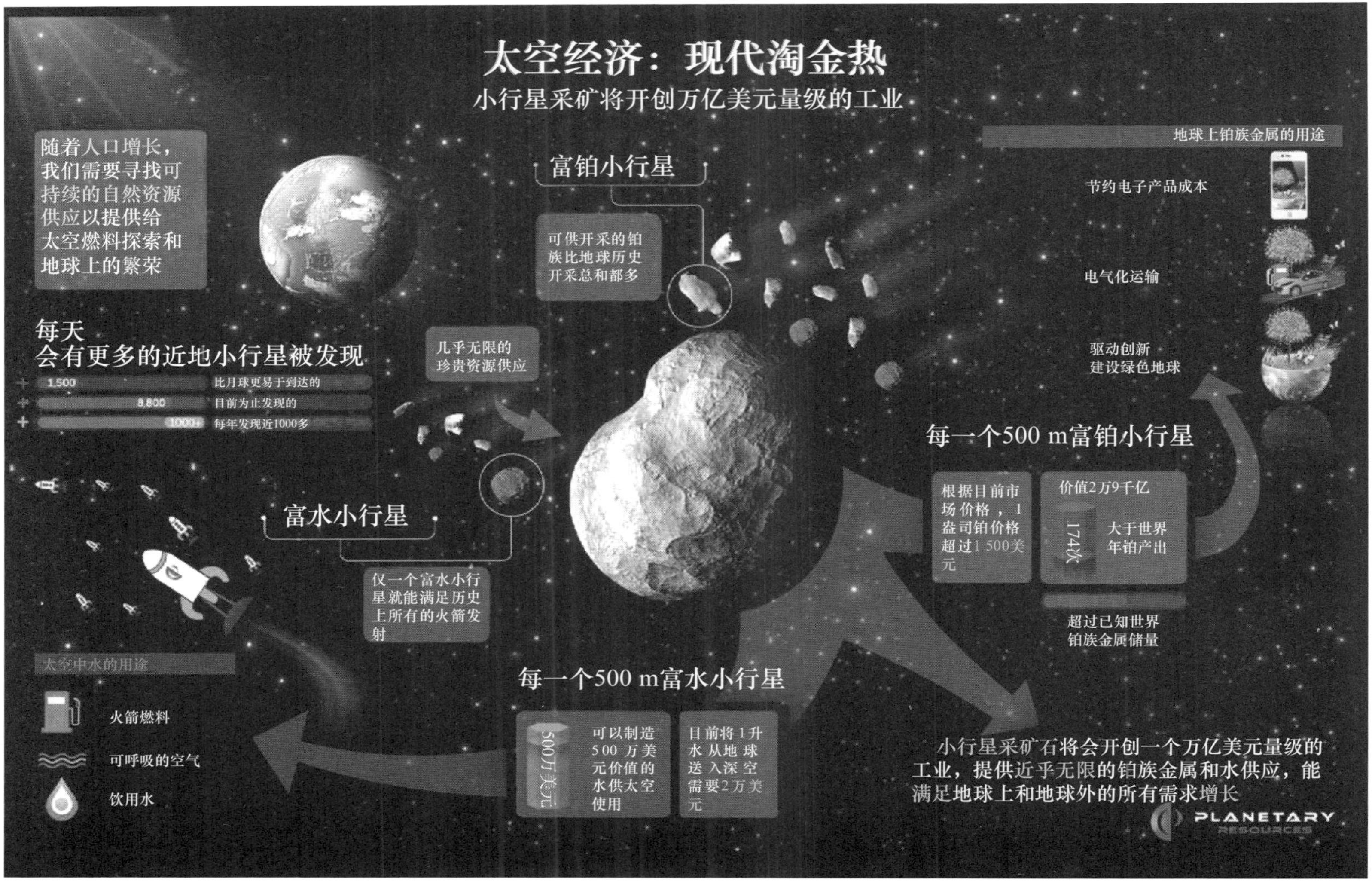

图 2-1　未来小行星 SMR 可行的太空经济场景（行星资源公司）

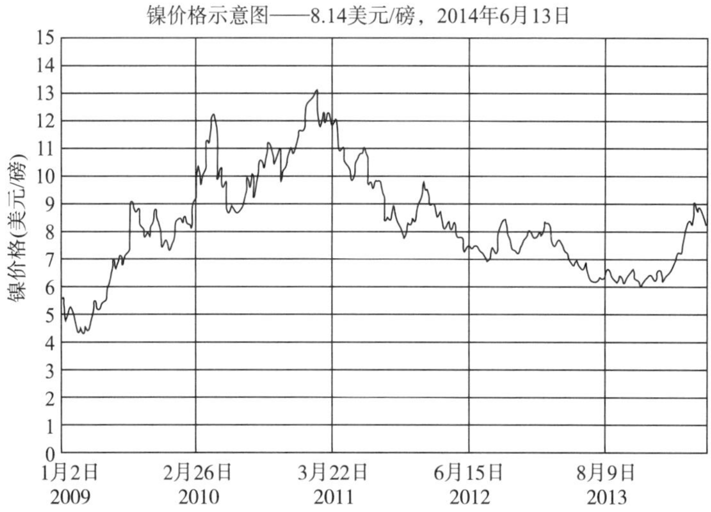

图 2-2　镍价格示意图（www.infomine.com）

2.2　现今的商业项目

在过去的10年里，涌现出许多私人计划，促进了私人的太空探索和开发。对商业化的强调在21世纪为新的太空探索企业提供了一个激动人心的时代。最近，美国国会议员约翰·库伯森说明了政府为什么以及何时要商业化。

“我一直是黄页试验的忠实拥趸：如果你能在黄页中找到一项政府所提供的服务，那么如果符合条件的话，就应该对其私有化。”[库伯森（Culbertson），2014]

在许多国家都有商业航天活动的相关政策。一个新生的政策正在资助着支持国际空间站（ISS，International Space Station）的商业航班的创建。其中包括轨道科学公司（Orbital Sciences）和太空探索技术公司（SpaceX）提供再补给，以及波音公司（Boeing）和太空探索技术公司为国际空间站提供载人摆渡服务。人们也意识到，商业化航天器将会把乘客带到太空边缘去。所有这些商业企业的花费目前均能被某一项国家政策所包容，但是其他更多的公司，比如英国和他们提议的太空港计划等也会跟进采用这种模式。

在商业航天服务的市场培育阶段，美国国家航空航天局（NASA）和联邦航空管理局（FAA，Federal Aviation Administration）签订了符合美国《国家航天政策》（2010年6月28日）的合作协定，这一政策指导联邦机构：

“……尽可能减小商业航天活动的监管负担，确保形成对航天活动许可做到及时响应的监管环境”；

“……为盈利且成本效率高的商业航天部门，从转移程序和可操作的航天功能等方面寻求潜在的机会……”

下面分类展示了部分对SMR感兴趣的公司，包括月球商业开发、小行星开发、火星商业探险及太空缆绳/太空电梯。

2.2.1　月球商业开发公司

金色道钉公司（Golden Spike）。金色道钉公司致力于通过合理定价到地球唯一的天然卫星——月球轨道和月面探险，从而改写人类载人航天活动的历史。金色道钉公司将更进一步，通过将载人探月飞行任务转变为参与式的探险改变人类探月活动，也就是通过创造令人兴奋的新方法使公众参与到太空探索中，进而实现载人航天活动盈利化。金色道钉公司已经通过探险机票的销售、周围媒体及商品销售的收入构成了月球探索的盈利模式。（摘自其公司官网）

沙克列顿能源公司（Shackleton Energy Co）。旨在为空间探索前沿活动提供燃料。鉴于发射高出低地球轨道时的质量有 95%都是燃料质量，以来自月球的低成本燃料为目标，在地球同步轨道上建立燃料库是盈利的有效手段。（摘自其公司官网）

月球捷运公司（Moon Express）。该公司相信人类成为多星球物种是至关重要的。地球的姐妹星球月球拥有丰富资源，堪称地球上的“第八洲”，有助于丰富和保障我们的未来。月球的独特之处在于，其表面在数十亿年里保持着相对的稳定。大多数地球上稀有的元素被认为是起源于太空的，这些元素在月球表面储量丰富。在商业经济努力下的新范式中探索月球，是获取知识和资源的关键，这将有助于推动我们在未来成为一个太空探索的物种。（摘自其公司官网）

王剑-奥马兹（Excalibur Almaz）公司。其是位于英国属地马恩岛（Island of Man）的一家国际商业航天运输公司。其目标是创造价格低廉的可靠运输方式，将人类和货物运送到低地球轨道、拉格朗日点、月球甚至更远。王剑-奥马兹公司正在从使用业已验证的设备和发射装置的运输系统开始，建立一个私人太空计划。公司的目标是月球探索、拉格朗日点任务、小行星开采及其他长期的航天项目。王剑-奥马兹公司可以通过使用已经证实过的传统硬件以较低的成本满足客户的需求；在减少安全问题风险的同时，缩短用时实现操作目标；面对监管约束和责任的挑战。王剑-奥马兹公司的目标是创造价格低廉的抵达低地球轨道、月球轨道、近地天体和深空的商业航天运输方式。（摘自其公司官网）

毕格罗航天公司（Bigelow Aerospace）。在 2006 年和 2007 年，毕格罗航天公司分别发射了在轨原型机创世纪 1 号（Genesis I）和创世纪 2 号（Genesis II）。毕格罗公司的计划是通过开发使用其“可扩展活动舱”专利的新一代航天器，利用一小部分成本极大地扩大国际空间站的可用空间。经历了超过 10 年的研发，毕格罗航天公司致力于为国家航天机构和企业客户提供负担得起的太空飞行选择。（摘自其公司官网）

2.2.2　小行星开发公司

行星资源公司（Planetary Resources）。行星资源公司把太空中的自然资源带入到人类经济影响范围之内，将人类未来推动到甚至超越 21 世纪。小行星中蕴含的水资源将会为太空经济提供燃料，稀有金属将会增加地球的 GDP。行星资源公司的任务十分明确：为使用商业和创新技术探索太空。他们计划开发低成本的无人飞行器，用于探索上千颗可达到的资源丰富的小行星并尽可能多地了解它们。然后开发最有效的可行途径来将这些资源直接提供给天基客户和地面客户。小行星开采听起来像是科幻小说一样，然而却是科学活动。太空中有近乎无限数量的小行星，并且每年都会发现更多的小行星。有超过 1 500 个与地球有相似的轨道并且像月球一样易于到达的小行星。小行星上充满了从水到铂等各种珍贵的资源，从近乎无限的来源中利用贵重矿产可以给地球生态带来稳定，增加人类的财富，并且能在太空中建立和巩固人类的存在。(摘自其公司官网)

深空工业公司（Deep Space Industries）。太阳系中的财富可以给人类带来空前的繁荣，帮助改善地球环境。太空的资源潜力超过以往的任何前沿疆域，并且对地球环境没有影响。在太阳系中有足够多的小行星，许多小行星的轨道接近地球，并且其中许多小行星的资源都存量巨大，从水到如铁、金、铂等金属，这些资源包括我们将人类文明迈向太空所需的一切，可以满足我们在地球上的需求，也能增加地球经济的财富。除此之外，太空中 24 h 全天候有太阳光照，从太阳能卫星传送回地球的电力是零碳排放、无放射性废物的。由于太空中重力影响最小，当涉及到物理化学上的移动、建设和创新时，我们可以做出许多令人惊奇的事情。事实上，能够限制我们的只有我们的想象力。而这一切，都发生在我们脆弱的生物圈外一个安全的地方。深空工业公司相信，人类已经准备好开始收获太空中的资源并化为已用，用于太空探索和推进地球上人民的繁荣富强。他们的理念是推动实现这一愿景，同时作为一个商业航天操作、开采、制造公司，带着严肃认真、诚信厚德、敢于胜利的态度，确立可信、灵敏且盈利的强大声誉。深空工业公司将会以第一代太空探索留下的惊人遗产为基础，驾驭信息新时代的力量，定位、探索、开采并利用在地球社区中的大量小行星。他们将通过创新和务实，即“开始先走稳每一小步，在可以时实现大的跨越”，来实现以上这些目标，将人类带入充满希望的未来。(摘自其公司官网)

王剑探索公司（Excalibur Exploration）。该公司的宗旨是，在合法和必要的情况下，尽一切所能，完成引领太空探索和资源开发之目的。作为一个在英属马恩岛（Island of Man）注册的企业，王剑探索公司（EE）成立于 2007 年 5 月 4 日。公司由两个美国人所有的王剑有限公司全资控股。EE 从事的是商业航天活动的探测部分。选择马恩岛作为公司注册地点有两个原因：在此地的航天活动免税；在此地的航天活动受 1986 年《英国外层空间法》的约束，不同于美国法律，该法允许马恩岛政府特别许可和授权“可以在外层空间进行的任何活动”。马恩岛政府同英国政府合作，作为公司注册地点，其法律规章允许太空开采并将太空开采的材料运送回地球表面。非常值得注意的是，任何希望经营商业航天开采的公司面临的许多风险和障碍都是法律、行政和监管上的，而不是技术上的。EE 在进行商业开发时必须优先考虑的是全面评估这些风险。(摘自其公司官网)

2.2.3　商业火星开发公司

太空探索技术公司。太空探索技术公司设计、制造、发射先进的火箭和航天器。其所有者伊隆·马斯克曾多次表示，希望在他的有生之年看到有 10 000 人登上火星。公司成立于 2002 年，希望推动航天技术革命，最终目标是使人类能够在其他星球生活。在和

NASA 签订了 16 亿美元的合同后，太空探索技术公司将会执行向国际空间站进行的多次太空货物补给任务，并且在不久的将来，太空探索技术公司也将要实现总计至少 12 次的载人飞行。太空探索技术公司“龙”飞船设计之初是为了搭载航天员，现在，在一份与 NASA 签订的价值 4.4 亿美元的协议中，太空探索技术公司正在调整“龙”飞船使其能够实现载人飞行。太空探索技术公司是世界上成长最快的发射服务供应商。该公司已实现正向现金流和盈利，该公司已经获得将近 50 个发射订单，代表着将近 50 亿美元的合同，包括商业卫星发射和 NASA 的任务。目前正在开发的重型猎鹰运载火箭（Falcon Heavy）将成为世界上最强的火箭。同时，太空探索技术公司公司仍在继续研究其关键目标——开发可重复使用火箭，这一壮举将通过从根本上降低运送高可靠性飞行器的成本而改变太空探索格局。（主要来源于其公司网站）

“灵感火星基金会”（Inspiration Mars Foundation）。火星对人类来说是个挑战，但是随着人类经验和知识的增加是又一个可以实现的探索目标。“灵感火星基金会”计划发射“美国使命（A Mission of America）”，将使用现存航天运输硬件进一步推动技术的发展。这将为太空探索的下一个伟大时代创造知识、经验和动力。这将鼓舞全体美国人再一次相信，只有做困难的事情才会让国家变得伟大；同时，激励下一代探索者通过科学、技术、工程、数学教育和探索追寻他们的使命。现在是时候了！到 2018 年，行星将会排成直线，提供一个往返地球和火星只需要 501 天的独特轨道。“灵感火星基金会”致力于运送一男一女两名美国航天员完成在 100 英里距离内环绕这颗红色星球飞行并安全返回地球这一历史性旅程。任务的目标发射时间是 2018 年 1 月 5 日。这种非常快速、自由返回的轨道每 15 年仅有两次机会。在 2018 年以后，这种机会直到 2031 年才会再次出现。本次任务将使用来自 NASA 和国际空间站的最先进的技术，史无前例地为科学、工程学和教育机会提供平台。该项目将主要由慈善捐款提供资金，还会有一些潜在的来自政府方面支持的资金来源。此次任务将完成火星表面 100 英里范围内的飞跃。利用火星引力的影响将飞行器“弹射”到地球返回航线上，仅仅有小的航线修正作为额外的操控。在飞行器再入前会发射、分离并部署一个充气式居住舱。NASA 和航天工业界对人类太空探索技术和操作的投资的及时融合促成了这次任务的实现。本次任务设计基于市场上可以见到的且已经得到证实的低地球轨道系统和技术。这次任务将要展示美国人为太空探索的下一个伟大时代的创新努力、产生的知识以及获取的经验和动力。这代表了将会引领新的前沿发现的、史无前例的、长期的研究机会。它验证了几十年来纳税人在 NASA 技术上的投资是有效的，巩固了美国在太空探索领域的领导地位，激励着下一代探索者通过科学、技术、工程、数学教育和探索，追寻他们的使命。此次任务是我们现今集成性空间探索能力的根本展示。（摘自其官网）

“火星一号”公司（Mars One）。该公司将在火星上建立一个永久的人类定居点。自 2024 年起，每两年一次运送 4 名人员到火星住所。第一次无人发射任务将于 2018 年开始。任务计划的基础设施已于 2011 年由巴斯·兰斯多普和阿诺·韦德斯完成，为“火星一号”的任务规划打下了基础。美国、加拿大、意大利和英国等航天组件的潜在供应商举行了讨论会，通过供应商工程师和商业开发人员的反馈确定了任务结构、预算和时间表。结果得到了一个能够利用现有技术实现永久火星定居点任务的基本设计。(摘自其公司官网)

2.2.4 太空缆绳和太空电梯公司

缆绳无限公司（TUI，Tethers Unlimited）。该公司的任务是开发用于太空、海洋、地面和空气中的先进的推进、动力、通信和机器人技术，确保增强功能并大幅节约成本。缆绳无限公司已经扩大其关注点和专业领域，以满足小卫星的高性能组件、机器人装配制造技术、光纤绕组和部署、导航传感器、通信系统及其他先进技术领域的技术需求。除此之外，缆绳无限公司还专门研究太空缆绳。所谓太空缆绳就是一种长线缆，用于将航天器互相连接起来或是将航天器与诸如助推火箭、空间站或是小行星等其他质量连接起来。太空缆绳通常由多股高强度细纤维或是连接电缆组成。缆绳可以在两个空间目标间提供机械连接，使能量和动量从一个目标传递到另一个目标。由此，他们可以在不消耗燃料的前提下实现空间推进。除此之外，导电式太空缆绳可以与地球磁场和电离层等离子相互作用，从而在不消耗燃料的前提下产生推力或阻力。(摘自其公司官网)

太空电梯公司。该公司旨在将人类从我们的家园地球与我们的月球、我们的行星和恒星连接起来；为开发先进技术的商业投资获得可观的回报；学习我们搭建到达太空和在太空中的电梯需要学习的知识，并进行实际搭建；将月地内轨道大宗货物运输商业化；改变世界，改善世界，是值得的。构造伟大的事物要求我们做到最好；以人为本；诚信为本；全球化；合作共赢；为全球利益相关者世代负责。(摘自其公司官网)

2.3 投资人

福布斯亿万富豪榜成员投资这些公司正在越来越成为时尚。见表 2-1，2011 年有 6 位太空投资的亿万富豪，到 2013 年已经变为 10 位，组合净资产达到 1 060 亿美元。相比之下，NASA 在 2013 年的估计预算仅有 178 亿美元。

表 2-1 通过自己的公司投资航天工业的亿万富翁

[沃尔（Wall），Space. com；梅西尔（Messier），Paraboloc. com]

投资人姓名	所投资的航天公司名称	原始收入来源
伊隆·马斯克（Elon Musk）	太空探索技术公司	贝宝（Pay-Pal）
理查德·布兰奇（Richard Branson）	维珍·银河公司	维珍集团
保罗·艾伦（Paul Allen）	平流层发射系统公司（Stratolaunch System）	微软
杰夫·贝佐斯（Jeff Bezos）	蓝色起源公司（Blue Origin）	亚马逊
马克·扎克伯格（Mark Zuckerberg）	全球卫星网络公司（Global Satellite Network）	脸书

还有几个亿万富翁也投资到其他公司，而不是自己创立公司。比如，谷歌的执行官拉里·佩奇（Larry Page，297 亿美元）和埃里克·施密特（Eric Smidt，91 亿美元），前谷歌董事会成员拉姆·施雷姆（K. Ram Shriram，19 亿美元），房地产开发商小罗斯·佩罗

(Ross Perot，17.5 亿美元)，以及软件架构师查尔斯·西蒙尼（Charles Simonyi，14 亿美元）均投资了一家小行星开采公司——行星资源公司。（沃尔，Space.com）

投资航天工业的高净值人士列表还包括：罗伯特·毕格罗（毕格罗航天公司），查尔斯·西蒙尼（行星资源公司），理查德·加里奥特（Richard Garriott，国际空间站访客），马克·沙特尔沃思（Mark Shuttleworth，国际空间站访客），阿努什·安萨里（Anousheh Ansari，安萨里·X 奖），丹尼斯·蒂托（Dennis Tito，火星灵感公司），巴斯·兰斯多普（Bas Lansdorp，“火星一号”公司），纳温·贾因（Naveen Jain，月球捷运公司），巴尼·派尔（Barney Pell，月球捷运公司），汤姆·皮肯斯（Tom Pickens，SpaceHab 公司）和约翰·卡马克 [John Carmack，犰狳航空航天公司（Armadillo Aerospace）]。与此同时，私人航天投资者所积累的财富仍在持续增长。

关于商业设计参考任务的信息仍然较少。这在一定程度上是由于商业秘密的私有性和机密性。然而，信息总是以各种方式进入公共领域。火星移民者将无疑从 SMR 派生的推进剂中获利，甚至形成一个健康的市场。最近，太空探索技术公司创始人伊隆·马斯克发表声明称，在其有生之年一个重要的愿望就是建立一个可容纳 10 000 人的强大的火星“殖民地”。已经报名参加巴斯·兰斯多普的“火星一号”公司的单程火星任务的人数早已超过 20 万人，这证明了人类在火星探索上的风险偏好正在逐渐放松。[王（Wong），2013]

2.4　可应用的政府项目——小行星重定向任务

在国际舞台上，有很多计划想要使人类超越低地球轨道。每个独立国家都希望在自己人民中及在世界各国政府中增加其威望。很多国家表示，从长远来看，他们将要把人类送上月球和火星。每个项目计划都有其优势和策略，都有其准备硬件的实施时间表和技术方案。然而有一个计划是与商业化 SMR 公司的项目计划完全平行进行的。NASA 正在实施，并一路随着计划进行的“小行星重定向”项目。其计划是使用机器人到达一个近地小行星，并将其从它的自然轨道移动到低月球轨道上去。这将使 NASA 能利用政府资助的飞行器（如“猎户座”太空舱）在指定地点执行载人交会对接计划，以研究小行星并将开采样本带回地球。该项目描述如下：

“NASA 正在寻找一颗小行星以利用机器人航天器进行捕捉，重定向到一个稳定的月球轨道，并在 21 世纪 20 年代输送航天员来进行研究，一切都在 NASA 载人通往火星之路上实现。NASA 官员于周四宣布为‘小行星重定向任务’（ARM，Asteroid Redirect Mission）选定候选小行星的最新进展，增加公众在寻找小行星中的参与度，并推动任务的设计。NASA 计划于 2019 年发射小行星重定向任务无人航天器，任务最终选定的小行星将在航天器发射前一年确定。NASA 正在为这个项目确定两个概念：第一是在开放空间中完全捕获一个小行星，第二是从一个大得多的小行星上取下一个巨石大小的样本。NASA 将在 2014 年末从这两个概念中选择一个，并进一步改善任务设计。NASA 的斯皮策空间望远镜最近观测到一个命名为 2011MD 的小行星，符合整个捕获概念好的候选小行星的所有特征。随着任务的进展，NASA 将在未来几年继续寻找其他候选小行星，同时天文学家们正在为人类进入太阳系的下一个目的地寻找合适的候选小行星，并取得了进展(www. nasa. gov)。概念图 2-3 显示了 NASA 的“猎户座”飞船接近无人小行星捕获飞行器的画面。“猎户座”飞船和其两人成员组从地球到达被捕获的小行星将会耗时 9 天左右。”(NASA，2014)

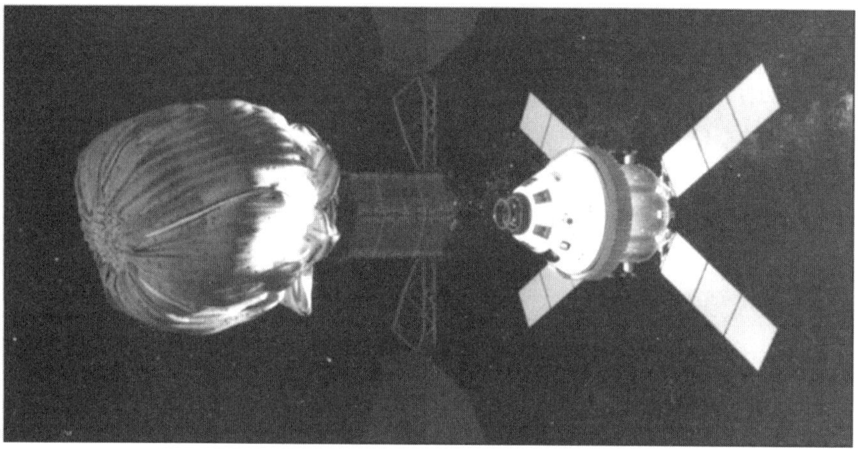

图 2-3　“猎户座”飞船交会对接（NASA 图片）

SMR 业界从这个重大的 NASA 计划中得到的一个主要好处是可以利用 NASA 所有的近地小行星数据库。就在最近，NASA 为识别近地小行星建立了一套分类方法，来满足他们利用自身能力匹配地点、接近/调查、“行走”在行星表面上，然后将其送回低月球轨道的需求。到 2014 年 6 月，NASA 确定了 3 个可以到达并能带回月球区域的近地小行星。这种识别近地小行星和对其分类的方法也极大地增加了商业化开采小行星工作的可能性。除此之外，NASA 还在 6 个多月的时间里签订了 18 份合同，花费 490 万美元来对小行星计划进行研究。下面这些研究项目均可以直接适用于小行星的 SMR 计划。

表 2-2　NASA 小行星计划中授权的研究项目（NASA，2014）

	小行星捕获系统	
小行星捕获系统	北美机载系统公司	将制造和测试一个概念验证充气捕获系统
小行星捕获系统概念研究	雅各布斯工程公司，休斯顿	将测试使用机械增大部署方式的小型捕获系统
Kraken 小行星岩土取回系统	Altius 空间机械公司	将为从小行星表面抓取岩土测试原型抓臂和创新性抓臂概念
自动化岩土释放装置	空间系统劳拉公司	将验证用于安置和操作充气挖掘装置，岩土液压装置和样本捕获运回装置的机械臂
	交汇传感器	
交汇传感器套件开发	鲍尔宇航公司	为“猎户座”飞船升级摄像机和激光雷达，以满足小行星重定向任务自动交会对接的要求
小行星重定向任务交汇传感器	波音公司	灵活利用现有的视觉和红外传感器，以及 3D 激光雷达，以满足小行星重定向任务自动交会对接的要求

续表

改造商业飞船		
将商业飞船改造为小行星重定向飞行器	洛克希德·马丁（Lockheed Martin）空间系统公司	将根据现有的商业航天器总线和 NASA 霍尔推进器为太阳能电推进模块定义系统概念
为小行星重定向任务和进一步任务将电推进模块多任务化	ExoTerra 资源公司	将为可扩展多任务太阳能电推进模块定义概念，以满足猎鹰 9 号的发射
将商业飞船改造为小行星重定向飞行器	波音公司	将定义和分析配备 NASA 提供的太阳能电池阵列和霍尔推进器现有商业航天器的变体
将商业飞船改造为小行星重定向飞行器	空间系统劳拉公司	将定义利用现有大功率商业卫星总线降低成本的系统概念
二级载荷合作		
小行星重定向任务的生命星际飞行试验	行星学会	小行星重定位飞行器上的无源负载将把极端生物送入太空并返回地球进行泛种论和天体生物学测试
Arkyd 航天器与 NASA 的小行星计划合作	行星资源公司	将决定行星资源公司开发的三级小型低成本航天器如何能改造增强，以满足 NASA 的小行星任务
极轨地球物理观测台	约翰·霍普金斯大学应用物理实验室	该二级载荷是一个将要由小行星重定位飞行器放到小行星表面的漏斗，用于测量在多个地点的小行星表层的元素组成
“散弹枪”	蜜蜂机器人太空机械公司（Honeybee Roboitics Spacecraft Mechanisms Corp）	该二级载荷从小行星重定位飞行器可以部署多个小行动能撞击装置，以描绘小行星表层特征
小行星重定向任务次级支援飞行器	深空工业公司	将会评估深空工业公司开发的 3 种航天器，并测试公私合作模式；这些航天器与先进返回航天器（ARV）兼容，或可以通过空间发射系统（SLS）发射
为美国地月载人航天探索任务确定潜在的合作伙伴关系		
小型钻孔及缓冲系统	蜜蜂机器人太空机械公司	将开发钻孔工具和样本存储系统概念，可供航天员在小行星上太空行走时使用
小行星计划中的行业资金参与	深空工业公司	将会分析商业导向下小行星计划的经济基础，开发与商业需求相关的品质因数；同时还将演示评估潜在的原位资源利用

除此之外，小行星重定向任务还有一方面原因将政府和商业目标联系在一起。NASA 的小行星重定向任务追求的目标是：“惠及科学利益和合作利益，提升我们对小天体的认知水平，并能使为满足商业和探测需求而开采小行星资源成为可能。”（NASA，2014）

2.5　SMR 的益处

开发外空资源将不仅改变我们的生活，更将改变我们的命运。每个人都想生活在高生活水平的可持续发展的经济中。想要做到这一点，我们必须明智地利用资源，避免浪费，优先开发 SMR、空间太阳能，确保实现高负载、低成本地进出深空进行探索。人类通过消耗矿物资源达到繁荣，未来使用 SMR，可以消除地球环境的化学废弃物和热废物，并为整个太阳系人类文明的发展提供资金。他们的和平发展可以为我们发展中的行星文明提供物质上的利益和精神上的挑战。现在，人类在所有的航天活动中花费了大约 3 000 亿美元，不到世界 GDP 百分之一的一半。当我们开始考虑深空经济形势的时候，这个数字必须牢记在心。为了全面考虑这些以地球为中心的数字，我们需要从地球轨道之外考虑这些资源的价值。从总体上来说，富金属小行星含有一系列的组成成分，但其主要成分是铁和镍。正因如此，它们经常被称为“镍铁”。然而铂在这些金属类小行星中的总量往往超过地球铂矿总量的 100 倍。图 2－4 描述了小行星内的矿物质分布。

陨石和小行星中贵金属的含量和潜在价值

金属	高铁群球粒陨石中的金属含量/ppm	低铁低金属群球粒陨石中的金属含量/ppm	90%富铁陨石中的金属含量/ppm	1 km 直径金属小行星中的质量/t	近期价值*（十亿美元）	近期价值*（十亿美元）
钌	5.8	17.8	21.5	87 000	171	5
铑	1.1	3.3	4.0	16 000	1838	89
钯	4.5	14.0	16.5	67 000	246	35
锇	3.9	12.1	14.5	58 000	778	9
铱	3.9	12.0	14.0	56 000	554	10
铂	8.0	24.7	29.0	117 000	1 474	146
金	1.1	3.5	0.6	2 400	30	29
总和	28.3	87.4	100.1	407 400	5091	323

* 指的是在一个直径为 1 km 的富（90%含量以上）金属小行星中的价值

图 2－4 低铁低金属群球粒陨石和高铁小行星中的贵金属含量

可以说，SMR 的基本参数尚未被政治决策者广泛了解，本课题研究旨在对此进行补救。任何在地球上可以找到的金属原料，无一例外地在外层空间都可以被更为大量地发现。显然，外层空间为矿物资源提供了大量的存货场所。下一个问题就是，哪些外空资源适合短期使用？这是一个现实的问题，这也因此定义了 SMR 的投资回报。

“原位资源利用，或者说‘就地生存’的目的，是能够驾驭和利用外空资源来创造新的产品和服务，并能显著降低短期和长期太空探索的飞行质量、成本和风险。要想实现一个可持续发展、可负担得起的、人类与机器人探索太阳系甚至更远的太空探索计划，原位资源利用是其中的关键所在。水，太阳风产生的挥发物（氢、氦、碳、氮等），大量矿物质和金属，大气成分，无限的太阳能，永亮与永暗区域，真空及零重力空间本身，甚至是人类活动带来的垃圾和废物都是潜在的外空资源。合理地加工处理可以将这些原始资源转换为可用的材料和产品。”（桑德斯，2005）

使用 SMR 的好处是降低成本，增加产能和自主性，以及产生经济利润。随着成本的下降，有更多的资源可被开采。随着所开采资源的增多，人类将在太空中立稳脚跟。对 SMR 的利用本质上创造了一个反馈回路，将成倍地增加我们进入太空的机会。

最有价值的近地小行星是那些轨道与地球相近的小行星，这样的话我们到达他们并返回地球所需要的能量消耗最少。近地小行星是非常丰富的资源（目前估计有超过 200 万颗近地小行星），目前人类负担得起并可以到达的目标仍在持续增加。每个月都会有一颗可能毁灭人类文明的小行星（超过 1 km）被发现。图 2－5 展示了过去每 30 年里发现的小行星数量。NASA（和其他机构）的高度重视促进了发现几率的增加。

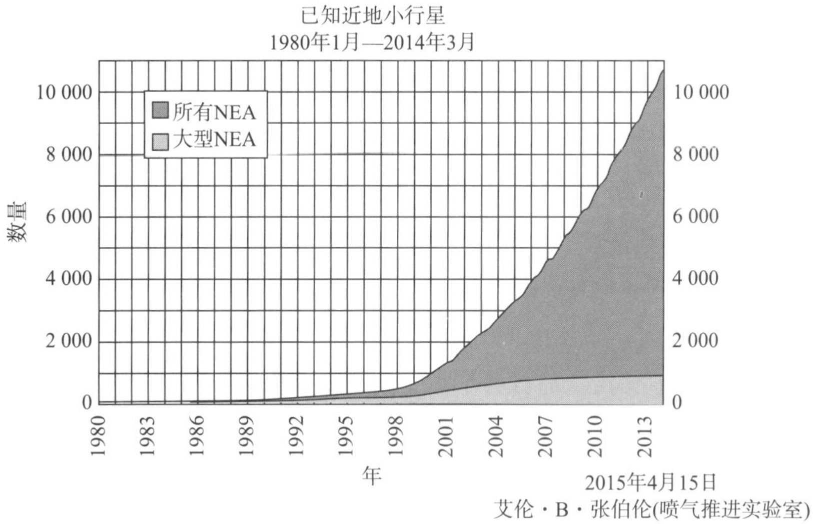

图 2－5　已知近地小行星（NASA 喷气推进实验室，2014）

本报告公开的关于 SMR 的技术信息包括 NASA 和国际空间机构发布的技术路线、技术成熟度评估、建筑方案、共同和独特的系统要素，以及推荐的投资路径。政策信息总结了当前国际法律环境和加快资源开发可以采取的步骤，包括清除一些障碍的建议。经济分析将 SMR 转换到一个框架或者环境中，以便理解其对公众和私人利益相关者创造的现有和未来的价值基础，还包括对当前和预计未来经济政策影响的评估。如图 2－6 所示，近期的技术路线将会自然落在地月空间经济圈中。

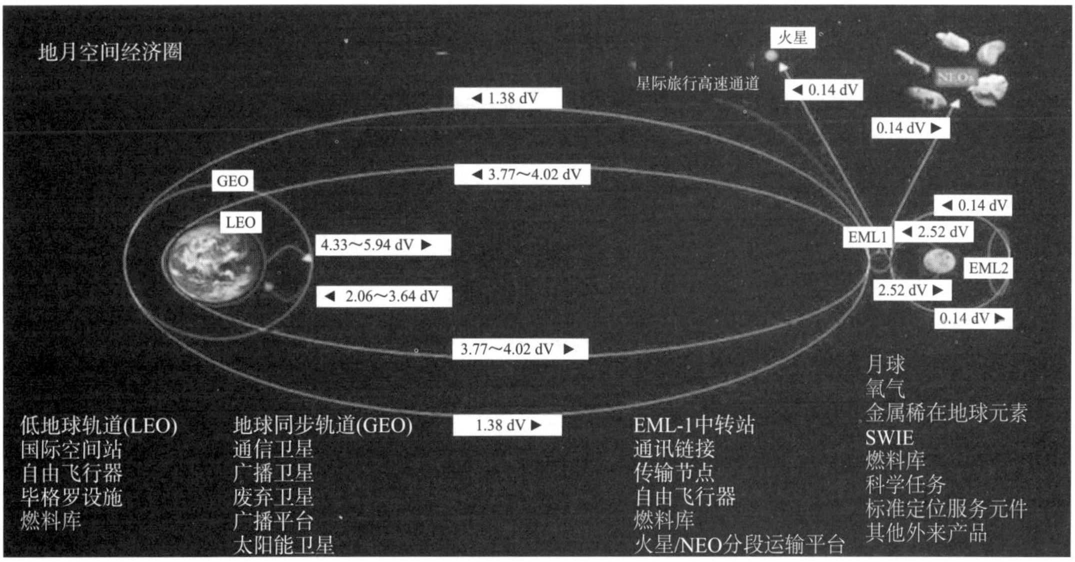

图 2－6　地月空间经济圈过程控制与产品［墨菲（Murphy），2012］

2.6 SMR 的开采

人类目前广泛拥有一系列的地基矿物开采和提取技术。由于外空资源和地球资源的相似性，许多地基技术应该可以很容易适应月球、火星和小行星独特的物理环境。在近 50 年的行星表面任务中已经取得了广泛的数据，包括 SMR 的储量及未来矿体独特环境背景下的数据采集。丰富的数据集产生了一大批针对诸如冷、高度真空、微重力等太空严酷环境下开采提炼矿物传统方法的调整方案。相比于目前的地基传统技术的能耗和复杂的需求，利用独特的外空环境因素降低成本、开发和证明新奇的开采方法的潜力依然存在。此外，SMR 的技术开发还可以与地面矿物开采和加工形成协同互补优势。

2.6.1 获取阳光资源

读者一定记得商业航天活动的目的是在完成资源开发利用的同时获得盈利。这与一系列选项中的第一个概念吻合：出售阳光！如果在低地球轨道（或地球同步轨道）上有一个平台，可以（向航天器）提供稳定、方向和电力，那么就能吸引到客户。这意味着 SMR 企业活动的第一步也可能获得盈利。大多数 SMR 企业的第一步工作是利用望远镜了解有机会的小行星目标。如果他们有一个拥有额外太阳能电池阵列甚至是额外燃料的强大的在轨设施呢？他们会不会在进行任务操作以识别和表征类似于月面或近地小行星表面这样的 SMR 目的地的同时，可以在某个利润点出售这些资产呢？

2.6.2 获取材料（矿石）

小行星：当我们开始绘制太阳系星图时，我们既发现了可能是我们未来繁荣关键的巨大资源，也发现了对人类文明甚至整个物种的威胁来源。而这两种都是太空的矿物资源。特别是太阳系中有数百万颗环绕太阳运行的小行星。现在人类是时候该决定如何利用这些资源了。是在太阳系，甚至超出太阳系，建立一个宏伟和灿烂的文明，还是忽视这些资源，留在地球，等待着被迟早要来的小行星撞击毁灭？本报告研究了 SMR 的利用问题，但是也意识到，在低地球轨道活动及在小行星开发计划执行过程中要保护地球。记住在恐龙时代是没有太空计划的。正如 H. G. 威尔斯（H. G. Wells）所说的那样，我们的选择是“要么星辰宇宙，要么一无所有”。

如果我们整合目前拥有的技术、经济、政策手段，就可以用来评估进而减轻这种威胁，甚至把它变成超越想象的大量矿物资源。假设中产阶级的消费模式保持不变，目前太阳系内的人口容纳量估计为十千万亿人。今天的经济仍以一定规模增长，将会允许私人和商业企业茁壮成长。太空开采者可以获取小行星矿藏并且进行原位加工，仅仅运输精炼后的成分；还可以将原料或者处理后的矿石运送到近地的稳定位置或者运回地面进行加工。这两种方法在不同的情况下都有特定的作用。原位加工可以通过仅仅从近地小行星运出其有价值的部分而节省运输成本。而面临的挑战是，近地小行星很少有靠近地球进行低能耗运输的机会，因此从在近地小行星上安装加工设备，到将产品运送回地球这两次小行星掠过地球的时间可能有

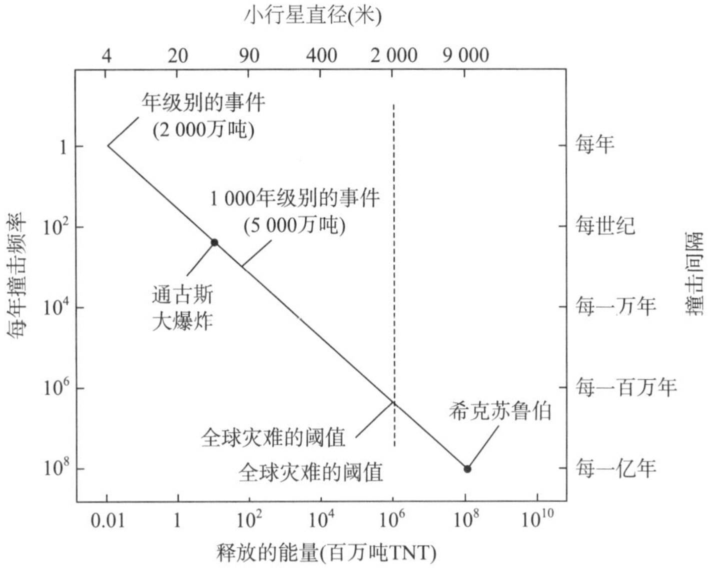

图 2-7　小行星大小与数量（NASA 图片）

10 年，20 年，甚至是 50 年之久。对于更多的近地小行星来说，需要实际测量他们的轨道，来确定他们能否在短时间内通过完成原位加工过程盈利。图 2-8 是小行星丝川（Itokawa），它长约 1 km，曾在 2005 年由日本隼鸟号（Hayabusa）太空探测器到访。这颗小行星的矿物样本已于 2010 年被送回地球。这也是第一个从小行星上开采出来的矿物。

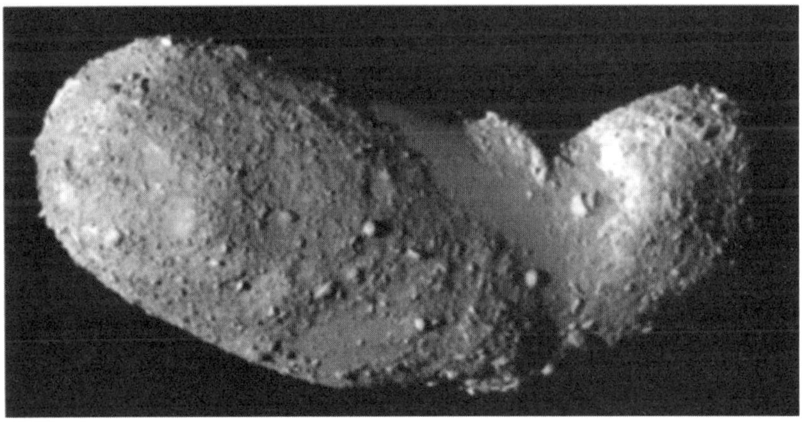

图 2-8　小行星丝川［日本宇宙航空研究开发机构（JAXA）/
日本东京大学宇宙与航空研究所（ISAS），2005］

另一种选择是将原料或者精矿运送到近地的停泊轨道或者直接运送回地球，所运送的要么是整块小型的的近地小行星（直径 1～10 m），要么就是收集大型近地小行星的一部分并运送这一小部分样品。对于小型的近地小行星而言，从他们的本质上来说，自然很难从地球上观测到，航天器也很难在浩如烟海的星际空间中将其捕获和跟踪。在现有的数据库中中等大小的近地小行星存量更为丰富，也更容易通过航天器接近、确认和跟踪。其中一些，如

25143号小行星丝川，散落着大量可以收集带回地球轨道的巨石。其中一些看起来相对适合运输，另一些可能需要一些诸如剪切、粉碎、钻孔等手段来获取适合运输大小的样本。

为了捕获和稳定小行星，美国搜寻地外文明学会（SETI Institute，Search for Extraterrestrial Intelligence Institute）完成了一项巧妙的系统设计，他们用一张大图说明了向NASA提出的建议和实现路径：（NASA，2014）

“牧羊犬（SHEPHERD）引导是一种软捕获的概念，与小行星表面没有硬接触。其动机不仅仅是理解小型近地小行星内力、内部结构、消除自旋的响应及表层风化现象等方面的科学价值，更是看重将一个完整的小行星带入地月系统中的价值。相比于一袋石头，更重要的是让小行星重定向任务成为在太阳轨道长时间执行载人航天任务及最终到达火星任务的基础条件。”

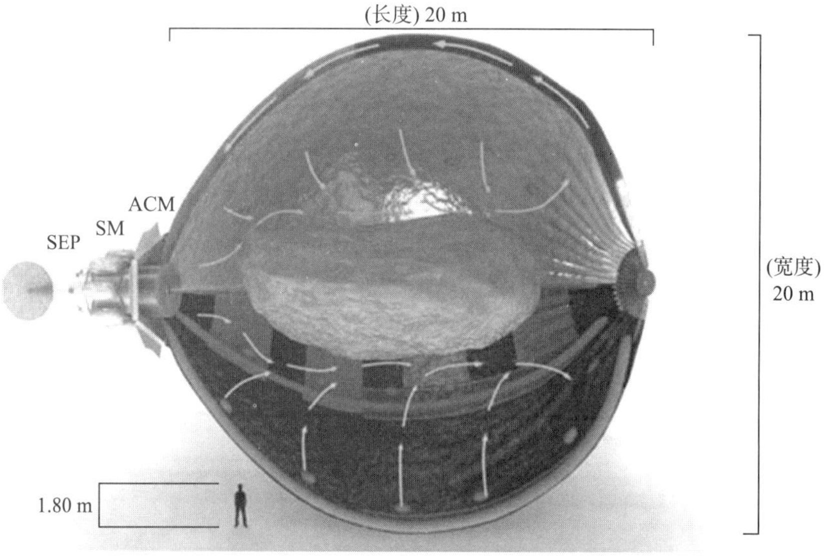

图2-9　牧羊犬概念（Digital Space公司）

在1980—2013年间，人类发现了大约10 000颗近地小行星。这其中仍有太多情况可以讨论。这些小行星由冰、岩石、碳的化合物和金属构成。所以地球是在太阳系历史的早期，在数十亿这样的小行星互相撞击中形成的，也就不足为奇了。

人类太空飞行可接近的近地小行星目标：NASA和美国喷气推进实验室有一项正在进行的研究，用以确认满足其“任务可执行”标准的小行星。根据相关标准，到达这些动态目标并返回地球的用时应该最短。最近美国喷气推进实验室团队发布了首选目标的最新个数是1 346颗。图2-11显示了到2015年1月为止这些首选目标的发现情况。

行星：从月球或者火星上以更传统的方式获取矿石。月球和火星上的矿物开采设备具有很广泛的应用前景，也有越来越多的技术细节特点，但是由于重力的存在，还是主要聚焦在典型的地面开采设备。相比于地球，挖掘月球表面，其中一个重要的区别是需要增加牵引力（压力设备需要对“地面”施加一个给定的向前的力）大小的不同。对于牵引恰恰相反的是，当动量效应不太大时在月球上更为容易。下面几幅图展示了一些支持行星SMR活动的概念。

图 2 - 10　小行星（丝川太小肉眼不可见）（NASA 图）

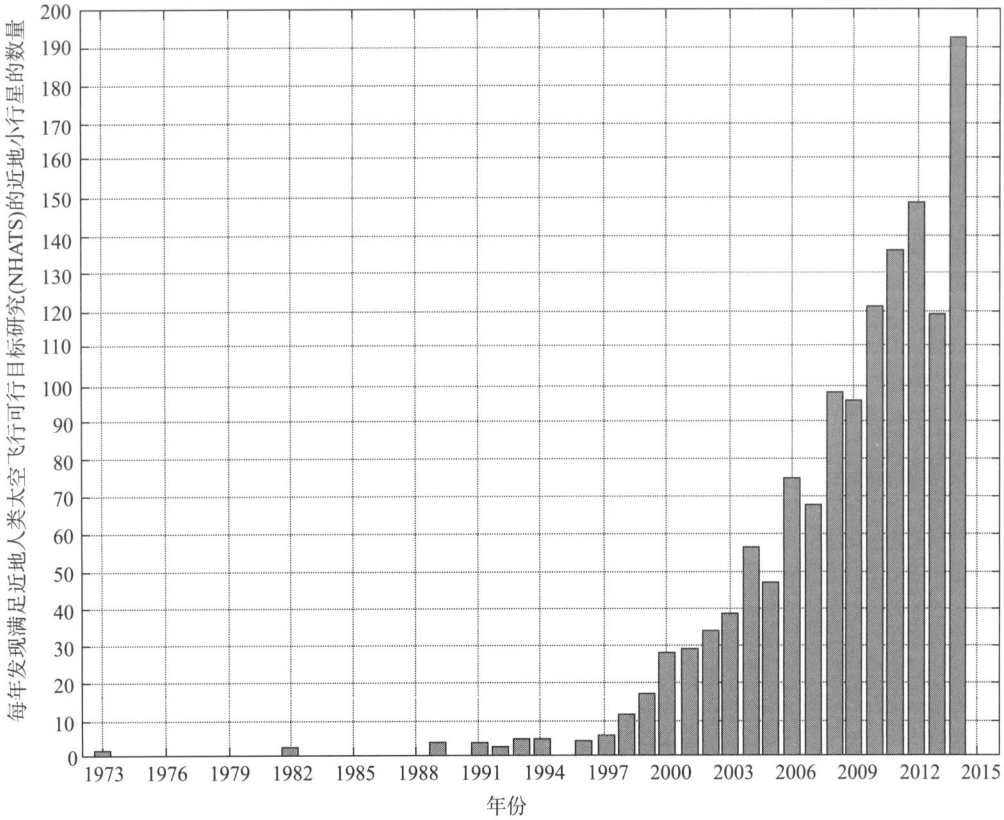

图 2 - 11　动态可达的近地小行星目标（NASA，美国喷气推进实验室，2015）

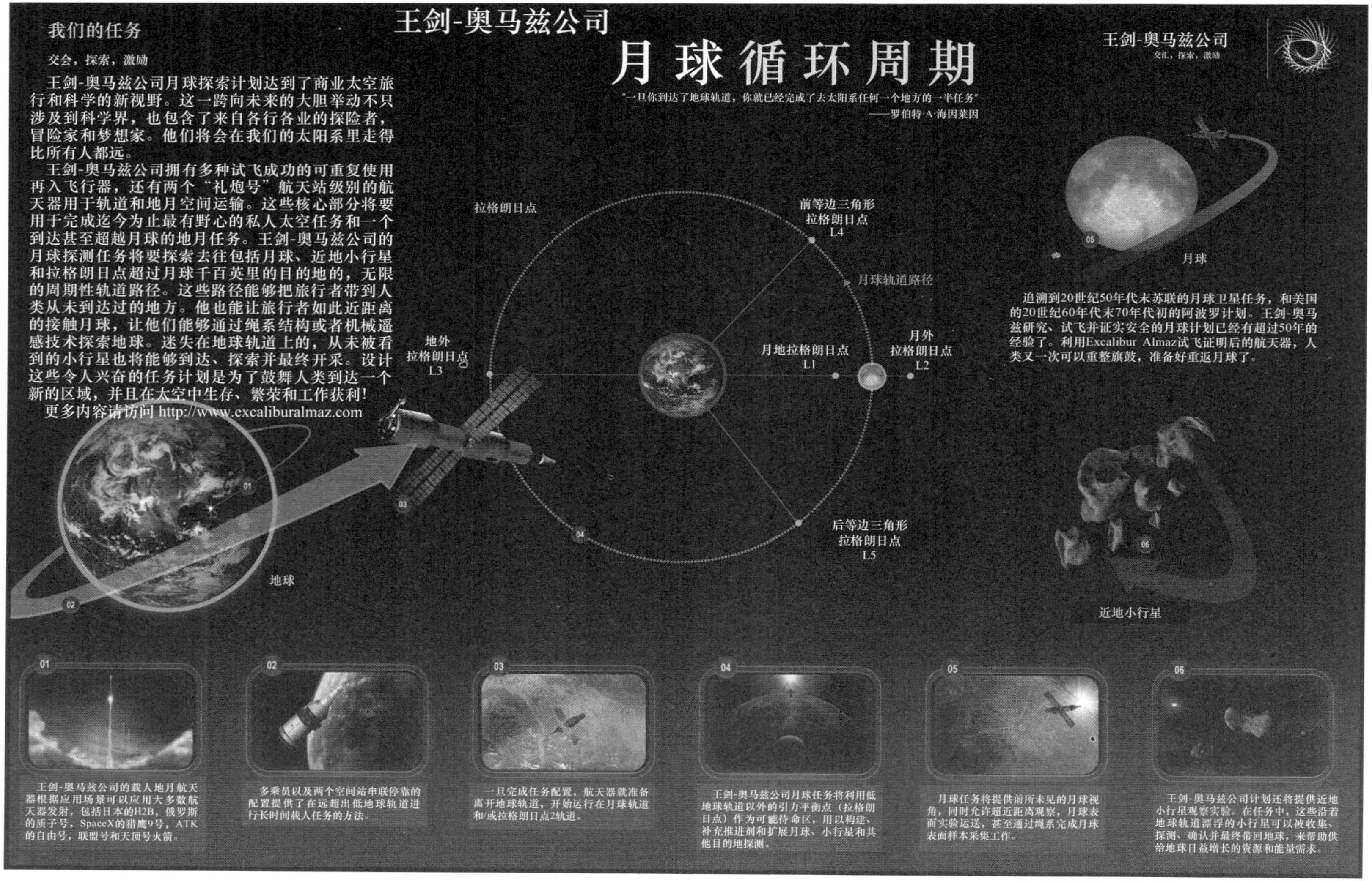

图 2-12　月球循环周期（王剑-奥马兹公司）

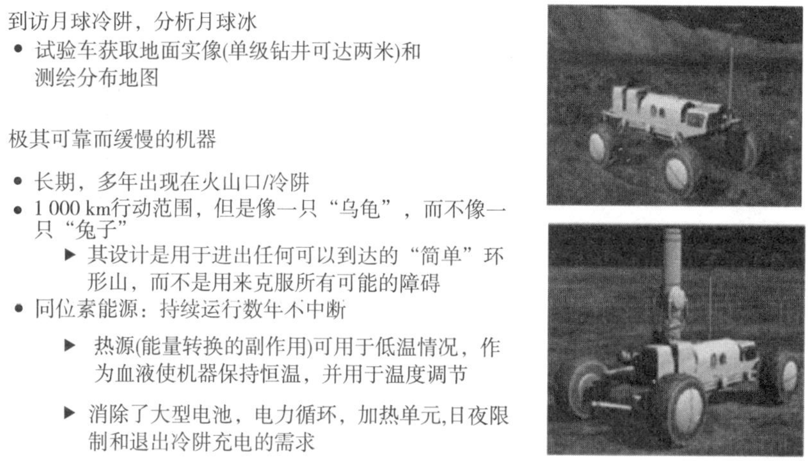

图 2-13　月球冷阱试验车（NASA，t-Space，2005）

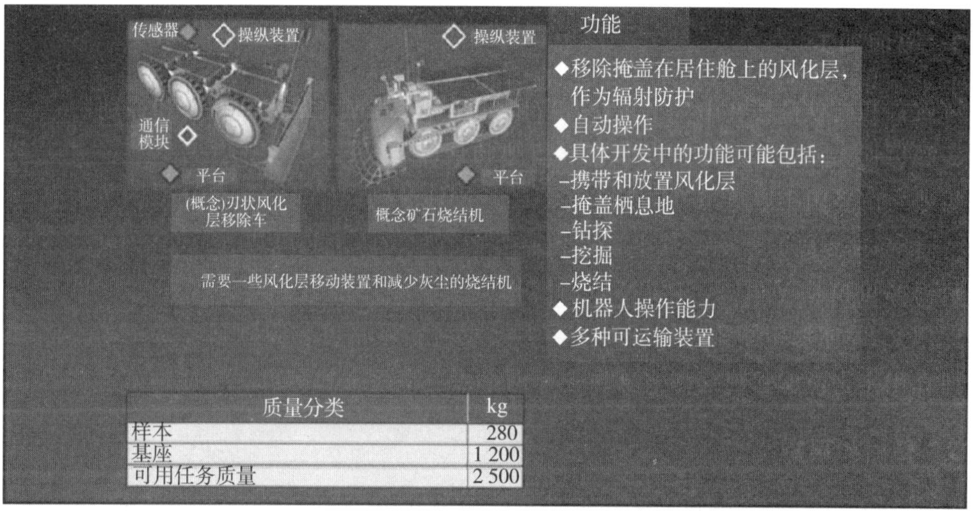

图 2-14　材料处理系统概念［NASA/雷神公司（Raytheon），2005］

我们可以将月球资源分为以下几个基本类别：

1）极地冰川和混合挥发物；

2）赤道钛铁矿/氧化铁；

3）建筑材料；

4）玻璃和精炼金属；

5）氦-3 同位素。

已有机构对月球上材料的用途进行了广泛的评估，评估结果如图 2-15 所示。

得益于越来越多的轨道和星面任务，我们在过去 10 年里了解到越来越多的火星地质情况。和月球类似，在本报告中没有足够的篇幅来介绍所了解到的大量细节。在火星上可以用于 SMR 的相关资源包括：

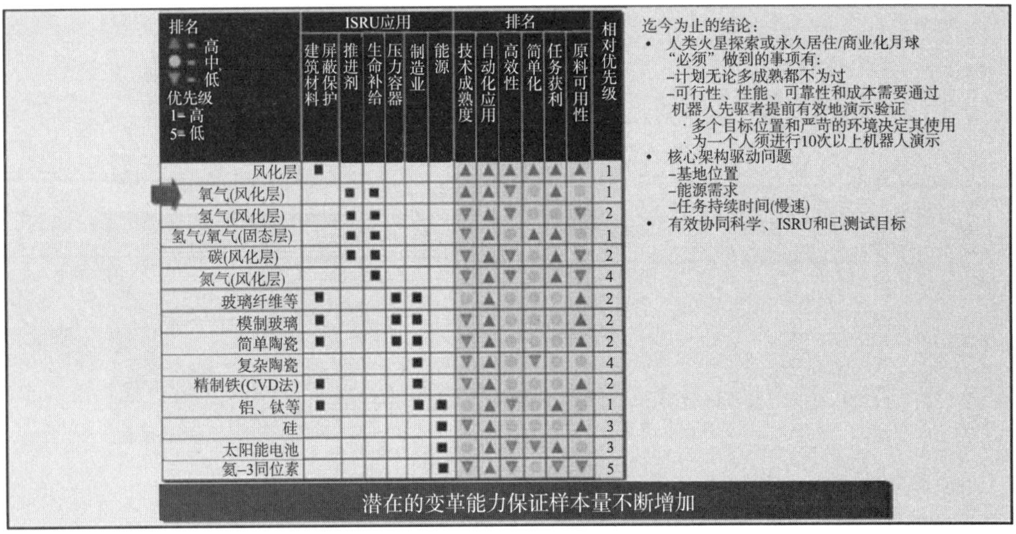

排名	建筑材料 屏蔽保护	推进剂	生命补给	压力容器	制造业	能源	技术成熟度	自动化应用	高效性	简单化	任务获利	原料可用性	相对优先级
风化层	■						▲	▲	▲	▲	▲	▲	1
氧气(风化层)		■	■				▲	▲	▼	●	▲	●	1
氢气(风化层)		■	■				▼	▲	▼	●	●	▼	2
氢气/氧气(固态层)		■	■				▼	▲	●	▲	▲	●	1
碳(风化层)		■	■				▼	▲	▼	●	▲	▼	2
氮气(风化层)			■				▼	▲	▼	●	▲	▼	4
玻璃纤维等	■			■	■		●	▲	●	●	●	▲	2
模制玻璃	■			■	■		▼	▲	●	●	●	▲	2
简单陶瓷	■			■	■		▼	▲	●	●	●	▲	2
复杂陶瓷					■		▼	▲	●	▼	●	●	4
精制铁(CVD法)	■				■		▼	▲	●	●	●	▲	2
铝、钛等	■				■	■	●	▲	▼	●	▲	●	1
硅						■	▼	▲	●	●	●	▲	3
太阳能电池						■	●	▲	▼	▼	▲	●	3
氦–3同位素						■	▼	▲	▼	●	▼	▼	5

图 2-15　洛克希德·马丁公司对月球 SMR 种类的评估（洛克希德·马丁/NASA，2005）

1）极地和土壤中的水；

2）石膏和含水土壤；

3）大气层的二氧化碳处理成甲烷燃料；

4）原位建筑材料和温室土壤。

注意到火星的卫星火卫一和火卫二，由于其过小的体积（因此引力很小，并且需要"停靠"而不是"着陆"）和结构上的原因，通常被认为是小行星。基于它们的特殊位置，它们通常被视为人类开展载人登陆火星活动的天然空间站，如图 2-16 所示。

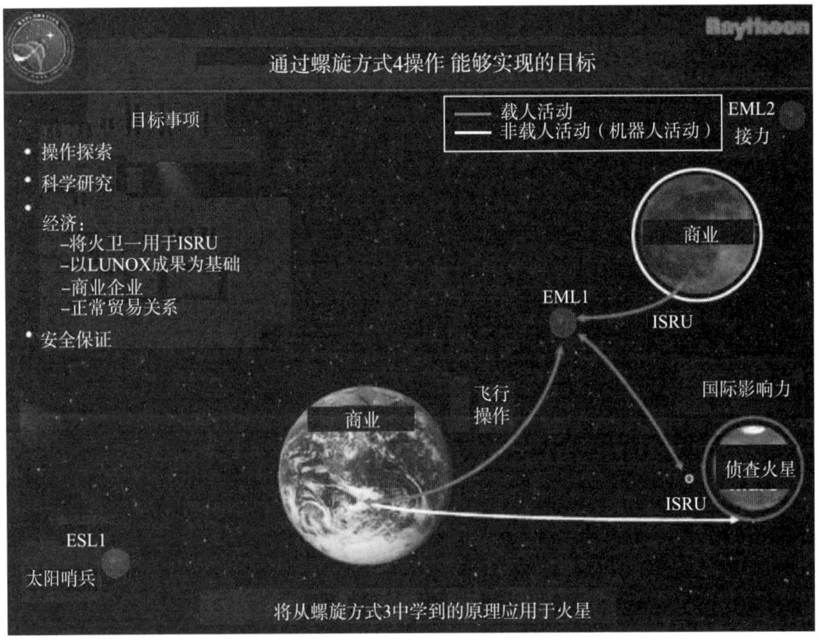

图 2-16　火卫一在 SMR 中的贡献（NASA，雷声，2005）

2.7　加工（从矿石到产品）

根据预测，小行星上具有价值的两种主要原料是挥发物和铁镍混合物。挥发物由许多元素和化合物组成（一般含有大量水、氨、一氧化碳和油母质）。除了镍铁混合物（天然不锈钢）之外，一般预计还存在少量的贵金属。小行星的加工过程可能会先从图 2-17 所示的一个加工子系列，即提取直接价值最高的元素和化合物开始。这些初始加工过程的残渣可能会被保存下来，直到对它们的需求有所增加，或是找到了完美的、更便宜的分离方法。在主要部分被加工成高价值产品后，剩下的材料仍可以做成高价值的辐射屏障产品用于在太空内部市场就地消化。

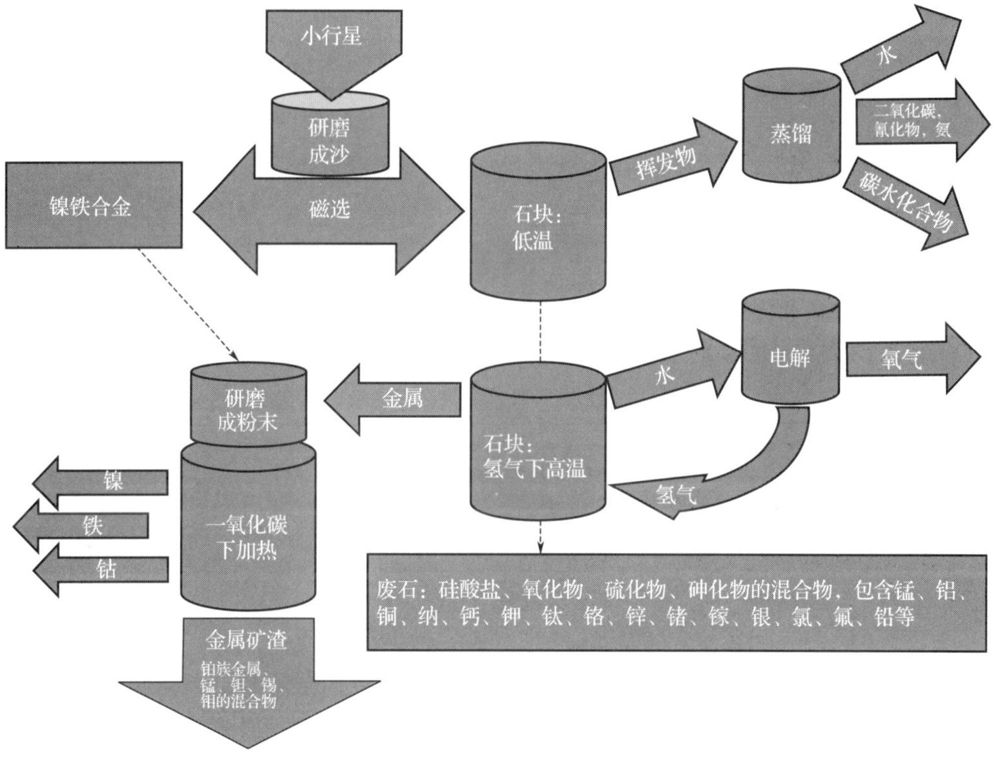

小行星加工过程总览：最初的小行星资源产品将会集中在为太空内部市场生产挥发物和分选金属上。炉渣和加工过程产生的废料将会被当作辐射屏障出售

图 2-17　对小行星材料的加工处理（深空工业公司）

鉴于亿万年来小行星材料不断撞击月球，上面的加工流程也可以用于从月球土壤中提取金属。对月球极地挥发物的处理，可以采用一种我们熟悉而简单的流程，利用冷凝器收集水蒸气，用于精炼和之后产品的交付。水蒸气冷凝过程可以使用泵（封闭系统）或者冷却板（开放系统）。其他诸如氨气（大气调节气体氮气的一种来源）等有用的月球极地挥发物也可以使用此种方法获得。

2.8　支持 SMR 的外空资源及其加工制造

本节总结了 SMR 采矿、提炼技术和估算方法。如前文中许多章节所述，很多地球上的采矿及矿物加工经验可直接应用于 SMR。事实上，获得采矿业的关注为有效提升公共和个人对 SMR 的积极性提供了可能。太空的物理学可能有所不同，需要对其进行专题思考、设计和规划，但是，许多基本参数与地球上都是相同的。无论在何处，从化学上分离附着在铁上的氧都需要相同的能量。SMR 开采和加工单元操作在本质上是模块化的，有助于进行分类处理并将结构化开发简化为组合基本模块的过程。模块化的 SMR 系统包括：

1）干燥器；

2）PGM 萃取器；

3）铁镍精炼分离和打印系统；

4）（载人和货物）运输系统；

5）电源系统选项；

6）通信/导航模块。

2.8.1　源头加工

矿物加工从开采开始，即通过机械或其他方法将地质材料与其母体分离。选矿是采掘工业中的术语，指的是最接近挖掘机的作业前线进行的电磁分离、筛选或分拣过程。其他过程例如破碎、包装及运输，可通过放置于挖掘系统附近来节省能源。请注意，这一部分是对选项的小结，而矿物加工流程通常是从松土和挖斗装载开始的。

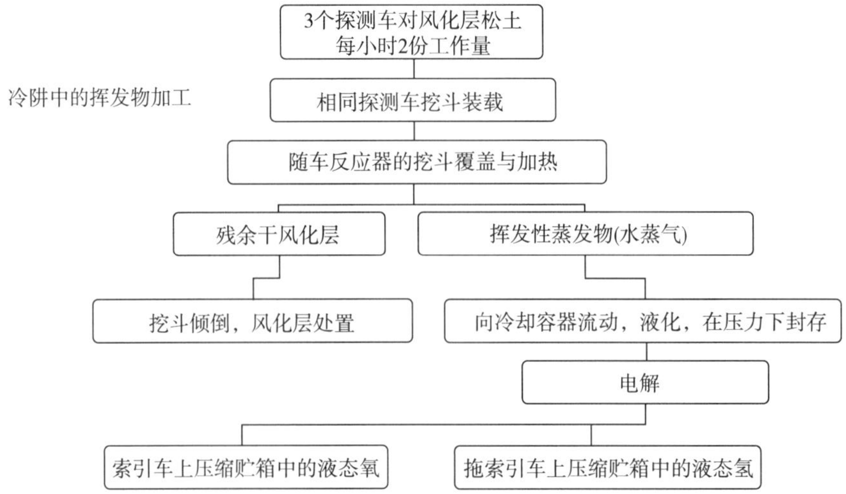

三个相同的采矿探测车间或将燃料货物运送至发射地点

图 2－18　SMR 加工流程（NASA，t－Space，2005）

2.8.2　工厂加工

目前已经提出了各种各样的化学方法，以将 SMR 提取和精制成有用的产品。下面列出了一些选项的部分汇总。在之前的研究中，已采用吉布斯自由能作为估计各种元素或元素组合的生产力的指标。

1）SMR 的候选单元处理；
2）备料（包括加工前的存储）；
3）破碎或其他颗粒度减碎作业；
4）脱挥（通常由加热来完成）；
5）挥发物蒸馏/精炼和分离；
6）金属提取和精炼；
7）硅酸盐和岩石加工；
8）产品特定模块；
9）生命支持产品（氧气、水、二氧化碳、氮气、肥料、食品）；
10）火箭燃料和氧化剂；
11）聚合物；
12）玻璃制品（窗户等）；
13）玻璃纤维制品（复合材料/绳索/纤维织物/绝缘材料）；
14）防热罩；
15）辐射防护屏；
16）泡沫金属制品；
17）半导体；
18）太阳能电池/帆板；
19）钢制品（钢片/钢板/钢梁/钢条/钢管/钢配件等）。

2.8.3　SSP 加工

再次，销售阳光的概念似乎是一个潜在的商业化业务。空间系统电源（SSP，Space System Power）可以向 SMR 提供的主要支持作用是为工业操作提供低成本、高密度的能量。对于功能不同的企业实施自然区隔对于确保稳定健康的外空居住条件必不可少。随着一个将彼此视为客户的商业实体系统的不断发展，会有内在的天然抵抗力来防止系统崩溃。SMR 也能为空间系统电源提供很大的好处，特别是能为其能量产品提供高价位的高端市场。空间系统电源的主要问题之一是需要将质量如此之大的物体送入轨道的成本。利用 SMR 构建空间系统电源的混合设计提供了双赢的合作关系，其中空间系统电源和 SMR 将成为彼此的客户。

“将物体加速送入轨道所需的能量是巨大的。太阳光的实际能量密度较低。因此对于空间系统电源来说，要为全球能源需求做出显著贡献则需要一个非常大的结构。大型结构需要很大的质量，并且需要很长的装配时间。这些因素推动了许多研究工作的开展，例如超薄太阳能电池板、超轻型可展结构、机器人组装、月球或小行星加工和太空电梯。从系统的角度来看，构建、绕轨飞行和组装巨大的太阳能电池板所需的能量应显著小于传送到地球的能量。”[舒伯特（Schubert），2010]

图中给出了一个单元进行最终沉积的过程；其他单元在超净环境下利用多重工艺制造实验室纯硅、铝、化合物等的过程未给出

图 2－19　集成月球太阳能电池铺路系统的设计（NASA，t－Space，2005）

2.9　SMR关键工艺的评估

目前SMR技术还不成熟，但其对太空开发成本的全新范式至关重要。SMR系统成熟度的提高将显著降低人类进行太空探索和定居的风险。一般而言，技术的开发是以研发成本来换取更强大的未来系统性能。例如，月球表面制造或3D金属打印能力的提升可以大大减少对地基备用配件的需求，从而增加任务可靠性并降低长期成本。

“下面所示的原位资源利用关键性能表格（表2－3）是在执行一个多步骤工艺流程之后进行编制的。首先对之前原位资源利用技术和任务的研究及报告进行审查，以确定原位资源利用能力并量化这些能力的应用优势，从而扩展或实现单个任务和完整的架构。然后将所认定的能力彼此比较，以确定其相对排序。表中列出的能力/子能力是被认定为支持多个ISRU功能的（如挖掘和表面低温流体存储），他们同时适用于月球和火星，或对于实现单个任务或整体架构中质量、成本和/或风险的显著降低至关重要。该表格提供了已开展任务的有关信息，以及需要将这项能力准备好以纳入载人航天任务的期限。”（桑德斯，2005）

表 2－3　SMR能力和技术需求（桑德斯，NASA，2005）

能力/子能力	可执行的任务或路线图	当前的实践状态	需求日期
月球/火星风化层挖掘与运输	所有月球原位资源利用与火星水、矿物提取与原位资源利用建造	阿波罗号、海盗号及2007年凤凰号的经验，大量地球经验	2010（演示） 2017（试飞）

续表

能力/子能力	可执行的任务或路线图	当前的实践状态	需求日期
月球风化层中氧气生产	持续在月存在与经济型地月运输	地球实验室概念实验；TRL 2/3	2012（演示） 2017（试飞）
月球极地水/风化层中氢的提取	持续在月存在与经济型地月运输	ICP/BAA 刚开始的研究与开发	2010（演示） 2017（试飞）
风化层中火星水的提取	不使用地球原料的推进剂与生命支持消耗品的生产	海盗号的经验	2013（演示） 2018 或 2022（子规模）
火星大气收集与分离	生命支持与任务消耗品的生产	地球实验室与火星环境仿真；TRL 4/5	2011（演示） 2018 或 2022（子规模）
火星氧气/推进剂生产	火星上小型着陆器、送料机与燃料电池反应物生产	地球实验室与火星环境仿真；TRL 4/5	2011（演示） 2018 或 2022（子规模）
风化层中金属/硅的提取	大规模原位制造与能源系统	月球氧气实验副产品；TRL 2/3	2018（演示） 2022（试飞规模）
原位表面制造与维修	减少的后勤需求、较低的任务风险与前哨增长	地球上添加式、删减式与格式化技术	2010—2014（ISS 演示） 2020（试飞规模）
原位表面能量生产与存储	较低的任务风险、经济的前哨增长与太空商业化	＜5％效率太阳能电池实验室生产的月球仿真	2013（商业演示） 2020（试飞规模）

此外，表 2－3 报告了一些 SMR 技术要素的技术成熟度（TRL）值。SMR 性能的主要分类来自桑德斯（2005）的研究。这些分类包括矿物提炼、运输、加工、制造和建造，以及挥发物的捕获、精炼和分配。

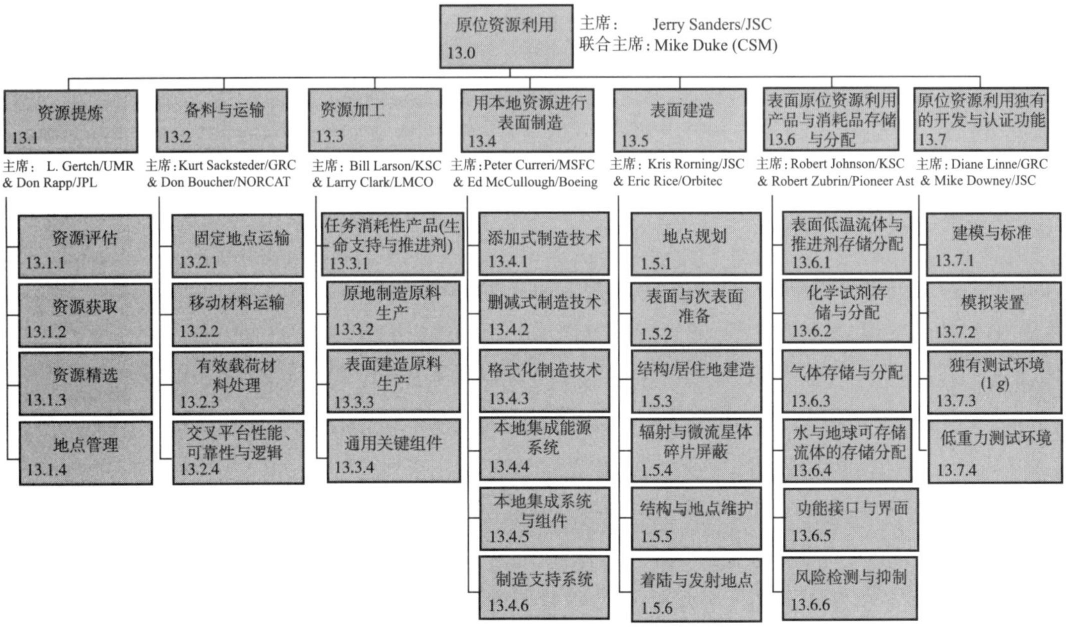

图 2－20　SMR 能力和技术开发中的主要分类（桑德斯- NASA，2005）

2.9.1 资源提取

从其原生环境中提取或分离 SMR 是产出有用的最终产物的过程中所需的第一个步骤。挖掘是现今地球上最常用的提取方法，典型的前端装载机就是一个很好的例子。一种叫作“机械挖掘”的特殊类别，在采矿和土木建筑行业中被用于描述凿入更硬或更结固岩石的系统。由于在挖掘过程中需要施加反作用力（将叶片或铲子推入地面需要某种抓地力），所以此类别也应该包括用于月球和小行星风化层的锚固系统。对于月球和火星，由于大部分表面材料的松散性质，挖掘系统是直接作用的。而对于小行星，挖掘机设计的基本变量包括资源类型、旋转速率、比重、碎片百分比和粒度分布。

行星表面挖掘能力已经在月球和火星上进行了验证，特别是风化层样品的舀取，该样品将被转移到样品返回罐（俄罗斯 Luna 24 任务）或科学仪器（美国海盗号和凤凰号火星任务）中。此外，在“阿波罗”任务期间还进行了月球风化层样品的取芯，并且对若干月球和火星任务进行了岩石样品的研磨和分析。目前已经进行了从火星大气二氧化碳中获取和分离氧气试验，以及在火星大气加工过程中分离/过滤灰尘的初步工作（桑德斯，2005）。

2.9.2 备料和运输

通常用于采矿的材料运输系统包括运输卡车、输送带和轨道车。处理设备通常与上述机构的输入和/或输出侧相关。例如，运输卡车通常将其负载倾倒到破碎机中，而输送带的卸料斜坡可以作为电/磁分离或使用网格（超大筛）进行尺寸分类的极佳位置。专用 SMR 材料处理系统的实例包括小行星铂族金属（PGM，Platinum Group Metals）可能使用的粗筛，以及用于微重力分离的水或空气旋风分离器。在月球上已开展的备料和运输的地外经验包括“阿波罗”样品的收集、粗筛和存储/打包装置。在海盗号、火星探测漫游者、凤凰号和好奇号任务中，火星样品已由机械操作完成了有限的分析和处理。

2.9.3 资源加工

目前使用中的矿物加工技术有很多种，可为全球基础设施的制造提供原料。现今在地球上使用的许多化学和物理分离、精炼方法将直接映射到太空中进行使用，从而简化了单独寻求可行加工方法的需求。然而在未来，SMR 加工的最有效（最佳，优于可行）手段将可能利用外空中发现的独特环境。这样将为发现和取得其专利的公司或机构创造竞争优势。一个实例是使用蒙德（Mond）或羰基（Carbonyl）加工方法用于镍和铁的提取和气相沉积（使用一氧化碳作为其工作流体，在低温、微重力环境下适用）。绝大多数近地小行星含有丰富的铁、镍和碳，使其成为 SMR 加工应用的理想候选目标。

月球原位资源利用具有 30 多年的实验室测试历史，但系统级的开发非常少。使用氢还原加工方法已经成功地从阿波罗返回的月球风化层样品中生成了氧气。用于火星大气加工的几个原型系统也论证了氧气和氧气/甲烷的生产过程。对于更先进的火星表面碳氢燃料生产（包括甲醇、乙烯、苯/甲苯和短链烃混合物）进行了实验室论证。在一些阿波罗号、天空实验室（Skylab）和太空实验室（Spacelab）中的微重力实验中，也对材料加工进行了论证（桑德斯，2005）。

常见的工业原料可以在小行星、月球和火星风化层中找到。月球富含金属（铁、镍、铝、钛、硅，只要在真空中钙也是优良的导体）以及可以纺成纤维的玻璃。海盗号数据显示，在火星风化层中可能有相同的金属。因此，外空金属生产和精炼技术可应用于月球、火星甚至小行星。人类已经在实验室层面证明，许多月球上的风化层氧气生产技术可以在风化层渣中留下纯金属。这是由于还原了金属氧化物（通常是铁），从而释放了氧气来用于航天运输。然而到目前为止，还没有在实验室层面真正地从剩余的炉渣中分离出纯金属的实践（桑德斯，2005）。

一些生物工艺对于 SMR 加工应用是有价值的。用于材料提取和产品合成的生物反应器在地球上已经越来越普遍，并且可以作为低能耗 SMR 工艺的候选方案。NASA 甚至研究了使用合成生物学来生产可以将小行星或行星表面资源加工成有用产品的生物体。

由于预期从地球补给的高成本，在外空中试剂的回收利用将可能用于 SMR 的早期开发。将太空材料用于试剂（例如使用氢或碳作为还原剂）和催化剂，也会减少对从地球进行补给的依赖，从而获得回报。

2.9.4　太空制造

金属原料在外空中的直接用处本来很少；然而，结合现代制造和 3D 打印技术，可以引发航天能力上的一次革命。文献研究表明，使用月球材料可以终止 90%的制造业，而使用火星材料可以终止几乎 100%的制造业（桑德斯，2005）。小行星材料具有类似的前景。NASA 已经考查了太空制造和修复能力，以降低任务风险（特别是对于载人火星探测），并提供灵活的修复选项，来减少冗余和备用配件的需要。

普林斯顿大学教授杰拉德·欧尼尔（Gerard O'Neil）所在的空间研究所主办了一系列的太空制造会议。太空制造系统设计、成本计算和评估的丰富历史已记录在其档案中。在后“阿波罗”时代（20 世纪 70 年代初），人们的想法往往比今天更为大胆。对于那个时代的许多想法，应该从经济和商业的视角重新进行评估。将那些概念转化为市场语言、成本、工程可行性和客户需求，将有助于获得建立新系统所需的资本。

2.9.5　太空建设

太空制造是一项能力的必要因素，该能力可能成为一种“赋能性”的新兴能力，即在轨道和行星表面建造居住点和工业基础设施的能力。这是未来拥有独立性太空定居点和太空工业的关键，并且它承载着扩大人类影响范围的期望，其范围将在数量级上超过目前的资源和空间限制。

月球和火星多光谱成像和地形数据集的分辨率正在稳步提高，从而能够进行初步场地规划用于重要的早期居住目标，如高度照明的月球极地地区或“永恒照明峰值点”。地球物理学特征（稳定基础的关键）可在某些月球、火星站点及越来越多的小行星列表中找到。目前已提出的大多数外空居住点建设方法具有很好的地球类比特征。对月球和火星建筑材料制造的实验室测试包括硫和水基混凝土、玻璃纤维和玻璃棒、烧结砖，并使用燃烧合成法来制造更为复杂形状的产品（桑德斯，2005）。

早期在月球和火星建设上的努力可能侧重于着陆点准备和辐射防护。“阿波罗”登陆释放了一大批夹带的颗粒，并对其路径中的所有物品进行了喷砂。勘探者 3 号航天器是此唯一的受害者，并为该现象提供了重要的数据点。为了完成同一地点的多次着陆，将需要路面或砖块及流动引导道。

辐射防护将利用 SMR 来完成。为了掩埋早期月球居住点进行了许多设计，这些设计使用原始或沙袋风化层，以保护工作人员免受太阳质子事件的伤害。

图 2-21　勘探者 3 号中阿波罗 12 号的工作人员（图片由 NASA 提供）

2.9.6　产品捕获、存储、精炼和分配

捕获挥发性气体是另一项重要的 SMR 工艺技术。这可以通过使用多孔介质的吸附、冷板上的冷凝或产生压力差和使用压缩技术来完成。但是仅有捕获是远远不够的。还需要将混合的挥发物进行分离（特别是对于月球极地挥发物以冰的形式被开采的情况），此时需要精炼或蒸馏技术。之后将需要存储和分配系统，包括用于将液体或气体产物传送到燃料电池或需要加燃料的航天器的液压联轴器。幸运的是，目前已有大量的地球环境低温流体管理经验，包括 COTS 解决方案，该方案具有直接用于太空的潜力。

废热散逸是当前航天器设计的重要部分，其中太阳角和阴影使得热管理问题可能变得复杂。事实上，散热器故障是太空中的常见问题。热管理问题曾对至少一个“阿波罗”月球车的性能造成了限制。有限容量的低温冷却器已经完成了对包括红外摄像机等科学仪器的航天飞行支持。低温流体存储系统已经在太空飞行了一段时间，而其中（到 2005 年为止）没有一个具有集成的液化系统。自动和 EVA 流体联轴器已在国际空间站上飞行，而氦 II 流体联轴器也已经建成但尚未飞行（桑德斯，2005）。

2.9.7 能量需求

经常被忽视的一个问题是 SMR 操作期间对能量的巨大需求。如果仅仅进行太空探索，那么对能量需求的水平仅为太阳能电池板的功率水平，而载人航天活动的能量需求是巨大的。大多数研究项目都假设有某种类型的物理电源，可以提供恒定的功率：日复一日均是如此，在广袤太空中及任一星球上也是如此。世界各地正在开发小型物理电厂，以用于小型社区。这些设计可以在机器人和/或载人 SMR 活动中加以利用。还有一个额外的选择是利用已开采的挥发物作为能量源。NASA 已经对行星能源进行了广泛的研究。基本的概念是：采矿和加工 SMR 将使用大量能源。这一情形的美妙之处在于，一旦 SMR 团队［机器人和/或载人］拥有足够的能源，能源就变成了 SMR 并且可以被出售。

2.9.8 SMR 技术开发计划的现状①

旨在开发人类对月球和火星探测能力的“星座计划”的取消，直接减少了 NASA 对 SMR 技术成熟化的投资。鉴于传统观点（如果太空系统在过去没有飞行过，则它不能纳入今天的任务规划，因为它将引入太多的风险）仍然占据主流地位，从而不利于将 SMR 纳入 NASA 任务和架构规划中。而“星座计划”本来已经标志着这一传统观点逆转的开始。

需要指出，美国、加拿大和欧洲的一些公共及私人机构，仍在开展 SMR 技术开发工作，其支持基础也在不断增加。商业应用和未来利润的潜力增加了私人投资对技术进步的激励。越来越多的私人部门已公开宣布其对月球和小行星资源的兴趣，包括沙克列顿能源公司、行星资源公司、深空工业公司、金色道钉公司和月球捷运公司等。这清楚地暗示着推进 SMR 技术成熟化所具备的商业利益。考虑到 NASA、CSA 和 ESA 在半成熟技术上的优势（许多技术成熟度在 3～5 值域范围内），这将为推动某种合作模式或溢出效应的产生创造积极条件。私人机构的出现也可能激发人们对于真实性技术成熟度水平的揭密。

2.10 研究与开发概念

小行星环境、月球或火星表面上开采技术的发展将是独特且令人惊讶的。接下来的段落将给出一个简单的游戏规划，用于开采技术的研发。具体步骤在下面列出，并在 4 个关键的风险降低活动中列出更多的细节。

（1）太空演示论证

1）气囊捕获；

2）小行星镍回收；

① 注意：需要快速开发另外两种技术，但由于它们是支持性技术，因此在本研究中没有详细讨论。第一是太空中质量的移动与具备更高 ISP 的设备，如 VASIMR 和离子发动机。第二是在必要位置上的能源，这是因为太阳能是一种微弱的能源，特别令人担忧的是当航天器与太阳的距离超越地球与太阳距离的情形。

3）流体物理学；

4）化学反应；

5）物理工艺；

6）加热方法；

7）模型和基底；

8）微重力消解；

9）微重力沉积；

10）采矿和制造的集成。

（2）实验室/地面演示论证

1）小行星镍回收；

2）陨石化学；

3）陨石消解；

4）破碎；

5）感知和控制；

6）镍沉积；

7）模型和基底。

接下来是上述一些研发计划中某些组成部分的展开：

（1）太空演示论证——气囊捕获

方法：论证围绕一块卫星碎片的充气膜的展开和密封，然后对系统充气以测试实际泄漏速率与设计的泄漏速率的相对差异。

研究亮点：提出利用气囊来捕获外空小物体的方法。论证地球轨道中气囊的展开和密封。将气囊充气以测试泄漏速率。小行星和碎片都适用。

优点和结果：创造用于卫星或碎片回收和小行星资源加工的双重利用技术。创造独立的经济回报机会，降低商业风险。

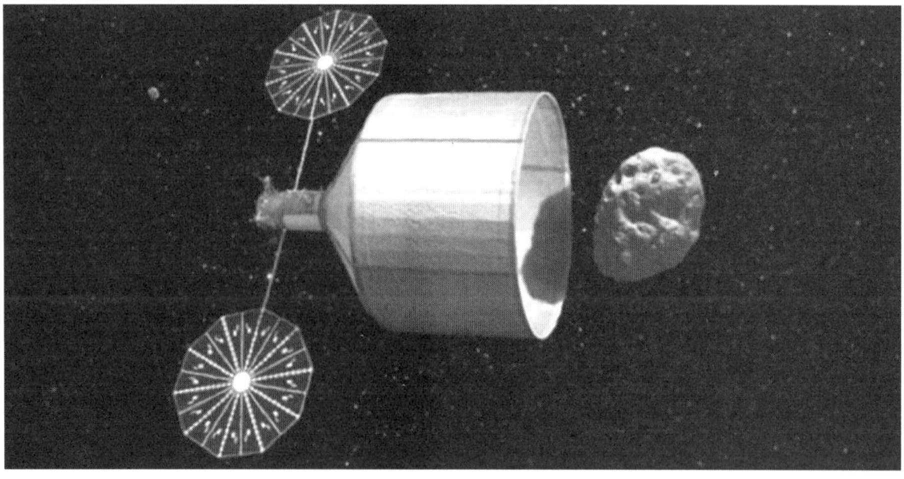

图 2-22　气囊捕获［NASA，凯克（Keck），2012］

（2）太空演示论证——微重力消解

方法：集成的微重力消解测试将在工艺验证中形成关键的里程碑，特别是对于在轨论证中使用陨石源材料的情形。

研究亮点：在微重力条件下论证镍沉积的集成子系统。冶金样品和废弃源材料的返回将带来重要的科学数据。

优点和结果：提供解决集成镍沉积系统技术错误的场所。降低技术风险，生成可推广的里程碑节点。认证沉积系统达到技术成熟度 9 级。

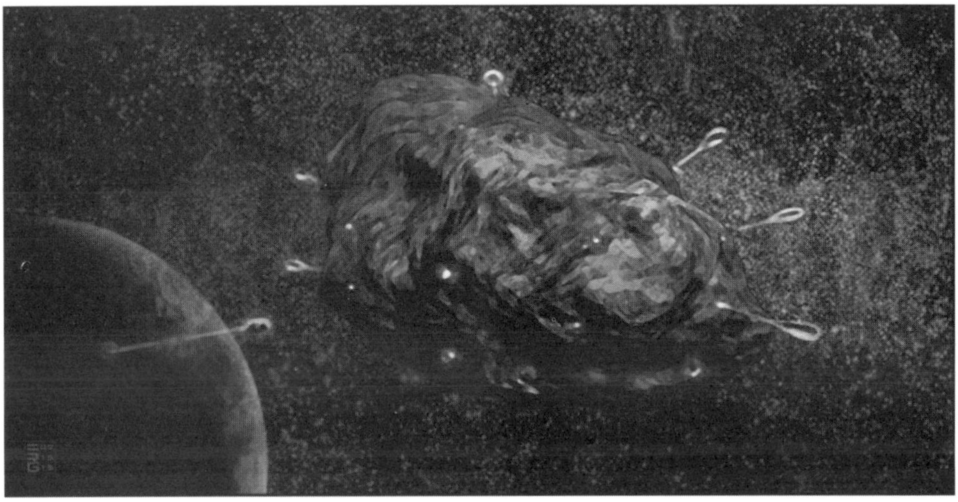

图 2-23　微重力消解［艺术品，埃利克·吉尼亚克（Eric Gignac）］

（3）实验室/地面演示论证——陨石化学

方法：一氧化碳可用于溶解各种陨石中的镍、铁和钴，以识别工艺动态变化。但是，这需要在实验室中进行验证。

研究亮点：可以使用现有陨石样品在地面上论证小行星镍的消解。羰基加工效率和反应动力学可以直接测量，以显示加工工艺的鲁棒性和通用性。

优点和结果：开发一个相对于小行星类的加工工艺适用性启发方法。论证羰基加工工艺的推广方法。证明该加工工艺将适用于任何类别的小行星。

（4）实验室/地面演示论证——镍沉积

方法：可以通过气相反应性物质将固体材料（颗粒、薄膜、壳或线）沉积在基底上，这一过程称为化学气相沉积。

研究亮点：当前体气体在加热的基底上行进时论证镍金属沉积。关键工艺变量：温度、前体气体和副产物气体的分压。

优点和结果：论证镍沉积的蒙德加工工艺。它将提高候选小行星加工技术的成熟度。如果前体气体来自陨石样品，这项论证将非常有用。

图 2-24　陨石化学［海因莱因基金会（Heinlein Prize Trust）］

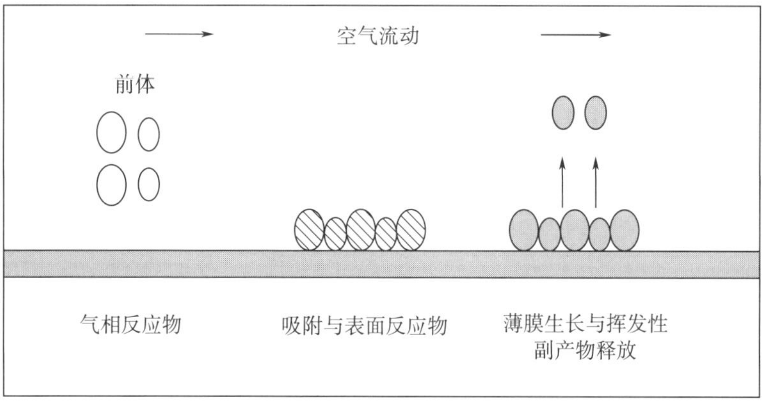

图 2-25　镍沉积（STREM CHEMICALS）

2.11　SMR 系统小结

对本章的总结是，关于外空矿物资源开采的一些概念可以通过展示一个例子来进行最好的说明，其中 SMR 开发能力将产生巨大的赋能：促成人类的扩张。

开发太阳能系统并为人类发展所用的愿景必须由商业企业家来促成。最近，已经有两个团队宣布他们要去开发火星：

1）荷兰企业家巴斯·兰斯多普（Bas Lansdorp）有一个名为“火星一号”的计划，在未来 15 年内将在火星表面开发一个“殖民地”。已有 2 万人报名参加他的单程探险并将火星开发成一个生产性“殖民地”的计划。

2）美国企业家伊隆·马斯克表示，他将让他的太空探索技术公司研发廉价且可重复使用的发射能力，这将导致“在他的有生之年”会在火星上产生一个 1 万人的“殖民地”。

政府现今忽视的一个关键因素是，创业型商业公司的领导者非常富有，并已树立起一个“使命”：通过革命性的方式扩展到太空。已有上述两个不同的进入火星的梦想成为可执行的计划，一批有远见、掌握必要资源的先行者已结成团队为此奋斗。然而，为了使这种类型的人类进入太阳系成为可能，必须在先前提到的公司之前开发和处理 SMR。由于从地球表面提供资源的难度变得异常之大，这种对“真相”的认识将在未来几年内将会浮出水面。对一个迄今为止尚未阐明的问题的解决方案，即关于 SMR 的商业开采的解决方案，必须致力于帮助这些和其他企业扩张业务。其主要功能必须被概念化、开发、资助并安置在适当的环境下，以便为未来的载人火星之旅开拓一条坚实的道路。以上提到的两个梦想是：

1）原位资源加工——已被证明并可用于月球和火星的人类“殖民地”。

2）位于不同位置的燃料库，例如地-月拉格朗日点 L－1 或月球、火星上的表面基地。燃料库将以商业价格提供大量的火箭燃料、氧气、氢气、水和空气。

在到火星和月球的旅行过程中依靠商业加工来提供这些产品的能力将为载人商业活动的扩张提供可能。对 SMR 开发的投资将比今天可预期的其他扩张项目更多，并将实现伊隆·马斯克和荷兰企业家巴斯·兰斯多普（Bas Landsdorp）的项目。梦想，即使是拥有资源的梦想家阐述的梦想，也必须通过产生新的商业化实际物流项目来实现。深空燃料加注站的开发将使在太阳系周围的载人运输成为可能。商业 SMR 企业将促使载人航天活动延伸到月球和火星，并且他们将在过程中一路赢利。

第 3 章　市场分析

3.0　SMR 系统的概念

目前存在各种各样的采矿和矿物提取技术。由于外空资源和地球资源之间的相似性，这些技术的许多方面应该很容易适用于月球、火星和小行星的独特物理环境。因此，外空矿物资源（SMR）的长期客户可以同时包括地球上及太空中的用户。本章的目的是提出和论证经济方法，以估计两种情况下 SMR 商品的市场价值。第 6 章将通过使用经济模型深入分析这些方法。尽管在没有更多信息的情况下，不可能进行彻底的经济分析，但是有足够的当前数据可以用来提出可行的解决方案，从而对可能的未来投资行为进行关键的审视。这种方法还可以帮助识别脆弱的假设条件（即那些需要更多调查的假设条件）及关键的赋能性技术（包括私人或政府的投资机遇）。不言而喻，新兴的市场机遇从来不可能拥有完整的信息，因此，它们仍然属于高风险投资范畴。最近的一期英国行星际杂志《航天飞行》讨论了有关未来商业航天企业的信息缺乏问题。文章提到：

“在惊涛骇浪的商业营销世界中，一个公理是：预测利润的信念必然先于投资；没有人可以通过消除亏损来证明赢利。因此，在投资者提供资金以完成开发之前，不可能确定利润是否真实。在卫星发射中，这意味着在新开发者的企业框架中需要很多信念。根据定义，‘新’意味着‘没有先例’。这反过来意味着‘没有任何相似物’用来判断其成功或失败。”（英国行星际学会，2012）

为了展开这个概念，SMR 营销应当在它们的销售方案中包含下列概念：

1）胸怀远大梦想；

2）积极进行销售；

3）对未来市场进行规划；

4）让投资者相信先到先得。

3.1　SMR 的产品价值及实例

SMR 的价值体现在很多要素上，包括发射价格、有效载荷质量、可销售有效载荷质量所占百分比和销售地点。举例说明：待售的产品是水（可以用于饮用水、氢气、氧气、空气、能源）。下面将说明出售地点的选择对价格的影响。如果我们从地球表面向外层空间送水，它会花费多少？下面的计算是基于许多假设和计算来估计水在不同位置的价值。这些位置是：低地球轨道，地球同步轨道，EML－1 和小行星-月球-火星表面。以下基本假设来自猎鹰重型火箭（Falcon Heavy Vehicle）的网页（预测最佳价格和能力，尚待证明）。其假设条件包括：

价格：7 700 万美元～1.35 亿美元（取 1 亿美元作为标准值）；

发射质量：1 462 836 kg；

运抵位置的水质量占比：抵达低地球轨道、地球同步轨道、小行星、EML－1 有效载荷的比：25%；

运抵位置的水质量占比：抵达火星有效载荷的比：10%（25%用于轨道转移，40%用于抵达火星表面）；

月球表面：既有“阿波罗”飞船数据（月球着陆器占“土星 5 号”质量比）。

表 3－1　水的价值

	质量/kg	有效载荷［水］/kg	每 kg 单价	每吨单价
发射时	1 462 836			
低地球轨道	53 000	13 250	$7 547	$7 547 000
地球同步轨道	21 000	5 300	$18 868	$18 868 000
EML－1 点	20 000	5 000	$20 000	$20 000 000
小行星表面*	14 000	3 500	$28 571	$28 571 000
月球表面**	7 314	1 828	$54 705	$54 705 000
火星表面***	13 200（进入火星轨道时）	1 320（火星表面）	$75 757	$75 757 000

* L1 点和小行星数据基于 ΔV 比较而得；

** 利用“阿波罗”任务中月球着陆器与“土星 5 号”质量比而得；

*** 由火星入射到着陆要求质量减至 10%。

上述分析表明，可以对运送到太阳系中某一位置的水的市场价值进行定价。如果在某个地方生产并交付这种 SMR 产品（水）的价格比从地球出发完成这些步骤的价格低，就有利可图。例如，在小行星（或月球表面）上采集大量的水，并将其带到 EML－1，将实现两个重要目标：1）可以从地球上发射更多与任务相关的质量；2）打开 EML－1 太空站所的 SMR 市场。

在最近与一位火箭科学家（库克，2014）的讨论中，出现了两个对 SMR 方法有重要影响的概念。

1）发现并加工处理月球、火星或小行星上的水将能够产生对低地球轨道以外的勘探至关重要的各种资源。燃料：氧、氢和过氧化物；空气：氧气和剩余氮气的混合物；水：除了饮用水是必需的，还需要生活用水；辐射保护：水层可以很好地吸收辐射。

2）一项重要认知：水资源将是太空中的通用货币！

3.2　主要市场描述

在每个近地目的地，对商品和制成品的需求都会随着该位置的当前与预期行为变化而变化。如第 1 章所述，SMR 的 3 种开发方法是：

1）SMR 开发方法之一——原位利用：这是最初始的方法，因为它最简单，并且可以作为低地球轨道之外早期探测活动的支撑。通过收集和使用原位资源，可以扩展任务范围。

2）SMR 方法开发之二——运输材料到加工处理中心：这一概念通过在适当的位置提供发电、储存设施、增材制造和其他能力/设备，扩展了人类到达低地球轨道以外空间的范围。第一项工作可能是生产能源，并且储存在太空站所中水、燃料、推进剂和植物生长所需的氧、氢、氮（潜在）和碳质材料。此外，处理小行星的 SMR 还需要诸如一氧化碳（CO）之类的一些资源。火星大气中含有大量的 CO，从火星表面购买和运输到小行星带要比从地球直接运输要便宜得多，耗时也更少。该方法的目标是确定对于其他商业航天企业而言除具有直接价值的资源外可能具有间接价值的资源。

3）SMR 开发方法之三——运输 SMR 到地球表面：多年来，货物和服务及资源的回收价值一直被低估。然而，带回地球的资源价值大大增加了投资 SMR 任务的理由。

我们知道 SMR 将是太空经济总体发展的一部分。这包括在太空就地制造、提取除从地球运来的以外的燃料，以补充现有和未来的基础设施和其他太空活动。它们将决定对太空开采产品的预期需求。此外，地球对贵重矿物如铂族金属（PGM，Platinum Group Metals）存在潜在需求。提供给以下潜在市场的 SMR 将源于在小行星或月球表面采矿。它们当中每一种与建立商业性采矿企业相比，都具有显著的优点或缺点。以下将详细说明每个目的地的 SMR 潜在市场。

SMR 开发方法之三：运回地球——把小行星材料运回并销售到地球市场的行为已经进行了很多年，因为小行星是唯一能够让自己落入地球的 SMR。这种“冰与火之雨”造就了商业生产中的许多矿体，包括加拿大萨德伯里的镍矿。每天大约有 100 吨的陨石落在地球上（www.nasa.gov）。考虑到地球上每天都会发生大量的陨石样品贸易，随着空间基础设施的成本下降，在地球上销售的小行星衍生产品的数量自然会增加。刻意收集、回收陨石的短期陆地市场可包括科学实验所用样品和收藏者的标本。这包括铂族金属、稀土元素（REE，Rare Earth Elements）、镍和工业金属、微重力加工的材料（例如蛋白质晶体）、其他生物研究等。较长期市场可能包括低价值材料。长期地球市场则可能包括工业产品和特种制成品。NASA 先进概念研究所（NIAC）机器人小行星探测器项目（科恩，2013）推荐了一个评估这些元素的方法，用于分析通过近期任务带回地球的 PGM 和稀土元素的价值。

“未来 20 年间出现轨道制造设施的可能性很高，并且与努力实现小行星采矿需求的增长密切相关。可以从轨道制造中受益的专门的利基市场产品包括高温合金、金属泡沫基催化剂或高纯度电子元件。”（布莱尔，2000）

值得注意的是，NASA 微重力研究项目（1998—2004 年），ISS 项目办公室和太空伙伴项目已经对外空中潜在的产品制造与运回地球进行了充分的预先研究。创业公司 NanoRacks 今天依然从事着这些研究工作的部分项目。这些工作中的许多方面可以用于重新评估 SMR。

在地球上长期使用外空资源的理由包括胡伯特（Hubbart）峰值，即在理论上，有限或不可再生矿物资源在其产值达到峰值之后，随着资源的消耗，其产量将会逐渐下降。

“可持续发展被定义为满足当前需求而不损害子孙后代满足自己需求的能力的发展[布伦特兰（Brundtland），1987，第 8 页]。这已成为国际上被广泛接受的定义……试问，我们是否可以维持现有消费水平，却仍然符合可持续发展的要求，特别是考虑到我们自二战以来消耗的资源总量已经超越了此前历史上消耗的资源总量。”［韦尔默（Wellmer），2007］

当然，由于 SMR 接近地面时明显会受到重力拉动，回收它们到地球表面将有赖于一些技术进步。传统的方式是使用耐烧蚀罩并将它们引导到预定的“安全”着陆区。另一种方法则是可以在将来使用太空电梯。利用天顶锚（Apex Anchor）在 100 000 km 高度可以提供稳定的位置。依靠其位置固有的势能和从地球旋转所获得的水平速度，可通往太阳系中的任何地方。该位置由于远离地球，重力加速度只有地表重力加速度的 20%。又因为方便进出地球，天顶锚太空港是移动 SMR 的首要地点，也是进行航天系统地外制造和装配的主要场所。从商业航天企业手中回收产品将会是太空电梯基础设施的主要用途。

基于地球是一个具有有限资源的有限系统这一事实，人类要想继续在地球表面上生活富足，很可能必须从域外引入原材料。

SMR 开发方法之二：运送产品至低地球轨道——已有的潜在市场是国际空间站和赤道及极地轨道上的遥感航天器。二者轨道高度均因为大气阻力而逐渐降低。国际空间站平均每天下降135 m，由进步号飞船进行定期补给并提升轨道高度，每年大约要消耗 7 吨推进剂。而遥感航天器在轨道下降过低后最终将无法提供服务。因此国际空间站和遥感航天器都是利用小行星衍生推进剂进行经济型轨位升高的潜在客户。国际空间站还可以消费从小行星提供的水资源。

未来的低地球轨道市场可能会增加由国家政府或行业运营的空间站，其中许多会是具有专门用途而非采用一应俱全的国际空间站模式。例如，为了实现更好的微重力条件，一些空间站将由机器人操作并且由航天员定期访问以重新录入和读取数据。还有一些空间站是旋转结构，以在需要重力的情况下提供全部或部分重力。对于所有这些类型的空间站，小行星资源可以用于构建压力容器、太阳能帆板，以及诸如发射到国际空间站用于固定和支撑太阳能帆板和散热器的桁架结构。从地球发射的太阳能帆板可以通过添加由小行星金属制造的反射镜来提高其输出的能量。载人空间站将需要补充推进剂、气体和水。鉴于所有的空间站都需要提高它们的轨道以对冲大气阻力，一些空间站可能故意在比现在的国际空间站低得多的轨道上飞行，从而使得从地球发射火箭到达的成本更低，并大量燃烧小行星挥发物以对冲大气阻力。

SMR 开发方法之二：运送产品至地球同步轨道——现有市场集中在通信卫星上，通信卫星需要消耗推进剂以保持在它们在地球同步环带中所指定的位置，并防止由于发生南北向漂移而同地球上的固定天线失去联络。一旦其推进剂耗尽，通信卫星便不再能够维持其所需的固定位置。目前有几家公司提供依赖从地球发射的补充推进剂的“延寿”服务；而由小行星所衍生的推进剂可以作为这项任务的低成本源。虽然几乎所有的通信卫星都使用肼及其衍生物作为它们的驻留推进剂，但是几个基于地面的延寿服务实际上并不用于填充通信卫星的推进剂贮罐；而是捆绑一个本身拥有推进剂贮罐和发动机的引导推进器。通过设计，引导用的航天器可以使用某种小行星衍生物作推进剂，而被选定的推进剂可以是任何一种能够最经济有效地从近地小行星（NEA）上所发现的挥发物中提取的物质。

随着时间的推移，通信卫星可能被永久通信平台替代。这种永久通信平台在设计时便允许进一步增加太阳能帆板和点波束天线，从而使其随着服务区域的发展能够不断补充推进剂并得到增强。永久通信平台可以在发射后添加质量和结构，从而解决现有发射系统的质量限制和整流尺寸限制。鉴于发射期间的剧烈振动也造成了对天线设计和尺寸上的限制，富含金属和硅酸盐的近地小行星可以提供在轨制造桁架结构、太阳能电池和天线等所需的材料。有了这些材料，就可以扩展通信平台，这样无论距离现有通信网络有多远，都可以制造具有向地球上任何地点提供高带宽通信所需的功率及巨型天线。

SMR 开发方法之二：运送产品至地月拉格朗日点——目前在这些拉格朗日点上只有非常少的人类活动，但具有巨大的增长潜力，特别是 EML－1 和 EML－2。在这些平衡点附近，航天器能够以最少的驻留推进剂成本维持其位置保持不变。例如，地月系统中的平衡点 EML－1 和 EML－2 位于从地球延伸的线上。EML－1 位于到达月球的约为 84%的距离之处，位于近地侧 58 200 km 处，而 EML－2 位于月球远地侧以外 64 700 km，差不多是相同距离。随着月球绕地球旋转，EML－1 和 EML－2 中的航天器可以用最小的能量消耗维持它们相对于地球和月球的位置。两者都被认为是月球和火星载人探测过程中十分有用的阶段性位置。EML－1 提供了一个很好的地理场所用于存储和处理运抵的小行星材料，同时也可作为处理月球衍生燃料的推进剂仓库之所在。一些产出可满足当地需要（到月球和火星的推进剂补充），其他产品可运往地球同步轨道和低地球轨道。通常，物体在地球系统中引力势能越高，从近地小行星的轨道到达该位置所需的能量越少，这有利于将 EML－1 作为初始加工点位置。不过，从多个潜在近地小行星轨道出发，到达每个潜在接收位置的“最佳”轨迹仍需完整计算。由于出站能量要求较低，EML－1 提供的一个独特优势是可以为各种倾角的地球轨道提供服务，因为在此处改变轨道面的代价很小。这使它成为一个对于进入和离开地球系统来说非常有价值并且独特的轨道转移位置。事实上，为了尽量减少调度和操作冲突，在早期策略上需要一个 EML－1 交通管制机构。

如果这个拉格朗日点成为载人探测月球和火星的过境点，推进剂则将是一种主要商品。如果直接从地球发射，载人火星探测大约 90%的载荷质量将是推进剂。通过暂驻 EML－1 加注推进剂，将有更多载荷质量可以用于携带有用的设备和用品，从而减小风险，增加任务扩展能力。或者也可以减少从地球发射质量，从而减轻任务的成本负担。

载人火星探测的一个主要挑战是在每次旅行的 6～9 个月的航程中，航天员所需要承受的辐射（国际空间站的航天员因受到地球磁场的保护而不会受到高剂量的辐射）。在 EML－1 用小行星材料为远航的飞行器制成辐射防护品，其成本可以远低于从地球发射这种散装材料。虽然单就单位质量的防护效果而言，从小行星提取水将更有效，但是对于辐射防护来说，原始岩石就足够了。在进入火星大气期间保护飞行器的热防护材料也可以在 EML－1 添加，和从地球发射相比也有和辐射防护相似的成本节省。

SMR 开发方法之二：运送产品至月球轨道——低月球轨道（LLO）可以为月球表面上未来载人或机器人活动提供服务。从月球上起飞的航天器可以使用从位于月球两极的冷阱中提取的推进剂。降落到月球上的航天器可以使用在月球轨道加工的从近地小行星提取的推进剂。其他情景还包括经过 EML－1 的地月和地火交通路线，其中对近地小行星材料加工的处理将为两条路线输送有用的推进剂；不过人类几乎不会在低月球轨道加工处理小行星材料。首先，将加工的小行星材料放置在月球的重力井，会限制其移动性。此外，在月球轨道上建造的大型工业、观察或通信平台的商业用途十分有限，并且在火星探测过程中也不会绕行到月球重力井中获取补给物资。即便对于月球探测而言，从 EML－1 出发到达月球表面不同位置比从固定的环月轨道出发更加灵活。此外，由于月球表面上的引力异常所导致的月球轨道不稳定性对长期利用低月球轨道是有害的。

凯克研究院在其捕获小行星的研究项目中建议使用一条环月轨道，主要是因为一旦出现任何漂移失控局面，小行星将最终撞击的是月球。不过这种安全保障仅在小行星成功捕获发生在环月轨道之后才会发挥作用；然而，在运输期间，地球依然受到该物体的威胁。因此，为了保障地球安全，无论在太空中选择何处进行加工处理，都不应当运输一个大到足以在穿过地球大气层之后依然存在的目标。

月球轨道的另一个问题是它不接近任何当前或近期市场。在未来几十年的某一时刻，朝向月球表面的航天器可能会暂驻在月球轨道上，以接收由小行星提供的推进剂。另一方面，通往月球路径的首选位置可能是 EML－1 而非月球轨道，因为从 EML－1 容易到达月球上的任何位置。相比之下，月球轨道中的加工点将会受到特定的轨道倾角与周期的限制。从位于特定轨道的月球轨道式燃料站出发，只能相对容易地到达月球表面的部分位置。

SMR 开发方法之一：在月球表面进行加工处理——除了计划中的政府任务，商业旅游和月球移民活动也已经讨论了多年。谷歌月球探索奖（GLXP，Google Lunar X－Prize）愿意奖励任何一家能够把一辆巡视器发射到月球的私人公司 3 000 万美元。近来金色道钉公司宣布的向月球表面提供旅游任务，以及毕格罗航天公司的月球表面栖息地计划和王剑-奥马兹公司的环月旅游航班，表明月球相较先前所预计的更接近私人发展。因此，月球表面可以被认为是一个“近期”市场所在。由冰加工处理而成的空气、水及加热燃料可能是其最初的商业产品。

SMR 开发方法之一：在火卫一/火卫二表面进行加工处理——作为火星轨道中的资源岛，火卫一和火卫二被认为是火星捕获的碳质小行星，具有潜在的水合盐（易于提取的水资源的来源）。如果这是真的，它们都可以成为火星移民任务进出的中转站；并且由于靠近市场及有利的成分组成，它们将成为商业开发的一个天然目标。此外，由于它们的低重力，它们将是空间站所的停靠目标和天然的推进剂加注站位置选项。不断增长的工业支持人员和移民数量将形成一个重要的商品和服务市场。

SMR 开发方法之一：在火星表面进行加工处理——最近对火星定居的私人兴趣包括荷兰企业家巴斯·兰斯多普的“火星一号”概念和伊隆·马斯克在他有生之年建立一个万人“殖民地”的愿景。大批身价不菲人士的关注将火星推入商业主流。当火星获得完全开发后，它代表了一组互联互通的未来市场，这些市场从低地球轨道一直到火星这颗红色星球的表面。对居于火星上的人类市场进行基于时空、特性和可能性的细分将为下个世纪带来商业机会及新的财富和帝国。到 2070 年拥有 10 000 名火星居民的概念将构成本书后续“经济建模分析”章节的基础主线。

3.3 SMR 的市场评估与经济学分析

将 SMR 的发展潜力转化为现实的实体经济，将是一项巨大挑战，也将成为一项具有丰富内涵的人类事业。它将消耗几代人的资本投入及创造性思维；并且，为了使其成为现实还要依靠人和机器的辛苦劳动。这项努力的成果将成为空间基础设施功能网络，能够将人类文明维持并扩展到以前几个世纪从未想象过的地方，这个网络也为人类的地球家园提供直接利益。为了将 SMR 纳入一个适当的框架，并创造一个有效的背景，需要清晰的经济学分析，以便了解对于公共和私人利益相关者来说 SMR 是否具有现在和（或）未来价值的实际基础。为了获得政府和商业领域中现实世界决策者的认可，从无形资产到实物资产的转换必须扎根于可靠的商业现实。这一现实是现代商业和管理学院的必修课，并且需要利用现代商业管理的分析工具，以便在相关和现实的背景下评估 SMR。市场不确定性和技术风险主导了对小行星资源现值的估计，并且强调需要（并显示）风险投资作为启动资金的事实。剔除风险因素后贴现未来价值估计的资本成本率必须考虑到这一事实，并且必须足够高，以便在具有地面替代品的公平竞争环境中适当评估 SMR 投资机会。通过将市场/技术和法律风险转化为经济指标，可以呈现出一个量化框架，以便衡量 SMR 发展所需的各种投资的价值。1 吨材料（水）的销售价格上限显示在表 3-2 中。这些数字是开放的估计，但反映了从地球表面运输材料的预估成本大小，因此是销售价格目标上限的标准(尽管他们使用了基于可重复使用的猎鹰 9 号重型火箭提出的非常激进的运输模型)。

表 3-2　1 吨水（或矿物资源）的上限售价

单位/百万美元	低地球轨道	地球同步轨道	EML-1	月球轨道	月球表面	火星轨道	火星表面
1 吨水	$7.5	$18.9	$20.0	$28.1	$54.7	$65.0	$75.8

3.3.1 SMR 市场和经济预研

本节将深入探讨 SMR 经济学分析的历史。太空开发和移民的经济可持续性并不是一个新概念。这个话题的反复出现有一个简单的原因：通过为自己预先支付先期投入来达到成本闭环是可持续行为的应有之义。当然这取决于全成本会计核算和对外部性缺乏的假设。

3.3.1.1　太空边疆经济史

1962年，第一次私人航天发射将"电星1号"科研卫星送入太空。这颗卫星由美国电话电报公司（AT&T）、贝尔电话实验室、NASA、英国邮政总署（GPO）和法国邮电部（National PTT of France）共同投资，并成功地把电视信号通过卫星传过大西洋，从而把地球轨道纳入人类经济活动的范围。在1964—1974年间，人类向地球同步轨道发射了5颗通信卫星，把全球经济进一步拓展到了太空。从早期的艰苦创业到如今的规模应用，人类已经发射了近1 900颗通信卫星，其中一半以上用于民用及商业用途。今天人类在地球轨道上的经济活动已扩展到多种类型的商业卫星和航天服务（为越来越多的用户提供遥感、天气、导航服务），甚至还有私人资助的微重力研究。还有很多关于太空经济业务的文章发表，包括越来越多的行业期刊和专业杂志。今天仅全球通信卫星产业每年就有超过2 000亿美元的收入。

"当一个新疆域被打开初期，总是看起来巨大、空虚、充满敌意并且毫无收益。踏入那里总是十分危险的，让人感觉几乎无法在孤独和危险中生活。在与这个新环境打交道的时候，当时所处时代所拥有的技术能力总是受到最大的限制。探索需要公共和私人资金的巨额投资，而最初的回报一般需要赌运气。少数企业获得了巨大的成功，但也有许多公司由于规划不当或时运不济而失败。早期的探索工作所需的组织、资本和设备投入如此之大，以至于人们倾向于首先只考虑政府和军事行动；直到后来他们才将新疆域视为其现有领土和现有经济的延伸。"［科迪纳（Cordiner），1961］

由于技术进步，以及来自硅谷亿万富翁的风险投资不断出现，一个可供人类移民的新前沿正在向我们展现。这一新前沿将依赖于SMR作为最根本的赋能和约束因素。只要有可用于维持生命和创造新财富的资源，人类总是愿意冒险探索新的地方。目前正在开发的促进SMR的商业技术包括充气式住所（毕格罗航天公司），私人太空舱（美国太空探索技术公司，SpaceX），热防护升降结构（内华达山脉公司，Sierra Nevada Corp），以及可重复使用的火箭（SpaceX）和上面级（环宇太空公司，Xcor）。在这些系统的商业开发背后，风险资本毫无疑问做得非常好。其技术细节将在另一章中详细介绍。

3.3.1.2　历史上的SMR经济学分析

对外空资源商业利用案例的批判性分析已经进行了相当一段时间。早期预计使用月球SMR为政府和私人用户生产火箭推进剂。在早期月球前哨所设置的加注站可以通过消除两级着陆器中带有大量消耗品的第一级，从而显著地减少稳定状态下月球运输系统的质量。通过气动制动的物理研究，月球推进剂供应范围甚至可以通过月球轨道延伸到低地球轨道。这是因为从月球表面进入低地球轨道只需要从地球表面发射所需能量的大约5%，从而为月球产品提供近20∶1的能量杠杆。通过对月冰开采架构进行详细的经济学分析，确定了关于吸引私人投资的成本和市场规模的可行性标准（布莱尔，2002）。这项研究将在后面的章节中进行更详细的介绍。目前的消耗性上面级技术可以并且正在逐渐被修改以再次利用（库特，2007），从而使得这种类型的商业系统真正可行。可加注巡视器的表面移动性作为一项优点同样重要。利用月球表面可用于燃料电池反应物的资源，可以实现能源密集型应用。这类应用包括采矿、建筑或使用封闭式巡视器进行强大且功率丰富的载人勘探操作（拜登，2009）。基于太空或月球的太阳能系统有朝一日或可满足我们地球不断增长的能源需求。轨道太阳能收集器将使用微波或光束发射功率，将商业化能量直接投入地球电网（克里斯威尔，2003）。利用SMR作为工业材料原料［博克（Bock），1979］，这个雄心勃勃的愿景将代表人类太空史上最大的工程项目（如图3-1所示）。通过类似的过程可以在地球轨道建造商业或住宅房地产项目。目前正在进行关于系统制造和部署成本与高价值地球电力客户需求对比的详细分析［曼金斯（Mankins），2012］。一些技术突破可能使人类在近期使用空间太阳能成为现实。需要空间太阳能的太空客户可能成为这些系统的近期高价值细分市场。

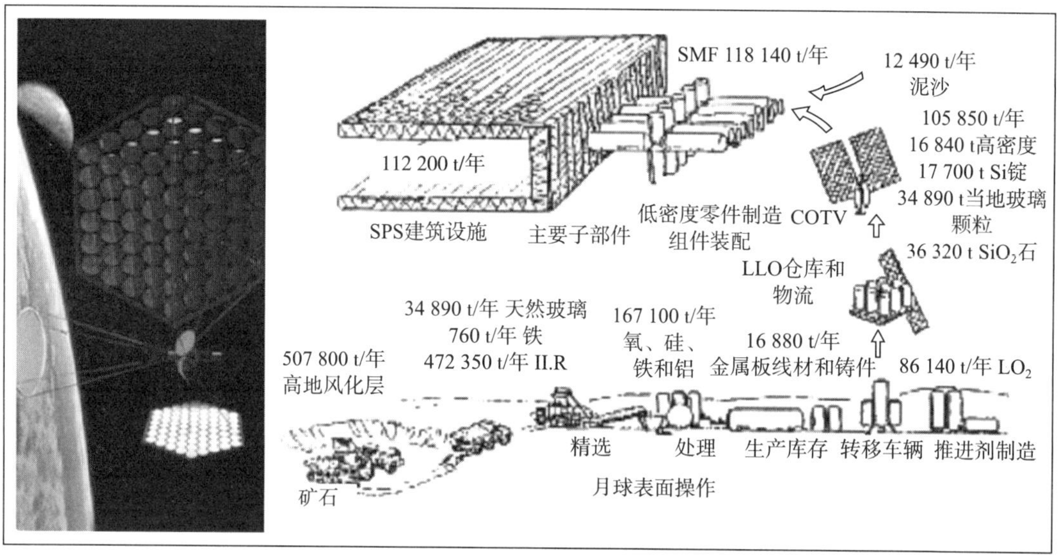

图3-1　轨道空间太阳能概念图（图片来源：Mafic Studios，Inc.）；轨道太阳能卫星的生产示意图（博克，1979）

最近小行星受到媒体的关注，因为它们提供了多种资源，是支持人类未来生活和工业发展的理想选择。这些资源包括原始（非氧化）金属，碳氢化合物（可用于塑料），挥发物（可用于推进剂和生命支持），以及硅酸盐（可用于制造玻璃和陶瓷）。此外，其中一些贵金属的富集度高于今天品质最好的矿山。这是由于所谓的“铁灾”，即在早期熔化的历史中将重金属驱动到地球的核心。地球表面上的许多重金属事实上都是被后来的小行星撞击所带来的。

“最近发现的近地小行星和对小行星（陨石）碎片所进行的化学分析表明，在近地空间中可能有一个金矿。从陨石分析可以看出，两种类型的小行星在提供大量贵金属（定义为Au，Pt，Ir，Os，Pd，Rh和Ru）上具有非常光明的前景，普通的LL球粒陨石含有1.2%～5.3%的Fe-Ni合金，并含有50～220 ppm的贵金属。金属类小行星几乎全部由Fe-Ni相组成，并含有不定量的贵金属，最多可高达数百ppm。可以通过电磁对 LL 球粒陨石的粉壤进行筛选以分离金属颗粒。对合适的金属类小行星则可以进行整体加工。据统计，目前应该有大约 6 个直径大于 1 km 的金属类近地小行星含有超过 100 ppm 的贵金属。如果从这些金属类近地小行星中质量最小且富集度最小的小行星中成功地回收 40 万吨或更多的贵金属，按照最近的市场价格可以产生价值 5.1 万亿美元的产品。如果销售 20 年以上，这将意味着让最近全球所有贵金属的生产率增加 10 倍。”[克格尔（Kargel）1994]

对外空资源进行等级分析是有效的，但传统的经济分析方法却存在缺陷——因为它忽略了 2006 年铂族金属总需求低于 200 亿美元这一事实。向全球经济注入 40 万吨贵金属将使其价格崩溃，因此使价格估计失效，从而降低估计价值。刘易斯（1997）在后期工作中通过把对某金属类小行星（3554 Amun）的估值调整为 20 万亿美元放大了这一缺陷，该金额约占该金属世界总产量的 1/3。一些渴望轰动性新闻的媒体人士最近盯上了这个话题并进行了如下报道：

“太阳系中的一颗小行星——241 Germania——其矿物资源价值高达 95.8 万亿美元（折合 60 万亿英镑）——这几乎相当于全世界一年的 GDP 总量”……“但是这个 100 英里大小的 241 Germania 不太可能成为行星资源公司的探索对象——它在太阳系小行星主带中的位置太过遥远了。”[沃夫（Waugh），2012]

如果这种情况继续下去，结果可能是丧失稳健投资者看重的可信度。这些估值所存在的问题是，它们忽略基本的采矿变量，包括年度市场规模限制及提取和精炼的成本。

“几个没有参与项目的科学家表示，他们既感到激动也很警惕。他们认为，拟议中的项目雄心勃勃、困难良多并且成本昂贵。他们表示不知道这样的行为如何盈利，即使铂和金的价值将近 1 600 美元一盎司。即将来临的一项 NASA 任务是从一颗小行星采集 2 盎司（60 g）样本返回地球，这将花费大约 10 亿美元。科学家质疑如何能将太空采矿的成本降低到可以获利的程度。”（沃夫，2012）

这种批评也适用于月球资源——这是有道理的。鉴于目前进出外空的成本不菲，外空资源的回收成本确实太高。为了改变这种情况，必须让现在的空间运输系统的发射和运行成本大幅度降低。对在地球市场销售外空资源的怀疑是有道理的。

“中国航天计划的拥趸者对在月球上开采稀有和有价值的元素所能获得的巨大财富津津乐道，但即使是对行星矿物开采最狂热的人也必须意识到这个想法是疯狂的。一切与太空有关的探测都极其昂贵，即使把东西送到低地球轨道，距地面几百千米，成本也超过 20 000 美元/千克。更高的轨道意味着更高的成本。当你把东西送到 GPS 卫星的高度，即 20 000 km 以上，它将比等重的黄金还值钱，而月球距离地球 38 万千米。”[霍兰德（Holland），2013]

有一个简单的方法可以将上述问题转化为机遇。进出外空的高成本实际上成为应当在太空原位利用当地资源的主要论据之一。进行月球和小行星采矿的基本依据是，由于从地球发射的成本很高，应该就地在太空开采并利用所需资源。任何物品，无论是原始元素还是人造结构，在太空中的价值都极高，这是由于物品在那个环境中的稀缺性及为了在那里得到它所付出的投资所决定的。但是，一旦该物品返回地球，这个附加值就不复存在。经济预测必须包括投资损失，以考虑是否让一个对象返回地球或将其留在太空中以备将来使用。一个明显的例子是国际空间站的水资源，从地球输入至少需要 5 000 美元/升［格林迈耶（Greenemeier），2006］。将相同的小行星衍生的水资源输出到地球用于饮用只能卖到接近 2 美元/升，价值降低幅度超过 3 个数量级。

“一些近地小行星作为未来矿体为太空活动提供了非常有前途的目标。由于易到达、易返回、有多种原材料及有可能易于提取金属和挥发物，这些都很可能在大规模空间基础设施的发展期间具有很大需求。这种外空资源将不得不与从地球发射的资源进行竞争。这可以通过应用原位生产推进剂的概念来实现。已有文献表明，需要一种对任何提出的小行星或彗星采矿项目都能确定其经济性和可行性的一般方法。我们的这项工作恰恰满足了这一需要。”［松德尔（Sonter），1997］

发展和利用小行星资源的可靠评估方法仍然具有较高的优先级。松德尔（1997）推导了一个方程用于估计小行星资源的现值。这个方程反映了对小行星使用的可行性至关重要的几个因素，包括轨道力学、采矿系统的生产力、成本和预算。

$$\mathrm{NPV} - C_{\mathrm{orbit}} M_{\mathrm{mpe}} f t r \mathrm{e}^{-\Delta v / v_e} (1+i)^{-a^{3/2}} - [C_{\mathrm{manuf}} (M_{\mathrm{mpc}} + M_{\mathrm{ps}} + M_{\mathrm{ic}}) + Bn]$$

式中 C_{orbit} ——从地球发射单位质量到轨道高度的成本（$/kg）；

M_{mpe} ——采矿和加工设备质量（kg）；

f ——设备具体采矿质量比（每千克采矿质量/每天的设备质量）；

t ——采矿周期（天）；

r ——在矿石中找到有价值材料的百分比；

Δv ——返回轨道所需的速度增量（kg/s）；

v_e ——推进系统排气速度（kg/s）；

i ——市场利润率；

a ——转移轨道半长轴（AU）；

M_{ps} ——电力供应的质量（kg）；

M_{ic} ——仪器和控制系统的质量（kg）；

C_{manuf} ——生产采矿设备的特定花销（$/kg）；

B ——项目的年花销（$/年）；

n ——从发射到项目启动到低地球轨道的时间（年）。

虽然这显然是迈向正确方向的一步，但松德尔的方程没有考虑到市场规模、风险或税收等因素——这些是当今采矿业的大问题。然而，由于计算的简单性，它被用于对价值进行一阶近似（注意，采矿业行业标准的估值将在 6.3 节中详细讨论）。迄今为止，SMR 估值中最大的不足是对市场或最终客户的认识不到位。市场信息是影响商业计划可信度的关键因素。布莱尔（2000）详细分析了铂族金属市场，并预测到如果供应量突然增加，市场将会受到什么样的冲击：

"在第一批货物到达地球之前，如果现有卖家未能达成营销协定，价格很容易被竞争对手压低。太空制品也有这样的潜在问题（铂族金属精矿必须在通往市场的途中经过地球轨道）。在轨道上进行矿石精炼和产品制造的一个优点是具有高真空和零重力。20 年内出现轨道制造设施的可能性很高，并且与尝试实现小行星采矿需求的增长密切相关。可以从轨道制造中获益的专门的利基市场产品包括高温合金、金属泡沫基催化剂或高纯度电子元件。"（布莱尔，2000）

地球市场对太空商品具有吸引力的主要原因是它们是 100% 确定的。价格可能稍有变动，但是肯定有人愿意排队购买。预测客户未来必然在太空中出现，从而让我们能够完成业务周期的闭环可不太确定，而这又正是 SMR 获取巨额利润的关键。

"成本有效地满足现有市场需求的能力是任何成功的外空资源商业企业都必须具备的。这个目标可以分为 3 个部分。首先，资本支出必须尽可能最小化；第二，产生实际收入所需的时间必须最小化；第三（实际上是第二个目标的必然结果），计划中的产品目前必须拥有真实的市场需求。许多建议成立的商业航天企业注定要失败，因为他们的发起人并没有充分地解决这些基本的经济要素。"[格拉齐（Gerlatch），2005]

表 3-3　小行星资源可解决的市场（格拉齐，2005）

	描述	可解决的市场	注释
PGM	• 直接销售到地球市场的铂金 • 其他铂族金属	• 55 亿美元（2003） • 在 10 年内有望达到 100 亿美元的市场	• 最大的近期市场 • 任务设计的主要因素 • 在未来 10 年中需求具有巨大的增长潜力
科学数据/样本	• 科学数据 • 科学仪器 • 小行星表面样本	• 1 000 万美元的市场 • 每年的预期市场需求十分稳定	• NEAP 的太空发展经验表明具有潜力 • 以更低的成本交付更多结果的能力意味着更高的价值
娱乐/赞助	• 记录影片影像 • 赞助和品牌关系 • 广告 • 许可交易	• 相关领域大约 20 亿美元 • 预期市场能相当稳定	• 太空活动的风险性使得赞助不确定 • 公众对于太空的强大兴趣使其具有潜力
在轨用途	• 挥发物 • 半成品 • 其他	• 当前微不足道 • 未来 15～20 年内具有 1 000 亿美元的轨道市场	• 具有巨大的长期市场潜力，但是在其真正可行前需要充分的基础设施投资

访问太空成本的最大要素是消耗性物品。太空中资本设备的制造仅用于单一用途，这使得其成本居高不下。根据火箭方程，运输功率随着目标高度呈现指数式增长。从另一个角度看，这个"问题"实际上也创造了机会——SMR 具有通过在太空中提供一组分布的推进剂中心来线性化火箭方程的独特能力。利用传统的采矿业方法可以评估那些加注站及支持这些加注站的矿物，包括技术、项目管理和金融。实际上，系统分析一章中的一些建模遵循了矿物项目评估的标准过程。评估采矿项目的基本框架将在后面的章节中进行更详细的描述。

3.4 SMR的市场与经济学评估

由于可能建立未来市场，本课题对其进行了考察（潜在和实际SMR市场的基本描述）。许多经济学素材来自于地球采矿和能源工业的经验。此外，本课题组借用针对SMR进行影响分析的机会阐述了未来的多种潜在情景。其中最适用的情景被称为现代人类文明勇闯太空（见附录E）。

3.4.1 理解市场

（1）经济可行性的判断标准

经济可行性的规则很简单：赚的钱比花的钱多。目前已经有许多方法来解释在追求经济利润时做出选择的机会成本。这些是今天大学教授金融和管理课程的基本面。

（2）机会成本

资源（人、设备、资本和时间）的投资通常有多种去向可供选择。一旦开启了你所选择的路径，其他机会如果不是永远丧失也至少会延迟。一个例子是，选择在加拿大萨德伯里增加20%的镍生产，或者投资到SMR项目寻找小行星上的镍。从若干方案中选择是SMR革命的本质所在。为了启动SMR开采路径，机会成本不仅必须包括立即开采能力，它们也必须包括太空选项的本质。我们可以减缓对稀缺资源的消耗进程吗？我们可以通过进行外空采矿来改善环境吗？长期投资回报率是否会奖励风险承担者？我们能否找到一些有财力的预言家，了解他们所掌握的足以影响未来的财源？

（3）矿物经济学

采矿业每天将矿物潜力转化为经济学的语言。事实上，“矿石”实际上是一个经济学术语——而不是地质学术语。能够被定性为“矿石”的特定矿物组合，必须通过法律定义其具有经济价值。

> “矿石是有价值的矿物和脉石矿物的混合物，从中可以经济地提取至少一种矿物。矿体是可经济提取的有价值材料的自然集中。副产物是在萃取过程中回收的次级或额外产物（例如钼是铜的常见副产物）。矿物储量是至少经初步可行性研究后所证明的矿物资源的经济可开采部分。这项研究必须包括有关采矿、加工、冶金、经济和其他相关因素的足够信息（截至报告时），以证明经济开采是合理的。矿物储备包括稀释材料和在开采材料时可能发生的损失。”［博朗斯（Baurens），2010］

从发现矿物到积极开采有许多步骤。勘探和采矿公司在每个阶段都可以有盈利。图3-2显示了一个成功项目的采矿阶段与公司价值对比。这当中也有失败——不是所有的矿物最终都会产生经济价值。这是项目风险的主要来源……早期步骤包括使用钻井、取样和测定方法收集相当多的三维地质信息。

采矿业标准评估做法是对矿物项目或矿物预期的现金流折现分析法。它是一个预测矿山生命周期中成本和收入的电子表格。如果没有可信的估值，就不可能进行矿业项目的债务融资。其他估值包括收入、市场和成本方法，尽管有时会使用更深奥的方法来评估无形资产。

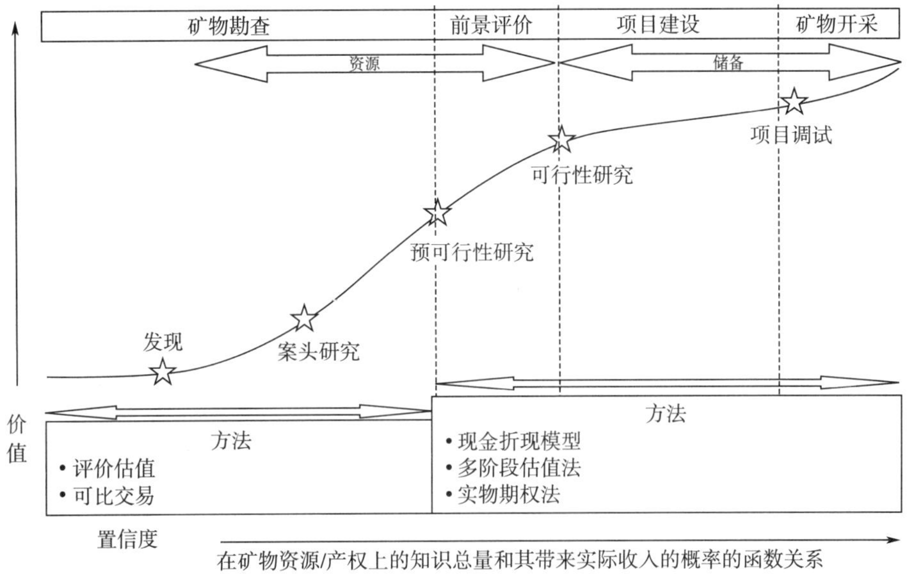

图 3-2 采矿阶段与公司价值对比（博朗斯，2010）

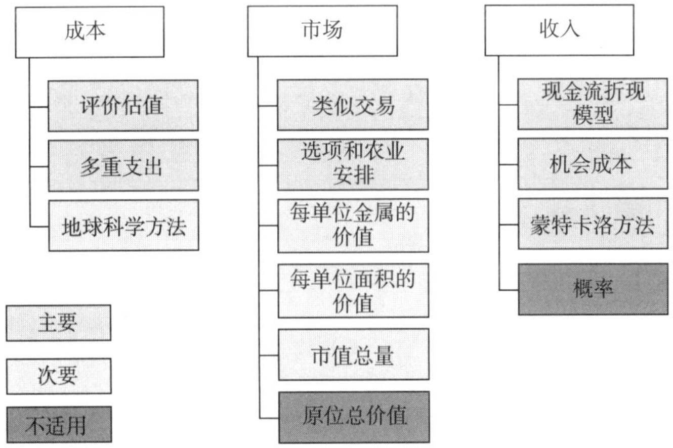

图 3-3 矿业中使用的估值方法（史密斯，2009）

（4）货币的时间价值

用于估计现值的指标依赖于贴现（discounting）计算过程，其基于这样的信念：未来风险收入的价值小于当前已到手的现金。这个过程在解释投资的其他潜在用途时是必要的——使竞争环境公平有序，以做出更好的决定。报告估值结果的两个最常见的指标都使用贴现法，分别是投资回报率（ROI，即相对于基准收益的百分比）和净现值（NPV，以绝对美元计价）。除此之外还存在各种各样的其他指标，每个都有对应的缩略词。不过它们基本上源自或与投资回报率和净现值相关。为满足特定情况的需要，可以针对行业具体情形进行适应性调整。

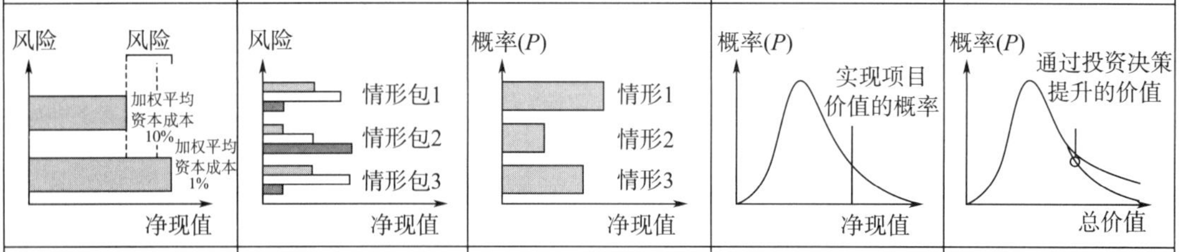

1.净现值与降低风险	2.基于场景的净现值	3.净现值与一次性概率	4.净现值与特定概率	5.总价值
•高风险意味着项目特定的高加权平均资本成本 •高风险带来低的净现值 •不考虑单个现金流因素的不同风险	•利用不同情形反映未来不确定的现金流 •各种情况的替代选择并不会包罗万象 •不包括概率上的情况	•不同情形和相关风险是主观的，通常加之以一定的概率 •不包括概率的全面分析推导	•期望值和波动率由现金流和概率的稳定分布决定 •所有的现金流量点都通过分析方法进行考虑(而不是直觉) •风险通过概率考虑	•主动管理是建立未来业务灵活性的关键 •主动管理允许使用替代选择 •净现值加上灵活性的价值是总价值

图3-4 利用风险和可能性调整净现值（A.T.凯尔尼，2010）

折现率的选择（或称为资金成本或最低预期资本回收率）取决于几个因素，并且通常会随特定行业偏好而定。折现率是未来收入在给定时间间隔或研究期间折现成当前值的百分比。通常计算其平均数，即加权平均资本成本（WACC），以估计债务（短期或长期利率）的平均成本和股权成本（通常是股息分配政策的函数），并由资产绩效相关性或β值进行修正。这些具体选择因行业而异，但它们构成了无风险资本成本的基础。

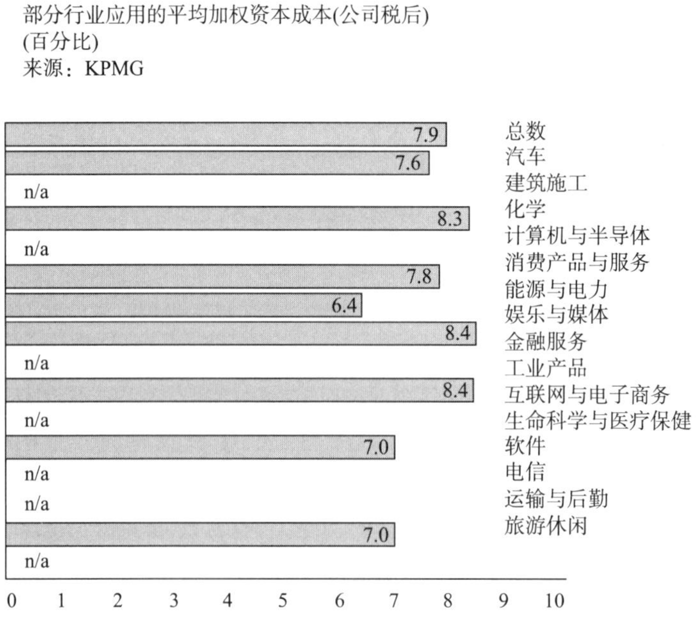

图3-5 因行业而异的加权平均资本成本（KPMG国际，2012）

风险调整在比较具有变量不确定性项目时尤其有用，特别是对于行业标准。虽然将风险转换为比率折扣调整因子的行为可能会过度简化从而导致风险，但它创建了一种简单的方法来估计该风险对财务的影响。今天采矿项目中最大的系统性风险来源是货币风险和国别风险。将这些风险溢价添加到资本成本中得到用于估计特定项目净现值的折现率。对于 SMR，国别和货币风险将是发射国、市场以及项目风险的函数，很可能发挥主导作用。利用这些组织要素可以计算特定项目的折现率：

＋真实无风险长期利率 2.5％

＋采矿项目风险（随认识水平而变动）3.0％～16％

＋国别风险 0.0％～14％

＝特定项目贴现率（不变美元价值 100％股权权益）5.5％～32.5％（博朗斯，2010）

（5）资源与储备

由于矿业对全球经济至关重要及可能存在滥用和扭曲的情况，披露可采矿石储量须遵循一定的国际会计标准。国际证券法对上市公司如何向新闻界披露矿石品位非常严格，并且对违规行为会有法律上的惩罚。关于矿业财产报告的规则包括澳大利亚联合矿石储量委员会（JORC）的指南，加拿大矿产项目披露标准（NI 43－101），以及除了美国证券交易委员会（SEC）所要求的标准报告要求以外，还有新的关于冲突矿物报告的规则。注意，在小行星资源被赋予财产权和所有权以前，它们必须被归类为无形资产。因此，它们将根据国际会计准则（IAS）进行减值测试，并针对上市公司在全球范围内采取类似的做法。从推断资源到已探明资源再到可能的储量，直到经济探明矿石储量的最终类别，是一个被普遍接受的分类方案。当今法律广泛要求用清晰的语言披露资源与储备的关系。

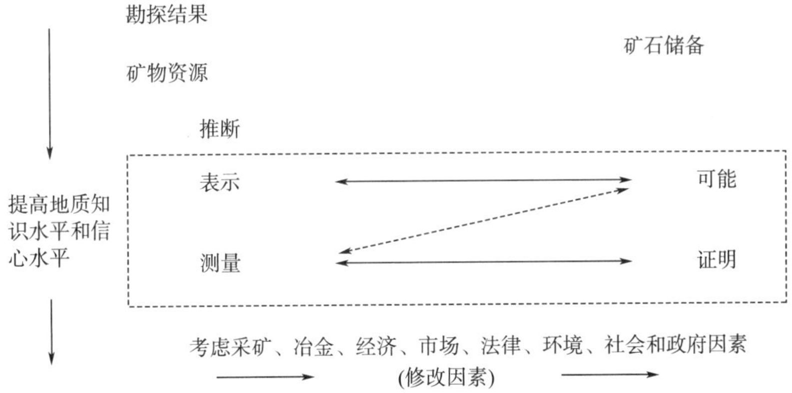

图 3－6　勘探矿物资源和矿石储量（JORC－2012）

（6）SMR 的推断资源值

使用上面的图 3－6，小行星 SMR 价值的潜力将被归类为推断性资源。为了将之转换为已探明资源，必须对关于小行星地质特征的科学数据进行测量和记录。只要审计机构可以验证其存在和等级，它就可以被看作具备专有性质。这样做的任务既可以像来自过路航天器的多光谱成像一样简单，也可能与用于详细测定的样品返回任务的多个钻孔一样复杂。要想成为矿石，必须完成可行性研究，显示出产品具有销售到一个或多个现有或潜在市场并获利的潜力。这需要一个具有相关成本和收入模形的开采计划。必须考虑矿物开采和加工设备成功生产矿石的技术风险，并且还必须考虑在交货给客户时客户是否能及时付清货款的市场风险。合同和保险是降低市场风险的方法。技术风险则可以通过强有力的设备测试和示范任务来减小。也许某一国际空间机构和（或）与特定行星防御计划进行合作是其中一个选项。

（7）高价值 SMR 勘探目标

传统观点认为，由于净现值往往呈几何级数不断减少，超过 10～20 年的投资是不值得考虑的。当用更高的折现率进行评估时尤其如此。不过小行星在这方面的数据比较独特。由于 SMR 的未来估值极高，即使不确定性很大，调整后的净现值仍然能够得到合理的现值数据。这里的关键观点是，即使未来的客户是“潜在的”，但资源价值是如此之高，还是值得为此赌一把。投资组合理论认为，为了使投资组合多样化以获得最大回报，将投资收益中的一小部分投资于高风险企业一般都是一个好主意。大多数时候，这种“风险投资”是失败的赌注。但是，一旦它赢了，就会有很大的回报并可以弥补其他损失。

重访 SMR 样本 3 554 Amun 是十分有用的。基于 1997 年铁、钴和镍的价格，这颗小行星估计价值为 20 万亿美元，其中 8 万亿美元是贵金属（约为其总质量的 0.02%），其他 99.98%的质量估计为价值 12 万亿美元（刘易斯，1997）。其中，把大约 2 km 的不锈钢球体引入地球经济，而不完全破坏经济运行和使价格崩溃的假设当然是有缺陷的。相反，想象另外一种情况，不锈钢可以用来构建未来的太阳能卫星、往返飞船、星舰或杰拉德·奥尼尔空间殖民船体和支持结构（注意，这可以明确建模），外空矿物价值是基于从最近的竞争对手提供相同的质量而确定的——在这个例子中最近的竞争对手就是地球表面。在往返地月轨道上发射约 300 亿吨（一个直径 2 km 比重为 7.85 的球体）的成本将超过 35 000 美元/kg（假设它与发射到地球静止转移轨道相同）。因此，也可以说，未来某个时候 Amun 对太空市场的未来价值实际上可能超过 10 兆亿美元（比刘易斯的数字高 4 个数量级）。把 10 兆亿美元进行 40%（加权平均资金成本为 10%，捆绑风险为 30%）的 60 年期贴现，其现值为 1.7 亿美元。以 25%（加权平均资金成本为 10%，捆绑风险为 15%）的比率贴现相同的价值 90 年，得到的现值为 1.9 亿美元。因此，货币的时间价值理论基本说明，今天在一个航天飞行任务上花费 1.71 亿美元获得 3554 Amun 的独家经营权将是一个有价值的投资（假设市场规模和价格情况被正确估计），投资回收期为 60 年期限有 30%的风险，而投资回收期为 90 年的项目预测下，则总风险为 15%。通过名为“Asterank”的在线数据库的帮助可以扩展这一分析得到其他小行星的估价［韦布斯特（Webster），2013］。

将使用“最有价值”选项卡排序的前 30 个小行星的数据复制到一个 Excel 电子表格中。然后分别使用 25%和 40%的折现率对这些值进行 20、40 和 60 年贴现。注意，FV（$ T）列中的前 6 个值是 WAG，以便扩展 PV 结果的范围，其余的直接从预期利润列获得。这项分析的结果非常有趣，见表 3-4。

分类 最有价值 ▼ 查询 如433 Eros 或绘制自定义轨道 显示 300 ▼

名称	类型	α(AU)①	e①	价值($)	预期利润($)	ΔV/(km/s)	分类
Germania	B	3.056	0.098	>100万亿	>100万亿		MBA
Antiope	C	3.160	0.161	>100万亿	>100万亿		MBA
Klio	Ch	2.362	0.237	>100万亿	>100万亿		MBA
Eva	X	2.634	0.345	>100万亿	>100万亿		MBA
Mathilde	Cb	2.647	0.266	>100万亿	>100万亿		MBA
Ceres	C	2.767	0.076	>100万亿	>100万亿		MBA
Aethra	Xe	2.608	0.390	>100万亿	68.82万亿		MCA

图 3－7　Asterank.com 评估的小行星价值（Asterank，2013）

请注意，表 3－4 中的价值超过 2 500 万美元的小行星已经突出显示。如果所有假设条件都是有效的，对于这些突出显示的小行星，值得投资于获取和证明资产的金额被标记为现值。另一个隐含的假设条件是，探索和标记 SMR 的行动将创造一项排他性权利或使用权保障——这是获得财产权的基础所在。

由于目前 Asterank.com 网站上并没有关于所使用的估值方法的信息，以下所有推测都取决于估值假设条件和方法的有效性。表 3－4 是为了显示当真正的大数值长期以高利率贴现时会发生什么。

如果风险估计是准确的（加权平均资金成本的 10%再加上 15%和 30%），数百万美元量级的净现值表明风险投资可以有效地花在这些高风险项目上。注意到投资组合理论总是建议投一点资金以涵盖高风险/高回报的潜在结果。这种经济解释听起来像是“如果适当地考虑了风险，如果一个数万亿美元的小行星资源市场出现在未来 20～40 年的时间框架内，今天就值得投资现值来确保权利。”另一种看法是，如果航天器的成本低于可信预测的现值阈值，那么私人矿物勘探任务就值得投资。

“在 5～7 年内，公司希望发出一小批类似的航天器进行更详细的探测任务，为一颗有价值的小行星详细绘制地图，并确定资源高富集的矿脉走向，他们估计这样一项任务将花费 2 500～3 000 万美元。”［马恩（Mann），2012］

下一个问题变成：创造特定市场或培育特定经济到如此规模，究竟需要多长时间？技术趋势和 SMR 的几何物理学对此支持吗？这些问题值得进一步研究，并将形成系统分析和建模部分的核心。

“‘有线科学’的驻会航天历史学家大卫·波特里（Davids Portree）认为，当我们拥有一个更加成熟的太空栖息地（具有不同的经济和更好的技术）时，小行星采矿可能会更有意义。‘现在它像一艘来到中世纪英格兰海岸的大油轮’，他说，‘中世纪的英国人可能认为石油作为一种有用的商品，但不足以产生足够的利润用于养活油轮船员。而且他们居然不知道除了用木桶和划艇以外如何把它从油轮里弄出来。’”（马恩，2012）

表 3-4　由贴现数据所得的现值（MPC）

						风险调整贴现率=			25%			40%		
						贴现周期（年）			20	40	60	20	40	60
名称	类型	a（AU）	e	价值（万亿美元）	预期利润（万亿美元）	dv（km/s）	分类	未来价值（万亿美元）	现值（百万美元）	现值（百万美元）	现值（百万美元）	现值（百万美元）	现值（百万美元）	现值（百万美元）
Germania	B	3.056	0.098	>100	>100		MBA	1 000	**11 529 215**	**132 923**	**1 532**	**1 195 196**	**1 428**	2
Antiope	C	3.16	0.161	>100	>100		MBA	500	**5 764 608**	**66 461**	**766**	**597 598**	**714**	1
Klio	Ch	2.362	0.237	>100	>100		MBA	300	**3 458 765**	**39 877**	**460**	**358 559**	**429**	1
Eva	X	2.634	0.345	>100	>100		MBA	200	**2 305 843**	**26 585**	**306**	**239 039**	**286**	0
Mathilde	Cb	2.647	0.266	>100	>100		MBA	150	**1 729 382**	**19 938**	**230**	**179 279**	**214**	0
Ceres	C	2.767	0.076	>100	>100		MBA	100	**1 152 922**	**13 292**	**153**	**119 520**	**98**	0
Aethra	Xe	2.608	0.39	>100	68.82		MCA	68.82	**793 441**	**9 148**	**105**	**82 253**	**42**	0
Pallas	B	2.772	0.232	>100	29.64		MBA	29.64	**341 726**	**3 940**	**45**	**35 426**	18	0
Hygiea	C	3.137	0.116	75.02	12.50		MBA	12.50	**144 115**	1 662	19	**14 940**	9	0
1997 RT	O	2.245	0.525	37.19	6.21	6.485	AMO	6.21	**71 596**	825	10	**7 422**	9	0
Interamnia	B	3.061	0.153	64.42	6.13	11.39	MBA	6.13	**70 674**	815	9	**7 327**	7	0
1994 AH2	O	2.537	0.707	36.33	4.95	7.951	APO	4.95	**57 070**	658	8	**5 916**	7	0
Vishnu	O	1.06	0.444	37.85	4.91	8.358	APO/PHA	4.91	**56 608**	622	8	**5 868**	7	0
Boznemcova	O	2.537	0.299	37.28	4.68	8.634	MBA	4.68	**53 957**	593	7	**5 594**	6	0
Poseidon	O	1.835	0.68	35.53	4.46	8.629	APO	4.46	**51 420**	564	7	**5 331**	6	0
Heracles	O	1.833	0.772	37.68	4.24	9.638	APO	4.24	**48 884**	526	6	**5 068**	6	0

续表

						风险调整贴现率＝			25%			40%		
						贴现周期（年）			20	40	60	20	40	60
名称	类型	a（AU）	e	价值（万亿美元）	预期利润（万亿美元）	dv（km/s）	分类	未来价值（万亿美元）	现值（百万美元）	现值（百万美元）	现值（百万美元）	现值（百万美元）	现值（百万美元）	现值（百万美元）
2000 BM19	O	0. 741	0. 359	36. 39	3. 96	9. 95	ATE	3. 96	**45 656**	**489**	6	**4 733**	5	0
Europa	C	3. 096	0. 108	22. 09	3. 68		MBA	3. 68	**42 428**	**374**	6	**4 398**	4	0
Loreley	Cb	3. 126	0. 085	16. 84	2. 81		MBA	2. 81	**32 397**	**318**	4	**3 359**	3	0
Euphrosyne	Cb	3. 154	0. 222	14. 33	2. 39		MBA	2. 39	**27 555**	**290**	4	**2 857**	3	0
Sapientia	C	2. 772	0. 163	13. 10	2. 18		MBA	2. 18	**25 134**	**290**	3	**26 06**	3	0
Hedda	Ch	2. 284	0. 03	13. 08	2. 18		MBA	2. 18	**25 134**	**290**	3	**2 606**	2	0
Oskar	C	2. 445	0. 129	13. 09	1. 54	9. 19	MBA	1. 54	**17 755**	**205**	2	**1 841**	2	0
Soderblom	Ch	2. 746	0. 15	13. 09	1. 47	9. 649	MBA	1. 47	**16 948**	**195**	2	**1 757**	2	0
Desiderata	C	2. 595	0. 315	13. 10	1. 42	9. 96	MBA	1. 42	**16 371**	**189**	2	**1 697**	2	0
Fabini	C	2. 702	0. 081	13. 09	1. 40	10. 103	MBA	1. 40	**16 141**	**186**	2	**1 673**	2	0
Turandot	C	3. 187	0. 22	13. 09	1. 38	10. 25	MBA	1. 38	**15 910**	**183**	2	**1 649**	2	0
The NORC	C	3. 194	0. 228	13. 09	1. 30	10. 915	MBA	1. 30	**14 988**	**173**	2	**1 554**	2	0
Parks	Ch	2. 716	0. 396	13. 07	1. 22	11. 634	MCA	1. 22	**14 066**	**162**	2	**1 458**	2	0
Chicago	C	3. 896	0. 022	13. 10	1. 21	11. 715	OMB	1. 21	**13 950**	**161**	2	**1 446**	2	0
Dubridge	C	2. 729	0. 274	13. 10	1. 04	13. 668	MBA	1. 04	**11 990**	**138**	2	**1 243**	1	0

注：MBA—主带小行星；MCA—火星轨道穿越小行星；AMO—阿莫尔型小行星；APO—阿波罗型小行星；PHA—福西亚型小行星；ATE—阿登型小行星；OMB—外主带小行星。

考虑60年或90年贴现结果时，应仔细思考。对于1923年的经济来说，一艘核潜艇在1923年的价值到底是多少？一部智能手机呢？鉴于20世纪全球经济的大幅度增长，考虑不可能的事情可能并非是不现实的。如果全球增长趋势继续（例如，随着摩尔定律在一个或多个技术领域的延续），预期未来仍将创造巨大价值确实是合理的。

3.5 法律和经济学——市场的助推器

法律和经济学之间有着悠久的历史关系。法律经常用于保护资本投资和降低私营企业的风险。因此，它通常会追寻新的经济机遇，根据需要将一组操作规则和原则扩展到新的领域或新独立的国家。

矿业公司对政策和法律的偏好已得到广泛研究。

“公司可以选择很多国家去支出他们的勘探和开发预算。那些具有可预期的地质条件、合理税收条件、可接受的立法和政治稳定性的国家，对于矿业公司来说，在这些国家长期发展的前景比其他缺少一个或多个上述条件的国家要好。在分析投资条件时，公司会应用一些关键标准，包括税收标准，并了解这些标准是否得到满足。用于决策的标准类型和每项标准对每个公司的权重都不尽相同。”［奥托（Otto），2007，第9页］

关于矿业公司对新独立国家法律制度偏好的研究结果（其中一些国家拥有大量矿物资源，如在柏林墙倒塌后突然出现的矿物资源），表3-5展示了研究结果。考虑进行投资的矿业公司把开采权的稳定性（属于财产权的特征——但不是权利本身）在勘探阶段看作第二重要的决策标准，在采矿阶段则是第一重要的决策标准。

研究确定的其他重要的法律政策问题包括跨境汇兑利润的能力、政策的可预测性和稳定性及预测税收的能力。显然，财产权利对矿业投资者非常重要。然而，专营开采矿体的权利具有更高的优先权。我们注意到，在小行星被给予财产权利以前，它们将被归类为无形资产，因此需要根据国际会计准则（IAS）36进行减值测试。

表3-5 投资决策判断标准的排序（奥托，2007，第10页）

排名		标准描述
勘探阶段	开采阶段	
1	不适用	目标矿物的地质潜力
不适用	3	利润指标
2	1	开采权的稳定性
3	2	利润返回的能力
4	9	矿业政策的连续性和稳定性
5	7	公司具有管理控制力
6	11	矿产所有权
7	6	符合实际的外汇监督制度
8	4	勘探/开采条件的稳定性

续表

排名		标准描述
勘探阶段	开采阶段	
9	5	预先确定纳税义务的能力
10	8	预先确定环境保护责任的能力
11	10	财政制度的稳定性
12	12	对外募集资金的能力
13	16	国家的长期稳定
14	17	矿产权制度已成熟定型
15	不适用	应用地质评估技术的能力
16	13	征税方法及税负水平
17	15	进出口政策
18	18	公司持多数股权
19	21	转让矿权的权利
20	20	内部（武装）冲突
21	14	外部账户许可
22	19	现代矿产立法

3.6　SMR 的市场机遇小结

SMR 的主要经济机遇与太空市场的成熟度密切相关。通过把市场作为太空“殖民化”或定居的函数，可以预测可行的路径，并且可以对可行路径量化建模。伊隆·马斯克的目标是让 10 000 名人类同胞定居火星，并实实在在地留下基础设施和持久经营的企业。针对这种情况的需求和约束条件的规划可以揭示一些可行的 SMR 经济机遇。这是系统分析的目标市场模型的基础。2014 年关于全球经济状况的基本观察为 SMR 提供了背景。地球经济正在减速，资本被封存（尽管过去的证据表明，这反而会导致它被浪费掉）。经济机会处于历史最低点，刺激经济的尝试似乎失败了。资源限制在能源和战略矿物中变得越来越明显，而市场却趋于平缓，看不到任何明显好转的迹象。需要进行根本性的变革才能维持全球的能源消费方式。外空资源为此提供了一条出路或是进步之路。很少有人怀疑伊隆·马斯克踏上火星的愿望，但许多人仍然怀疑他是否具有实现这一愿望的能力，特别是考虑到一整套工艺的成本和复杂性，需要大规模系统集成才能实现。如果他的梦想成真，许多人会羡慕马斯克先生的坚韧和志向。

“有越来越多的私营部门实体正在建立并在这个领域经营，一些更高调的项目包括行星资源公司计划开采小行星，B612 基金会的哨兵计划倡议对小行星进行编目，最近金色道钉公司计划到 2020 年让人类重返月球。除此之外还有谷歌月球探索奖团队，太空探索技术公司总裁伊隆·马斯克计划在 10～20 年内将人类送到火星，并把旅行成本隆低到

50 万美元/人。马斯克的最终目标是在火星上建立一个能支撑成千上万人的‘殖民地’，他相信在每人 50 万美元的价位上，这样的‘殖民地’无论是对于公共还是私人勘探都是可行的，而对太阳系的开发将真正实现向各界全面开放。”[皮特曼（Pittman），2013]

这种愿景是推动硅谷形成企业家精神的重要驱动力。在硅谷许多人都经历过个人的经济成功。许多人都拥有移民太空边疆的愿望。风险投资不仅具有现实需求，而且已经出现在实际生活中。将这种资本投入有生产力、有回报的项目将有益于人类的共同未来。

“太空边疆将不可避免地扩大企业的思维范围和冒险规模。当我们面对太空时，需要在行星层面应用某项技术，用几十年的时间来开发技术，并且进行比当前商业惯例中更大的投资，以达到获取经济回报的门槛。企业现在必须基于国际思维和新一代商业模式来思考，必须像早期一代的建设者推动铁路建设跨越（西部）旷野从而奠定我们的现代经济基础那样勇于面对各类风险。”（科迪纳，1961）

表明这种对未来的大胆愿景需要政府和私人利益攸关方的共同行动。每个人都要在创造美好未来上发挥重要作用，同时也要认真管理风险和回报。奉行熊彼特（Schumpeter）主义的企业家通过使用资源改变经济系统的一个或多个参数来打破既有均衡。然而，人们不应忽视其他行为体的作用，例如政府和国际组织。它们不仅要为发展太空经济提供必要的立法，更可以在空间基础设施的开发中发挥重要作用，如空间站或行星前哨。此外，NASA 已经证明了政府支持或实现较长周期技术开发项目的能力。发展 SMR 技术的先天优势也将产生于具有先进的矿物开采和提炼工业的国家，包括加拿大、瑞典、南非、中国和俄罗斯。在太空领域获得地球采矿专家的帮助将有利于为 SMR 技术研发创造或注入关键经验。我们还可以利用反馈环路将先进技术应用到采矿部门，这将创造直接惠及地球上工业部门和其他利益攸关方的途径，从而实现一个双赢循环，同时也提振私人和公共需求。

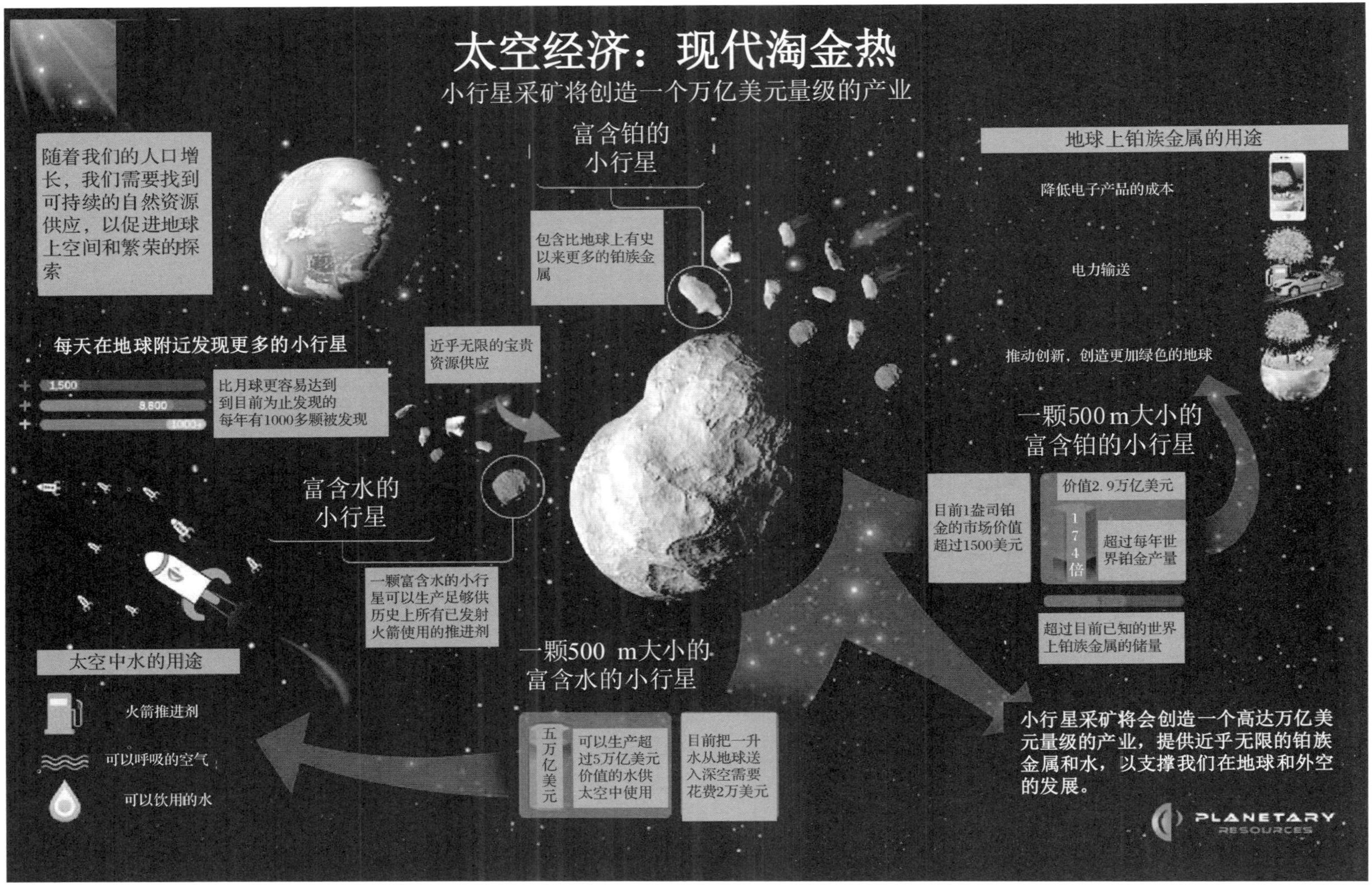

图3-8 SMR经济愿景（行星资源公司）

第 4 章　外空矿物资源开发路线图

4.0　绪论

“技术路线图是利用特定技术解决问题，从而达到短期和长期目标的计划：

1）这是一个适用于新产品、新工艺或新技术的计划。

2）制定路线图有 3 个主要用途。

a）它有助于就满足这些需求所需的一系列要求和技术达成共识；

b）它提供了一种机制，以帮助预测技术发展；

c）它提供了一个框架，以帮助规划并协调技术发展。”（维基百科）

本章及课题研究报告的其余部分将重点介绍第 3 个主要用途。路线图确实完成了前两个，但是，这项研究重点关注一个项目计划的主要发展结构。

为了“提供一个框架以帮助规划和协调技术开发”，本章将以当前的各国的政府航天探索任务方案为舞台，为商业化外空矿物资源（SMR）企业展示多个路线图。国际太空探索协调组（ISECG，目前由欧空局载人航天飞行管理局主办）于 2007 年和 2013 年出版了全球探索路线图。2013 年全球探索战略（GES13）为各国政府在人类航天探索方面的国际合作确定了一个极好的路线图。它提供了一种有效的太空探索方法，将航天机构的资源整合起来，减少冗余技术，建立共同的系统和能力，同时利用现有的机构优势建立一个自愿的国际协调机制。

“参与国际太空探索协调组的航天机构正在开发全球探索路线图。路线图建立在‘全球探索战略：协调框架’（2007 年 5 月）中所确立的‘协调载人和机器人共同探索我们的太阳系’的愿景之上。这样做反映了对太空探索任务一致的国际协作，从 ISS 开始到月球、近地小行星和火星的合作。航天机构认为，考虑到这些任务的挑战，载人太空探索将是最成功的国际协作。各机构还认为，追求这一协作将为地球上的人们带来重大的社会、科技和经济效益。本文介绍了航天机构探索路线图活动的现状。航天机构通过与更广泛的群体分享这项工作的成果来寻求产生创新的想法和解决方案，以应对未来的挑战。”（国际太空探索协调组，2013，第 3 页）

然而，上述国际框架没有涉及私营商业企业的机遇。显然，在第 3 章的第一部分讨论的公司将积极主动越过低地球轨道，而伊隆·马斯克甚至怀有在他有生之年向火星移民10 000 人的愿景。商业太空探索必须用类似的方式说明探矿和 SMR 企业的商业方法优势。在 EML－1 销售水、氧气、氢气和燃料的加注站均可能成为一个个商业机遇。

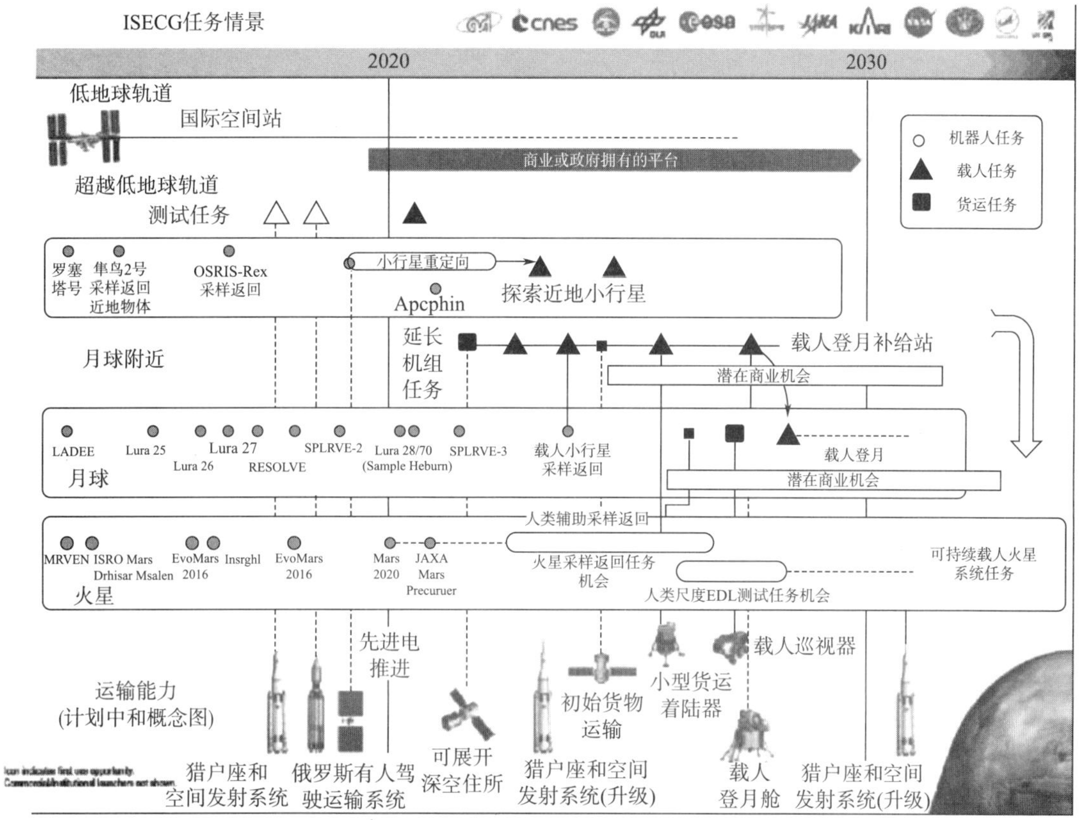

图 4-1　路线方案——月球、火星和小行星（NASA-ISECG，2013）

4.1　框架开发

框架开发过程包括技术、架构和集成开发，同时还使用了“逻辑链路控制”（LLC）方法（迈克尔·菲茨杰拉德总统）。浏览路线图的开发过程可以发现过程和结果中的固有逻辑。这个过程在航天界是众所周知的，并且在建立或改进架构（诸如添加到气象卫星星座）时经常用到。最初的步骤之一是将 SMR 商业企业看作逻辑布局中的一个系统，逻辑布局中有可视化的系统、子系统、组件和部件。举一个例子来展示 SMR 商业企业总体开发 SMR 路线图（系统工程部分）的一小部分。第一步是将整个项目分成几个部分，例如推进（离开地球和在轨）、采矿、储存和回收。系统工程部分只是 SMR 架构的许多部分之一。路线图方面的突破通常与传统的工作分解结构同时进行。接下来的几幅图将显示一个团队如何从查看系统工程中的一部分，扩展到在预定的时间表内完成路线图的主要步骤。在处理太空中的一个重大技术项目时，指导思想一直是测试、测试、再测试。之所以这样做是因为在遥远的太空中一旦出现技术故障时我们几乎无法补救。初始测试是子系统的小演示，更大的系统则需进行更艰苦的测试。最终测试通常是在热真空室中对卫星进行全方位的测试。然而，由于 SMR 项目必须在距离地球数万英里的地方工作，在低地球轨道中可能会对 SMR 的设备进行一个最终全面的系统测试。图 4－2 显示了执行到小行星的 SMR 任务中各个部门的突破。这些部门是：系统工程，发射和推进，空间飞行器，SMR 加工和总部/一级操作中心（HQ/POC）。

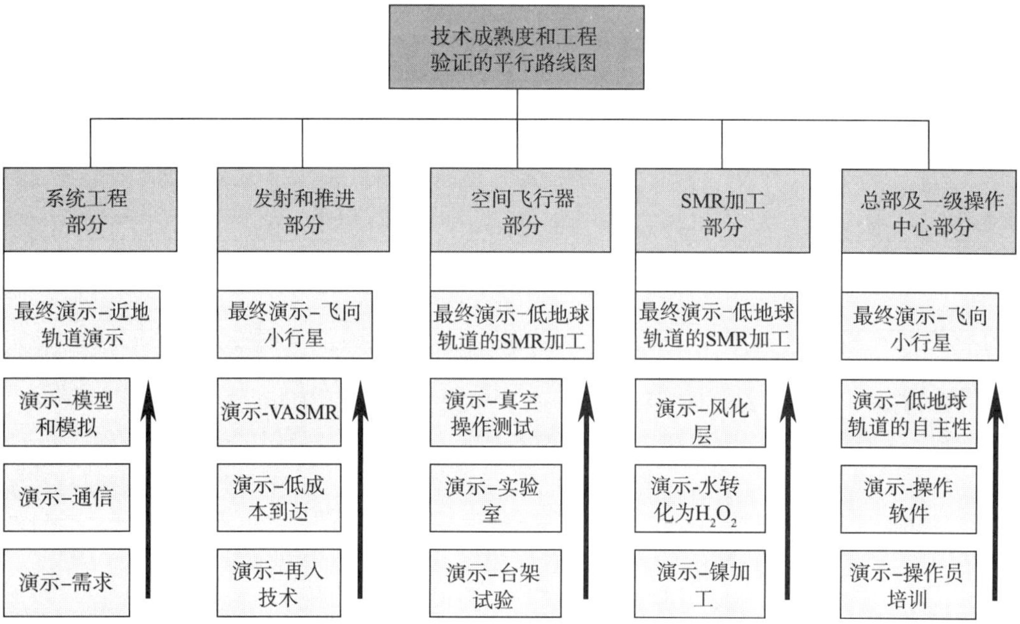

图 4－2　各部门突破路线图［彼得·斯旺（Peter Swan）］

每个部分下面是测试的基础，必须在进行分系统测试之前完成。因为缺少关键主题，这种工作分解结构（WBS）的布局（或分部门视图）是说明性的。然而，通过这种简单的只有 5 部分的结构更容易描述这种想法。图 4－3 显示了各部分的简单旋转，以便可以显示更大的图片。

最后的示例路线图是 SMR 架构的系统工程部分的“大图”。图 4－4 显示了系统工程部分的布局，关键验证从左向右进行示范。然后可以通过识别技术开发验证中每个风险降低的开始日期、结束日期和持续时间，来较容易地布置计划格式。这将会很自然地得到用于开发 SMR 架构的路线图。它显示了与其他部门的接口，以及需要为系统工程的主要功能制定实施计划。如流程所示，直至在低地球轨道中成功实现了最终测试，才算测试完成。由此证明 SMR 架构可以带来成功的商业投资。

本系列的最后一个图（图 4－5）显示了 SMR 架构中一部分路线图的复杂布局。此图显示了路线图的主要方面以及它们如何与系统工程部门进行交互。

一旦为每个部门完成了路线图的布局，下一步便是识别所需的测试序列。它们通常分为：

技术可行性验证：小规模开始并建立子系统或系统级别的首次测试。可以通过模拟或识别及物理测试来实现这些步骤。图 4－6 显示了初始步骤。

工程有效性验证：下一组测试说明了减缓风险领域的工程解决方案。

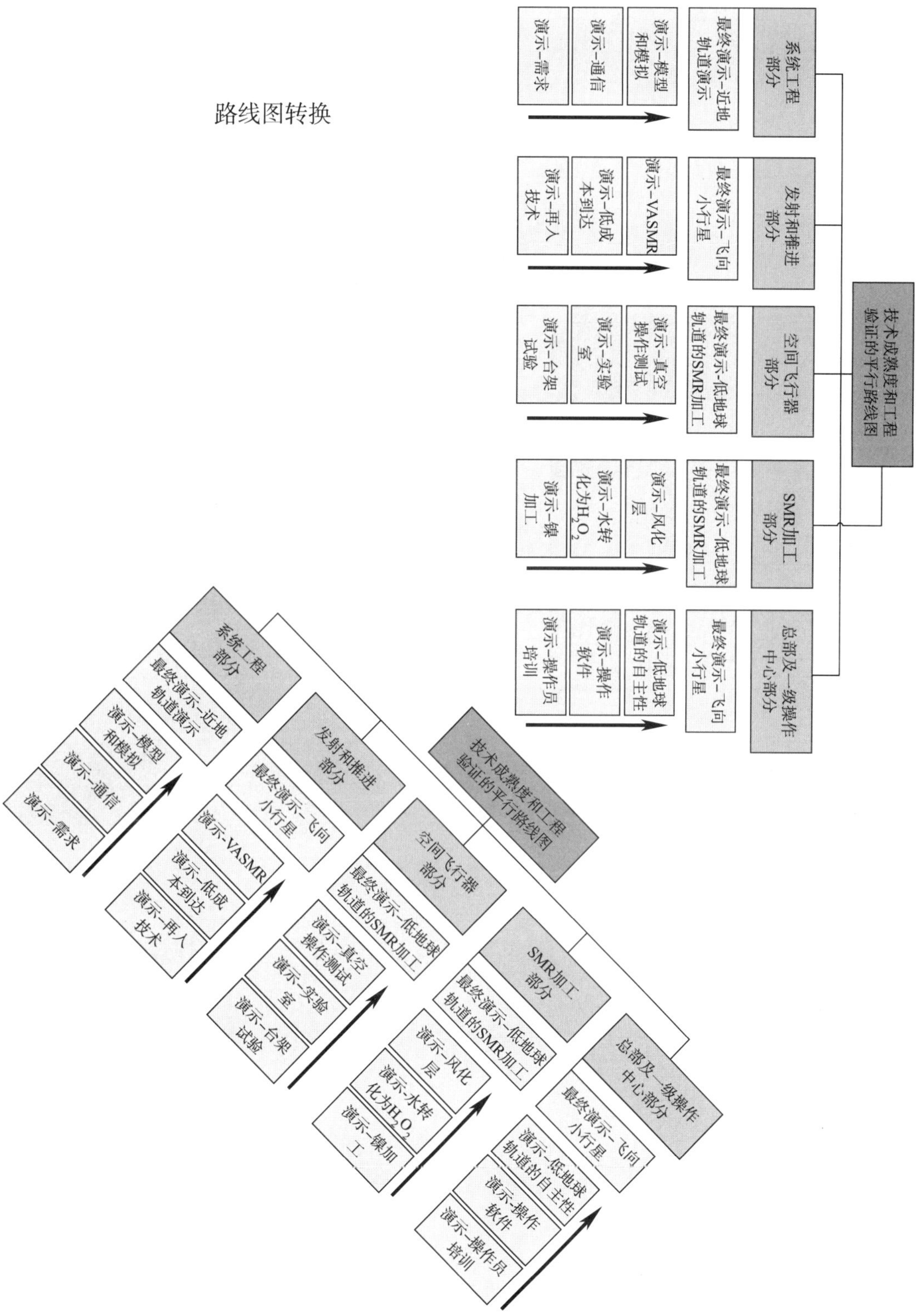

图 4－3　路线图转换将形成一个成功的商业企业（彼得·斯旺）

设计有效性验证：展示或测试每个内部部门所要参与最终测试的物品的最后一步。

任务操作：验证一切都是按计划工作的。航天项目的困难在于，在进入太空之后“修复”系统的机会很少。

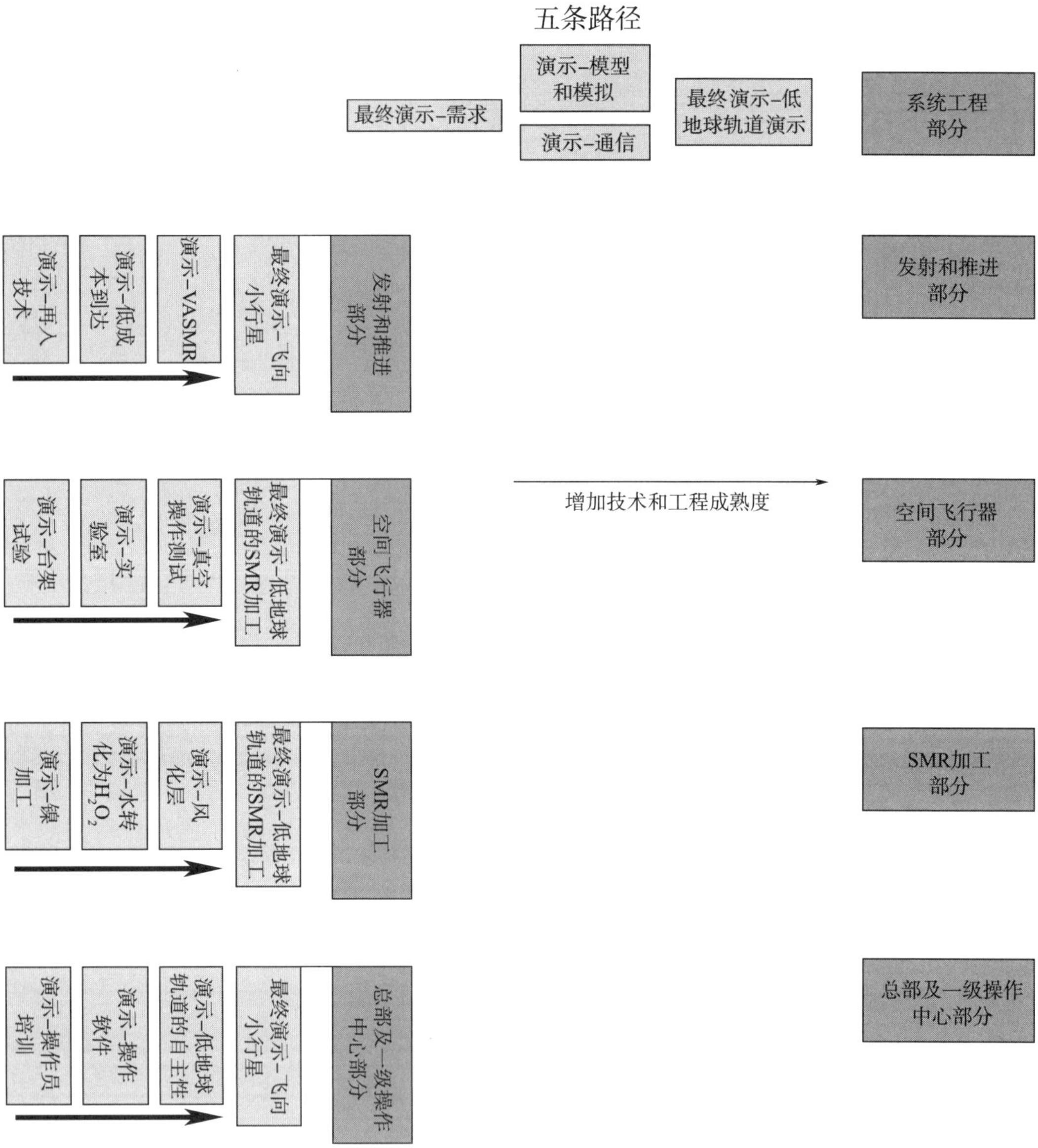

图 4－4　SMR 路线图路径（彼得·斯旺）

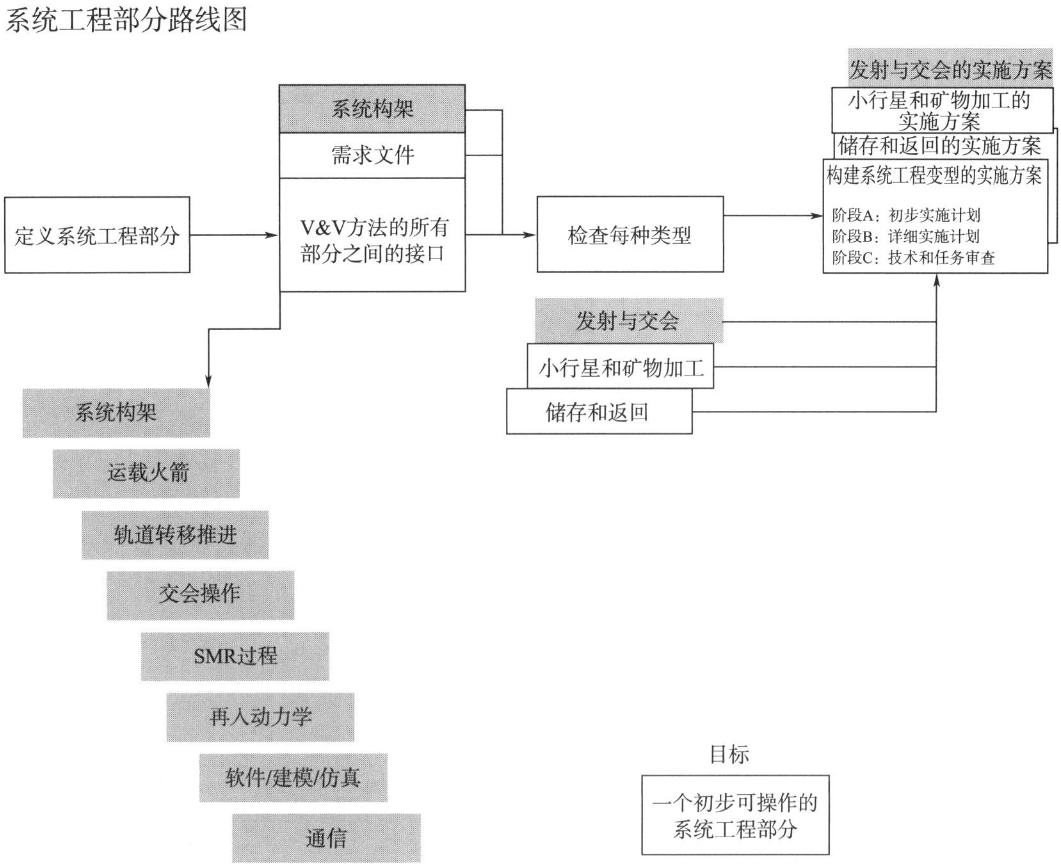

图 4-5　主要路线图布局（彼得·斯旺）

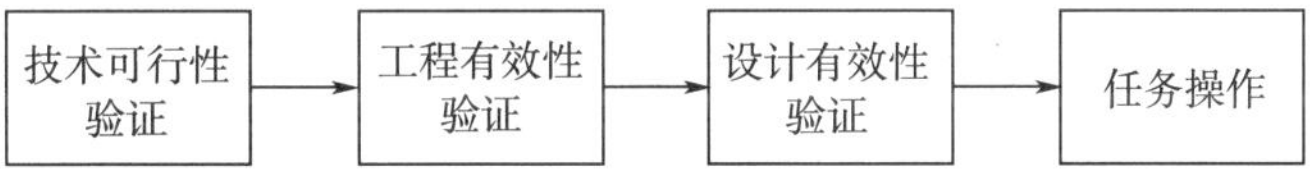

图 4-6　测试顺序（彼得·斯旺）

4.2　SMR 路线图

本节将详细说明每个路线图的各个步骤或阶段，最终为月球、火星，特别是小行星探索项目获取有利可图的 SMR 投资。所有信息均来自于各个公司及其网站。具体示例是：

1）深空工业公司的近期期望；

2）行星资源公司对小行星的积极探索；

3）沙克尔顿能源公司的供水方案；

4）王剑探索公司的三步规划。

4.2.1 深空工业公司（DSI）①

深空工业公司于2013年成立于美国特拉华州，总部位于美国得克萨斯州奥斯汀市（截至2014年10月），在加利福尼亚的NASA埃姆斯研究园区设有一个航天器设计/建造点。深空工业公司拥有来自太空商业、政策、小行星任务、技术开发和风险管理等方面的领军人物。在当前的太空商业革命中——从受NASA项目经费支持的太空探索技术公司、波音和轨道科学公司到X计划和ISS上的私人旅行者的项目——部分项目是由DSI创始人提供的地面工作保障。公司的领导层还包括NASA目前主带小行星机器人巡航任务的项目经理，以及运营NASA的8.5亿美元太空技术开发计划的高管。发展有利可图的小行星勘探和选择战略需要世界上最有经验的专家。深空工业公司受益于约翰·刘易斯博士的领导，他根据自身研究撰写的有关小行星资源与威胁的书籍在业内非常有影响力。

（1）目标和愿景

深空工业公司的愿景：通过发展能够从外空资源开发中获得就地生存和赢利的能力，使人类能够扩展到外空前沿。

深空工业公司的任务：深空工业公司将通过提供发现、收获、加工和销售外空资源所需的技术资源、能力和系统集成，改变在太空业务经营方面的经济模式。

我们的业务：在专注于长期提供太空服务和太空用品的同时，深空工业公司还为政府的商业航天部门提供技术和服务，同时开发用于太空和地面协同零售及相关媒体活动的新技术。

（2）路径

深空工业公司利用SMR的路径可分为多个阶段，但基本上是首先对形势具有非常好的认识，用较小的航天器进行一些勘探，获得一些加工、处理后的矿物，然后把它们卖给运营中的航天活动，作为其“在轨资产”。

情况认知：最有价值的近地小行星是那些轨道接近地球的小行星，这样抵达目标并返回所需的能量最少。这样的小行星估计有200多万颗，但只有11 300颗被列入图表。每年大约增加1 100个已知近地小行星，但是，随着额外资源被投入这项任务，每年新增的已知近地小行星数量很有可能会不断变多。近地小行星拥有丰富的资源，人类可负担得起且可到达的小行星数量将继续扩大。

勘探：由于在预计超过两百万颗近地小行星中只有11 300颗轨迹已知，勘探的一个重要目标是识别尚未查明的数百万个潜在有价值的天体。11 300颗小行星中的绝大多数都被看作是单个像素，有很多小行星的真实尺寸都不能被确定。因此，接下来的步骤包括寻找更多的近地小行星并了解有关它们的更多信息，而不仅仅是它们的轨迹。近地小行星的来源多种多样：有一些是太阳系的早期物质，从未参与行星或卫星的形成（称为“松散”的近地小行星）。其他是星体碎片的凝聚或凝聚后又分裂的星体。这些小行星具有不同的

---

① 每个公司的大部分材料都是本课题组在正确理解商业公司意图的前提下引用或改写的。

成分组成和矿物类型。有一部分灭绝的彗星（部分由冰构成）也被认为是潜在的近地小行星。鉴于最好由特定类型的近地小行星服务不同的市场，因此探矿工作势在必行。一些数据可以通过遥测收集，特别是如果与红外观察手段相结合。然而在许多情况下，从地球看到的近地小行星非常昏暗，几乎无法观察它们的组成。这使得用机器人现场探测近地小行星成为一项关键任务。将样品送回地球进行详细分析则是探矿过程的最后一步。

材料采购：矿产商可以采集小行星矿石并在现场加工处理，仅运输精炼矿石，或者将原矿或精选矿石运输到地球附近或地球上的稳定位置进行加工处理。这两种方法对于在各种情况下的特定应用都是有意义的。通过现场加工处理并仅运输近地小行星的有价值部分可以节省运输成本。这样做的挑战是，不常有近地小行星低能量接近地球的机会，因此可能要等待 10 年，20 年甚至 50 年才有一个时间窗口可以将处理设备放置在近地小行星上或者可以把产品运回地球。更多的近地小行星及其轨道需要通过绘制图表，来查看是否可以及时完成现场加工处理以获得经济效益。

替代方法是通过移动整个小型近地小行星（直径为 1～10 m）或收集较大型近地小行星的一部分并运输子样本，将原始星体物质运送到地球附近的停泊轨道或直接运到地球。小型近地小行星很难从地球观察发现，也很难发射航天器在广袤的行星际空间发现并跟踪它们。中到大型的近地小行星更容易被接近其的航天器发现和跟踪。有些像丝川（Itokawa）这样的小行星，表面到处都是岩石，应该可以收集并送回地球轨道。有的近地小行星看上去相对平滑，并且可能需要一些手段——通过剪切、破碎或钻孔来得到适于运输尺寸的样本。或者航天器可以从小行星表面和近表面收集已经破碎的物质。

加工处理：期望从小行星得到的两种主要物质是挥发物和镍-铁混合物。挥发物包括许多元素和化合物（希望富含水、氨、一氧化碳和干油母质）。除了镍-铁（天然不锈钢）以外，一般认为不存在什么贵金属。小行星的加工处理通常是首先提取具有最高直接价值的元素或化合物。对这些加工处理中产生的残留物可以先进行储存，直到对它们的需求增加，或者有更经济的方式提炼它们。在高价值材料被纷纷加工处理后，剩余的材料可以用来进行辐射保护，在太空市场内仍然具有价值。

（3）DSI 技术

深空工业公司的勘探计划从利用单程萤火虫航天器交会候选小行星开始。萤火虫作为辅助有效载荷发射到地球静止转移轨道或地球同步轨道中，然后用自己的离子推进装置发射到它们的目的地。萤火虫使用六单元（6U）立方星（CubeSat）的尺寸规格，低地球轨道立方星许多组件成本可以非常低。对于这些，深空工业公司增加了通信系统和能够提供更大 ΔV 脉冲的推进系统。另一个关键的补充是用于处理行星际辐射的火炬护卫系统。仔细筛选的商业太空元件可以抵御行星际空间中的固定剂量率，但是无法抵御太阳活动爆发。火炬护卫系统监视着太阳活动粒子的上升，将适时关闭大部分组件，使其在太阳活动爆发期间不受伤害，并在危险过后，重新启动系统。其他深空工业公司的探测工具包括蜻蜓飞船（用于从小行星返回 5～15 kg 样品），小行星立方星母舰。通过计算蜻蜓飞船的轨迹，可以使其仅用两三年便可以完成一次往返（这将在精心选择的商业太空元件可在深空生存的时间限度内)。从而把采样返回到地球表面，以便深空工业公司可以对原始小行星物质进行详细分析。(虽然陨石可以当作小行星的类似物，但大部分高挥发性等级的碳质陨石在进入大气层的过程中消耗殆尽，而且剩余的那些无法用于破坏性测试。)

蜻蜓飞船将会从备选小行星中采集5~15 kg样本，并将它们送回地球详细分析将其加工成太空市场产品的适宜性。

图 4－7　蜻蜓飞船（图片来源：深空工业公司）

来自深空工业公司的萤火虫探矿航天器将通过现场小行星开采活动来标记潜在的备选小行星。

图 4－8　萤火虫飞船（图片来源：深空工业公司）

小行星立方星的母舰可以向近地小行星提供第三方实验和传感器，从而让对小天体有兴趣的科学界进行广泛参与。母舰服务包括交付由各种研究者建造的纳星，到地球的通信中继，以及小行星表面和周围区域的视频。这项服务使得研究人员可以将他们的仪器安装在一个低成本的纳星上，而不需要为之提供一个小行星任务所需要的高性能推进或深空通信能力。母舰可以携带从芯片卫星到 1U～8U 的立方星等各种形状尺寸的卫星。

母舰为抵达近地小行星附近提供了极低的相对成本。可以开始探索太空了！

小行星立方星的母舰将会传递数10个平均3个单位(3U)大小的纳星，为不同研究者的相互独立的传感器有效载荷提供深空通信。

图 4－9　母舰（图片来源：深空工业公司）

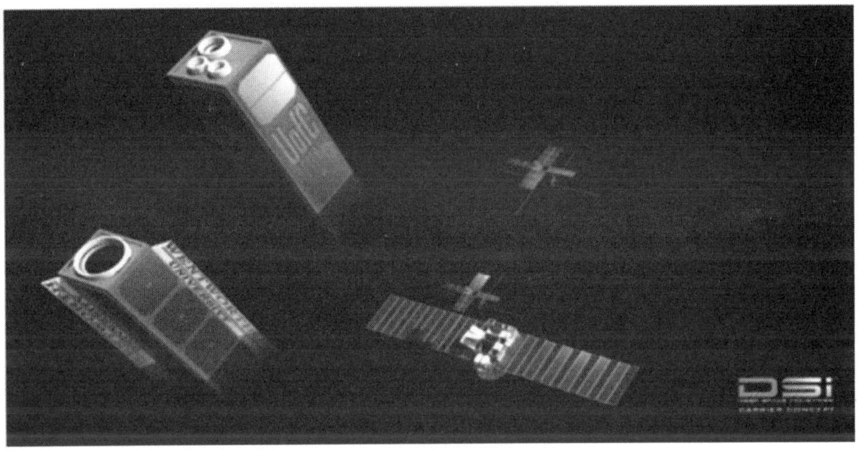

图 4－10　DSI 卫星（图片来源：深空工业公司）

4.2.2　行星资源公司（PR）

本节大部分的改写或复制内容来自行星资源公司的网站（planetresurces. com）。行星资源公司正在将外空自然资源带入人类的经济影响范围内，推动我们进入 21 世纪和辉煌未来。小行星将在太空经济的发展中发挥关键作用，是使人类成为一个繁荣的多星球物种的主要驱动力。小行星上的水资源将通过从太空制造火箭燃料和可消费的水，来支撑太空经济和人类定居点。在我们的太阳系中，从小行星开采出稀土金属可以增加地球的 GDP，而最初也恰恰是小行星把这些稀土元素带回到地球的。

（1）愿景

行星资源公司的长期愿景是扩大人类的资源基础，并人类的经济活动延伸到太阳系。小行星正是合适的目标，因为我们可以通过从近地小行星开采高浓度的水资源和贵金属，并将这些资源提供到可以获得经济回报的地方。

(2) 路径

几个世纪以来，我们一直在地球上寻求开采小行星的路径。行星资源公司将探索外空资源之源。

一些地球上最丰富的矿床（如加拿大的萨德伯里盆地）可以追溯到古代小行星的影响。通过访问小行星轨道的源头，行星资源公司可以收集到比最丰富的地球矿物丰度还要高得多的铂族金属。单个富铂 500 m 大小的小行星含有的铂大约是全世界铂金年产量的 174 倍，是已知世界储备的铂族金属（钌，铑，钯，锇，铱和铂）的 1.5 倍。这个数量的铂金放在篮球场中足以填满 4 倍篮筐高度的空间。相比之下，到目前为止，将所有开采出的铂族金属堆在一个篮球场内都到不了一个成年人腰部的高度。

虽然铂族金属富集于小行星，通常是地球上丰度最高的矿体的数百倍，但它们仍然只占小行星总质量的一小部分。提取过程可能是化学或能量密集型的，需要丰富的太阳能、燃料、工质和机械。丰富、廉价、位于当地的燃料和工质资源是发展外空金属开采能力，并将这些资源带回地球的天然基础条件。

为什么是小行星？地球资源是有限的，但经济增长并不见得是有限的。小行星将在轨道和地球上推动质量约束型经济的发展。在轨道上，航天器推进剂是一个价值数十亿美元的产业，每磅燃料价值超过地球上同等重量的黄金。某些小行星装载有氢和氧——火箭燃料的组分。这些小行星可以提供比地球轨道能量密度更大的燃料源，因此远比今天还在使用的阿波罗时代“拖家带口”的推进剂更便宜。在地球上，从催化器到珠宝，到电子、医疗设备、玻璃和涡轮叶片的构造都需要铂族金属。尽管它们的价格较高，但我们每天所使用的货物中有 1/4 都依赖于这些金属进行制造。今天，铂族金属的主要来源集中在南非和俄罗斯，并且随着时间的推移越来越难以获取。但在太空中，一个 500 m 长的铂金小行星拥有的铂金含量多于人类历史上开采的铂金之和。行星资源公司正在开发能够获取这些资源的技术。

初始目标：水资源是太空中的燃料、避难所和生活资料。历史上的每一次边境扩张和淘金热都依赖当地的能源和运输干道，在太空中也是如此。在开采贵金属之前，行星资源公司打算在外空中用富含碳质球粒陨石产生燃料，这种碳质球粒陨石可以分解成高效的 LO_X / H_2 火箭燃料。火箭燃料之所以是一种有吸引力的早期资源，有以下几个原因：

1）外空燃料已经存在大市场。

2）燃料之于行星际探索如同贸易路线之于大航海时代。

3）燃料使得未来可以对其他资源进行开采。

4）在外空采矿与在地球采矿不同，在某些情况下，在外空中采矿可能更简单。

用于从小行星中提取和精炼火箭燃料的实际方法取决于目标小行星的具体组成，并需要利用行星资源公司的 ARKYD 探矿者进行密切的调查。然而，所需的采矿设备可能比想象的更简单。在某些情况下，可能不需要我们在地球上进行开采所需的大量设备（如钻机、挖掘机、浓缩机等）。由于外空的独特环境，可能甚至不必需与小行星表面进行接触。以下是一个从小行星中提取水资源的可能概念：

1）包围：完全包围一个小型小行星或在一个大型小行星附近放置一块冷板。

2）加热：从太阳方向集中可自由利用的热能并将之直接引导到小行星上。在一定温度下，水份将挥发，类似于彗星接近太阳时所发生的过程。气态水在以极大预浓缩的形式与冷板接触时将发生冻结。

3）释放：一旦收集到所需的数量，立即释放或离开小行星，将燃料送到需要的站点，例如地球轨道或太阳系中的其他地方。

这个过程所需的许多工程系统已经在太空中得到验证。但在把它们部署到小行星进行采矿之前，必须首先知道哪些小行星富含水资源，以及如何将水份锁定在小行星内。如果没有这方面的知识集累，集水航天器的工程和部署将是非常危险的。

为什么是现在？因为在过去这是不可能发生的。但是今天，每一轮淘金热、土地攫取和资源驱动型的经济扩张都首先源自于探索与发现，随后的技术发展使人们得以获取这些发现成果。自 2000 年以来，已经发现了 90％的近地小行星。在过去 10 年中，各国政府已投资数十亿美元来访问、调查并成功地从小行星回收资源。在那个时候，行星资源公司已经确定了具有极大兴趣和希望的具体目标，并已开始开发能够让人类利用这些资源的技术。

（3）策略

行星资源公司正在开发一种航天器控制架构，这种控制架构从一开始就是模块化并且可升级的。这项投资支持我们的航天器随内部和外部需求的变化进行快速部署和改变。这包括许多创新方法，利用这些创新方法可以把用于开采外空资源支持地基任务的硬件更快地交付到轨道上。其中几个概念是：

垂直集成：有了航天器控制装置，人类就可以和硬件一样应对裕如。在一些情形下，用于该关键功能的正确的传感器或执行器可能无法使用或太过昂贵。这就是为什么我们在行星资源公司建立了一套新的传感器和执行器。这些系统可以测量比时针旋转速率还慢的航天器，同时将波束指向一英里远的宽度内。通过控制组件和系统的设计，我们可以平衡自身能力并适当承担风险，而不依赖于供应商的历史决策。这样当需要升级时，我们可以自己控制路径。

本能控制：控制航天器的姿态本质上是系统级别的功能。这促使我们重新想象姿态确定和指挥系统（ADCS）在航天器中的作用如何分布。我们已经远离了传统的集中式方法中单个计算元素负责 ADCS 系统的情况，而是采用了基本的本能行为的想法。本能是使用低级计算硬件的集成和分布式网络，并在本地命令和保护关键航天器部件的方式。类似于人类本能地让他们的手离开热表面，ADCS 系统具有内在的本能反应，其用以保护系统且不依赖于中枢大脑。

激光通信：行星资源公司已经以光通信的形式找到了这个问题的解决方法。由于与无线电频率（RF）相比光通信的波长较短，激光器允许使用明显更小的孔径，通过更严格控制的波束传递信息。这种较窄的聚焦极大地降低了给定通信数据速率和距离所需的功率，允许小型航天器即使在太阳系另一侧时也能有效地中继科学和技术数据。行星资源公司正在为其 ARKYD 航天器平台开发一种多功能主机，将远程成像、光学导航和光通信集成到一个单一的资源集约型工具中。

共享运载：将航天器发送到深空非常耗费能量。通常，进入太阳系的航天器通过其自己的运载火箭直接进入逃逸轨道。单次发射一个这样的运载火箭要花费 1 亿美元甚至更多，而我们所走的道路与之截然不同。我们的 ARKYD 探矿航天器很小，可以搭乘发射更大型的主要有效载荷的火箭一起进入太空。我们根据火箭的主要有效载荷的需要，一次发射一个这样的小航天器。

专业系统：小行星探矿需要能够确定矿物学、水组成、大孔隙度和其他矿体特性的工具。为了实现这些目标，我们正在开发能够在传统可见波长传感器的宽光谱范围以外工作的传感器。当这些传感器与行星资源公司的敏捷小型飞船平台相结合时，还可具有更靠近地球的主要应用：对地观测和空间态势感知。

水资源将在太空打开一个万亿美元量级的市场：当今的太空经济每年在火箭燃料上花费数十亿美元，以推动航天器进入其最终轨道，并将这些航天器安全地保持在其应有位置。小行星上的水资源可以分解成氢和氧基火箭燃料，以满足这种日益增长的需求。按照一定策略设置的加注站可以将单纯依靠火箭运输到地球同步轨道的质量增加 3 倍，从而延长通信卫星的寿命，并且以一小部分成本移除危险性空间碎片。水资源不仅仅是“外空之油”。在地球轨道及其以远，水资源对航天员在轨生存起到了关键作用，它可为生命支持提供氧气，并且作为太空中有害辐射的屏障。

ARKYD 太空系统：每个矿体的确立都离不开一个在马背上探索的地质学家。而机器人就是我们的地质学家和马。小行星探矿能力的发展必须先于小行星采矿活动。理想的探测工具能够与小行星交会，一次测量表面数周，然后着陆或撞击以进行现场测量。NASA 和日本航天机构已经演示了这些能力，但是他们还需要数亿美元的预算和 10 年的时间框架。行星资源公司站在他们的肩上，以至少减少一个数量级的成本进行商业探矿。

测试飞船：软件程序员需要对软件版本进行测试。对于外空硬件来说也一样。由于我们的航天器硬件的小尺寸和低成本，行星资源公司正在使用外空作为其测试平台。从地球轨道开始，我们正在部署一系列越来越有能力的航天器，这些航天器能够进行研究和开发及迭代和测试。

我们的第一代航天器 ARKYD 3 和 ARKYD 6 正在测试和推进我们新开发的低成本深空探测核心技术。这些测试任务可为 ARKYD 100 做准备，我们打算在 ARKYD 100 中展示天基的观测和光通信方法。

4.2.3 沙克尔顿能源公司（SEC）

（1）愿景

本节的目的是对 10 年内在太空部署的第一批商业推进剂仓库的架构和业务进行评议。在低地球轨道加注航天器推进剂的能力支撑了轨道转移，大大降低了成本。由于降低了携带推进剂的要求，因此可增加每次发射航天器硬件的质量。利用这种加注能力还能够以优异的性价比执行商业、探索和涉及国家安全的重复性长时间高推力任务，这是对太空内飞

图 4-11　ARKYD 3 测试飞船（图片来源：行星资源公司）

图 4-12　行星资源公司的 ARKYD Interceptor 航天器接近小行星概念图（图片来源：行星资源公司）

船和系统的广泛再利用。沙克尔顿能源公司（Shackleton Energy Company）正在用从地球发射的推进剂在低地球轨道建立初始推进剂仓库，在计划开始后 5 年内开始销售和交货，然后再用 5 年时间从月球两极提供水衍生推进剂。通过从月球的低能量重力井采购推进剂，可以显著降低运营成本，额外的基础设施成本可在多个销售周期内进行摊销。位于月球两极的环形山是以水冰原始形式存在的低温液氧液氢最容易获得和操作的来源。

（2）目标

沙克尔顿能源公司正在着手一项工业计划，利用来自月球南北两极的巨大水冰储存的燃料，为商业和政府客户在太空建立推进剂仓库。

低成本推进剂为太空带来的预期变化有：

1）将改变航天发射供应商当前的运营方式。

2）大大降低在低地球轨道以外运行的成本。

3）将刺激地球上新时代的淘金热。这将不仅针对月球冰，而且适用于矿物质和其他资源，并可推动金融和社会获益。

4）正如黄金促进了19世纪中期的美国西进运动，月球冰将在21世纪20年代初通过为太空前沿提供燃料打开地月空间。

（3）路径

建立月球推进剂仓库代表着一个重要的商业机遇，这一商机将结合私人投资，从而确保在成本、进度、绩效和风险层面均能得到有效管理，并以最快的速度将产品交付市场。据保守预测，沙克尔顿能源公司专有的企业经营模式在20年的运营时间范围内将获得数百亿美元的收入，在计划开始的36个月内将从联邦和商业客户那里获得第一笔收益。

低地球轨道加注：从低地球轨道运行到地球静止转移轨道的航天器将在低地球轨道中消耗初始质量的42%用于推进剂。更高的轨道对于低地球轨道的推进剂负荷要求更大。因此，在低地球轨道中为航天器加注推进剂的能力将支撑轨道转移，由于降低了机载推进剂的要求，每次发射都可大幅度增加有用的航天器硬件的质量。

月源水：低温推进剂加注能力来源于低能量和位置操作可及。这两个优点的结合意味着获取月球来源的水将成为在地球以外扩展基础设施的基本要求。在第一代仓库早期销售的基础上，沙克尔顿能源公司将通过在低地球轨道及其他地区的战略地点建造世界上第一个大规模加注站，从而收集这种易得的大量自然资源作为广泛生产推进剂的原料，为在太空运营的客户节省大量成本。

商业模型小结：我们的广泛分析表明，这个商业模型将在10年内盈利，在计划开始后36个月内获得第一笔收益。在盈亏平衡之后，额外的综合业务流可以保证像纯商业企业一样的销售获得指数级的增长。因此，沙克尔顿能源公司现在正在积极吸引投资者和战略合作伙伴以降低初始活动风险，这些初始活动可作为计划实施路径的里程碑。为了实现先发市场的优势，需要全球最好的人才和技术，并行的项目规划和执行也至关重要。

（4）计划概述

沙克尔顿能源公司的团队成员都从事过卓越的工程和探索项目，为建立推进剂储存（仓库）、供应（油罐和炼油厂）和来源（月球采集）的终端到终端供应链奠定了基础。该计划由4个主要的低风险阶段组成，每个阶段由多个成功型里程碑构成。

第一阶段：初步设计

这一阶段包括所有系统元素的详细规划和设计，特定技术风险如何降低，客户拓展和整合，监管协调和资本结构化安排。工作已经进行了高度详细的分解，并且确定了各团队的位置。这18个月基础阶段的结果将直接应用到同步快速进行的第二阶段勘探和第三阶段基础设施项目。沙克尔顿能源公司的设计理念是在工业生产线上构建坚固、有弹性和冗余的模块化组件，尽可能减少洁净室的制造。月球表面上的推进剂提取工具或进行循环加注作业的仓库将经历在石油勘探和采矿部门中常常存在的运营负担。

第二阶段：机器人月球探测

为了利用各国执行月球轨道飞行任务中获得的数据，沙克尔顿能源公司将建造、测试、发射和操作几个月球巡视器，利用它们不断探测水冰和其他挥发物，然后在探矿任务中针对选定的月球环境绘制当地分析图。沙克尔顿能源公司计划依据主要架构的生产设计原则向月球两极发射多个巡视器，以提供最大的勘探覆盖面，同时利用系统和子系统冗余来确保执行自动防止故障危害的安全操作（图 4－13）。通过与所有 NASA 航天中心达成空间行为协议，协调与 NASA 科学家和空间操作人员的合作。(注：以下数字来自他们的网站。)

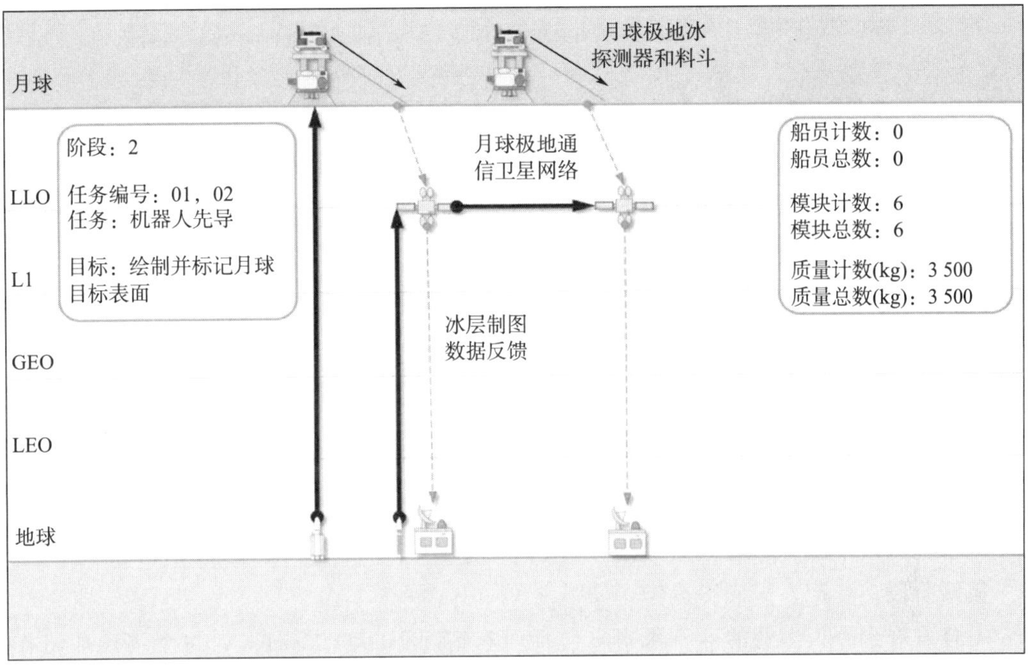

图 4－13　第二阶段月球探测包括用于识别月球陨石坑内最高产量冰矿床位置和组成的半自动巡视器探测任务（图片来源：沙克尔顿能源公司）

第三阶段：基础设施建设

在第三阶段（图 4－14），沙克尔顿能源公司将开发、测试和适应空间操作的空间限定第四阶段所需的任务基本要素。这些降低风险的因素包括在太空中和在月球表面的潜在能力。拟确定的通用系统元件包括电力供应，月球表面采矿和加工设备，空间运输系统，具有远程辅助医疗的生命支持系统，以及具有多用途充气式系统的低地球轨道太空操作中心。充气式系统包括载人和无人运输航天器、太空/月球栖息地、工作设施、分段区域及燃料储存等。

为了创建客户意识，建立信心并满足他们的任务需求，缩尺寸原型库将被送入低地球轨道，以在计划启动后 5 年内提供早期推进剂交付。这个引导系统将提供早期收入现金流来抵消资本支出。沙克尔顿能源公司将首先向低地球轨道燃料库提供液氧（LO_2）和液氢（LH_2）以开始运营。此后，将水资源发送到低地球轨道、并利用越来越成熟的工业化规模生产原型精炼系统将水资源转化为液氧和液氢。

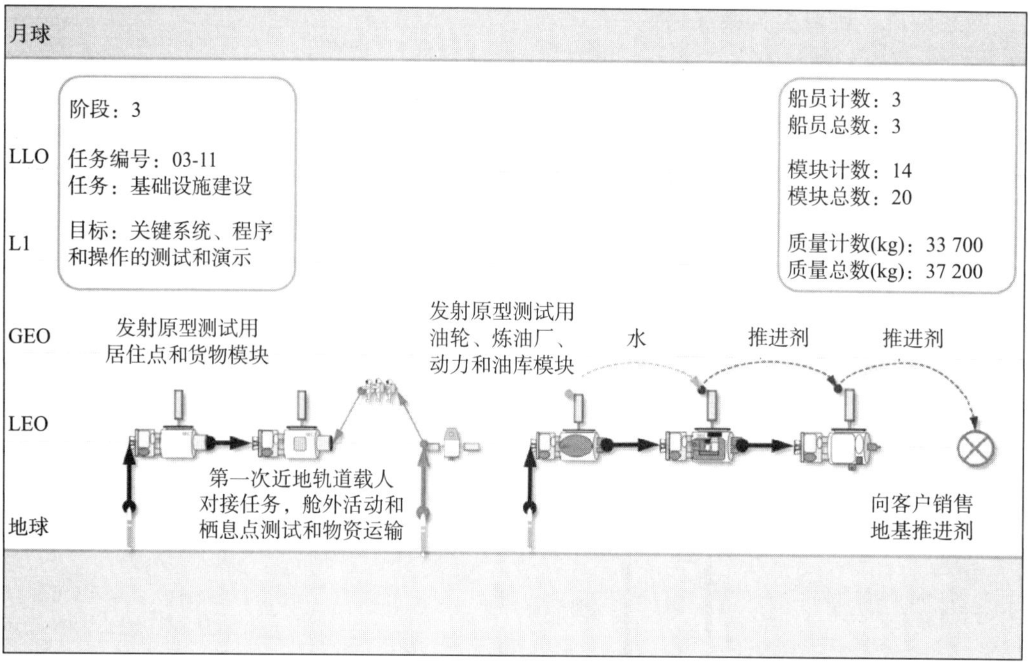

图 4－14　第三阶段开发可互换航天器部件的生产线将预示着用工业化的方法建设空间基础设施（图片来源：沙克尔顿能源公司）

基于低地球轨道中存在的第一代仓库，可以开发一个航天器编队，以建立低成本推进剂的完整供应链。通过（或不通过）在低月球轨道进行贮箱交换，由供应精炼飞船的模块化储罐将水从月球表面输送到低地球轨道，所述精炼飞船将把水处理为液氧和液氢。

第四阶段：生产、采矿和操作

一旦发展到令人满意的准备水平（包括所有情况下的轨道测试），每个飞船舱将作为第四阶段的基准系统。广泛应用现有能力（如经验教训、技术、安全程序、人类操作、测试基础设施等）将降低程序化风险，并在第三阶段和第四阶段中支出投资成本。建立完整的推进剂供应链所需的工业架构包括建立重要的太空和月球表面组件（图 4－15）。

部署具有普通推进系统单元、充气芯、普通电源和生命支持能力的运输存储飞船以为设置和利用做好准备。一旦部署了主要操作架构，沙克尔顿能源公司的乘员将在太空中部署到低地球轨道操作中心和所选月球极点的第一个月球前哨（图 4－16）。进行远程关键测试和检验可进一步降低项目风险，从而使生产人员在生产时能够专注于操作。

随着在月球极地基地部署生产设施和第一个推进剂库准备开展作业，在月球表面和轨道库之间的水罐供应链将开始运行（图 4－17）。水提取操作将基于在计划第二阶段中接收的数据进行，以确定环形山中冰的最高产量和组成。第三阶段采矿和加工设施的设计将由沙克尔顿能源的月球采矿作业进行，准备就绪后进行第四阶段作业。载水罐将在 90 天的减速周期内返回到低地球轨道，以节省推进剂。一旦水被转移，水罐就返回到低月球轨道和月球表面。往返月球和低地球轨道的每个任务将针对供应补给、设备运输和其他物流支持需求进行优化。

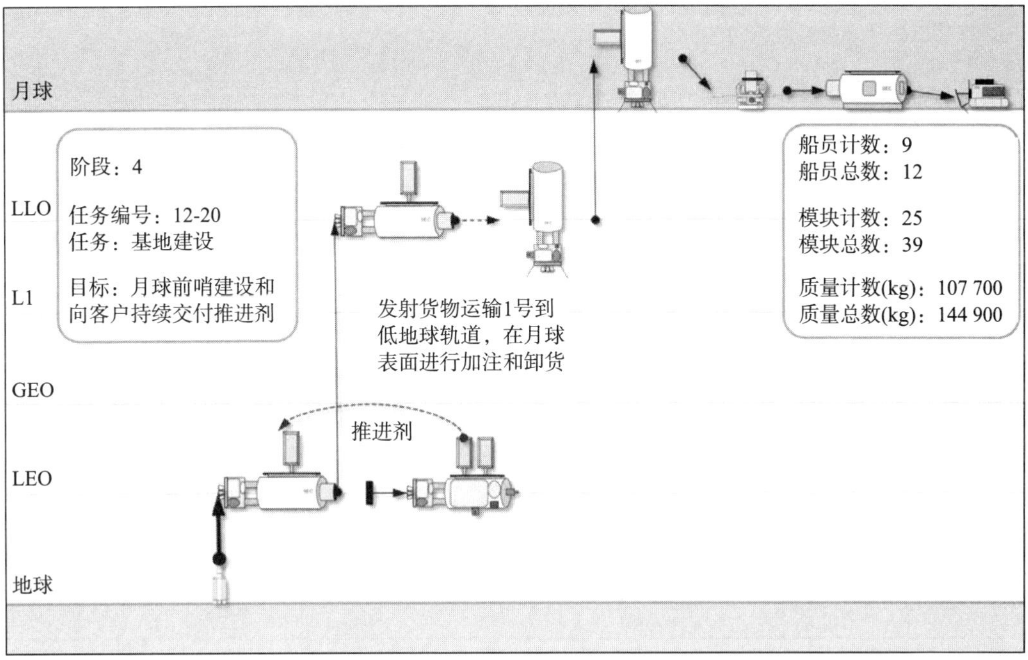

图 4-15　第四阶段结构的功能部件将在工作人员到达之前部署在太空和月球表面

（图片来源：沙克尔顿能源公司）

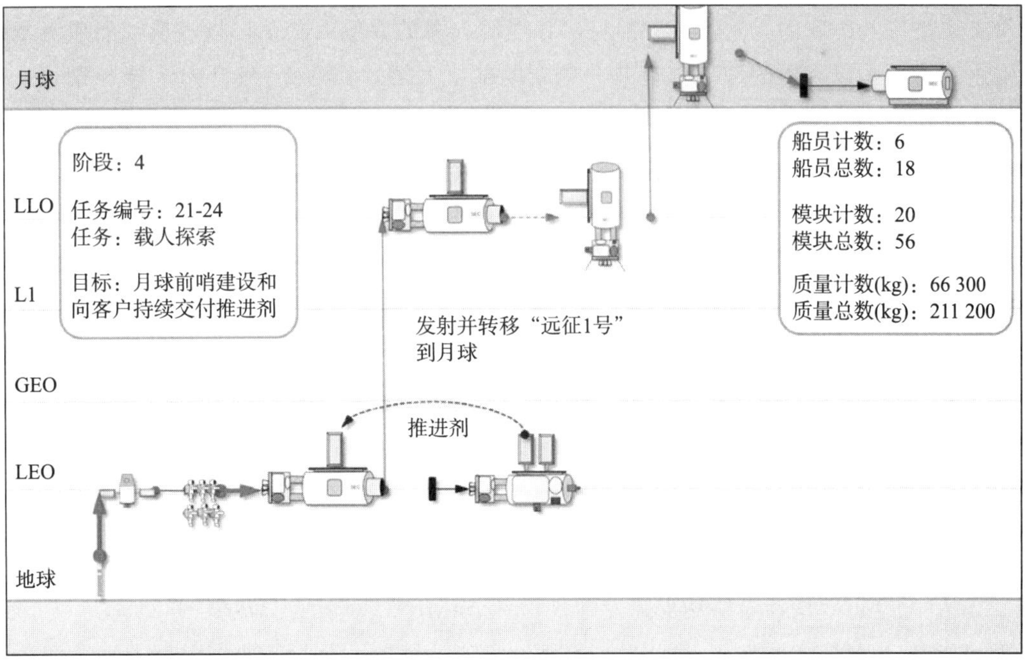

图 4-16　沙克尔顿能源公司工作人员在太空和月球表面上的部署，以开始并维持生产作业计划

（图片来源：沙克尔顿能源公司）

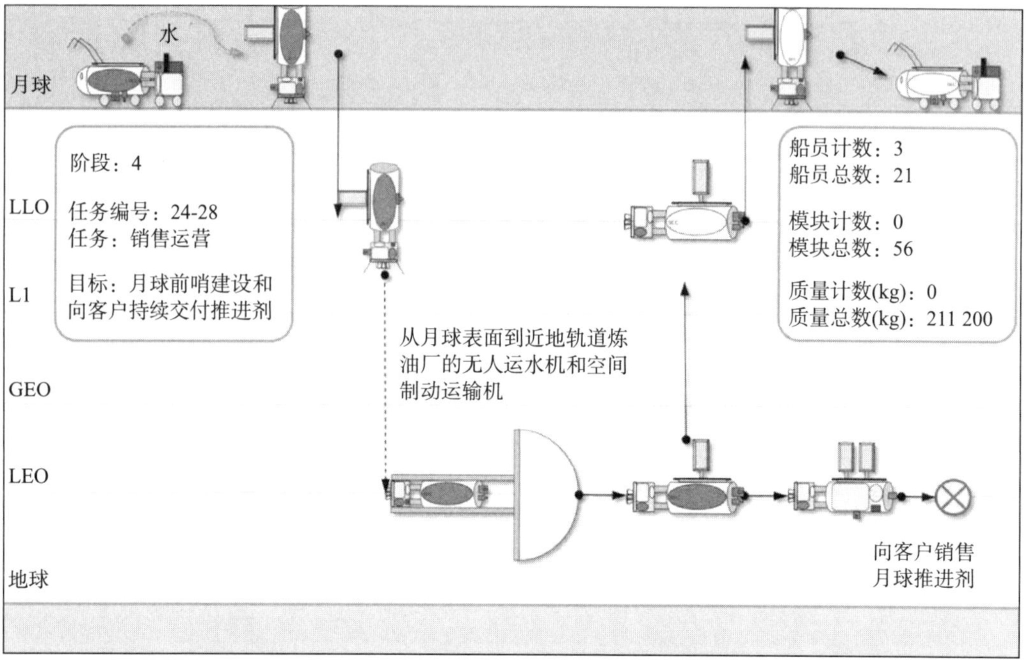

图 4-17 载水罐运输供应链和交付到推进剂仓库（图片来源：沙克尔顿能源公司）

（5）结论

沙克尔顿能源公司已经建立了一个世界级的战略合作伙伴团队，准备以高增长率和快速投资回报率开辟新的天基市场。沙克尔顿能源公司的成熟团队正在将多项工业服务集成在推进剂库站，以大胆的领导力打开一个新的前沿市场，在这 10 年开始运营和销售，为整个太空经济建立平台。凭借卓越的净现值，该计划提供了一个清晰而强大的投资建议，提供了 19 世纪中期工业化规模化的新市场增长点。这一全面商业计划的建立将产生数十亿美元的利润，快速实现投资回报，且带来成千上万的工作机会，支撑国家经济增长，并提供一个有弹性的平台，以解决本世纪影响我们地球人口数量的重大挑战，从而开辟地球的经济前沿，并造福全人类。

4.2.4 王剑探索公司（EE）

目标——王剑探索公司的目的是进行太空探索和资源开发。在过去 10 年中，王剑探索公司依据与主要航天公司的合同进行了多项研究。最相关的 3 个是：

1）宇宙研究课题，观察与图塔蒂斯（Toutatis）小行星的交会；

2）加拿大 MDA 的王剑探索小行星交会任务；

3）概念性可变比冲激磁场火箭发动机（VASIMR）驱动的小行星任务架构。

所有这些研究表明，商业企业发展 SMR 采矿能力是可行的，并将大大提高投资公司的价值。

（1）宇宙研究课题

这项题为“对小行星‘图塔蒂斯’进行探测飞行的初步审查”的课题研究，于 2004

年 5 月由俄罗斯宇宙有限公司完成。这项研究认为，对近地小行星进行私人探矿在技术和商业上均是可行的。事实上，如果这个项目可以在这个专业课题所估计的价格限制内完成，那么它看上去更像是一笔划算的交易。研究结论如下所示。

1）王剑探索公司的商业探矿探测器可以发送到小行星“图塔蒂斯”。

2）飞行时间从 2008 年 11 月初开始，为期 1 086 天。

3）含发射服务的总成本估计为 1 300 万～2 300 万美元。

4）如果发射日期为 2008 年 11 月 2 日（自 2008 年 8 月 1 日起计为 93 天），则可向小行星发射的最大质量为 44.3 kg。

5）着陆器“勘探者探测器”将使用俄罗斯技术进行建造。

6）利用俄罗斯运载火箭在哈萨克斯坦拜科努尔航天发射场进行发射。

7）初步的行业研究考虑使用联盟号、第聂伯号和呼啸号运载火箭的发射服务。由于“图塔蒂斯”的旋转特性，着陆要求具有 100 m/s 的机动能力。

8）第一次飞行的总支出（不考虑地面操作费用和供应商利润）

- 1 570 万美元—PAM - D 乐观情况；
- 2 380 万美元—PAM - D 悲观情况；
- 1 380 万美元—ARS 乐观情况；
- 1 880 万美元—ARS 悲观情况。

9）着陆舱的探测有效载荷“勘探者探测器”根据现有的俄罗斯硬件设计，满足以下任务要求：

- 部署能够传送简单的 100 bit 短消息、至少工作 4 年的无线电信标；
- 探测小行星的材料密度；
- 分析小行星材料组成的特征；
- 分析小行星表面的特定特征。

概念图如图 4 - 18 所示。

（2）小行星探测验证研究

从 2005 年开始，王剑探索公司与加拿大安大略省布兰普顿的 MDA 公司签订了研究协议，包括前期 A 小行星验证研究（2006 年 2 月）和小行星交会任务初步预研（2006 年 11 月）。这些研究的目的是就俄罗斯宇宙公司对“图塔蒂斯”小行星的研究进行独立的技术和结果验证，比较西方研究的成本与俄罗斯成本，并比较任务估计费用。这些研究的另一个目的是提供更详细的技术、财务、运营概念和任务规划，以支持发射许可申请并建立政府和公司的伙伴关系。MDA 的这两项研究和俄罗斯的研究基本相当；但是，MDA 的研究包含了更多的技术细节。MDA 任务的费用估计为 1 亿～1.5 亿美元，大约是俄罗斯研究中估计成本的 5～8 倍。MDA 研究的结论和建议是：

①结论

1）在价值 8 000 万～1 亿美元的成本范围内，“着陆、表面采样和投放信标”任务是最实用的任务，该类任务将验证后续商业采矿任务所需的一些技术。

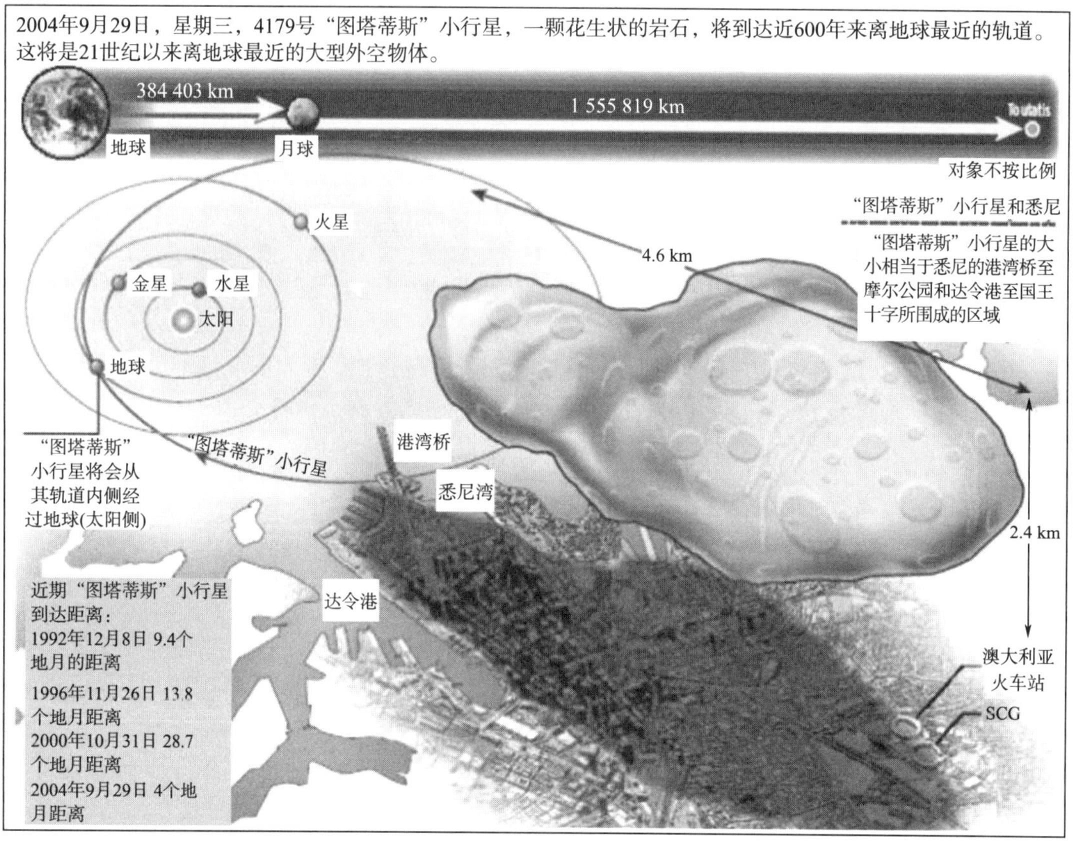

图 4-18　“图塔蒂斯”小行星探测机会（悉尼晨报，2004）

2）根据初步轨迹，对发射质量和有效载荷质量分析，确定了 27 个“可开采”目标。

3）具有满足验证任务要求的潜在运载火箭、航天器和地面站。

4）地面站最合适的选择是租用现有的深空天线/阵列。

5）关于任务控制中心（MCC）最合理的选择是改造现有公司设施。

图 4-19　小行星交会任务（图片来源：王剑探索公司）

②建议

1）在 27 个候选目标中，小行星 Norwan 是最有希望的目标，建议对验证任务进行深入的轨迹、分类、旋转速率和适宜性分析。

2）通过对潜在目标和任务质量的分析，确定了该任务的有效载荷清单。

3）推荐使用带有捕获器的锚定系统将航天器固定到目标表面，以供进一步分析。

4）本报告强烈建议为验证任务考虑基准系统。基准系统与 2009 年的俄罗斯“福布斯-土壤”任务类似。

（3）可变比冲激磁场火箭发动机研究

2007 年 8 月，王剑探索公司与得克萨斯州休斯顿的星际探险火箭公司（AARC）签定了一份研究合同，研究了利用星际探险火箭公司可变比冲激磁场火箭发动机而不是常规化学推进技术对小行星探测任务的潜在优势。可变比冲激磁场火箭发动机航天器具有一个有吸引力的“种子”任务——利用可变比冲激磁场火箭发动机（VASIMR®）航天器丢弃几个 100 kg 无线电收发机信标，同时在几个小行星周围扩展测绘轨道期间分析矿物含量。这种类型的任务可能对矿业勘探公司特别具有吸引力，并允许王剑探索公司及其投资者通过选矿获得资源所有权，从而确保对可变比冲激磁场火箭发动机航天器访问和研究的所有小行星拥有未来进行采矿的权利。以类似的方式，还可以出售所有权给其他实体和组织，从而补贴全部或部分初期任务费用。这些小行星的跟踪及科学细节也可以出售给政府进行碰撞跟踪与防避，也可以出售给世界科学组织对小行星和捕捉到的彗星进行原位分析。如果时机正确，预计功率 200 kW、重 8 000 kg 的可变比冲激磁场火箭发动机航天器能够将 100 kg 的仪器载荷与无线电信标部署到 4 个单独的小行星，它们的轨道和小行星 Norwan 类似。可变比冲激磁场火箭发动机驱动的航天器采用现有3 kg/kW 的 α 太阳能电池技术，能够在比化学推进技术携带更多质量的同时节省任务持续时间。可变比冲激磁场火箭发动机任务应该能够实现先前的推进器技术所不可能达到的灵活性，增加到近地小行星、小型航天器（<6 000 kg）采样返回，以及多个近地小行星交会任务中有效载荷的占比。在低地球轨道中 6 000 kg 的可变比冲激磁场火箭发动机航天器可以与小行星 Norwan 交会，并携带50 kg 小行星样本返回地球。

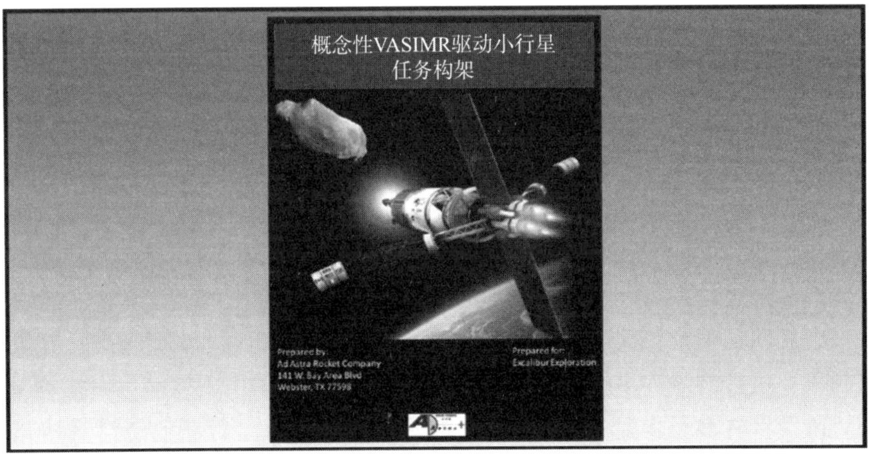

图 4－20　可变比冲激磁场火箭发动机小行星任务（图片来源：王剑探索公司）

王剑探索公司的路线图由 3 个阶段组成。所有这些对于具有不同资金和风险的企业的成功至关重要。每个阶段分别为：

第一阶段：启动地球上的业务，2014 — 2020 年。

第二阶段：执行到潜在小行星的验证飞行任务，2015 — 2022 年。

第三阶段：开始采矿作业，返回产品，2018 — 2029 年。

第一阶段：启动地球上的业务（2014—2020 年）

这一阶段将强调 SMR 的业务准备，包括法律、管理、技术和国际问题：

1）王剑探索公司将继续其为公众和关键决策者提供科普教育的计划，包括政治领导人、投资界和国家主权财富基金。

2）出版国际宇航科学院 SMR 宇宙研究课题成果，并广泛提供硬拷贝和电子书。

3）编制关键决策者名单，并对所有决策者进行直接营销。

接下来，一个积极的知识产权开发和保护计划将确保王剑探索公司在外空开采所需的关键技术诀窍中占有一席之地。在理想的情况下，王剑探索公司可能想售卖铲子和杂货，或许少量威士忌，而不是成为一名矿工。由于我们所处的社会逐渐成为一个信息社会，知识产权许可将是未来最大的业务。通用电气通过其专利许可获得数十亿美元的收入，成为一个很好的模式。所有外空矿业公司都知道知识产权多么重要，所以一定会积极申请专利。具体来说，王剑探索公司认为，大多数用于外空采矿的关键技术将在行业"离地"之前开发。历史上，蒸汽机、飞机和计算机程序的知识产权专利保护在过去两个世纪中创造了一些最大、最赚钱的行业。我们认为这是一个值得学习的好模式。至于确切的技术，进入太空的成本最终必须降低几个数量级已不是秘密。长期来说，这意味着我们必须建造许多太空电梯。短期来说，这意味着王剑探索公司必须支持较低轨道的航天计划，如太空电梯和商业运载火箭。但对于一个外空采矿者来说，其中一个关键的技术将是如何让金属回到地球表面，把它交付给买方。王剑探索公司已经提出了一项可以实现这一技术的专利申请。

接下来，为了支持知识产权保护，王剑探索公司正在与世界各个知名航天高校院系合作开发新技术。需要开发的具体技术是将蒙德（Mond）法精炼工艺用于微重力环境中的镍。此外，小行星开采、增材制造和原位资源利用之间还有一些协同效应需要发挥。由于王剑探索公司与学术发明家和研究人员分享其专利所获的经济利益，因此我们不缺乏愿意合作的智者。而且俗话说"集思广益"、"众人拾柴火焰高"。

王剑探索公司正在努力获得从技术到法律的各项国家许可证，从而对关键技术进行太空测试。这部分地面工作应在 2016 年完成。我们还时刻关心国内法和国际法的发展，因为其将影响 SMR 的所有权和销售。

王剑探索公司已经确定并正在为金属代理商开发演示材料，目的是执行镍和铂族金属未来的交付合同。这是公司前瞻性业务规划中最重要和最敏感的部分。

第二阶段：执行到潜在小行星的验证飞行任务（2015—2022 年）

在这个阶段将有多个步骤。因此，第二阶段有两个在轨先行任务。第一是开发在低地球轨道进行试验的采矿工艺和设备；第二是可变比冲激磁场火箭发动机访问多个小行星以测试物资比例并确定轨道和个体特征，如旋转速率。

第一个轨道测试活动是在低地球轨道环境中开发和测试设备，以确保设计要求得到满足，并且运营团队已准备就绪。一旦技术已发展到实验室工作台规模，并且在未来的金属交易中已有可信的买方，王剑探索公司将能够获得融资来进行大规模地面测试和太空概念验证，从而降低商业风险。这将需要大约两年时间，并且花费不足五千万美元。王剑探索公司正在与其姊妹公司合作，改造两艘可重复使用的再入飞船。这些飞船将被用作在轨材料科学实验室并已进行飞行测试，以支持 2016—2018 年的轨道测试计划。这个空间实验室必须自筹资金且盈利。王剑探索公司正在与国际空间大学和世界各地的其他组织合作开展空间实验室工作。实验室航天器并不用于外空采矿，它将可供任何人在外空做科学或设备鉴定。具体来说，它将在一视同仁的基础上提供服务给其他外空采矿公司。实际上，王剑探索公司外空蒙德法设施所需的所有机器人技术都可以在地面上测试。然而，还必须对它进行飞行测试，以确保已经消除了所有的故障模式。由于这不是政府的空间计划，所以如果失败了，我们可能会面临歇业。

第二个在轨测试项目是将拟议的可变比冲激磁场火箭发动机航天器作为“种子”任务。这个任务将投放几个 100 kg 无线电收发信标，同时在几个小行星周围扩展测绘轨道期间分析矿物含量。这种类型的任务可能对一个采矿勘探公司特别具有吸引力，并且将允许王剑探索公司及其投资者通过选矿获得资源所有权，从而确保对可变比冲激磁场火箭发动机航天器访问和研究过的所有小行星均拥有在未来进行采矿的权利。最后的一次行业研究发现，一个 8 000 kg 的可变比冲激磁场火箭发动机航天器可以以“播种”任务模式访问 4 颗近地小行星，在每颗小行星上投放 100 kg 无线电信标。可变比冲激磁场火箭发动机航天器在主要样品返回任务完成后也能够重复使用，从而能使最终用户能够实现次级任务目标或在加注推进剂后完成全新的任务。

第三阶段：开始采矿作业，返回产品（2018—2029 年）

一旦空间测试完成，我们希望试验工厂可以用一艘运载火箭发射到低地球轨道。然后，它通过小推力电推进发动机沿着低能量轨迹运动到合适的小行星。我们认为任何小行星都可以是目标小行星。在那里，试验工厂将开始提炼金属并把非常小的样品发回地球。一旦在小物品上成功测试交付方法，将进行更大的投资以发送更大的设施，目的是从太空向地球提供大约占世界储量 10%的镍。一旦由此建立现金流，公司将成长为一家普通的矿业公司。铂族金属也是很诱人的选择，尽管它们比镍难提炼，但是它们相应地更容易返回地球。

在大规模生产这些有价值的金属并向地球输送的同时，专门的采矿设备将开始回收在太空中具有价值的水资源和其他原材料。这些材料将尽可能在太空进行选矿先处理。例如，水可以转化为氢和氧，碳可以制成有机材料，我们甚至有可能种植农作物。幸运的是，对于王剑探索公司而言，几乎任何小行星都包含大量有价值的材料。因此，我们的选择过程将主要受成本影响。在太空中，这种成本是由运动所需的能量以及在矿区之间运动的时间所确定的。

总之，在最后两个阶段，王剑探索公司的路线图看起来很相似，因为它们都基于传统的外空硬件开发、测试和操作。当然，由于它们是商业驱动的 SMR 企业，时间表将被压缩。第一阶段将被加快，因为初始资金至关重要。与此同时，法律/政策问题必须得到解决。

表 4-1　第二阶段：执行到潜在小行星的验证飞行任务

初步任务设计研究	**2015 年 01 月 04 日**	**2015 年 07 月 30 日**	**145 天**
需求定义阶段	**2015 年 07 月 31 日**	**2015 年 10 月 10 日**	**50 天**
形成客户需求	2015 年 07 月 31 日	2015 年 08 月 27 日	20 天
形成操作概念	2015 年 08 月 14 日	2015 年 09 月 25 日	30 天
评议操作概念	2015 年 09 月 25 日	2015 年 09 月 25 日	0 天
形成系统需求	2015 年 09 月 12 日	2015 年 10 月 10 日	20 天
评议系统需求	2015 年 10 月 10 日	2015 年 10 月 10 日	0 天
形成任务计划	2015 年 07 月 31 日	2015 年 09 月 25 日	40 天
设计	**2015 年 10 月 10 日**	**2017 年 05 月 08 日**	**390 天**
初步设计	2015 年 10 月 10 日	2016 年 04 月 22 日	130 天
地面控制部分	2015 年 10 月 11 日	2015 年 11 月 07 日	20 天
地面科学综合	2015 年 11 月 08 日	2016 年 02 月 11 日	60 天
发射综合	2016 年 02 月 12 日	2016 年 03 月 10 日	20 天
技术综合	2016 年 03 月 11 日	2016 年 04 月 08 日	20 天
运载火箭	2015 年 10 月 10 日	2015 年 04 月 22 日	130 天
发射台	2015 年 10 月 10 日	2015 年 10 月 10 日	0 天
太空舱（运输和有效载荷）	2015 年 10 月 11 日	2016 年 04 月 22 日	130 天
详细设计	2016 年 04 月 23 日	2017 年 05 月 08 日	260 天
地面控制部分	2016 年 04 月 23 日	2016 年 06 月 18 日	40 天
地面科学综合	2016 年 06 月 19 日	2016 年 12 月 22 日	130 天
发射综合	2016 年 04 月 23 日	2016 年 07 月 17 日	60 天
技术综合	2016 年 07 月 18 日	2016 年 10 月 10 日	60 天
运载火箭	2016 年 10 月 14 日	2017 年 01 月 15 日	60 天
发射台	2016 年 04 月 23 日	2017 年 05 月 08 日	260 天
太空舱（运输和有效载荷）	2016 年 04 月 23 日	2017 年 05 月 08 日	260 天
工程模型	2016 年 04 月 22 日	2016 年 04 月 22 日	0 天
制造	**2016 年 11 月 04 日**	**2017 年 11 月 03 日**	**248 天**
飞行系统组装与整合	**2017 年 07 月 13 日**	**2018 年 04 月 26 日**	**197 天**
系统测试（验证）	**2018 年 03 月 30 日**	**2018 年 09 月 27 日**	**130 天**
发射—低地球轨道测试设备	**2018 年 09 月 27 日**	**2018 年 09 月 27 日**	**0 天**
发射—VASIMR	**2018 年 09 月 27 日**	**2018 年 09 月 27 日**	**0 天**
制造设备的在轨测试	**2018 年 10 月 18 日**	**2020 年 06 月 24 日**	**540 天**
VASIMR 巡航任务	**2018 年 10 月 18 日**	**2019 年 06 月 24 日**	**180 天**
交会与任务实施	**2019 年 06 月 27 日**	**2022 年 06 月 22 日**	**980 天**

表 4-2　第三阶段：开始采矿作业，返回产品

初步任务设计研究	**2018 年 01 月 04 日**	**2018 年 07 月 30 日**	**145 天**
需求定义阶段	**2018 年 07 月 31 日**	**2018 年 10 月 10 日**	**50 天**
形成客户需求	2018 年 07 月 31 日	2018 年 08 月 27 日	20 天
形成操作概念	2018 年 08 月 14 日	2018 年 09 月 25 日	30 天
评议操作概念	2018 年 09 月 25 日	2018 年 09 月 25 日	0 天
形成系统需求	2018 年 09 月 12 日	2018 年 10 月 10 日	20 天
评议系统需求	2018 年 10 月 10 日	2018 年 10 月 10 日	0 天
形成任务计划	2018 年 07 月 31 日	2018 年 09 月 25 日	40 天
设计	**2018 年 10 月 10 日**	**2020 年 05 月 08 日**	**390 天**
初步设计	2018 年 10 月 10 日	2019 年 04 月 22 日	130 天
地面控制部分	2018 年 10 月 11 日	2018 年 11 月 07 日	20 天
地面科学综合	2018 年 11 月 08 日	2019 年 02 月 11 日	60 天
发射综合	2019 年 02 月 12 日	2019 年 03 月 10 日	20 天
技术综合	2019 年 03 月 11 日	2019 年 04 月 08 日	20 天
运载火箭	2018 年 10 月 10 日	2018 年 04 月 22 日	130 天
发射台	2018 年 10 月 10 日	2018 年 10 月 10 日	0 天
太空舱（运输和有效载荷）	2018 年 10 月 11 日	2019 年 04 月 22 日	130 天
详细设计	2019 年 04 月 23 日	2020 年 05 月 08 日	260 天
地面控制部分	2019 年 04 月 23 日	2019 年 06 月 18 日	40 天
地面科学综合	2019 年 06 月 19 日	2019 年 12 月 22 日	130 天
发射综合	2019 年 04 月 23 日	2019 年 07 月 17 日	60 天
技术综合	2019 年 07 月 18 日	2019 年 10 月 10 日	60 天
运载火箭	2019 年 10 月 14 日	2020 年 01 月 15 日	60 天
发射台	2019 年 04 月 23 日	2020 年 05 月 08 日	260 天
太空舱（运输和有效载荷）	2019 年 04 月 23 日	2020 年 05 月 08 日	260 天
工程模型	2019 年 04 月 22 日	2019 年 04 月 22 日	0 天
制造	**2019 年 11 月 04 日**	**2020 年 11 月 03 日**	**248 天**
飞行系统组装与整合	**2020 年 07 月 13 日**	**2021 年 04 月 26 日**	**197 天**
系统测试（验证）	**2021 年 03 月 30 日**	**2021 年 09 月 27 日**	**130 天**
发射	**2021 年 09 月 27 日**	**2021 年 09 月 27 日**	**0 天**
巡航	**2021 年 10 月 18 日**	**2022 年 06 月 24 日**	**180 天**
交会与任务实施	**2022 年 06 月 27 日**	**2023 年 06 月 22 日**	**260 天**
采矿操作	**2023 年 06 月 27 日**	**2028 年 06 月 22 日**	**1 830 天**
矿物返回地球	**2024 年 06 月 27 日**	**2029 年 06 月 22 日**	**1 830 天**

(4) 王剑探索公司小结

2008 年，王剑探索公司利用上述研究结果及其对技术、法律、经济和政策限制条件的了解，对外空开采业务进行了形态分析。[“形态分析法”由弗里茨·茨维基(Fritz Zvicky)提出，用于探索多维、非量化复杂问题的所有可能的解决方案。] 作为这种形态分析的结果，王剑探索公司得出了 10 个结论，以指导其未来的行动：

1) 从太空获得的第一种材料应该送到地球表面的买家。它应是镍金属，高达世界年产量的 10%，或约 16 000 吨/月。

2) 镍由王剑探索公司出售给买方，并利用“远期合同”进行未来交货，从而为企业建立起“远期市场”价值。然后可以对净现值和风险进行贴现，以允许利用更容易的资本形式来为业务启动提供资金。这完全是一项营销、商业、法律和经济活动。它可以消除销售的风险。这些期货合约可以结构化，因此对于买方来说没有风险。

3) 如果在技术和经济上可行，铂族金属(PGM)也可以出售给地球上的买家，因为这些材料价值的质量比很高。这需要进一步研究和发展。

4) 水、氧气和其他有用的矿物，如用于辐射屏蔽的散装物，应开采并储备在太空中的燃料和供应站，最初在 EML-1 或 EML-2 点。这些资源是在太空生活和工作所必需的，不必从 10 km/s 的地球重力井环境中运送。这些材料应在太空进行加工处理，以便通过机械或化学加工尽可能增值，例如可以使用增材制造法。应该监测并鼓励这一研究领域。

5) 用于精炼镍的蒙德工艺法应适用于在小行星镍矿场进行原位生产。这方面的工作至关重要，应该立即开始。

6) 应尽快提交发明专利申请，从而：a) 在矿场原位精炼镍；b) 安全地将金属送回地球附近；c) 利用来自小行星矿场的原位材料“靠山吃山”；d) 让金属安全地着陆运回地球；e) 将采矿系统发射到小行星。这些领域中的每一个都需要由关键发明产生的深刻的概念转变。强大的知识产权组合发展必须成为王剑探索公司的优先事项。

7) 来自月球的物质材料可用于降低总体创业成本。

8) 法律和政策问题将至关重要；应尽快以国际上可信的方式处理，以便允许在太空中创立自由市场并确保对外空资源实现商业化的自由利用。

9)“远期合同”必须尽快与可信的金属经纪人或买家一起执行。

10) 非常重要的是要记住，技术问题不是最关键的问题。

4.3　对比与总结

根据以上 4 家竞争公司的路线图所示，SMR 的未来可以归结为：

第一阶段：2014—2020 年间，在地球启动商业基础设施建设。

第二阶段：2015—2022 年间，在低地球轨道验证相关的硬件设施，并到潜在的小行星执行试验飞行任务。

第三阶段：2018—2029 年间，正式启动外空采矿项目并销售相关产品。预期结果：在 EML-1 销售水资源。

第 5 章　外空矿物资源系统速览

本章将讨论 SMR 系统中运输系统和矿物提取技术概念。基于最终用途、资源类型或等级、技术状态，将这些概念进行组织归类。在讨论不同的技术之后会简要评述一下该技术成熟状态和风险。本章主要包括三部分：

第一部分　运输系统和矿业生产的系统概念

第二部分　技术成熟度、利用和风险识别的评估

第三部分　解释现在和未来设计参考任务的概念说明

第一部分　运输系统和矿业生产的系统概念

5.1　SMR 支持系统——可重复使用火箭

SMR 支持系统应该基于其修理和维护是可重复使用而非一次性消耗的模式。例如，地基采矿设备全天候使用可替换的部件；将 SMR 系统设计成没有可替换部件而同时仅可以长期持续执行任务，这样的设计注定是要失败的。空间飞行的一次性消耗模式是有严重缺陷的。重要设备使用一次之后即遭丢弃，这是一种将成本无限增加的模式，从而抑制了人类抵达太空疆域的愿望。这种浪费基础设施的逻辑缺陷与一次性消耗的火箭使用模式紧密相连（助推器平台被设计成与进入轨道的有效载荷逐渐分离）。

除了维护和可重复使用的理念外，未来的 SMR 架构应该围绕未来的基础设施构成。前面提到的两个好的例子是太空电梯和地球与火星之间的循环飞行器。后面这个概念是巴兹·奥尔德林博士（Dr. Buzz Aldrin）提出的在太阳轨道不断航行、往返于地球和火星之间的太空航班。可以从特定的永久性基地进行方便的补给，利用小型航天飞机实现行星际的快速旅行。这个循环飞行器概念在地球和小行星带之间同样有效。

可重复使用和维护的空间运输系统设计会大大降低系统的可靠性要求和成本。这个过程需要模块化系统架构（电池、传感器平台等可插入可拆卸部件，这些部件可以在其他单元使用）、大规模生产、标准化及互操作。这种赋能性技术的变革将为太空仓库的资源使用提供访问便利。在选择的地点，以合理的价格获得水、燃料和空气的能力，确保了运输基础设施的设计可包括长距离运输设备。一个明显的例子是，一艘太空拖船可以将卫星移动到地球同步轨道弧线附近并且同时向其补给燃料。当地球同步轨道卫星被设计成可以提供这种服务且太空拖船可以停泊在地球同步轨道附近时，这就成为可能。将水、燃料和空气供应到们于地球同步轨道上的太空仓库将使这种新模式加以定型，并扩展到地球轨道之外。

5.1.1 地球和轨道运输

当前，航天发射业务正在经历深刻变革。拥有载人航天入轨能力的国家已经从当年占据统治地位的美俄两国变为包含中国和若干商业航天运输公司在内的新格局。另外，欧洲也通过在法属圭亚那（French Guyana）的阿丽亚娜（Arianespace）火箭发射基地发射联盟号（Soyuz）火箭加入进来，而印度和日本正进行的载人航天计划的能力建设。与更低价格和更多冗余一样，灵活性也是新兴企业的一个口号。顺便说一下，花费几十万美元将普通百姓送入太空而非轨道的商业企业将变得很重要。下面 3 个表格展示了关于这个讨论的一些数据。

接下来将比较这些商业航天发射的价格和方法。这里有两点需要注意：1）价格随着时间和入轨能力的不同而产生巨大变化；2）第 1 个表格完成于 2002 年，因此美元的价值有所不同（2002—2014 年美元的通胀因素为 33%）。第 1 个表格总结了数据变化和将每磅质量发送到低地球轨道和地球同步轨道的成本（乘以 2.2 可以估计每千克的花费）。随着时间推移，商业公司不断发展、商业卫星市场不断扩张，使得从大型运载火箭发射入轨的每磅质量的价格会有改进。

表 5－1　运送单位质量进入轨道的价格比较［富创公司（Futron）2002 年，美元/磅］

火箭类型	低地球轨道（LEO）		地球静止转移轨道（GTO）	
	西方	非西方 *	西方	非西方 *
小型	8 445	3 208	18 841	N/A
中型	4 994	2 407	12 133	9 843
重型	4 440	1 946	17 032	6 967

注：* 因为天顶－3SL（Zenit 3SL）属于乌克兰和俄罗斯的遗产，所以被认为是非西方的运载火箭。

表 5－2　运送单位质量进入轨道的价格比较（根据 2014 年 1.33 的通胀系数估计，美元/磅）

火箭类型	低地球轨道（LEO）		地球静止轨道（GEO）	
	西方	非西方	西方	非西方
小型	11 200	4 300	25 000	N/A
中型	6 700	3 200	16 000	13 000
重型	5 900	2 600	22 600	12 850

另外，到达低地球轨道及地球静静止轨道发射服务的价格（2002 年）也有很大差别。富创公司指出，将卫星从地球静止转移轨道送入地球静止轨道还需要额外推力。额外的硬件和燃料使得价格增加。图 5－1 显示了不同类型运载火箭的发射服务价格，数据来源于 2002 年。

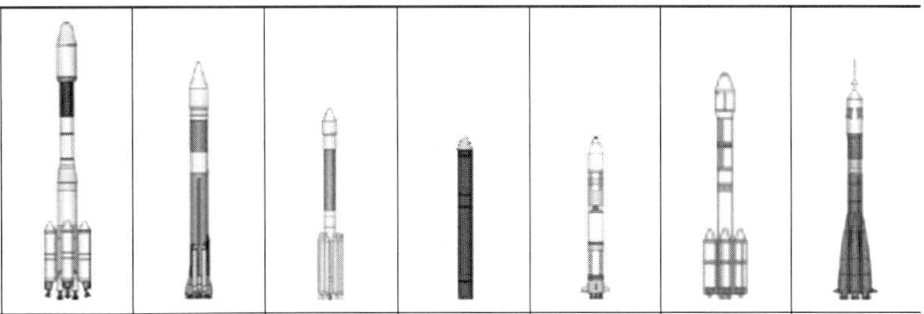

火箭名称	阿丽亚娜 44L	阿特拉斯 2AS	德尔塔 2 (7920/5)	第聂伯	长征 2C	长征 2E	联盟号
来源国家/地区	欧洲	美国	美国	俄罗斯	中国	中国	俄罗斯
LEO 能力/磅（kg）	22 467 (10 200)	18 982 (8 618)	11 330 (5 144)	9 692 (4 400)	7 048 (3 200)	20 264 (9 200)	15 418 (7 000)
LEO 参考高度/英里（km）	124 (200)	115 (185)	115 (185)	124 (200)	124 (200)	124 (200)	124 (200)
GTO 能力/磅（kg）	10 562 (4 790)	8 200 (3 719)	3 969 (1 800)	0	2 205 (1 000)	7 431 (3 370)	2 977 (1 350)
参考场地和倾角	库鲁 5.2°	卡纳维拉尔角空军基地 28.5°	卡纳维拉尔角空军基地 28.5°	拜科努尔 46.1°	太原 37.8°	太原 37.8°	拜科努尔 51.8°
估计发射价格 (2000 年，美元)	112 500 000	97 500 000	55 000 000	15 000 000	22 500 000	50 000 000	37 500 000
每磅（kg） LEO 有效载荷成本估算	5 007 (11 029)	5 136 (11 314)	4 854 (10 692)	1 548 (3 409)	3 192 (7 031)	2 467 (5 435)	2 432 (5 357)
每磅（kg） GTO 有效载荷成本估算	10 651 (23 486)	11 890 (26 217)	13 857 (30 556)	N/A	10 204 (22 500)	6 729 (14 837)	12 598 (27 778)

图 5－1　运载火箭发射服务价格比较（富创公司，2002 年）

现在，为了更清楚，图 5－2 为 NASA 和其他美国运载火箭公司最近更新的合同统计，以 2012 年美元显示每千克低地球轨道有效载荷价格。图中显示低地球轨道有效载荷质量每增加1 kg 需要大约 10 000 美元。数据中的异常值是猎鹰重型火箭（Falcon Heavy），它极大地节省了发射服务价格。太空探索技术公司提供了第一个真正商业价格的运载火箭。截至 2017 年，太空探索技术公司已经非常成功，并将在未来几年影响入轨价格，发射服务价格将会持续下降。

为总结这一情况，space.stackexchange.com 网站推测出了一些数据来回答：当你知道到达低地球轨道的价格时，将花多少费用到达地球静止轨道这个问题。由于存在许多重要的变量，这个计算非常复杂。为清楚起见，作者进行了总结，在计算未来航天活动时可以使用其来估算价格范围。该网站列举如下：

到达地球静止转移轨道的价格：

阿特拉斯Ⅴ 401　　27 777 美元

德尔塔Ⅳ 重型　　25 424美元

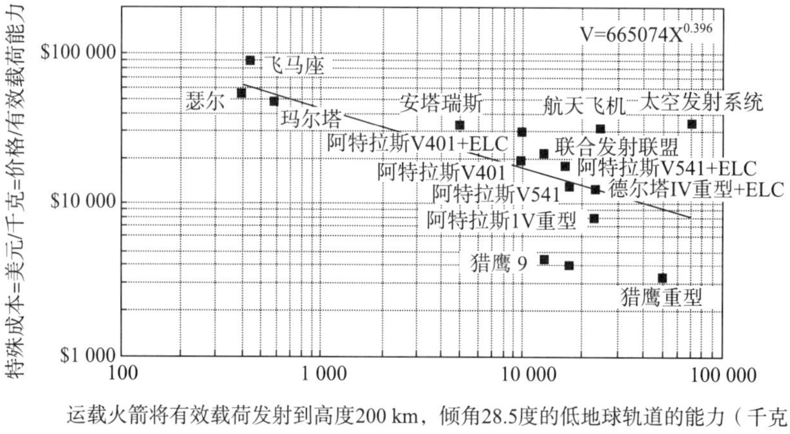

图 5-2　美国低地球轨道发射价格合同（2012—2015 年）[萨帕塔（Zapata），2014）]

阿丽亚娜 5 ECA	24 079 美元
阿丽亚娜 5 ES	30 249 美元
质子-M	16 620 美元
平均	25 000/kg

另外，该网站外推出到达地球静止轨道的成本是到达地球静止转移轨道平均成本的两倍，即 50 000 美元/kg。

如果想估算未来的发射价格，可以通过太空探索技术公司网站进行估计，列举见表 5-3。

表 5-3　猎鹰 9（十重型）系列火箭每千克价格（太空探索技术公司）

	位置	质量/kg	价格/美元	成本/（美元/kg）
猎鹰 9	GTO	4 850	61 000 000	12 577
猎鹰 9	GEO			25 000
猎鹰 9 重型	GTO	21 200	81 000 000	3 820
猎鹰 9 重型	GEO			7 640

如果这些数字在充分竞争的商业世界里能够实现，这将节约巨大的成本。即使 10 000 美元/kg 的地球静止轨道价格也将明显好于现在的价位。

由于风险性和复杂性，美国使用不可重复使用的地球-轨道（ETO，Earth - to - Orbit）方法完成登月的成本非常之高。我们可能有近期能实现的更好方法——即验证在轨关键性 SMR 能力——从一个地地供应的推进平台再次加注燃料。重型运载火箭可以通过再次加注燃料增加卫星质量。库特（2009）和其他人展示了在轨操作和再次加注燃料已经获得明显的性能改进。当人们为燃料使用一个平台（花费巨大以对抗重力井）时，虽然在燃料方面不能节约成本，但是它增加了任务的能力。通过重力井和在轨道内再次向它的空槽内加注燃料，任务卫星能够利用其全部发射能力。然后，这允许它们带着更多的任务载荷爬升到达任务轨道。然而，这仍然需要两次发射。为了符合这个概念，燃料应该由一个小行星或者月球表面的操作站供应。

除了燃料再次加注带来的成本节约和性能提升外，还有其他策略可能降低航天发射的高成本。简单来说，就是更低的发射成本将会增加飞行率。需求曲线如果是正常的并且有弹性则表现出这种方式。这里没有理由去怀疑增加能力和降低成本将对外空移民起到促进作用。伊隆·马斯克和他的太空探索技术公司的愿景是提供旅客到火星的乘坐费用仅仅为50 万美元［埃迪（Eddy），2012］。这个战略是基于首先实现一个可重复使用的一级平台，然后扩展到可重复使用的上面级平台。实现可重复使用的日程表好像已经走上了正轨，目前还没有看出太大的障碍。然而，更大的有效载荷或者更低的成本只能解决这个问题的一部分。航天发射一个根本的限制是有效载荷的大小，而非仅仅是发射质量。这是由于发射空气动力学载荷所限制。航天发射的大小（直径）限制是受自然严格控制的。除了在轨装配外，一个解决方案是太空制造。值得注意的是，国际空间站在它现在使用单一火箭配置的情况下还不能进行发射。

我们的目标是降低发射成本到合理的水平。有很多商业公司试图实现这个目标。让我们期待这个目标的实现，以降低发射成本通过我们的重力井。所有这一切均将得益于伊隆·马斯克实现他的社会责任目标。由于现在到达轨道的价格过高，对 SMR 的需求是显著的。在一个小行星（或者月球表面）生产的物品越多，走向外空的活动将变得越可行。但是通过航天发射离开地球仍是我们需要克服的主要障碍。

速度改变量（ΔV）设想：影响未来推进剂使用的最重要变量是进入太空的能量“成本”，这通常用速度改变量来表征（或者航空航天工业的“ΔV”）。因为 SMR 稻草人模型估

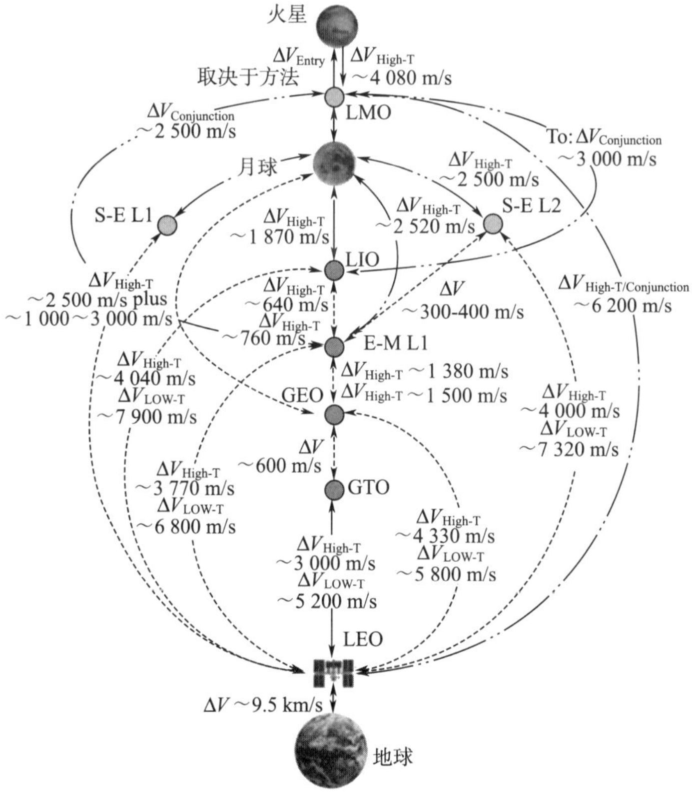

图 5-3　地球附近轨道所需的不同速度（曼金斯，2011）

计外空移民的人均水消耗，以及电解水是目前已知的最有效的化学推进剂，这些 ΔV 是模拟研究中的一个重要参数。为了围绕太阳系飞行，能量推进必须被估算。这将通过 ΔV 完成估算，可以识别的目前最大需求是地球到低地球轨道的摆脱重力井的发射。同样，规定需要时运载工具在某处以约 9.5 km/s 的速度进入轨道。在低地球轨道之上，需求多是 1～3 km/s 的长距离旅行。当然，这些是最低的能量消耗轨道，通过花费更多的燃料可以改进到达的时间。

5.1.2 太空运输

太空运输是一个很多人都想解决的挑战。下面的一些图片展示了其中的部分计划。在 NASA 任务中，航行到火星的标准时间是 8.5 个月。航天员富兰克林·张·迪亚兹（Franklin Chang - Diaz）设计（并很快在太空测试）了一个在真空环境中新的推进概念。他的可变比冲激磁场火箭发动机能够实现快速运达太阳系内的目的地。有了他的引擎，前往小行星旅行将成为日常行为，从太阳系内的矿物工厂运送产品也将出现，从而使得再次加注燃料的平台成为一项明智的投资。当然，这也只是个人的愿景，一旦加注燃料和平台概念经过验证，这里有很多其他人将太空运输视为真正的可能。在地球静止轨道或者 EML - 1 向可重复使用的运输引擎进行燃料加注，将确保通往太阳系中各处的运输成本都在合理价格范围。

图 5 - 4　VAISAMIR 高效能火箭［阿斯特拉（Ad Astra）］

图 5 - 5　乘组转移器——混合推进舱［特劳特曼（Troutman），NASA. 2001］

图5-6 太阳能电推进和化学转移器（国际宇航联合会，2002）

月球和火星之间空间运输能力的另一个方式很容易实现，应该将当前的一次性消耗系统变成可加注燃料和可重复使用的。一个相应的例子是目前半人马座上面级平台在停泊或抛弃之前是一次性使用。超过100个半人马座仍然在轨，等待推进燃料来源。蔡格勒（Zeigler）和库特（Kutter）大量的已发表的研究成果绘制了一个完全可以重复使用的半人马座的技术演示路径（库特，2010）。联合发射联盟（ULA）提议了一个未来可通用的上面级平台：

“目前处于初步的开发阶段，高级通用演化平台（ACES）和人工评级将大幅提高联合发射联盟满足其顾客需求的能力。随着部分助推器可重复使用、在轨加注燃料、长持续阶段和长持续低温推进阶段的发展，在未来的岁月里联合发射联盟将创造条件引领空间运输领域的一场革命。”（库特，2010）

可重复使用的上面级平台能使许多今天使用的国际运载火箭扩展活动范围。事实上，模拟显示可重复使用上面级平台通常存在的一个非常大的问题是：对客户使用额外能力的识别。空间移民和企业家的创造性愿景将为这个问题提供一个简单的解决方案。

（1）运输矿石到加工厂

有效率的轨道通常要比最快的轨道长。初级技术设置包括效率（如低逆冲离子发动机）和时间（如高逆冲化学推进器）的平衡取舍。当试图从一个行星体上发射一定的质量，或者试图进行一个快速机动时，高脉冲机动的作用变得很明显。但在一定情况下需要化学推进器。直到加工技术成熟，行星矿石运输都是将未提炼的矿物运送到一个位于消费者附近的中心加工厂。有效率（也就是使用最小的能量消耗）的运输将会使用在低逆冲配置下的离子或核能发动机操作。鉴于月球和火星的情况，可能将会使用拖运器实现矿石运输。

（2）从加工厂到客户端的产品运输

假设的早期小行星加工厂是在月球轨道，在EML-1或者低地球轨道/地球静止轨道，将产品运送给客户可能将会使用化学推进技术，例如一个可重复使用的半人马座上面级火箭。而针对月球和火星的情况，可能需要一个特殊的产品拖运器。

（3）重力井的上下行（月球/火星）

在小行星采矿还存在有一些固有的问题，如保持附着和保持在附近。但是，一旦任务完成，离开仅仅是到下一个地点。如果感兴趣的资源在月球或者火星表面，着陆（可以在火星制动回收）和返回发射操作所需要的燃料都将显著增加。图 5-7 展示了一个离开月球表面的概念。

图 5-7　LAT-2 月球着陆器重新设计（NASA，2008）

（4）人类移民的运输

载人运输被认为是未来推进剂销售的主要动力。设备和基础设施将随着人类探险家不断扩大能力和功能。氢和氧（水分解而来）依然是今天最有效的化学推进剂。将 SMR 中广泛存在的水和冰制造成 LOX（液氧）和氢气推进剂，对未来的太空移民是一个可能的选择。因为对载人和货物的运输安全要求差异很大（货物一般可以接受更多的放射性暴露），高推比化学运输，或者热核，可能仍然用于人类移民。在 DRM 火星任务中，运输系统中人类旅客周围的放射性推进剂屏蔽设计是常见的解决方案。水和（或）氢气是放射性保护最好的形式。

5.1.3　轨道动力学

月球与市场的距离只有三天远。低能量转移的小行星距离它们顾客则有几年到几十年。低能量是有价值的，但时间也是有价值的。运输系统的能量和时间是进行地基经济评价的基本原则。

在能量方面到达很多近地小行星相当容易并且其这些小行星具有很低的表面重力，这将使得把从它们上面提取的矿物运输到地球附近的成本最小化。（克劳福德，2013）

马克·宋特尔（Mark Sonter）在调整净现值方面所做的工作解释了 ΔV 和时间在小行星评估中的作用。现在正在跟踪一类被称为“容易获取目标”的小行星。

“在科学上来说，对于理解太阳系的起源、演化和组成，小行星和彗星是战略重点。

近地天体（NEO）特别引人关注，因为它们更容易从地球接近，同样也因为推测它们由丰富的矿物资源组成。这些资源的开发作为降低未来空间活动成本的手段已被讨论很长时间了。”（宋特尔，2012）

当然，轨道力学在小行星价值中的重要性也不能被夸大。

5.1.4 产品向地球的递送

我们可以完成向地球客户递送产品，提供防热罩和可操纵的升降机构用来进行自动货舱返回。最近一些提供快速进入国际空间站的返回（无人）货舱，可以直接为更远距离目的地的有效载荷的提供返回服务。用于减速的电动力学方法使传统的烧蚀材料和绝缘材料热力学保护方式更加多样化。调查显示，已经有人在用 SMR 来制造防热罩。［霍格(Hogue)，2012］

图 5-8 用 SMR 制造的防热罩（霍格等，2012）

5.2 SMR 创新性支持系统

从地球起降的便宜的运输基础设施的未来概念包括产品递送。2013 年 12 月结束的国际宇航科学院负责的一项主要研究课题，为太空电梯的可行性提供了结论和建议。来自 41 位作者超过 5 年的研究的主要结论被认同如下：太空电梯似乎可行！

这项学术研究深入探讨了太空电梯运输基础设施的各个方面，包括：

1）材料发展（涉及到 2030 年的可用性）；

2）缆绳部署范围和动力学（展示了需要理解的动力学模型的稳定性）；

3）爬升设计（本质上是没有极高应力加载需求的传统人造卫星）；

4）操作概念（常规空间操作方法）；

5）危害防护（空间碎片被作为一个问题予以计算；但是当风和光亮需要额外的工程解决方案时，空间碎片并非各方关注的重点）；

6）合法性（将综合设施布置在公海上，能够使这些基础设施合法化并且得到各国的支持)。

上述课题报告中的一个方案使人相信太空电梯在 2035 年可以研制出来并付诸操作，在接下来的 10 年里将会运输人类。这个概念显示出，新的太空进入基础设施是可取的，也是可以实现的。太空电梯的主要特性是：

1）低成本进入太空（到达地球静止轨道为 500 美元/kg)；

2）日常的（日常计划，最高 7 个同步升降舱)；

3）强大的（20 吨的爬升舱可以搭载 14 吨的有效载荷，结构自重 6 吨)；

4）及时的（一星期递送到地球静止轨道)；

5）低应力（与摇滚乐般的运载火箭相对比，更像一部大家熟悉的普通电梯)；

6）根据需要可以向地球递送产品。

对基础设施优势的理解引出对地球太空电梯和月球太空电梯的利用这一理念。这些基础设施一起工作提供了一个系统组件和产品向上向下的途径。这一理念是简单的：一个自旋体（地球和月球都是）上系着一条长长的缆绳，由于张力保持它在一个位置摇摆（类似于一块石头系在你的头顶旋转)。由于地球自转，缆绳上的每个位置都有不同的速度，与其高度位置相关。在地球表面，升降舱是固定的（实际上以 0.5 km/s 的速度自转)。在地球静止轨道位置，以 3.1 km/s 的水平速度自转。当你乘坐太空电梯到达高于地球静止轨道的位置，释放的时候水平速度可以增加至让你到达月球附近（如果在更高点释放，则可以被扔到火星)，除了在目标轨道外，需要很少的化学能。同样，有效载荷可以被装载到太空电梯，爬升到月球释放点，让它沿着朝向月球的轨道飞行，与月球太空电梯自转速度匹配，然后顺着缆绳向下到达月球表面。上述全过程都只用最少的燃料。当然，向顶点锚、地球静止轨道或者地球表面递送产品时，这个过程相反。图 5－9 展示了这一概念。

图 5－9　太空电梯升降舱（国际宇航科学院)

下面是对地球太空电梯和月球太空电梯的描述。只需对目的地进行稍微改变，这一概念对于火星运输同样适用。由于在火星低空天然卫星的存在，火星太空电梯的情况有些复杂。因此，使用化学火箭或者太空拖船与火星的卫星进行交会或许是合适的方法。

地球太空电梯：针对本报告的目的，最开始的几部地球太空电梯的一般特征是：

1）长度：100 000 km，用大质量的海洋漂浮平台和称为顶点锚（Apex Anchor）的顶端大型平衡物固定在地球表面。

2）宽度：1 m 宽——弯曲的。

3）材料：碳纳米管。

4）设计：多线编织以吸收局部损伤，弯曲以确保侧向小尺寸击打不会割断缆绳。

5）外部动力：动力必须源于外部，因为重力井影响巨大，而自身携带动力并不切合实际。两种被讨论的方案是，使用大功率激光向上照射爬升舱底部安装的类似太阳能板的接收器，或者完全依靠太阳能和巨大的太阳能电池阵列。

6）货物：起初几年将能达到 20 吨的无人爬升舱（一周旅程中的辐射耐受性是一个问题）7 个有效载荷装置并发，沿缆绳运行一周即可到达地球静止轨道。

7）建造战略：第一部太空电梯将从地球静止轨道向下建造；然后一旦克服了重力井，它可在地面向上复制，从而在地球表面建成多部太空电梯。

国际宇航科学院针对太空电梯的学术研究方法反映在图 5－10 中。

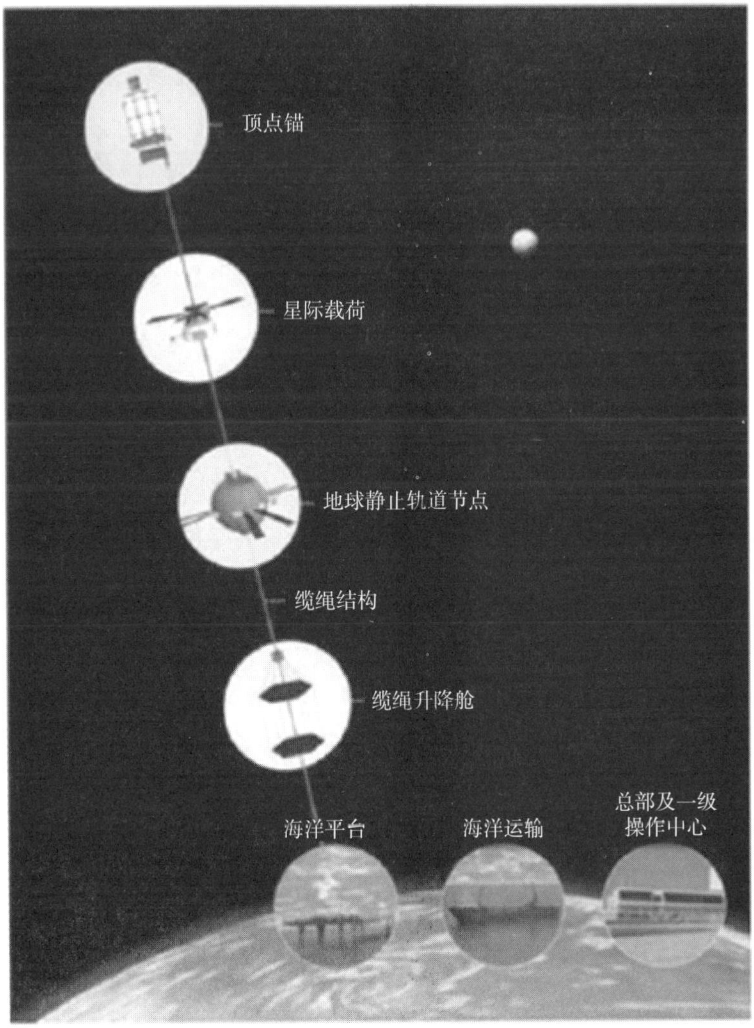

图 5－10　节点布局（国际宇航科学院）

利用太空电梯开采 SMR 将重点围绕下面几个因素：

1）当多组（地球附近有 3 对）太空电梯基础设施部署好并投入运行后，商业企业将促使进入地球同步轨道的价格大大低于 500 美元/kg。

2）进入外空将变得常态化、规模化和可调度。

3）与使用火箭着陆返回或者降落伞回收设施相比，使用太空电梯将产品返回地球表面将变得常规和便宜。

4）装配和启动任务可以在地球静止轨道站点或者顶点锚的零重力或微重力环境下完成。它们都是“固定的”，都可以用作生产流程的一个站点。此外，在没有化学火箭的情况下，缆绳的旋转可提供固有的初始发射 ΔV。

SMR 商业操作太空电梯的美妙之处在于它将成为一个递送物料的基础设施，而不需要丢弃爬升舱，可将它们（和产品）返回到地球，以重复使用。这个概念被看作是一列进入太空的垂直方向的火车。为了进一步理解这个方法，图 5－11～图 5－14 和下面的讨论描绘了未来太空电梯基础设施往返太空的情景。

海洋平台：海洋平台的主要功能是将太空电梯锚固在地球上。基站移动的能力进一步激发缆绳在太空电梯这个较低的节点上的运动，电梯同样需要空间/设备支持操作。目前有两个概念被考虑：1）一个大型的石油钻井平台模型，或者 2）一个大型的航母模型。

图 5－11　海洋平台——钻井船（国际宇航科学院）

地球静止轨道节点：这个地方被视为太空电梯开展主要活动的非常活跃的关键位置。它的基本特征将是这个位置（在一个处于经线与赤道相交上方的理想的圆形轨道静止）支持：

1）一个装卸载荷的基础设施；

2）维修太空系统和升降舱；

3）为太空系统加注燃料；

4）人类居住；

5）为前往地球静止轨道之外的太空系统做准备。

地球静止轨道节点的一个天然任务是添加一个存储燃料的仓库并在那里销售水、燃料、空气。图 5－12 展示了这个太空站。

图 5－12　地球静止轨道节点的工作空间（国际宇航科学院）

顶点锚：这个平衡物一直被认为用于容纳废弃的硬件，甚至容纳捕获到的小行星，并用来稳定缆绳的移动。然而，在当前的太空电梯设计师看来，顶点锚应该是一个智能型的位置，在控制缆绳动力学变化方面应具有主动的功能。这将要求顶点锚具有推进器、计算机和通信节点。这种更复杂的顶点锚可以由退役后的初始缆绳调度卫星充当。顶点锚的天然使命是作为接收 SMR 的仓库，然后将其带到地球表面。大量的有效载荷可以被集中带到地球静止轨道节点，在那里通过缆绳升降舱将它们运输到地球表面。递送到地球表面将会是安全、简单的，大约花费一周时间，与普通电梯非常相似。顶点锚的结构将可能与地球静止轨道节点类似。

升降舱：升降舱将会有很多形式，从带状的升降舱到载人运输。一旦太空电梯发展完善并进行测试，将会出现缆绳检查员、缆绳维修升降舱、科学研究舱、当然也有前往地球同步轨道之外的星际任务升降舱。一些主要的变化特征甚至可能与任务和高度的最终设计相关（例如，返回升降舱与前往地球同步轨道之外的升降舱类似，不需要升降舱发动机，但是需要有效的制动器）。当任务是返回大量的贵重产品时，例如来自小行星的稀有矿物，将会设计巨大的制动器和排热系统，但对太阳能阵列的要求较小。另一个值得注意的是，虽然没有对实际尺寸的限制，但对质量大小有限制。目前的设计是 6 吨（MT）的结构，允许 14 吨的有效载荷，尺寸大约为高 15 m，直径 20 m。

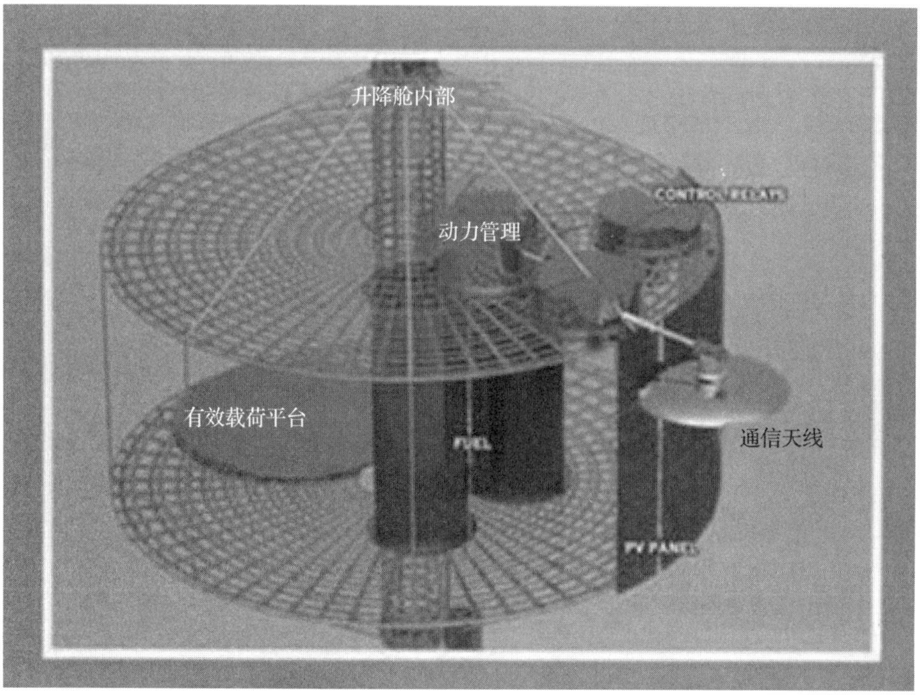

图 5-13　太空电梯升降舱的结构（国际宇航科学院）

月球太空电梯：NASA 月球太空电梯研究报告的内容概要指出，这将是促进月地空间发展的一个革命性的方法。这个概念与地球太空电梯类似，它依靠月球的自转离心力；然而，还有其他主要的力量——也就是地球的吸引力。该研究得出的结论是，一个月球电梯将会是稳定的并能超越地月拉格朗日点 L1。这种从月球表面到一个潜在太空港的高速公路将可以非常高效地递送月球物质。一个关键是月球太空电梯的力量不如地球太空电梯那么大，并且在今天的技术条件下可以进行设计、执行和操作。

图 5-14 展示一个艺术家的月球太空电梯概念，背景是有海拔高度的月球地形图，月球太空电梯在拉格朗日点 L1 点月球一侧保持稳定，月球表面的连接月球矿物地和极点附近陨石坑中冰的电车与电梯的缆带相连［皮尔森（Pearson），NAIC］。另外，图中还显示了机器人车辆，使用太阳能沿着轨道和向上的缆绳运载矿物和推进剂，到达拉格朗日点 L1 点（皮尔森）。

前景和意义

杰罗姆·皮尔森（Jerome Pearson），在他的 NAIC 研究中公认这是地球和月球之间革命性的运输方式。他描述到：

“月球太空电梯将会彻底改变我们在地月空间的操作方式，并且将成为开发月球和利

图 5-14　月球太空电梯系统的概念图（皮尔森，2005）

用月球资源进行后续深度空间开发的关键部分。这将通过下述方式对月球-火星新前景倡议做出巨大的贡献：

1）在地球轨道提供月球矿物质比从地球发射的成本更低。

2）在地球轨道提供无限供应的建筑材料。

3）为月球设备提供持续补给。

4）为机器人进行月球建设和发展提供一个新的范例基础。

5）支持在月球远地侧进行天文观测”。

他的结论如下：

1）“第一个阶段的努力结果表明，月球太空电梯是可行的，并且可以使用可获得的材料建造，以适应 NASA 月球-火星计划的时间表。”

2）“月球太空电梯只需要技术升级即可适应当前重返月球的计划。”

3）“这将为在地球轨道建造巨大的太阳能卫星和保护栖息地的空间复合体提供无限的月球矿物。”

4）“借助月球极地冰的利用，月球太空电梯也可以在地球轨道为前往月球或者火星的飞行器提供大量的推进剂。”

5）“月球太空电梯同样可以提供一个低成本手段将空间基础设施组件从地球轨道输送到月球表面。”

图 5-15 展示了月球太空电梯。

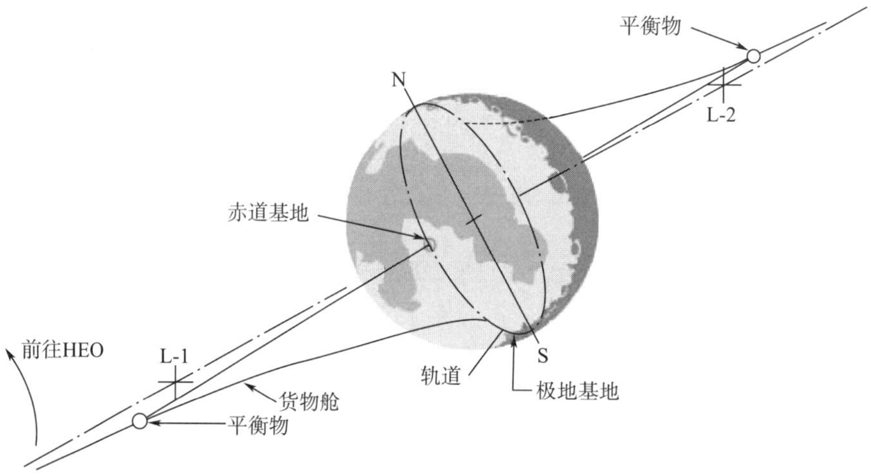

图 5-15　关于 L1 点和 L2 点的月球太空电梯（皮尔森，2005）

尽管太空电梯具有多方面的风险，但中地球轨道（MEO）缆绳似乎提供了一个类似于太空电梯的好处，虽然可重复使用的发射系统是必需的。一条中地球轨道缆绳可以让发射成本降低到 500 美元/kg 以下，并且也能促使 SMR 系统返回地球时的再入速度从轨道速度（不是逃逸速度）降低 2～3 km/s。使用可在缆绳基站喷涂的简单的烧蚀防热罩即可。这个系统的材料和设备都是现有的，并且航行需要较少的耐火物资。

5.3　支持 SMR 的通用功能架构

矿物加工的技术架构/假设条件和基本系统元素类型将在本节中描述。这些分段技术模块应该能够满足上述场景的需求。本节将介绍一连串的 SMR 操作；例如，勘探、资源开采、矿物装卸和运输、资源加工、太空制造、太空建设、产品捕获、存储、提炼和分配。

5.3.1　识别

探测近地小行星仍然是一个好主意。因为在估计的超过 200 万颗近地小行星中只有 10 000颗具有轨道图，所以勘探的一个重要元素将是识别数以百万计的尚未看到的潜在价值对象。对 10 000 颗小行星中的绝大多数的认识也很有限。因此，接下来要做的是寻找更多的近地小行星和更进一步地研究它们。

月球极地勘探/地面实况计划已经被反复提出，它可作为支持和风险减小措施，图 5-16 展示了 NASA 的月球冷阱试验车。通过此方式 NASA 可以保证帮助未来的商业企业。

事实上，自从人类 1969 年首次登陆月球之后，各国的探月热潮可谓此起彼伏。特别是中国的月球探测工程近年来开辟了新天地，在诸多方面实现重要突破，令世人为之瞩目。中国后续即将发射的“嫦娥五号”月球探测器将首次执行月面无人钻孔取样返回任务，所收集的勘探数据无疑将积极推动未来的科学研究和商业开发。图 5-17 展示了中国的“嫦娥三号”月球车测试情景。

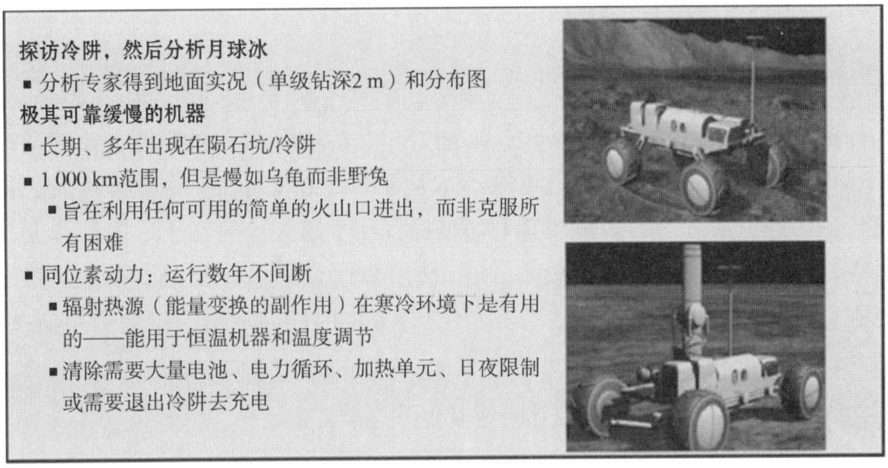

图 5-16　月球冷阱试验车（NASA，t-Space，2005）

图 5-17　“嫦娥三号”月球车测试（新华社）

5.3.2　资源开采

从 SMR 的原生环境中开采或者分离是产生有用的最终产品的整个过程的第一步。挖掘是目前地球上最普通的开采方法，一个典型的前端装载机就是很好的例子。由于挖掘过程中需要使用反作用力（推动刀片或者铲斗进入地面需要一些抓地力），月球或者小行星风化层的锚固系统应该就属于这一类力的提供设备。对于月球和火星，由于其多数表面为疏松的地表物质，所以挖掘系统简单。对于小行星，对挖掘机设计的基本变量包括资源类型、自转速度、密度、碎片百分比和粒度分布。行星表面的挖掘能力已经在月球和火星上进行了演示，特别是将风化层样品挖出放入样品返回舱（俄罗斯“月球 24 号”任务）或者科学仪器中（美国“海盗号”和“凤凰号”火星任务）。此外，月壤取芯样品已经在“阿波罗”任务中完成，而磨削和分析岩石样品已经在许多月球和火星任务中完成。从火星大气中的 CO_2 里获取和分离氧气的初步工作已经完成，同时在火星大气处理过程中也分离/过滤了灰尘（桑德斯，2005）。

5.3.3 矿物的装卸和运输

采矿中通常使用的矿物运输系统包括运输卡车、传输带和有轨车辆。装卸设备通常与上述输入输出端的选择相关。例如，运输卡车通常将矿物倾倒在一个破碎机内，传输带运送坡道可以成为静电或者磁力分离或者利用格筛（一个超大号的筛子）进行粒度分级的极好场地。专门的 SMR 材料处理系统例子有：使用磁性聚集小行星铂族金属，使用水或者空气旋风在微重力环境下进行分离。“阿波罗”任务中的样品采集、倾倒和存储/密封设备积累了对月球物质进行装卸和运输的地外经验。火星样品已经在海盗号、MER、凤凰号和 MSL 任务中通过机械操作进行了有限的分析和处理。

5.3.4 资源加工

今天各种各样的材料加工技术为全球基础设施制造提供了物料。今天地球上使用的很多化学和物理分离和提炼方法将可以直接在太空中使用，简化了寻找一个可行加工处理过程的需求。最有效（最优要好于可行）的方式是利用独特的外空环境，这将为发现并申请专利的公司或机构创造竞争优势。例如，利用蒙德法或者羰基法进行镍和铁的提取和气相沉淀，这是一种低温、适用于微重力、利用一氧化碳作为工作流体的过程。大多数的近地小行星具有丰富的铁、镍和碳，这就使得该方法成为 SMR 开发的理想候选方法。

对月球资源进行原位利用的实验室测试研究已有 30 年的历史，并取得了一些系统层级的进展。从返回的“阿波罗”月壤利用氢还原过程成功制造出氧气。几个火星大气处理原型系统演示了氧气和氧气/甲烷生产。实验室还演示了更为高级的火星表面烃类燃料产品，包括甲醇、乙烯、苯/甲苯和短链烃混合物。微重力环境中矿物加工在阿波罗计划、天空实验室计划、太空实验室计划等多个航天任务中进行了验证（桑德斯，2005）。

常见的工业原料均可以在小行星、月球和火星的风化层中找到。月球含有丰富的金属（只要保持在真空中，铁、镍、铝、钛、硅，甚至钙都是很好的导体）和可以纺成纤维的玻璃。海盗号的数据显示，同样的金属可能存在于火星风化层中，因此外空金属生产和提炼技术能够应用于月球、火星甚至小行星。在实验室层面验证的月壤氧气生产技术中留下了纯金属的土渣。这是由于分解了金属氧化物（通常是铁的氧化物）以释放其中的氧气用于航天运输。然而，到目前为止还没有在实验室层面上从剩下的土渣中分离出纯金属的试验（桑德斯，2005）。

一些生物工艺将对 SMR 加工应用具有价值。利用生物反应器萃取材料和合成产品在地球上变得很普遍，并且可以作为 SMR 加工的低能耗的选择。NASA 甚至研究了利用合成生物学去生产生物，这可以将小行星或者行星表面资源转化为有用的产品。

鉴于从地球供应的高预期成本，早期 SMR 开发的试剂将会循环使用。鼓励使用太空中的当地物质制作试剂（例如使用氢和碳作还原剂）和催化剂，这将会降低对地球资源的依赖。

5.3.5 太空制造

未经加工的金属在太空中没有实际用处。然而，结合现代制造业和 3D 打印技术则可以在太空中引发一场革命。文献研究表明，90%的制造业可以使用月球材料，而几乎 100%可以使用火星材料（桑德斯，2005）。小行星材料也类似。NASA 已经测试了太空制造和维修技术，因为它能够降低任务风险（特别是人类火星勘探），并且能提供灵活的维修选择，减少冗余和备件的需要。普林斯顿大学教授杰勒德・O・尼尔（Gerard O'Neil）所在的航天研究所已经举办了一系列太空制造会议。太空制造系统设计、成本和评价的丰富历史被记录在他们的档案中。人们敢于梦想的勇气在后阿波罗时代（20 世纪 70 年代早期）比今天更加强烈。那个时代的很多想法在今天应该从经济和商业的角度重新进行评估。将那些概念翻译成市场语言、成本、工程可行性和客户需求，将会吸引建设这些创新性系统的资本进入。

5.3.6 先进制造业将开辟新的太空市场

3D 打印技术革命加速了自动化制造技术的发展，并吸引投资界注意到新系列的工业品、服务和功能。SMR 必须获得投资回报，因为这主要是由私人研发工作产生的新工具将原材料转化为最终产品。确实，与今天使用的传统系统相比，低重力环境预计将为制造规模提高一个或多个数量级提供一个理想的环境。SMR 所提供的系统将依赖原位的外空能源（太阳能或者核能）和回收的轨道碎片或者小行星资源等原材料，并且将能促使一个更大的经济体系出现。

太空增材制造和机器人装配技术将产生很多新的商业市场，包括遥控系统维修和翻新、空间碎片创造新价值的能力、国际空间站部件维修、遥感卫星修复、火箭发动机修复(可以通过激光烧结粉末金属制造新的推力室)、在低地球轨道和地球静止轨道建造大规模太空结构、甚至在太空制造大质量的空间太阳能发电系统原件（结构化支撑物和重型机制）。在太空中维修、建造和组装飞船、卫星、望远镜和其他设备的能力建设已经进行了一段时间。俄罗斯和平号空间站（MIR）计划，以及当前的国际空间站提供了一组丰富的、证据确凿的例子——如何在微重力环境下建造和装配。在行星前哨的制造能力将取决于 SMR 输入的原材料。

5.3.7 太空建造

太空建造是赋能性应急能力建设的一个必要元素，因为这是在轨道和星球表面建造栖息地和工业基础设施的能力。这是未来独立进行太空定居和工业生产的关键所在；可以保证在超越当前的资源和空间局限的情况下大幅度扩大人类的影响范围。

月球和火星的多光谱图像和地形数据集为早期外空移民最初目标基地选择提供了解决方法，目标基地有高度照亮的月球极地地区或者“永恒光之峰”。地球物理特征（稳定基础的关键）在月球和火星的特定区域是可用的，同样也越来越多地应用到小行星上。绝大多数所提议的太空栖息地建设方法具有与地球上相同的特征。实验室测试的月球和火星建筑材料包括硫磺和水基混凝土、玻璃纤维和棒条、烧结的砖块，并且使用氧化合成法制造了更加复杂的形状（桑德斯，2005）。

早期的月球和火星建造可能关注于登陆地点的准备和放射性防护。“阿波罗”登陆后曾对其路径上任何东西喷射连续夹带微粒。“勘探者 3 号”飞船是它的唯一受害者，并且为这种现象提供了一个重要的数据点。需要流线型沟道、人行道或者砖块，以便在同一地点完成多次着陆。

放射性防护将利用 SMR。许多设计是用未加工的或者袋装的风化层掩盖早期的月球栖息地，以在发生太阳质子事件时保护全体乘组人员。

图 5－18 “阿波罗 12 号”乘员观察“勘探者 3 号”（NASA）

5.3.8 产品捕获、存储、提炼和分配

挥发性气体的捕获是 SMR 加工过程中的另一个重要技术。可以使用多孔介质吸附、冷盘冷凝、或者利用不同的压力差进行压缩。但仅有捕获还远远不够。混合挥发性组分的分离也是必要的（特别是针对月球极地挥发物作为冰进行开发时），此时需要提炼/或者蒸馏技术。在这之后，将需要建造存储和分配系统，包括将液体或气体产品转移到燃料舱或者需要加注燃料的车辆的流体耦合器。幸运的是，人类已经获取大量的地基低温流体管理经验，包括直接应用于太空的 COTS 潜力解决方案。

废热消散是现在航天飞船设计的一个重要部分。由于太阳角度和阴影的存在，热量管理问题将变得复杂。事实上，散热器失效在太空中是一个常见问题。至少有一个“阿波罗”月球车曾受到热量管理问题的影响。有限能力的冷却器已经飞入太空支持科学设备，包括红外摄像机。低温流体存储系统已经在太空中使用，但是持续时间有限，并且（到 2005 年为止）没有综合性的液化系统。自动的和舱外流体耦合器已经在国际空间站使用；并且建造了一个氦Ⅱ流体耦合系统，但是没有投入使用（桑德斯，2005）。

5.3.9 小行星捕获

捕获、跟随、保持接近的能力是访问小行星的航天系统所面临的挑战。NASA 已经签订了合同来研究这项方法更多的具体细节。已发布的公告内容如下：

“博塞尔（Bothell），华盛顿州（WA），2014 年 6 月 10 日——缆绳无限公司（TUI）宣布 NASA 的“创新性先进概念”（NIAC）项目选择了他们并签订了第一阶段的合同，用来开发“限制过度旋转的失重交会和网状抓斗”（WRANGLER）概念，以捕获和反旋转小行星和轨道碎片。”

“NASA 正在考虑一项雄心勃勃的任务，计划捕获一颗近地小行星并将它操作到月球附近的轨道，用来进行科学研究和可能的资源开采。这个‘小行星重定向任务（ARM）’的挑战是大多数足够小的小行星旋转得相当快，并且可能被尘埃微粒云所环绕，这就使得捕获操作非常具有挑战性，并且对执行小行星重定向任务的飞船具有危险性。”

“WRANGLER 概念整合了两项相对简单的技术——一个用于捕获轨道碎片的轻量可展开网和一个小型的缆绳部署设备——以保证一个非常小的飞船能够锁住一个翻滚的小行星然后将它反向。”缆绳无限公司 CEO、首席科学家罗伯·霍伊特（Rob Hoyt）博士说，“缆绳可以很细，大约和牙线一样，但是如果我们在小行星和超小型卫星之间展开缆绳数英里，这个缆绳可以提供惊人的手段，确保质量仅 22 磅的超小型卫星可以转向一个质量达到 100 t 的小行星。分馏小行星转向任务架构使用一个超小型卫星来捕获和可转向小行星，然后使用一个太空拖船拖着目标到达月球轨道，不仅可以降低任务的风险，而且可显著降低整体任务的成本。”

“在‘创新性先进概念’项目的资助下，缆绳无限公司将利用其高仿真工具来调查 WRANGLER 概念的可行性，并且开始规划一个验证任务，通过捕获并转向一块空间碎片来测试 WRANGLER 想法，然后使用缆绳无限公司的终结者磁带技术从轨道移动碎片。”

5.3.10　能量生产

任何探测的首要需求就是在需要的地方有足够的能量。一旦探矿结束，提取、加工、制造和运输将成为主要活动，对能量的需求将会是巨大的。最初，原位资源将用于发电；但是，随着需求的增加，其他能源资源将会被使用。

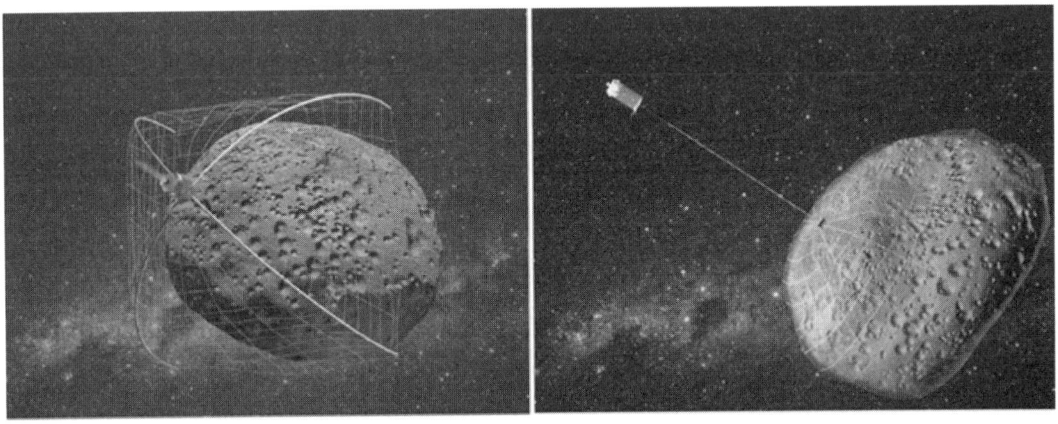

图 5-19　WRANGLER 系统——小行星捕获（缆绳无限公司）

5.4 研究与开发的目标

能力是可提供新选项的一套组合技术的自然属性。

“能力是NASA新方法和未来人类太空探索的基础。每种能力提供一个特别的功能以解决探索中的一个挑战，结合其他能力，它将推动人类进入我们的太阳系。NASA已鉴定出一组能力，对于探索地月空间、近地小行星、月球、火星及其天然卫星必不可少。这些能力包括运输到目的地，确保在太空和目的地能够执行操作，提供居栖息所和探索太阳系的特殊目的地系统。”[奥尔松（Olson），2012]

从这些观点来看，能力比单独的技术更有价值。我们从SMR中可以获得工业原材料来做一个类比：虽然在未来的外空移民中原材料将具有巨大的价值，但是直到利用它们制造或创造出一些有用的东西，它们才具有真正的价值和目的。2005年，NASA原位资源利用（ISRU）能力路线图团队列举了如下月球SMR的相关能力。

“下面所列内容涵盖了不同的优先级，需要在未来载人航天任务中能够有效利用原位资源之前解决。

1）用来防止硬件磨损和寿命问题的尘埃缓解技术。

2）对固体材料处理、加工、制造和建设的失重效应。

3）对月球和火星水和资源的开采、处理、运输技术，以及对月球和火星环境能力的定义。

4）在低温、高真空、粉尘环境下可以重复工作的密封圈的开发。从风化层生产氧气、进行制造、获取建造原材料的工艺。

5）机器挖掘、运输和施工过程的遥控操作和（或）自动化。

6）在开放的真空或者低大气压环境中进行减少尘埃流体耦合器和密闭性的检查。

7）质量、体积和能量高效率的低温存储和分配系统。

8）资源勘探仪器和原位资源利用控制传感器。

9）原位制造和修复的模块化、高度灵活性、紧凑型的制造技术。

10）利用原位资源和材料进行能量生产、管理和分配的技术开发。”（桑德斯，2005）。

今天这些能力仍然是高优先级的研发目标。它们依赖于以上一系列的技术突破——其中许多可能会通过简单的创新性合作和拓展在今天巨大复杂的工业基础设施中发现。至关重要的是，要记住SMR的物理状态与地基采矿和制造的物理状态不同。区分相似性和差异性的物理研究项目应该立即开始。目标是发现新方法和（或）促进新技术和能力的发展。附带利益包括能够促进许多地球工业发展的副产品。

与在地基实验室或者智库进行闭门造车式的思考相比，进入外空资源产地将会学到更多。实践经验是迫切需要的。新技术需要进入新的环境。未知的不可知提供了最快的发现和创新路径。得到SMR的第一步也将是发展的关键部分——为那些喜欢竞争的人创造积极的反馈。

5.5　机遇概述

是时候重新思考太空的风险了。真正的风险认知和偏好被不断增长的火星移民竞争、企业家和亿万富翁进入新的太空竞赛所揭示出来。解释 NASA 的风险偏好和那些未来火星移民之间差异的一个方法是，对后续通过商业模式获取的可用基础设施和支持系统增加信心。一般来说，为了避免系统风险，工业上能够接受更高的成本——这将提供重要的数据点来模拟未来的系统。维护和翻新是对空间基础设施发展和支持的重要变革——提供一个与传统的一次性消耗系统完全不同的成本结构。对于运输系统成本和操作来说，加注也是一项变革——对火箭方程式线性化并从根本上扩展流动资产的范围。

政府和商业能力的机会

下面是 2005 年被推荐的飞行展示的列表。它们中许多都可以由私人代理完成，同时可以创建一个强大的专利组合。

2006 — 2010 年
1）月球尘埃缓解； 2）在永久遮挡的月球陨石坑进行操作（40K）； 3）在严酷或者磨料环境中对风化层进行开挖
2010 — 2015 年
1）从风化层大规模提取氧气； 2）自主的、一体化运行和端对端原位资源利用概念的故障恢复，包括资源挖掘、运输、加工、产品的存储和分配； 3）无连续能源的白天/晚上操作（启动/关闭）； 4）有效率的水资源开采工艺； 5）模块化、大量高效制造和初始施工技术
2020 年及以后
1）缺少或没有维护的长持续时间的操作（在火星上≥300 sols）； 2）栖息地和大规模的能源系统建设技术

图 5-20　NASA 原位资源利用项目的飞行演示任务列表（桑德斯-NASA，2005）

如果将这个列表扩大到外空移民，相关的能力还需要增加：

1）在太空建设商业栖息地以支持大量的人口。

2）将机器人带到太空，可以帮助人们提高生产力。

3）使用自主系统的阶段增加，人工系统随后跟进。

4）小行星采矿开发及对风险缓解技术的影响。

5）开发原材料增值加工方法。

6）开发生命支持技术和闭环系统。

7）开发可以自我修复、就地生存的生态飞船。

8）开发基因和合成生物技术用于矿物加工和生命支持应用。

9）论证先进的温室技术用来生产太空食品和动物产品。

10）发展辐射防护系统，包括超导屏蔽。

11）调查在太空生活中超越人类和生物极限的商业机会。

12）发现和发展更好的太空电力生产方法，包括空间太阳能发电系统、纳米天线、用于能量收集和分配的激光和整流天线。

13）开发更好的电池和存储技术。

14）针对 15 000 s 脉冲验证和完善可变比冲激磁场火箭发动机，扩大等离子体推进器到高推力区域。

15）基于能够提供对抗行星灾难的保险产品，发展太空矿产品和农产品作为支撑，创建遥远的文明交汇点。

上述列表将促进商业投资和回报，这一过程正在进行。例子有太空探索技术公司、毕格罗航天公司、金色道钉公司和蓝色起源公司。它还将在世界范围内吸引实验室里最好最先进的思想。

5.5.1　有人照料系统的维护

移民外空冲动的核心是基于人类的影响范围已经扩张到了太阳系。装配设计、维护和维修将包含人类进入和修复或者升级硬件的能力。这些任务中机器人不会总是可及的，在某些关键功能上它们的表现不会一直很好。

图 5－21　哈勃望远镜维修任务（NASA STS 125）

5.5.2　自动组装、维护和维修

先进工业摇控操作维护技术应用是适应月球基地要素和 SMR 系统的理想方式。这取决于地球和月球之间最小的通信延迟（估计往返不到 2 秒）。随着远程遥控操作通信延迟时间的增加，维修和维护的自动化水平需要提高。鉴于与火星飞船存在 40 分钟的通信延迟，这就需要更高水平的自动化，因此计算、存储、传感器和软件更加复杂。遥控操作和自动化维护和维修平台现存于最初由麦克唐纳·特拉华与联合会有限公司（MDA）为哈勃望远镜维修任务设计的灵巧机械臂机器人上。后来将它部署到国际空间站进行检查和维护。NASA 与约翰逊航天中心和通用汽车之间正在合作开发的另一个系统是机器航天员设备。今天的维护和维修大多数可以遥控操作，随着在轨经验的增加，将逐步实现自动化。

即插即用标准接口和子系统的使用将进一步简化维护过程。

“2008年发射的MDA制造的专用灵巧机械手（SPDM），也称为德克斯特（Dextre），成为世界上第一个进行在轨服务的机器人。根据加拿大航天局的合同，MDA是移动服务系统（MSS，Mobile Servicing System）的主要承包商，其开发的Dextre是该系统的一部分。这也是加拿大对国际空间站的贡献。移动服务系统包含加拿大臂2、可移动基座系统和德克斯特。”……“这种非常先进、高度灵活的双臂机器人在国际空间站上执行精密的维护和维修任务。这些任务包括安装和移除小型有效载荷，例如电池、电源和计算机，操作机器人工具，例如专用扳手和用于精细维护和维修任务、为有效载荷提供电源和数据连接的扩展插座，以及操纵、安装、拆卸和检查科学实验有效载荷。”（MDA，2013）

图5-22 在国际空间站工作的MDA德克斯特机器人（NASA）

为国际空间站、月球、火星表面维护及SMR支持操作设计的远程操作机器人平台的改造工作目前正在进行中。将当前技术扩展到行星表面使用一直是NASA的目标。

“2010年8月，在沙漠之鼠（Desert Rats）2010野外测试中，半人马2交出了一个令人震撼的巡航。配备了在GRC工作过的HRS工程师开发的挖掘器的半人马2被证明是一个坚固和敏捷的新探测器。这个新的移动操作系统被及时集成以支持KSC在STS-133上的机器航天员R2B单元的发射活动。未来机器航天员2系列的下肢将包括用于在国际空间站执行舱外任务的零重力攀爬腿。”［约翰逊航天中心，2013］

5.5.3 基于空间的使用接口系统

SMR系统使用了通用的国际接口，将能够实现跨系统的交互操作。例如，用于推进剂转移、电力和对接的通用标准接口将增强安全性，并使得已安置的空间基础设施能够跨平台和多国家使用。一般情况下，存在一个从特定政府标准向行业开放标准的迁移过程。

“航天工业已经从政府标准［美国军用标准（MilStd）、NASA标准和俄罗斯GOST标准］占主导的时期（1990年以前）转向了国际［国际标准化组织（ISO）、国际空间数据系统咨询委员会（CCSDS）］、区域［欧洲航天标准化合作组织（ECSS）］和专业化的［美国航空航天学会（AIAA）］行业标准时期（1992年之后）。CCSDS起源于国际空间机构委员会，但是今天通过ISO与工业相结合。AIAA、CCSDS和ISO是美国市场主要的标准编制机构。”

[斯莱恩（Slane），2012]

开放标准的作用可能促进 SMR 利用、月球定居和空间商业化。国际标准化组织为此开发了一个文本。

“SC14 强调地基和非地基市场的应用服务，包括：

（1）卫星通信

1）用于教育和卫生；

2）用于后勤支持。

（2）遥感

1）地球环境监测和保护，包括防止传染病；

2）地球自然资源管理（如能源和水资源）；

3）科学调查；

4）太空探索；

5）空间监视（包括在轨交通、自然天体）；

6）智能道路；

7）山区可持续发展；

8）海上监控（防御海盗、边界安全和供应链安全）。

（3）灾害应对与管理

1）自然和人为灾害应对；

2）轨道碎片管理与减缓。

（4）导航

1）全球导航（厘米级，农业应用支持）；

2）太空导航。

（5）载人系统/旅行

（6）其他”（斯莱恩，2013 年）

在对过去 5 年在航天领域所做的所有努力进行总结的基础上，我们得出了如下结论：可借助当今的火箭和采矿技术实现 SMR 商业化经营！

关键在于月球、火星以及几处潜在的近地小行星上的每一项开采作业都需要进行大量的规划、重大检测（地基和在轨）、大量融资及进行商业企业变革的决心。一旦得以完成，最终的采矿作业将会取得大胆、创新且收益巨大的成果！

第二部分　技术成熟度、利用和风险识别的评估

5.6　技术成熟度和风险评估

本节将对 SMR 有关的主要技术和风险加以探讨，并就如何对其进行评估给出一些建

议。主要的风险类别包括技术、系统、操作、经济、人类健康及国际法律政策。其中，大多数风险都是相互关联的——有些呈正相关而有些则呈负相关。本节将对有关风险评估的一种严谨的定量统计法进行概述，而具体细节则交由以后的研究人员加以探讨。这一部分大体介绍了技术和风险及二者之间的联系。

SMR 技术和能力的发展将是一种降低众多外空移民风险的重要手段。自“阿波罗”时代以来，得益于航天技术的快速进步及有关小行星、月球和火星陆续的科学发现，载人航天探索的风险大大降低了。通过公共、私人及国际合作精心建立一个致力于利益最大化的奖赏制度，可以降低两个方面的风险。例如，通过与一家或者多家私营小行星开采公司合作，小行星撞击地球（文明摧毁威胁）的风险就有可能降低。就大多数地基产业而言，风险评估和减缓尤为关键，通常涉及某限制性或者授权性的公共因素。特定工业风险的降低通常会导致具有明确收益的经济投资——资本的加权平均成本降低，从而增加项目的净现值。

在航天领域，技术成熟是一个易于理解的过程，其将稳步减小某特定成本的技术和任务风险。可用经济模型直接测量技术进步带来的投资收益，只要这些技术进步对结果的技术性影响易于理解（例如，从化学推进改进为核热推进）。勘探支出能降低采矿工业在资源或地质方面的风险，通过逐步确定矿体变化和结构局限性来实现可审计的钻探取样作业。

“阿波罗”计划有力地证明了一点，即特定“新技术”实际上并非载人探月的必要条件——这也是设计继承原则所依据的主要论点。新技术的开发既没必要（因为以往的技术同样可以发挥作用，尽管效率可能会比较低）也不充分（比如，至今无法将人类重新送至月球）。“载人航天探索需要”先进的技术，而这也成为了 NASA 预算不断增长的根本原因。SMR 是一项与众不同的计划——这就需要大量的新技术来执行。本章并没有对 SMR 技术进行详细说明，但对 SMR 技术的类别进行了归纳。在寻求推动 SMR 的方法和方式时，我们需同等重视开采技术背景和航天工业。

最后，技术和能力的成熟需要现场应用并要求直接进入外空矿物环境（无论是快速旋转的小行星还是月球极地陨石坑洞）。这是探索不可知的未知事物（它们要么是潜在的障碍物，要么是潜在的赋能力量）的唯一方法。由于研究和探索的过程难以把握，所以成功抵达并尝试新方法的第一批实体（公共或私有）很有可能取得关键专利。事实上，所犯错误或者遭遇的技术风险越多，潜在学习的速率就会越大。而且最先抵达的实体往往能获得最大的收益——这将引发一场商业太空竞赛。

风险常常孕育着机遇。系统性风险评估为风险的识别提供了机制。实际上，这些风险既意味着机遇也意味着障碍。风险评估过程向我们清晰地展示了用以发现不同之处的关键变量或者先行指标。一个良好的风险评估取决于某组织机构的风险偏好和风险承受能力，因为这二者为风险应对的预测提供了基础。通常来说，公共实体往往比私人实体更能规避风险［尽管有一些比较著名的例外，例如，美国国防高级研究计划局（DARPA）］。

5.6.1 假设条件和方法

技术和风险是紧密联系的。有关技术投资的一个常见的工业观点就是要降低系统、组件或者过程的风险。采矿业投资矿物勘探（通过钻探、取样和测定方法收集科学数据的一种形式），以便通过可审计的方法降低资源风险并提高对矿体经济价值的信心。本课题联合使用采矿业和航天业的方法，对 SMR 技术和风险进行评估。

（1）NASA 技术成熟度（TRL）标准

NASA 研发的技术成熟度系统将用于本项研究。这一系统易于理解且在国际上广泛应用。通过这一系统，可对 SMR 所需技术的成熟度进行评估或者报告。

技术成熟度评估系统对评估技术和能力（一组嵌套技术）的成熟度十分有用，并且对采用新技术执行的或者部分执行的系统的成本和风险的评估往往也大有帮助。

技术成熟度水平小结	
技术成熟度水平 1	观察和报告的基本原则
技术成熟度水平 2	技术概念和（或）制定的应用程序
技术成熟度水平 3	分析和实验的判定函数和（或）特有的概念验证
技术成熟度水平 4	实验室环境内的组件和（或）试验板验证
技术成熟度水平 5	相关环境内的组件和（或）试验板验证
技术成熟度水平 6	相关环境（地面或天基）内的系统/子系统模型或原型演示
技术成熟度水平 7	外空环境下系统原型演示
技术成熟度水平 8	通过试验和演示（地基或天基）完成的“飞行合格”的实际系统
技术成熟度水平 9	通过成功的任务运行对实际系统进行飞行论证

图 5-23 NASA 技术成熟度水平（曼金斯，1995 年）

（2）风险评估和缓解方法

针对外空移民和 SMR 风险评估，同时采用航天、采矿及金融等行业的风险管理和报告惯例。风险评估是一个系统的过程，用以识别和评估那些会对目的和目标的实现造成影响的潜在事件。这类事件可能是外在的（宏观经济变量、监管环境及出现的竞争），也可能是内在的（工艺、基础设施、硬件及软件）。一旦这些事件有可能和目标发生关联，它们就会成为影响目标实现的风险。我们可将风险定义为“发生某一事件并且该事件对目标的实现造成一定负面影响的可能性”[阿特金森（Atkinson），2008 年]。

风险评估需要一定的环境。目标可能是广义的（如可持续地移民至火星），也可能是狭义的（如对一项用于依附于某旋转小行星的锚固技术进行论证）。同样地，风险涉及多个领域（系统、技术、运行、经济、监管及人类健康）。一旦范围确定下来了，就可以针对潜在风险的影响、可能性、始现速度及弱点进行评估 [库尔蒂斯（Curtis），2012 年]。

就很多行业来说，风险评估目前已经是强制性的——美国政府颁布的法规，例如，反洗钱、新巴塞尔资本协定和萨班斯-奥克斯利法，都要求进行正式的风险评估，包括对客户的账户进行监控、管理运营风险及控制财务报表。风险评估是制定有效企业风险管理计划的基础（参阅发起组织委员会即 COSO 发布的大纲）（库尔蒂斯，2012 年）。

5.6.2 SMR 关键技术的评估

就目前而言，SMR 技术虽然尚未成熟但却对太空开发成本的整个新范式至关重要。SMR 系统就绪水平这一方面所取得的进步能够大大降低载人航天探索和移民的风险。通常来说，技术发展能够将研发成本转化为更加强劲的未来系统性能。例如，如果月球表面制造或者 3D 金属打印能力得到了发展，对地基零部件的需求就会大大降低。这样一来，任务可靠性将获得提升且长期成本相应降低。

“下文的原位资源利用关键能力表经多步程序编译而成。经过对过去最初的原位资源利用技术与任务研究和报告进行调查，确定原位资源利用能力并量化这些能力在延伸或者推动个别任务和已完成架构等方面的效益。然后将已经确定的能力互相比较，排出相对名次。下表所列出的能力/分项能力通常能够支持多项原位资源利用能力（不包括挖掘和表面低温流体存储），既适用于月球也适用于火星，或者对实现个别任务或者整体架构的重大的质量、成本和（或）风险降低效益具有决定性作用。这张表给出了已启动任务的信息以及对能力准备就绪并应用于人类任务的需求时间”（桑德斯，2005 年）。

能力/分项能力	任务或启用的路线图	当前实践状态	需求时间
月球/火星风化层开挖和运输	月球原位资源利用和火星水、采矿和建筑的原位资源利用	2007 年阿波罗和北欧海盗经验及菲尼克斯。丰富的地面经验	2010 年（演示） 2017 年（试点）
月球风化层氧气制造	月球持续存在及月球-地球之间经济的运输	地球实验室概念实验；技术成熟度水平 2/3	2012 年（演示） 2017 年（试点）
月球风化层极地水/氢提取	月球持续存在及月球-地球之间经济的运输	ICP/BAA 正开始研究和开发	2010 年（演示） 2017 年（试点）
火星风化层水资源提取	推进剂和生命支持消费品的生产（不含地球原料）	海盗号经验	2013 年（演示） 2018 或 2022（次规模）
火星大气收集和分离	生命维持和任务消耗品生产	地球实验室与火星环境模拟；技术成熟度水平 4/5	2011 年（演示） 2018 或 2022（次规模）
火星的氧气/推进剂生产	火星上小着陆器、漏斗和燃料电池的反应生成	地球实验室与火星环境模拟；技术成熟度水平 4/5	2011 年（演示） 2018 或 2022（次规模）
风化层金属/硅的提取	大规模现场制造和现场电力系统	月球氧气实验的副产品；技术成熟度水平 2/3	2018 年（演示） 2022 年（试点规模）
原位表面制造和修理	缩减的物流需求，低任务风险，警戒式增长	地基增材、减料及成形技术	2010—2014 年（ISS 试点） 2020 年（试点规模）
原位表面发电和储存	较低的任务风险，经济的前沿增长，以及太空商业化	月球模拟的实验室生产的太阳能电池，效率低于 5%	2013（商业演示） 2020 年（试点规模）

图 5-24　SMR 能力和技术需求（NASA-桑德斯，2005 年）

5.6.3 借力65年以来的太空研究经验

人类在最近的太空投资中已经取得了非凡成就。例如，中国卫星进入月球轨道并成功着陆，印度卫星进入火星轨道。这些成就都建立在巨大的“太空操作”活动风险和收益的基础之上。早年的太空探索经历了无数次的火箭发射失败和卫星运行失败，也不知晓其中的缘由。经过多年的研究和实验，现在航天界能够勇于探索前人从未涉足过的地方。能在这样恶劣的环境里运行的绝大部分因素取决于我们对过去65年以来的失败案例（包括神秘的卫星异常）进行了谨慎的利用。在任何一次进入太空去勘察、开发和挖掘矿物质的行动中，我们都将利用前人所留下的经验。这里所涉及的一些挑战包括以下几个方面：

（1）虚无

真空：太空中的压力几乎为零，这就会对想维持标准地球压力的一切事物造成巨大的压力差。这一点对人类尤为显著，也包括那些并不能在真空环境下工作的敏感设备。需特别注意确保人类居住环境的压力水平维持在一个可接受的范围内。由其他环境过渡至真空环境或者从真空环境过渡至其他环境所引起的压力变化是巨大的，所以需要仔细规划。

冷/热：由于太空是虚无的且不能保持一定的温度，所以在航行期间温度可能接近绝对零度，也可能比人类能够承受的温度高出很多。因此，在从阳光区步入阴影区这一期间，温度变化可能远远大于300 ℃。在航天飞船外的周边环境移动时或在月球或小行星表面上移动时，也有可能会经历这一温度变化。在低地球轨道上，这种情况一天可能会发生28次。当在低地球轨道之外航行时，热态状况取决于所处位置与太阳之间的距离及航天飞船航行至某大型天体阴影下的可能性。

（2）太阳辐射

太阳产生了一个广泛的电磁辐射频谱，包括紫外线、伽马射线和X射线。由于太阳每隔11年就会发生活动变化，某些重大的太阳事件（如耀斑）不仅会产生危险的、强烈的电磁辐射，还可能使得粒子加速为几百兆电子伏/核子——在有些情况下，甚至会变成几千兆电子伏/核子。在这一方面，这些太阳能量粒子事件（SEP）就具有十分重要的意义，因为这与快速运行的日冕物质抛射（携带有当地的太阳表面磁场）穿过行星空间环境，并最终冻结为喷射物质有一定的联系。在行星际空间的正扇形磁场结构和冻结为喷射物质的区域之间的过渡区内，形成激波，其中行星际等离子体的成分被加速并变成了太阳能量粒子事件（主要由质子构成，此外还包含大约10%的氦和不足1%的重元素）。一旦这些粒子的速度增加并形成硬中子能谱（高能事件），将对人类太空工作人员造成伤害。

目前，还不能对极端太阳能量粒子事件进行预测。但是，已经有统计研究正在进行，用以探究事件发生的可能性。同时，还存在很多太阳事件，这些事件能导致身着航天服但缺乏保护的人类的死亡。

①宇宙射线

在行星际介质中，银河宇宙辐射由离子化的并加速至高能量的原子核构成，这有可能是由相关的超新星激波造成的。其成分包括85%的质子和14%的α粒子，而余下的1%的成分为较重的原子核（大致为锂至铀这一范围）。包括陨铁在内的核素是造成生物损伤的主要原因。尽管宇宙射线粒子的能量可达到 1 020 兆电子伏，但由该辐射所产生的大多数有害影响都与能量范围处于几百兆电子伏/核子至几千兆电子伏/核子的原子核有关。通常采用守恒值为 10 兆电子伏/核子来定义在银河宇宙辐射构成各向同性辐射源的行星际空间内对人类有潜在危害的粒子的域能。这种辐射显示出一定的太阳周期依赖。因为存在于星际空间的星体，如地球和火星由于复杂的太阳相关条件可以屏蔽太阳活动极大期产生的入射银河宇宙射线。

②缓解措施

为降低硬中子能谱极端太阳能量粒子事件及银河宇宙辐射对人类及电器件造成辐射损伤的风险，目前，航天界已经制定了多项战略，其中包括：

1）设计机载电子设备，在所预测的太阳辐射风暴发生前，通过硬化部件或将航天器设为休眠模式，以承受强烈的辐射。

2）利用可用的资源，尽可能地保护乘组人员，或在预测有害辐射到来时，通过调整特定的航天器飞行方向来实现。

（3）太空中的密度

灰尘：我们认为太空是空的，但实际上在太空旅行中，被任何物体以太空固有的速度击中的话都是非常危险的。即使是很小的粒子也会侵蚀航天系统的结构，影响航天器比较脆弱的部位。真空看起来像个整体，但事实上它既包含粒子，也包含更大的物体。除了微观灰尘粒子之外，太空还有微小的陨石。地球的质量以每年 40 000 t 灰尘的速度增长。这给读者的感觉是这样密度的小颗粒围绕着我们的星球。

空间碎片和卫星：自从 1958 年以来，我们已经在环绕地球的轨道上停放了许多失效的卫星，因此对太空旅行会造成一些危险。尽管空间碎片和卫星的密度仍然很小，但是如果被任何物体以 17 000 英里/小时的速度击中，其后果是很严重的。好消息是，目前已对卫星产生的空间碎片进行了持续监测，预测技术有助于避免轨道上的碰撞。

发射至轨道：近年来，安全送达轨道的能力在急剧提高，从而使我们对未来规划的使命充满了信心。尽管在发射期间，火箭爆炸的可能性已有所下降，但它仍然是一个令人不安的飞行器。从 0 到 17 000 英里/小时的加速度是巨大的，且带有有效载荷的关联震动组成一个破坏性的过程。总之，发射至轨道的过程是非常危险和困难的。

乘组保障：保持卫星运行并确保其乘组人员安全，其难度非常具有挑战性。在达到给机器人卫星提供的保护水平的基础上，进一步要求：提供消耗品（食物、水、空气等）；容纳废物处理；确保温度范围控制；使压力保持在人体舒适的范围内，排出生活区任何有害气体。另外，还有人类的心理问题，需要乘组人员长时间待在隔离环境下，与人甚少接触，且需持续对身边只有几厘米远的巨大危险保持清醒。我们在太空成功运行方面具有丰富的历史经验，并且我们不断地学习太空环境及对设备和人的保护过程。这些教训将对于任何商业或政府有人或无人驾驶超越低地球轨道以外的探险活动都是至关重要的。问题是极大的，但基于 65 年累积的经验，解决方案是可以实现的。

5.6.4 保卫地球

以往，探月器已从月球带回来一些材料，另外，2005 年 9 月中旬日本已从丝川（Itokawa）小行星取回样本，所有的这些计划都经过细心的管理，以确保地球免于返回污染。确实，在探险家追寻 SMR 之时，他们必须确保地球免受来自外空的污染。目前大多数国家的航天机构都设有办公室，针对这项威胁制定方法。SMR 业界必须保证参与政府机构所制定的指导方针的规划及执行。

5.7 SMR 技术开发项目的状况

“星座计划”是人类对月球和火星探索能力的开发，其取消降低了 NASA 对 SMR 技术成熟化的投资。因惯于采用继承说进行论证（如果在过去某航天系统尚未经历飞行，则不能纳入当今的任务规划，因为它将会引来太多的风险），以致于经常禁止 SMR 进入 NASA 的任务及规划设计。“星座计划”标志着这个理论逆转的开端。美国、加拿大及欧洲的公共及私人机构正在进行 SMR 技术开发，其支持率持续增长。商业应用和未来利润的潜能刺激私人实体在技术成熟化方面的投资。越来越多的私人实体公开宣布了他们对月球和小行星资源的兴趣，这样的私人实体包括沙克尔顿能源公司、行星资源公司、深空工业公司、金色道钉公司、月球快递公司等。这显然意味着在 SMR 技术成熟后有巨大的商业利益。基于 NASA、加拿大航天局（CSA）、欧洲空间局（ESA）已有多个技术成熟度水平在 3～5 范围内的半成熟技术优势，这将成为一个合作的动机或产生溢出效应的机遇。私人机构的出现也可能引发关于技术成熟度水平真实状态的保密或解密要求。

5.7.1 SMR 关键风险的识别

外空移民将人类带入风险和回报的新水平。总体而言，SMR 是一项强有力的风险缓解策略；然而，它会遇到自己独特的固有风险。生成跟踪和预测这些风险的构架是本节的目标。下列概述评估过程中的类别将主要风险分为性能、经济技术和法律元素。定性方法作为风险评估的一个基本形式，将潜在风险按名义（仅类别）或顺序（排序）进行分类。在有可用数据的情况下，为详细评定更高水平的风险，可采用更严格的定量技术（包括基准法、概率法和非概率法）。定性数据可以更精确地分析潜在的风险（降低不确定性），开发更多相关指标，以及对风险提高事件快速响应。一个有效的企业风险管理（ERM）过程的基础是通过不懈的努力和严密的数据采集来跟踪、测量关键风险指标。随着他们的发展和更多可用数据的出现，可以而且也应该利用行业人才和精算师的统计工具，采用企业风险管理协议对 SMR 风险进行跟踪。下表列出了在项目开发过程中需要考虑的各种风险。

表 5－4　SMR 投资的风险爆发

类别	风险	意见
性能	领导与管理	无经验的领导与管理是项目风险的重大危险源，导致成本超支、延误甚至取消
	界面	外部界面的复杂性增加了美国国防部大规模计划的风险
	需求蔓延及成本	不完整或不稳定的需求将增加时间计划风险和成本风险
	复杂度	提高灵活性，通过先进的计算机硬件和软件向工程师和管理者提供更多的设计选择
	软件	提高灵活性，通过先进的计算机硬件和软件向工程师和管理者提供更多的设计选择
经济与商业	财务	通过在聚集总风险的周围绘制适当的系统边界可以降低风险，比如债券、股票和信贷风险评估
	成本	评估业务成本环境的稳定性
	市场	市场风险评估将评估那些可能影响性能目标或者可能会增加风险的市场走势
	价格定位	了解价格稳定或变化，对于预测生产周期长的企业是至关重要的
技术	发射	太空发射是一个危险的、技术复杂的活动，会引起常规的和统计预测的失败率
	航天器的构件	任务的成功取决于设计寿命中航天器低概率的故障
	运营	评估内部流程不足造成损失的风险，人员或企业操作环境相关的培训
	环境	充分了解并且可统计测量轨道碎片影响的风险
	资源	“对于资源的风险，有 3 个主要问题：没有可利用的感兴趣的资源；在登陆地没有可利用资源；登陆地有感兴趣的资源，但不是所期待的存在形式、地点（深度和区域集中）或纯度”（桑德斯，2005）
法律和监管	监管 不确定性	随着新金融市场不断成熟，其倾向于提高资本配置的效率，然而通常保持核心级的不可预测性
	国际税收 不确定性	管控收入或税收的不确定性是现代企业的一个大问题
	监管 合规	比较企业实践和财务及税务方面的法律标准，合规风险评估将超越其典型的限制使用

5.7.2　风险减缓策略

减缓是一种常见的应对风险、威胁和挑战的行业响应。降低特定的风险级别通常是作为一种投资。在航天领域，技术成熟化是一个很好理解的过程（与其他行业一样），即稳步减小一项给定的投资成本的技术风险。勘探支出也减小了采矿工业在资源或地质方面的风险。过程安全改进遵循相同的模式，操作计划的更改可以减小风险，但需要时间和培训成本来实现。在本节中，与 SMR 及人类移居外空相关的主要风险缓解类别包括技术改进（包括维护、修理和太空制造）、信息收集、系统工程、法律和政策支持，以及公共/私营伙伴关系。

（1）技术开发能够减缓风险

在最小化架构、航天器和机制风险方面投入大量的精力，从建立最高质量级别的系统组件入手，使用最可靠的构建模块，采用冗余和其他创造性的降低风险的方法。这种策略是基于一种假设，即在发射后，重获目标非常困难且花费昂贵，使维护、维修几乎不可能。这种假设和策略还极大地刺激了目前航天技术的发展：在受最小化质量、电力、成本和完成期限的约束下，激发去发现最大可靠性组合材料、设计和在太空完成任务的方法。合力降低风险同时扩张能力，但仍受限于系统的累积风险分布。总之，新技术的开发始终是一个降低风险的过程。

（2）提高可靠性的维护和维修

在为开始采用最高可靠性可用元件建设系统以最小化航天器及机制风险而努力之前，应不在乎其有多么昂贵。可重用性和维护使任务的风险大幅度降低，通过预测如何测量累积风险对航天器进行不同关系的统计计算。这实际上重写了驱动系统可靠性的接合部方程。通过去除航天器马尔可夫链的中间链接，从而降低风险的统计相关性，使可触风险值低于预想的一到两个数量级。

行星表面的操作对于历史性的“非捕捉”设想是一个非常大的转变（特别是从倾向于人类基地或定居点进行操作）。假设保养和维修将成为行之有效的技术（在规划未来能力时，能更简单地主张这一观点），这种新方法取决于上述假设风险降低的论证。总之，在提供可用的补给节点的情况下，在先前已有航天任务经验的基础上，提高系统的可靠性和降低任务或操作的风险是一项合理的假设条件。

（3）可重用性和推进剂的供应能够降低运输风险

可重用性同样可以线性化成本方程，从火箭方程解耦，也将使资本性固定资产（航天器、定居点、采矿设备等）在未来能够更有效地工作，从而大大降低系统风险。支持这个假设基础的基础是，一个或多个附近的补给/物流节点。加油技术的可用性，本地操作和日常维护将为所有消耗品范例带来重大改变，大大降低成本。超出低地球轨道的成本，当今航空航天业继续按指数函数——火箭方程式操作。经济评估揭示了一个隐藏的假设，即“正常”的摊销一次旅程的一项资本资产。可重用性/可加油功能与维护、维修功能有效结合，与单堆各消耗性架构相比大大降低了任务风险。地面维护、维修与发动器服务站加油的结合绝非偶然。

（4）太空原位制造降低了人类居住的风险

通过当前所有消耗性范例得出，目前航天器的生产和发射成本与距离的函数为：距离越远，成本越高，呈指数增长。与之相反，在太空原位生产成品（尤其是工具和维修配件）的能力价值以指数方式增长，离供应链节点越远，越有价值。例如，假设在火星表面具有可以制造定居者所急需的零件或工具的3D金属打印能力，而原本在地球上需要花费巨大成本且交货期为数月，则此能力具有很大价值。很明显，原位制造既是人类探索的关键任务，也是减小上述所列人类居住可接受各项风险的唯一选择。

（5）科学和信息在降低风险方面所起的作用

科学是一种通过“收集更多数据”来降低风险的方法。缺乏足够的信息所带来的不确定性将会导致更大的风险。目前关于小行星组成的不确定性（特别是有价值的微量元素）和力学性能可以作为不参与的推辞理由。这个想法一直存在。尽管数千年来小行星球不断地以计划或随机方式向地球返回样本，但这一观点仍然盛行（已搜集的丰富多样的陨石，并不直接与其母体相关联）。解决方案：需要采用机器人航天器任务为SMR确认“地面实况”。

（6）工程演示论证

通过工程演示论证也可以大大降低系统的风险。甚至，结合科学与工程论证，并运用到相同的航天器，是一个大大降低风险的策略，可能会增加SMR商业利益。

5.7.3　用于风险评估和减缓的系统工程工具

系统工程和集成（SE&I）提供了一组稳健的风险测量和管理的工具。最初，开发协调安排，减小系统性风险，对大型复杂项目资源流动进行管理，系统工程和集成过程已经发展成为各个项目阶段（从概念阶段到终止阶段）管理的一个不可或缺的工具。基于性能的系统风险最小化蕴含了丰富的行业经验［卡明斯基（Kaminski），2008］。界面复杂性风险最好设置在概念定义和体系结构设计阶段，通过简化和规范用户访问点来实现。可以通过保留关键人才及加强培训来弥补缓解缺乏经验的领导问题。尽早结合设计权衡的识别和谈判，需求蔓延的最小化是清晰的愿景与经验丰富的领导能力的函数。明确用户/赞助商和开发者之间的伙伴关系和协作角色在项目形成阶段稳定要求方面也是至关重要的。复杂性的风险可以通过将一个问题分解为多个简单的界面来进行最小化，实现增量式开发和测试。这样做的好处就是通过并行子系统的开发识别机会来加速计划安排。可以通过在可行项目早期明确地定义功能配置来缓解软件的风险。可以通过基于继承基准设计，在加速技术的驱动下，与论证成熟基础上明确定义的交叉决策一起作为并行活动，来缓解技术风险。在最小化需求不稳定的同时，提供架构和系统设计的技术插入可以增加灵活性。

5.7.4　在降低SMR风险方面公共/私人合作的作用

合作的公共/私人行动是降低风险的有效方法，具有悠久的历史和成功的记录。平衡、缓解短期和长期的风险，公共和私人利益相关者对目标功能的投资可以利用管理互补系统的最佳属性，管理互补系统各有其相对的优缺点。联合行动和目标的协调与平衡，与公共政策和私人战略的一致性具有一定关系。

（1）私人机构如何促进公共目标

因为自然流线型的监督和管理，私人机构可以通过较低的交易成本快速配置新兴机遇所用资本。允许冒险往往取决于单方面的授权（投资者或资本家）或由信任授权的非常精益的管理环节（如友好合作类合同），而不用受公众问责规则和繁文缛节的约束。这些特性可以使私营机构迅速扩张进入新市场、技术领域或社会变革领域（如：媒体），显著减小系统性风险（如：通过数据挖掘技术识别嫌疑对象），以及提供某些公共功能的新能力。通常投资于需要政府很少干预的降低各种级别风险的业务，也不需要政府预算。当在这些投资引起交叉的公共职能时，对于公共/私人合作关系的纳税人而言，是潜在的可用的资金节约。

通过降低公共及私人风险的具体等级，妙用公私合作关系，有益于 SMR 及外空居住活动。例如，在政府或航天局层面，项目取消风险主导风险方程（正确描绘出系统边界是非常重要的，这种方式很容易暴露真正的风险）。这已成为 NASA 大规模项目的一个持久的问题，包括载人登月和火星探测系统。减轻这种风险需要有民选官员对取消后果负责——一些公私合作项目可以促进这种机制，特别是当大量的私人资本处于风险之中时。在过去的较小的项目中已经成功地采用了同样的方法，现在可能用在一些私人载人火星探索任务概念的开始阶段，开始探索与 NASA 及大型承包商的合作潜力。

①私人技术成熟

毕格罗航天公司的充气式居住舱是一个绝好的例证，展示出一家私有公司如何在 2001 年协商采购未竟的 NASA 技术并完成目标，以验证在太空使用的新产品或能力。原先，罗伯特·毕格罗从 NASA 购买了转移居住舱（TransHab）技术，然后他使用其私人资金将技术成熟度水平从 5 提升至 9，并向纳税人提供免费的路线——从而利用充气技术大幅降低任务的风险。的确，毕格罗航天公司很快会发射用于 ISS 的充气式模块。注意，该技术的完成和适航资格是完全脱离 NASA 教科书并为纳税人大幅度节约了成本。毕格罗航天公司购买转移居住舱相关专利，保证了该公司在近地空间居住系统销售上的长远未来。这可能成为一种趋势，在行动中提供一个公私合作的典范。

②满足公共需求的激励措施

编写私营实体的激励措施（政府可能为促进公共部门需求或目标而奖励的激励措施）的通用列表是为达成双赢局面的一个重要步骤。这样的一个列表能使双方利益最大化的政策得以制定，从而确定及量化与公私合作协同效应有关的经济价值或资金节约量。来自政府的奖项或激励措施的例子包括财产权、购买协议、补偿金及财政补助，详述如下。

（2）公共机构如何加快民营企业发展

公私合作行动为 SMR 提供了降低重大风险的机会。对公共机构在培养、促进和发展私营企业能力作用上的审查，显示了政府可以对新增或现有参与者的商业可行性发挥强大的影响力。这同样也是一个易于应用的系统，并解释了为什么问责制规则和竞标过程会涌现出来。

在商业企业层面，新技术的市场风险常常很高。早期使用者不仅在客户群而且在生产和运营经验的建立上均起到至关重要的作用。甚至更为重要的是，形成对真实成本和收益函数的趋同。政府机构作为早期采用者起着决定性的作用，尤其是对有长期价值的系统，使公司能够迅速开发成熟产品并为其所遵循的更大更多的主流商业市场收集可靠性数据。市场风险很可能成为 SMR 的一个重要因素。在没有有保障的支付客户的情况下，投资用于收获和改善 SMR 的商业资金将有经济损失的风险。作为太空推进剂供应的主要用户，政府资助的载人火星探险（一个例子）能够保证基本的 SMR 市场规模和价格，为以后的客户铺平道路。可以通过机构和政策支持来降低其他风险，包括法律风险、金融风险和基础设施相关的风险。以下将更详细地对此进行探讨。

降低商业风险的公共政策包括税收或市场支持（成批购买/固定租赁/特许/免税期优惠），增加资信（如政府保证金）、保险准备金（利用政府支持的共同资金）、直接政府支持、或机构投资及间接政府支持（如非金融干预）。额外的公共政策支持是可能的。固定租赁或成批购买可以通过合同法降低风险。补偿协议和再保险可以为公共和私营实体之间的风险转移提供更多工具。现今通过采用预约定价协议（APA）可大量缓解与国际税制中不确定性相关的转让定价问题［安永会计师事务所（Ernst & Young），2012］。月球或小行星开采者可采用类似协议，管理那些有兴趣预先商议税收和监管问题的实体或其他参与者。也可采用双边或多边税收协议使转让价格风险降到最低；并且可作为跨国各方之间外空贸易的典型，再一次将风险降到最低。诸如英国属地曼恩岛号称为零重力零税收立法等的特别协议，很可能吸引企业到那里或到其他制定类似法律的地方。最后，简单无成本的政策可使 SMR 强劲发展，当投资以前的共产主义国家时——随着国际认可的外空产权制度的出现，可将法律风险类型及采矿业最担心的不确定性降到最低。我们不会忘记，美国横跨大陆铁路的建设正是通过给予沿线铁路公司产权的方式激励推广的。我们已经有大量文献充分证明了产权的经济价值。

可通过使如今资金充裕的政府间国际组织在前沿启动与支持中发挥积极作用来降低 SMR 风险，通过提供最适合公共实体的应急处理能力大大降低了运营风险和基础设施风险。通过对海岸警卫队队员和工程师军团的作用的审查，可以发现政府物流支持和资源管理中的相关地基经验。

新的政府项目已经出现，旨在发掘公私合作机会，利用共同资源提供价值给公共和私营利益相关者。这些政府项目的例子包括 NASA 的商业轨道运输系统项目（COTS）、国家勘测局（NRO）的主管创新项目（DII）、商务部的先进技术项目（ATP）及美国能源部的商业化团队的能源高效与可再生能源（EERE）项目。以上是政府方面成功的公私合作接口的一些例子，意在为风险降低和能力扩展提供更多机会及创造混合式或交叉式解决方案。

（3）筹划双赢的公私合作工具

协同作用的原则——系统中多个元素相互作用产生的纯粹结果大于其单个效果的总和——是公私合作的主要基本原理。有利于预测公私合作双赢的变量包括综合能力成本、系统级成本、风险调节成本［用于抵消补偿和（或）再保险］、净节约资金（企业 VS. 纳税人或两者）、杠杆率、系统级的能源或物资的输入/输出。建立解决公私合作净值的量化经济模型框架是一个明确但冗长乏味的过程。对一方有很少或没有任何边际成本的利益或奖励（如公共产权或私人数据副产品）将为确立公私合作底线提供一个出发点。

总之，私营机构能提供的优势包括：

1）更低的交易成本和管理支出。

2）没有繁文缛节或大量文件审批的需要，快速决策。

3）快速获得资金/更快的预算周期。

4）更快、更灵活、更创新、更好的资金支持的短期产品设计。

5）快速市场反馈。

公共机构能提供资源的包括：

1）能分配或保卫产权/无形资产。

2）提供企业或项目级的政策保护、市场支持、融资、保险/补偿。

3）长期研发（包括基础科学和工程）。

4）大规模或长期基础设施项目。

5）预先探索前沿基地。

经济与决策模型框架和工具为开始检测公私合作交易空间提供了极好的方法。通过确定一个客观功能开始优化——例如，使公私合作利益最大化，但受一些条件限制［风险、成本、预算、能源、计划表和（或）无形资产］。明确定义限制相关系统的结果和公差水平（约束条件）的参数选择（目标）非常重要。绘制风险参数倾向或偏好是该过程关键的输入。

（4）SMR 双赢公私合作实例

公私协同作用的潜力很大，包括小行星探索和行星强烈撞击防卫之间的风险降低和成本节约。这里提供公私合作加速 SMR 的一个很好的例子，通过将最好的私营企业和政府联合起来解决现代社会面临的最危险也最有利可图的问题之一。该机会归因于 4 个主要因素：大量相关数据需求间的交叉（光谱、地球化学和地质力学）；高度共性技术（包括运输/锚定和科学仪器）；类似或完全相同目标的兴趣（地球穿越者显然最接近市场）；以及交叉培训。从事近地小行星领域的公司及机构的活动或出版物的数量越来越多，涵盖了采矿和地球保护方面的相关话题。

经济模型工具不仅提供一种测量和预测与小行星公私合作模型相关的风险降低的方式；而且也可能提供一种获得或测量新技术或性能的关键设想或量化优势上的变化效果的能力。技术改进投资的收益可直接在经济模型中测量，只要其对结果的技术影响是可预测的（例如，以算法精确的方式建立一个从化学到核动力推进的转换模型）且设置模型在特定环境中跟踪这些结果。制定国际公私合作决策标准或指导方针可以得益于有量化进度措施的框架。开发塑造小行星探索和防护的最佳公私合作的框架可从以下步骤开始：

1）明确目标并由此创建目标函数。

2）尽可能定量地绘制利益相关者的激励措施。

3）使用数学模型将目标与激励措施联系起来。

4）明确并量化系统约束条件和限制条件。

5）创建带有数据输入和迭代反馈回路的自动校正政策机制，从而在限制范围内实现目标最大化、系统成本最小化。

5.8　风险在机遇管理中的作用

风险常常是伪装的机遇。识别认知风险和实际风险之间差异的能力可以区别决定性突破的早熟和早期采用。

“一项有效的风险评估会产生有远见的深刻见解，不仅使组织机构规避风险，还能对其所面临的风险进行更多有意义的详细分析。运用这些深刻见解和观点武装自己，组织机构能更好地定位自己并承担正确的风险，并在承担风险时更好地管理这些风险。从长远来看，那些不断重新定位自己并能够利用快速成功和长期机遇的组织机构更有可能满足并超越其自己的商业目标。正是这种能力将在当今不断变化的商业环境中获得重大而持久的成功。”（阿特金森，2008）

风险认知同样也是进入市场的壁垒。公共和私营风险偏好实质上并不相同；而且，其可由治理环境中固有的管理反馈环路造成。风险探求者存在于公共和私营决策环境中——均有重要的优缺点。证券投资组合理论认为，你应该总是将一些资金投放在高风险项目上下赌注。真实的火星风险偏好正在被揭示。

5.8.1　作为进入市场壁垒的风险

真实的或甚至是认知的风险可以作为进入市场的壁垒，抑制早期的竞争，从而保护新兴市场免受快速的早期降价。因此，风险可能导致一个集中的效果，需要竞争以获得更多的纪律或勇气，从而越过障碍。这有利于保护有胆量的投资者摄取更大利润。但是，也可能会发生相反的效果。

5.8.2　公共与私营风险偏好

公共与私营机构的风险偏好往往差异巨大。很多差异是由于内在环境的不同所致，取决于治理水平、反馈和奖励机制。对风险偏好和承受能力的评估可以形成对界限和限制的丰富深刻的见解，一个组织机构可以在该界限和限制范围内有效运作——并基于对未来事件的预期反应创造一个程序。

“风险承受能力涉及相关目标的重要性并且与风险偏好一致。风险偏好必须明确定义并反映在风险承受能力和风险限制上以帮助确保组织目标的实现。关于这一信息，可以得出一个“风险/奖励”措施来理解波动水平如何影响运营收入。该措施帮助组织机构精确地找到其业务范围内潜在收入的有关风险并识别出其业务范围内的信赖因素。”（阿特金森，2008）

对公司风险评估结果的仔细关注可以为有效企业风险管理项目的建立奠定基础，公司可定位自己并利用好可能随时出现的新机会及对新威胁做出反应。同样地，政府内的风险承担者会面对关于突破性进展的积极或消极的反馈。他们常常在发展同盟军和追随者时因迫使同行管理者改变和适应而引起后者的恼怒。

5.8.3　领先指标的开发

“领先指标”或以风险为中心的价值数据对成形之前的预期问题和机遇有所帮助。如果希望真正理解系统界限，只为SMR开发技术类价值数据是不够的。系统风险的领先指标可以对潜在和认知的风险提供重要的洞察力。当风险报告不仅追踪过去的事件，还提供前瞻性的预测分析时，是最具意义的。

SMR领先指标

可利用有意义的领先指标融入关键环境（治理、法律、物理、经济）的突然或逐渐变化中，识别潜在的快速增长、技术变化或可能出现的新竞争者或战略结盟机会。政府和企业环境的变化与 SMR 领先指标的开发有关，最佳指标可以预计主要系统杠杆的激活情况或倾斜/激活点。SMR 和太空定居点的领先指标列表将从以下内容开始：

1）支持创新型公私合作项目的政府（如美国国会）意愿（如丹尼斯·蒂托的火星灵感计划）。

2）航天业愿意探索政府契约以外的融资选择，例如使用债务或股权手段资助新的能力建设。

3）私营 SMR 技术成熟度提高，副产品采用率也同步提高。

4）创新型公私合作项目的总数量随时间快速增长，尤其是得益于新技术商业化的小企业（如 SBIR Ph3）。

5）关键供应线物流节点或能力的出现（如深空网络通信、推进剂仓库等产能的扩张）。

风险指标变量将在相互关联的 SMR 技术和经济成熟度上发挥重要影响。根据量化的行业评估数据，标杆管理流程是初步正演模型高质量信息模拟的来源，其能预测可随系统进化而成熟和更改的 SMR 及太空定居和太空制造的风险。

“历史上，管理层追踪了关键绩效指标（KPI），从而帮助发现影响目标实现的问题。近年来，一些机构也制定了关键风险指标（KRI），来帮助表示未来损失风险或风险事件的上升。关键绩效指标和关键风险指标本质上是战术性的，可以在任何时候收集，定期或按管理层要求进行报告（如作为平衡计分卡的一部分），通常包括对组织机构风险定位提供深刻见解的统计和（或）度量（常为经济数据的）。获取管理仪表板的关键绩效指标和关键风险指标仍是有必要的，但是对机构领导来说，更多地考虑会对组织机构产生潜在风险的市场问题同样重要。”（阿特金森，2008）

5.8.4 机遇可能伪装为风险

人类认知到的风险和实际存在的风险之间的差异可能非常巨大，从而时常掩盖或混淆重要机遇。我们可知考虑上述风险认知的例子，如关于人类火星定居的单独火星任务或一小系列政府火星探索任务。其实存在许多其他例子——硅谷企业家们在这方面可谓经验丰富。另一种说法是，信息的价值有时会很高。

SMR 真实的价值基础在于，人类现今拥有大量的多种多样的工业技术——但目前其中很少技术属于航天领域。通过使用 SMR 作为原料来源，将从行星表面和轨道建设中创造重要的未来价值。第一批在新的物理学领域获得行业运营经验的企业将从其专有经验和产生的新知识产权中收获可观的回报。风险认知很可能成为多数人进入市场的壁垒，从而增加了第一批进入市场者的回报。

技术不完善

私营企业能够采摘到容易够得着的技术果实。事实上，存在各种较高成熟度的技术，这些技术是由 NASA 开始并发展到一定的工艺水平或在实验室示范，然后被舍弃。越来越多的这些“被舍弃的技术”沉睡于 NASA 内部，以及由政府研发资金支持的数量众多的小企业内部，如NASA的小型企业创新研究项目。对于确定和关注任务相关需求的优先顺序的需要是驱动该不完善程序向前发展的主要机理，其中包括与SMR、航天器的重复利用、太空制造和维修相关的各种技术。NASA对其自身遗产利用及基础性可重复使用系统的最大化追求无疑强化了这种偏好。可继承遗产可以是稳定状态下使风险降到最低的具有价值的设计原则。但是，如今的状况远远不是稳定状态，从而造成一些扭曲现象（该原则可能正是促进美国国防工业与古老技术之间的有效对接）。同样重要的是要记住“阿波罗”计划其实创造了极低水平的可继承遗产。

对于项目管理和成本可预测性（将被改变游戏规则的SMR能力所危及）发生根本变化的担心也可能促成政府禁止使用特定系统。简言之，公共资助的SMR和外空定居技术的不完善可能部分由于结构性的原因，但是新太空商业企业创造的积极机会多半抵消了该消极影响，从而在更大系统中产生净正平衡或隐藏的潜在活力。一旦私营SMR开始通过彻底缩短好想法和太空能力之间的距离之时，这一事实有助于激发那些后发企业的雄心。毕格罗航天公司在购买、私有化及完成转移居住舱时，提供了一个这方面很好的例子：用其有自有资金将充气式太空舱技术的成熟度提高到TRL 9级。至今仍令人惊讶的是，没有人曾乘载火星原位样本返回飞行器在火星或其他天体表面进行SMR私人飞行演示。技术成熟度达到TRL 8级的飞行器硬件已经存在，并且已经在NASA约翰逊航天中心沉睡了超过15年——其中包括一个为火星着陆器而建造的现成的CO_2到O_2/甲烷的转换演示器。

5.9 技术成熟度和风险评估小结

对SMR相关技术的影响及太空探索和开发风险的总结相当简单。SMR技术投资的主要原理是降低太空探索和定居的风险。如果用于统计的马尔科夫链条可以分割成更短的链条——一个只有SMR可以提供的选择，那么就可以大幅度降低风险。依靠高可靠性和冗余设计的系统在过去就已成为一个设计策略。如今，SMR提供完全不同且更加丰富的颜色选项和鉴赏能力，必将更好地描绘我们共同的未来。另外，为加速太空开发所需的技术同样可以“拯救地球”免受由于小行星撞击而造成的星球毁灭。

第三部分 解释现在和未来设计参考任务的概念说明

5.10 SMR设计参考任务

航天设计参考任务建立了执行潜在航天任务的方法论，以便采用相同的假设条件讨论此类任务将如何实现。例如，登月任务可以假设使用像美国“阿波罗”计划中使用的土星5号运载火箭一样的大型火箭；或者，可以发射多个小型有效负荷，然后在地球轨道、月球轨道或其他位置组装成一个整体，从而完成登月任务。每种变化都将成为一项设计参考任务，但所有设计参考任务都有一些与所涉及的方法和促使设计选择的目标相关的相同假设条件。举例来说，在“阿波罗”计划中，首要目标是抢在苏联之前把一组航天员送到月球表面。其他目标（如可重用性或成本）起到的作用则小得多。对于SMR，设计参考任务需要总结拟使用的方法及需要实现的主要目标。

NASA已对使用月球资源减少人类月球探险任务成本的可能性进行了大量研究——这项研究已持续了50多年。关于使用SMR的主要论点可汇总如下：

“大量研究表明，原位制造推进剂可大幅度降低任务承载质量和成本，也能使新的任务能力成为可能，如永久载人飞船和‘跳蚤’（Hopper）航天飞机。和平号空间站和国际空间站的经验及最近航天飞机的停止发射也凸显了对备份缓存或独立生命支持消耗品生产能力的需求，以及在未来的长期任务中，采用不同于传统轨道替换单元备件的方法修理故障硬件的需求。最后，为了让航天员未来能够安全地在月球或火星上生存更长时间，需要进行表面建设，且有些公用设施/基础设施必须具备成长能力，以提高辐射防护、发电、宜居环境和地表移动性等。否则，这些任务的成本和风险将非常之高。”（桑德斯，2005年）

在“阿波罗”计划之后的40年间，美国政府制定了新的设计参考任务，即将航天员送上太阳系其他天体。所有任务均为国际政府间联合任务，其中有些任务涉及到SMR。大多数任务仅在其模型中使用原位资源，而另一些任务则讨论燃料和水资源的运输。本课题专注于研究如何利用SMR完成政府和商业任务时的商业化行为。设计参考任务的列表很长，并且大多数任务在生成的计划方面极为相似。NASA拥有大量的设计参考任务相关资料，多为已经批准的国家级计划，如星座（Constellation）计划。因此，本课题研究将着眼于具有相关性的最后一批设计参考任务之一——政府主导的小行星探测任务。图5－25和图5－26从历史角度审视了这一问题。这两幅图来自雷神公司的研究成果和洛克希德·马丁公司的档案。其主题是原位资源。

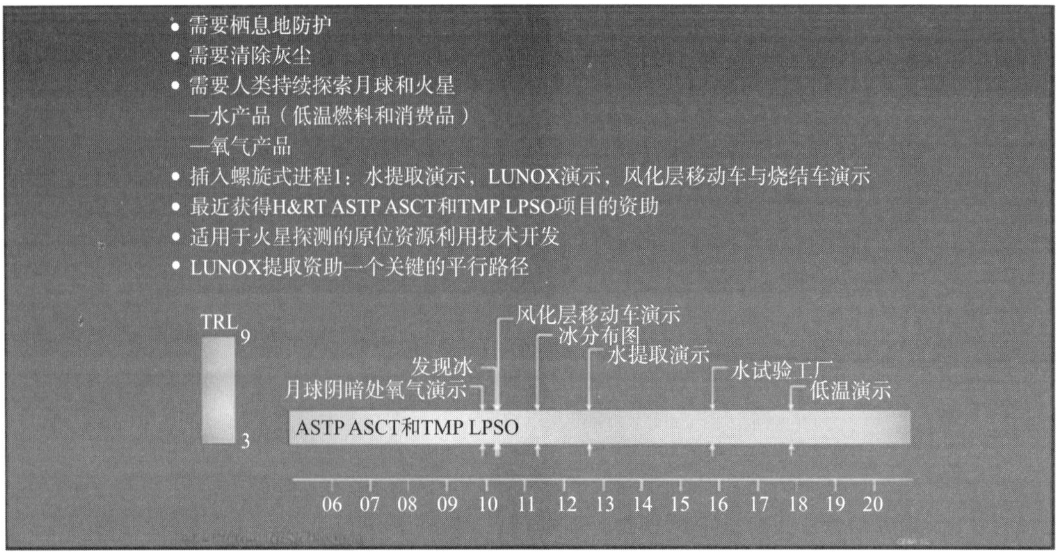

图5－25　发挥SMR作用的月球探测架构（雷神公司/NASA，2005年）

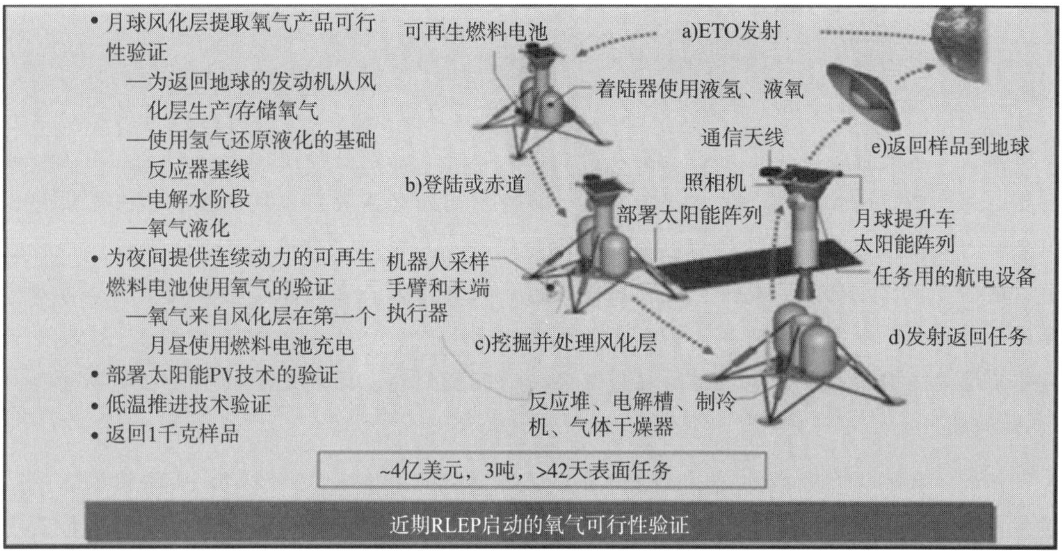

图 5-26　SMR 先驱任务（洛克希德·马丁公司/NASA，2005 年）

5.10.1　NASA 载人小行星探测任务之设计参考任务

2010 年美国星座计划被取消，2011 年宣布由载人小行星探测任务取而代之，突显出仅依靠单一政府机构预算，在项目完成前频繁更换行政长官的体制下执行高成本长期载人航天任务的脆弱性。基本上，关于“计划风险”及其缓解策略的讨论归结起来就是建立国际化和商业化的合作伙伴关系。

“这几天一直有传言，奥巴马提出的 NASA 路线图将取消星座计划——目前正在研发用于更换老化的航天飞机的火箭和硬件系列，并将号召商业公司将航天员送上轨道。”[马特森（Matson），2010 年]

2010 年，美国时任总统巴拉克·奥巴马在考察肯尼迪航天中心时提出了一项新的载人航天任务目标。他表示：

“到 2025 年，我们预计将会出现用于长途旅行的新型航天器，让我们可以开始首次除登月任务以外的其他前往太空深处的载人航天任务。我们将从史上首次将航天员送上小行星开始。”[鲍伦斯坦（Borenstein），2010 年]

一些专家认为这项任务的实施比载人登月任务更加艰难。可接近小行星的时间窗口非常有限，最低能量的轨迹线可能需要花费数年，使得载人任务比制定计划更加困难。再加上需要遵守非常紧凑的时间表——与每周都有机会发射的月球和每年有两次发射机会的火星相比，每颗小行星一年只有一次发射机会。

“‘近地天体载人航天飞行可访问目标研究’（NHATS）开始于 2010 年 9 月，由 NASA 总部科学任务事业部行星科学分部主持，由载人探索与操作任务事业部先进探索系统分部协助，旨在识别任何已知的近地天体，尤其是在以后的载人航天任务中可接近的近

地小行星。”[喷气推进实验室（JPL），2013 年]

上述研究为载人小行星探测任务确定了“数十个目标”。

“对载人探索者而言，近地小行星是太阳系中最激动人心也是最有趣的目的地。虽然太阳系只有八大行星，但近地小行星却有成千上万颗，每颗小行星都是一个迷人而独特的世界，它们隐藏的秘密包含了可揭示人类许多史前的活动线索，以及通往我们未来渴望达到目标的关键。因此，我们很幸运，目前已知的符合本项研究要求的 1 071 颗近地小行星的往返任务所需要的 ΔV 要少于火星往返任务，而其中数百颗近地小行星的往返任务所需要的 ΔV 要少于登月往返任务。甚至有数十颗近地小行星的往返任务所需要的 ΔV 要少于月球轨道或地月拉格朗日点轨道的往返任务。而且我们发现的近地小行星还在不断增加。”[巴比（Barbee），2013 年]

然而，我们将在此后的 21 世纪 20 年代发现许多“良好对接目标”，从而超越 NASA 对载人航天探索能力（高于低地球轨道之后）回报的预期。一项解决方案是部署摄像头识别可能存在的较小目标；但这种目标对于现在的探测设备而言还太小，从而无法看清。

“数据……表明，目前已知的近地小行星群缺乏体量可观且轨道已经准确确定的小行星。在 21 世纪 20 年代中期以前，这种小行星可提供 ΔV 较低且历时较短的任务机会，导致关心近地天体的科技界建议部署一台可避免仅从地球上观测产生的几何约束的天基近地天体巡天望远镜，从而在部署几年内即可提供非常全面的近地天体群观测机会。”（巴比，2013 年）

2012 年 4 月，凯克基金会提出了载人小行星探测任务的另一种选择方案（凯克基金会，2012 年）。这一突破性研究定义了 NASA 目前的载人航天探索任务愿景：捕捉一颗小型小行星（或较大小行星的碎片），将其带回并放置在 EML－1 和月球轨道中，然后派遣航天员进行勘察（更多资料见图 5－27 和图 5－28）。

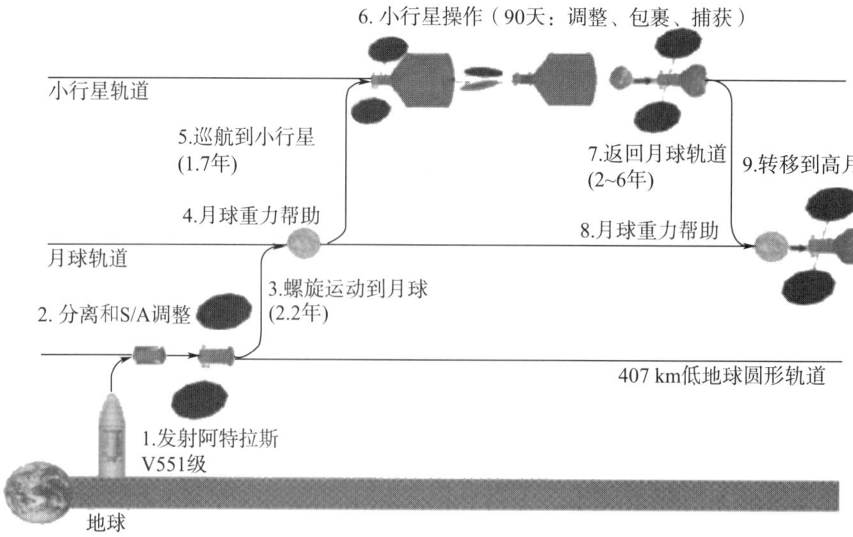

图 5－27　小行星返回任务长条图（NASA—凯克，2012 年）

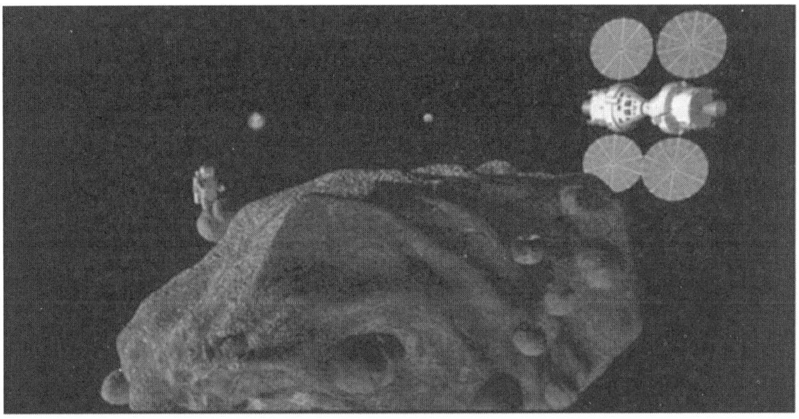

图 5 - 28　模拟人类登陆小行星（NASA，2012 年）

5.10.2　国际政府间设计参考任务

2007 年 11 月，为促进国际政府间就未来月球探索和开发开展对话，国际社会建立了一项机制并成立“国际空间探索协调小组”（ISECG）[约德（Yoder），2008 年]。

“过去 6 个月中，NASA 和 ESA 的代表对潜在项目和技术进行了详细评估。这项合作有一天可能支持人类在月球建立前哨基地。”……“本研究评估了 NASA 和 ESA 的月球探索架构理念可以补充、增加或加强各探索计划的程度。来自各个机构的技术团队参与了一系列联合定性评估，分析了 ESA 的能力和 NASA 航天运输系统和月球表面探索架构理念在相互合作中所产生的潜在科学和探索意义。”[布拉库斯（Braukus），2008 年]

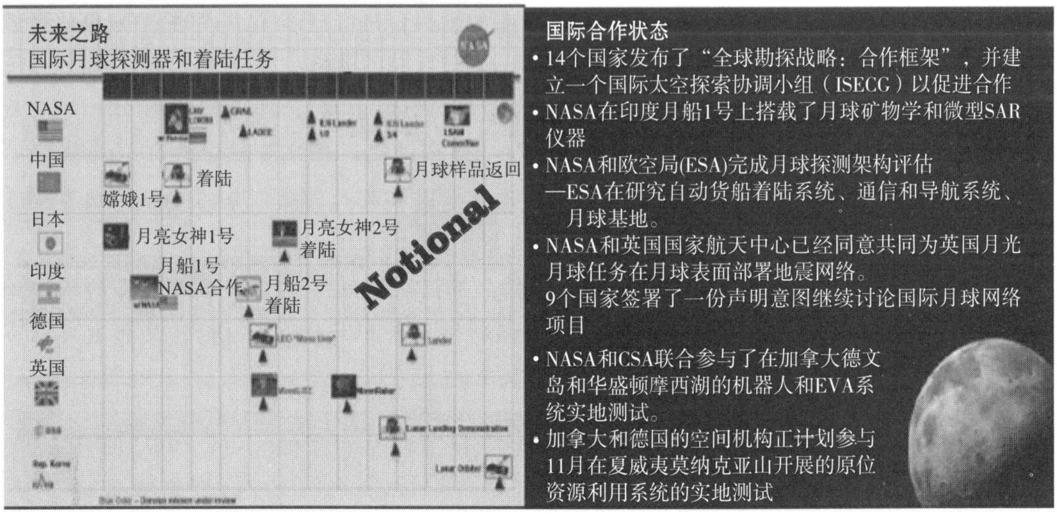

图 5 - 29　国际月球探索（摩尔，NASA，2008 年）

国际航天机构间的对话推动了联合性的行业研究，而日本宇宙航空研究开发机构（JAXA）和 ESA 则审视了利用各自核心能力参与探索的机会。

“在不断发展的国际背景下，ESA 已经开始深化其对在计划准备阶段详细制定的太空探索路线图的反思，以及其对长期探索方案和欧洲为了确定未来候选任务而应该强调的不同要素和能力的思考，并确保为全球航天事业做出有意义且务实持久的贡献。”［霍夫兰（Hovland），2005 年］

事实上，这一系列不断发展的对话推动了载人航天探索和 SMR 的对话与规划，正如下文引文和图 5－30 所示。

ESA 已经根据其当前对国际航天探索计划的理解制定了一份长期的国际航天探索路线图。该路线图假定以分阶段递进的方法制定探索架构，从而最终实施国际载人航天的第一次火星登陆计划。分阶段递进法考虑到随着时间的推移，技术和系统不断进步，并且同时考虑到政治约束条件和财务预算因素。这 4 个阶段分别为：

1）第一阶段［2016—2020 年（可能）］：这一时期载人操作将在低地球轨道方面实现进步。这种进步以国际空间站或可能出现的新轨道基础设施的大量利用为基础。同时，研发设计用于接近低地球轨道和低月球轨道的新一代载人航天运输系统将保证人类进入太空和频繁飞行的机会。早期登月和火星机器人准备任务（在登月任务中，如国际月球网络）将为未来载人探索铺平道路，演示诸如行星降落和着陆、表面移动、原位资源利用等关键能力，并开展有价值的原位科学活动。

2）第二阶段（21 世纪 20 年代早期到中期）：这一时期在低地球轨道中的载人操作将增加。这种增加以向取代国际空间站的新轨道基础设施过渡为基础。同时，第一次载人登月任务开始实施。在此期间，可能建造除低地球轨道之外（如低月球轨道或地月平动点）的其他轨道基础设施，作为运输架构的一大要素。这种基础设施可为车辆组装、乘组交换、交会对接操作、月球着陆和持续的表面作业提供便利，同时还可开展星际任务准备研究。在本阶段可实施第一次火星采样返回任务，其研究结果将进一步推动火星探索。

3）第三阶段（21 世纪 20 年代晚期或 21 世纪 30 年代早期）：第三阶段将引入扩大后的月球表面设施，用于固定和移动居住与研究。ESA 假定，在此阶段，月球探索将因协调一致的国际努力而继续向前推进。与此同时，准备国际载人火星任务的初始活动有望开始实施。

4）第四阶段（21 世纪 30 年代中期到晚期）：根据从持续月球表面活动获得的基本知识和能力，在第四阶段将实施第一次载人火星探测任务。月球表面活动的持续将取决于公共机构和私人参与者的长期探索目标。”（NASA－ESA，2008 年）

图 5－30　新兴的月球探测能力（NASA－ESA，2008 年）

再次提请大家注意，在目前的 GES 计划中缺乏对太空旅游、太空定居或 SMR 内容进行整合的商业活动规划。在 GES 计划出台后不久的 2009 年，加拿大航天局资助的加拿大萨德伯里企鹅自动化系统（Penguin Automated Systems）制定了一项有关月球 SMR 和地下设施开发的加拿大版的详细设计参考任务。

图 5－31　月球设计参考任务地下主要构成（拜登，2009 年）

这项名为“智慧步骤（SMART－STEPS）”的课题研究了针对月球极地地下（辐射安全）设施的初步设计，开发了采矿设备模型和操作程序，并根据加拿大矿业的预期获利呼吁政府进行 SMR 技术投资（拜登，等，2009 年）。这项研究还提供了与矿业合作伙伴联合研发外空采矿和矿物加工技术的基本原理，并进行了对商业合作伙伴价值的讨论。

5.10.3　基于太空市场的设计参考任务

由于发射费用以吨计算，且一直居高不下，向太空提供陆地资源的成本非常高。通信卫星公司为了将卫星发射进入地球静止转移轨道需要支付高达 6 000 万美元到 1.5 亿美元的费用；之后，公司还必须将其卫星总质量的 1/3 分配给燃料，用于卫星到达可操作的地球静止轨道。这就使得，即使假设以最便宜的价格将卫星发射到地球静止转移轨道，但将陆地材料（转发器、天线、推进剂等）发射到地球静止轨道的真正成本也将达到 1 700 万美元/吨。因此，地球静止轨道中任何 1 吨的物体都具有巨大的价值——远远超过地球上一吨白银的价值（约为 100 万美元）——非常接近地球上 1 吨黄金的价格（5 500 万美元）。

以太空市场为基础的设计参考任务旨在向各个空间位置提供具有商业价值的商品和产品。这些空间位置具有或预期具有根据商业或政府目的而实施的经济活动。这些设计参考任务可按两根轴线进行分类：太空目的地和拟交付材料的类型。

近地目的地

目前活动性最高的近地空间位置当属低地球轨道。比如，国际空间站和地球两极轨道中各种遥感卫星都曾进入过这一轨道。此外，活动性较强的近地空间位置还有地球静止轨道，在这里有400多颗卫星向公司和政府提供通信和影像服务。由于从地球上抵达地球静止轨道比从地球上抵达低地球轨道更为困难，因此运送至地球静止轨道的小行星材料的价值几乎是运送至低地球轨道上的小行星材料价值的4倍，这使得地球静止轨道卫星对最初开展此类活动的客户更具吸引力。此外，要想将小行星材料从一个高轨道（近地小行星将抵达之处）移动至低地球轨道还必须消除轨道能量。这样一来，与地球静止轨道市场相比，低地球轨道市场的吸引力进一步下降。与此相反，低地球轨道需求的发展潜力更大，因为越来越多的公司和国家在低地球轨道设立载人空间站，以利用快速发展的微重力机遇，进而发展制药、特殊材料生产、旅游和其他应用。基于以上因素，我们现就所述目的地和市场提出以下主要太空市场设计参考任务：

1）设计参考任务——地球静止轨道：就目前来说，这个位置距离现有最大的小行星资源太空市场最近，而且这个位置也在地球重力井中处于合理的高度。很有可能在死亡轨道（位于地球静止轨道以上300 km处）上建设加工设施，且会将废弃的通信卫星储存起来，防止其产生的碎片对下方的有源卫星造成干扰。与到达EML-1相比，从近地小行星轨道到达地球静止轨道会消耗更多的能源。但是这一缺点几乎可以忽略，因为从地球（这是材料加工设施操作所需的设备和工作人员的源头）上到达近地小行星轨道比到达EML-1更加容易。此外，利用小行星或者月球资源在地球同步轨道上建立大型工业、观察或者通信平台，将成为成熟太空客户的早期里程碑。

2）设计参考任务——太空电梯：当我们谈到通过太空电梯进行地球外移动时，有两个具有战略意义的位置值得我们注意。就所有有关地球的业务以及其自身环境而言，地球静止轨道节点是一个十分关键的位置。这一天然位置将被称为设计参考任务太空电梯-地球静止轨道，并且会促使商业投资者来开拓业务，进而提高其在这一星球上的生活水平。第二个位置是设计参考任务SE-AA。顶点锚就处于这一位置，且足够稳定。顶点锚能够释放和搜集来自太阳系的有效载荷。此外，设计参考任务SE-AA上的太空港将能制造勘察式宇宙飞船，并对将返回地球生态圈的宇宙飞船进行维修或者更新改造。

3）设计参考任务——EML-1：就目前来说，这个目的地的活动性不强，但仍具有发展潜力，包括地月系的拉格朗日点。这些拉格朗日点是宇宙飞船在消耗最少的推进剂即可保持位置稳定的平衡点。因为月球围绕地球旋转，处于EML-1和EML-2位置的宇宙飞船或者栖息地只需消耗最少的能源就可以保持和地球及月球的相对位置。就月球和火星载人考察而言，EML-1和EML-2这两个位置都十分有用。EML-1提供了一个绝妙的场所，用于停放进站的小行星材料、加工场所，并提供月球燃料的推进剂储存仓。某些产品将用于满足当地需求（月球和火星探索任务），而其他产品将会被运输至地球静止轨道和低地球轨道。一般来说，在地球重力井中所处的位置“越高”，从近地小行星轨道上到达这一位置需要消耗的能量就越少——这也有助于EML-1成为初步加工点。然而，从潜在的近地小行星轨道出发并抵达每一处潜在位置的“最佳”轨迹线还有待确定。由于出站能量要求较低，EML-1提供了一个绝无仅有的机会，可处理地球轨道中的众多倾角且没有通常的轨道面变化障碍。这就使得EML-1位置在入站和出站变轨方面显得尤为珍贵和独特。事实上，成立EML-1

交通管制机构将是一项早期政策需求，以便尽量减少调度和运行冲突。月球太空电梯的一大优点就是它的稳定点和 EML－1 完美契合。因此，拟建的太空港在通过月球太空电梯连接至月球表面的过程中将拥有一个十分稳定的位置，并且配备了简单的上下运输基础设施。

地日系统也有拉格朗日点。对发现号宇宙飞船来说，地日 ESL－1 将是一个十分有利的位置——可回看地球并始终看到明亮的一面。对需要尽可能保持低温的红外望远镜而言，一直将地球置于其自身和太阳之间的地日 ESL－2 是最理想的选择。在这个位置，遮阳棚可同时阻止来自太阳和地球的热量。

4）设计参考任务——月球轨道：低月球轨道是一个在将来可为月球表面上的载人和机器人活动提供服务的目的地。可通过从月极冷阱中提取的推进剂为从月球起飞的宇宙飞船提供能量；此外，降落在月球上的宇宙飞船也可以使用近地小行星上生产并在月球轨道上加工的燃料。在其他情形下，地月和地球-火星交通都将经过 EML－1，因为在这里，近地小行星加工可以为两条线路提供推进剂。低月球轨道是最不可能成为加工小行星材料的位置，这主要是鉴于以下两个方面的原因。第一，低月球轨道会将加工过的小行星材料放置在月球重力井中。这样一来，如要将这些材料投入市场，则需要消耗能源。第二，目前在月球轨道上没有靠近的市场。月球轨道仅对面向月球的市场有用；而火星考察不会绕道进入月球重力井获取资源。如前所述，月球考察要想抵达各类月球表面目的地，从 EML－1 出发要比从一个固定的月球轨道上出发更具灵活性。此外，月球表面上的重力异常（称为月球质量瘤）会使月球轨道不那么稳定，这就使得月球轨道的长期使用变得很危险。

5.10.4　基于地球市场的设计参考任务

小行星原料返回并进入地球市场进行销售的活动已经持续了多年。小行星是其样本返回项目中唯一的 SMR。每年大约有 100 kg 的流星样本落在地球上。随着空间基础设施的成本下降，在地球上销售的小行星衍生产品的数量会相应增加。有意搜集并返回样本的短期地球市场包括：用于科学实验的样本和收藏家收藏的样本、铂族金属、稀土金属、镍和工业金属及微重力加工材料（如蛋白质晶体），以及其他生物学研究成果等。长期市场可能包括较低价值的材料。

“最后一点是，即使从小行星上开采相对常见的材料（如铁、镍、铜及日益重要的稀土元素）以替代地球上迅速蔓延的露天开采也会存在强烈的环境保护争议。与我们的地球不同，小行星上没有可被采矿活动破坏的本土生态系统（见哈特曼的讨论，1986 年）。由于所有这些原因，开发小行星和其他地外星源以提取有用资源的能力，可以被视为对世界经济未来的一项重要投资（例如：克劳福德，1995 年）”。（克劳福德，2013 年）

长期的地球市场可能包括：工业产品和特种制造产品。NASA 创新先进概念研究所机器人小行星探测器项目推荐了一个评估这些要素的流程，即分析近期任务中返回地球的铂族金属和稀土金属的价值。需要注意的是，NASA 微重力研究计划（1998 — 2004 年）、国际空间站计划办公室和空间伙伴关系计划对在太空制造并拟返回地球的潜在产品进行了大量的研究，其中许多可重新进行 SMR 贡献评估。

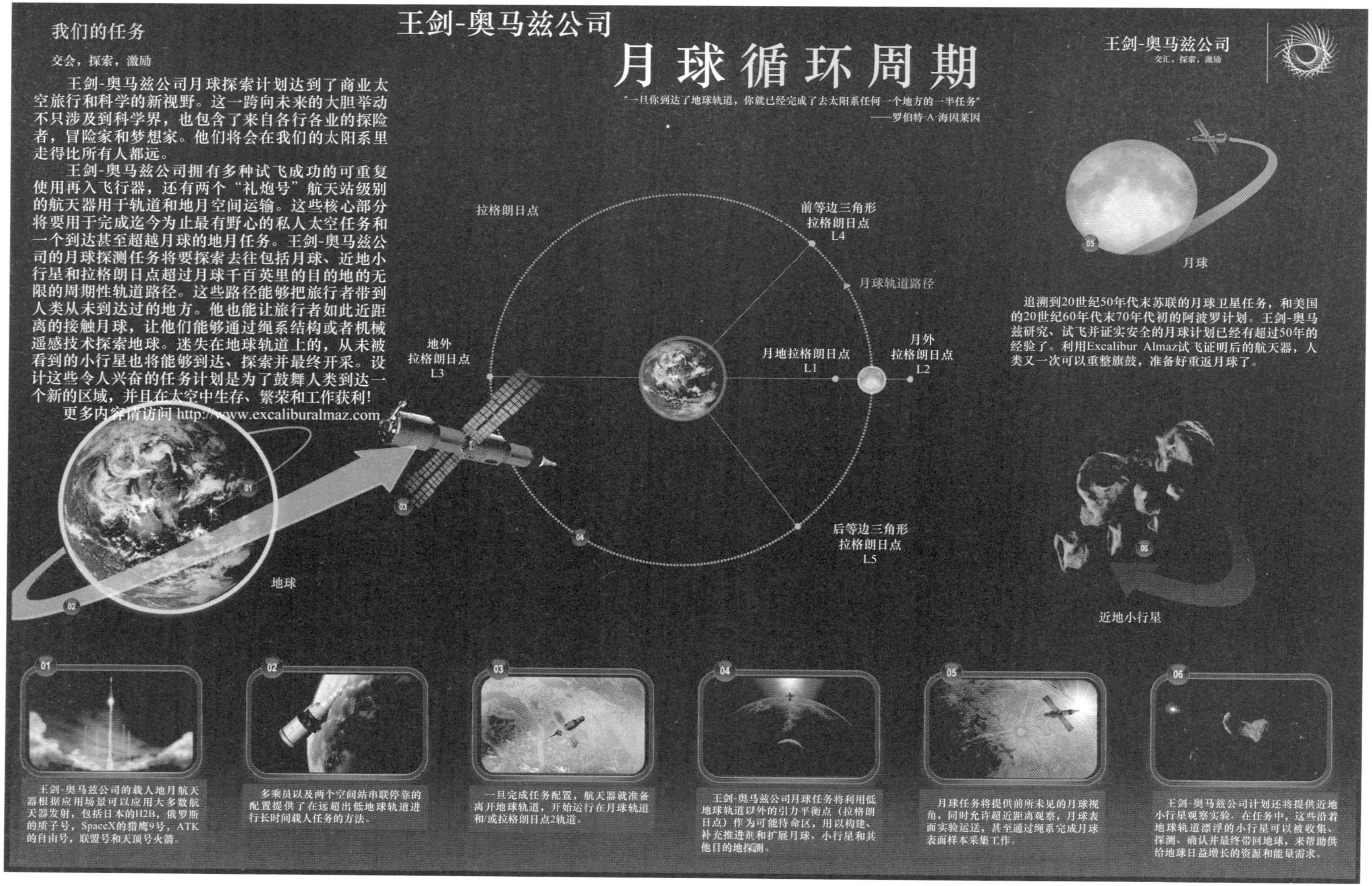

图5-32　月球运行周期（王剑-奥马兹公司，2013年）

“我们将最大限度地利用从政府赞助的航天计划中吸取的经验和教训。在机器人探矿阶段之后，我们的工作人员将在月球极地陨石坑地区建立太空和大本营的基础设施，以监督采矿、加工和将月球产品运输到低地球轨道及其他市场的工业机械运行活动。我们现在必须抓住这个机会在外空提供低成本推进剂，以此作为启动新型太空经济的手段。”——比尔·斯通博士（Bill Stone）（斯通，2011 年）。

SMR 的价值是蓬勃发展的太空经济的基础所在。谁将使用这些推进剂？游客可以将 SMR 作为杠杆，将他们的旅行活动范围扩展到月球及其周边和其他更远的地方。总部设在马恩岛的王剑-奥马兹公司现在根据已经建成和经过测试的俄罗斯私人航天器提供绕月旅游服务（王剑-奥马兹公司，2013 年）。

火星定居者无疑将受益于 SMR 衍生推进剂，甚至形成一个强大的市场。太空探索技术公司创始人伊隆·马斯克最近宣布，他将在有生之年建设一个拥有 10 000 人的火星移民地的愿望，这具有重要意义。报名参加巴斯·兰斯多普“火星一号”单程旅行的人数已超过 20 万——这清楚地表明人们对载人火星探索的风险偏好正在减弱（王，2013 年）。

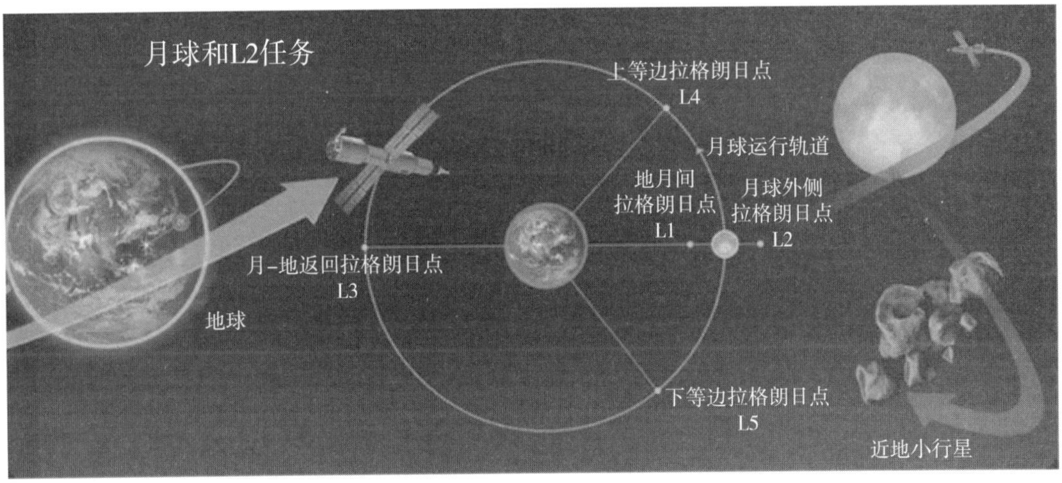

图 5-33　月球和小行星旅游（王剑-奥马兹公司，2013 年）

5.11　小行星镍加工的设计参考任务

本节将探讨“典型”球粒状陨石小行星所使用的羰基镍加工系统的技术和初步设计要求。目前王剑探索公司小行星镍体系结构中的未知数包括加工和生产电路的技术细节，包括质量、能耗及成本。可以使用一组操作研究工具将这些未知因素映射到为人所熟知的地面市场的产品上。本节概述了在太空中生产用于出售的镍的样本方法。广义系统模型的主要特征源于环境物理学、技术现状、法律环境、经济条件和时间设置。约束将来源于这些主要特征及其当前和预计的未来条件。这些约束条件的传播可以通过检查其相互关系及建立模型来实现，例如：资金的时间价值或法律在降低经济风险中的作用。物理学提供了一套很好理解的数学工具，用于映射空间环境（包括其矿物和能源资源）与现有技术条件（是时间和投资的函数）之间的相互关系。

（1）采矿和加工原理

小行星开采始于定义或假设目标小行星的类别——其一般性质（类型和位置）以及具体假设，包括局部百万分之几（ppm）的原矿品位。环境物理学可帮助进一步定义和映射能量（例如太阳辐射通量的范围）、地球化学和地质力学（岩石强度和破碎状态）性质，这将决定能否进行采矿和加工。需要原位处理设备进行矿石萃取并将之精炼成产品。未来的先进技术和过程效率可以通过使用 ROM 估计和功率定律来进行粗略估计，以将地球工业过程和原理扩展到预期的未来条件中。之后可以开始进行设计，揭示可能和不可能实现的细节。

处理技术问题应当先从客户开始。通过检查地球上目前的镍的情况，可以进行前瞻性预测，以设定生产和价格目标。目前市场每年的镍产量约为 160 万吨，我们假设小行星的占比为 10%，即 16 万吨，如果价格约为 2 万美元/吨，则将产生 32 亿美元的支出。因此，采用小行星材料生产的商品能够实现技术和成本目标。本节将首先对技术方面进行探讨。将其分为 10 批货物，即每批生产 1.6 万吨纯镍锭。

“多数非碳质小行星可能富含镍-铁（NiFe）金属。一氧化碳几乎是通过羰基法进行 NiFe 加工的理想试剂。该工艺可在低温下进行，所需能量或冷却设备较少。由于其工作压力适中，因此可采用廉价的反应容器。最重要的是，它能够使用未经提炼的 NiFe 一步制成金属成品［路易斯和纳内特（Nozette），1983 年；路易斯，等，1988 年］。［尼克尔斯（Nichols），1993 年］

一般来说，羰基镍加工设施需要 3 个主要部分：浸提过程、沉淀过程及蒸馏或者气相分离器。支持系统将包含供热、供电、泵送、流体管线和其他基础设施。

①镍浸提

在温度达到 60 ℃时，一氧化碳气体将与固体镍发生反应，进而生成羰基镍气体 Ni（CO）。在这个温度下对天然镍进行溶解，就如同将一个塑料袋置于某小行星附近进而形成流态一样简单。此外，地外文明搜索研究所（SETI）的 SHEPHERD 概念具有一套可靠的系统方法，用于接近、搜集、稳定和萃取挥发物［谢泼德（Shepard），2014 年］。图 5－34～图 5－36 显示了对小行星进行封装，从而形成一个密闭环境用于挥发物的开采。（地外文明搜索研究所同意将这些图片用于此项国际宇航科学院研究课题。）

允许可见光穿透一个界面（例如，薄塑料）并从同一界面反射红外线辐射，从而建立一个被动式供热机制用于镍浸提。将通过检测传输和反射波长（可将其视为带通滤波器）及隔热值来对此类系统的可行性进行研究。最大热反射的波长可通过韦恩位移定律推算出来。考虑到金星大气层的高温以及低反射体的平均起始温度（特别是月球——其平均表面温度为 0 ℃），通过被动方式让小行星（能高度吸收可见光辐射并至少配备一个温室绝热体）的温度升至 60 ℃似乎是可行的。需要注意的是，如果在小行星的表面覆盖一层薄薄的碳烟灰，它的反射率会急剧下降而升温速率会快速提高。我们可通过充气式太阳能集中器提高升温速率和最高温度；同样，太阳能集中器可通过预加热的方式促进镍沉积。问题是：

图 5-34　捕获移动中的小行星（Digital Space 公司）

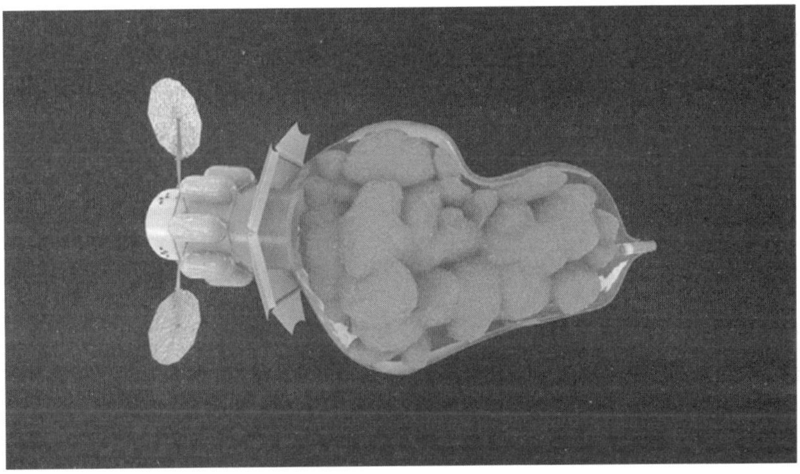

图 5-35　将小行星封装在密封袋内（Digital Space 公司）

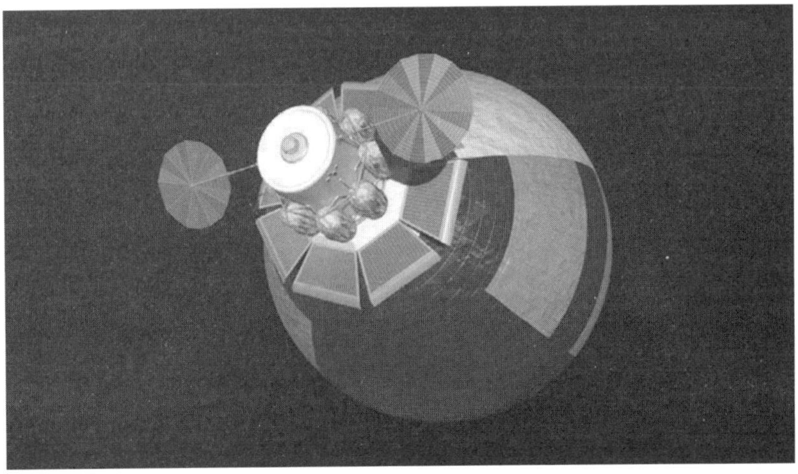

图 5-36　移动被捕获小行星所需的动力和推进器（Digital Space 公司）

如果将某被动供热系统（例如，具有温室效应的塑料袋）放置在某小行星附近，会生成多少羰基镍气体？气体生成速度有多快？是否会产生其他成分？因此我们建议对这一情况进行更为详细的研究，以便判定其是否可行。浸提过程可能会有一氧化碳纯度方面的要求——因为由温室或者太阳能集中器加热而产生的次生气体会毒化羰基消化反应，所以一开始就需要将其排尽。除了天然镍以外，碳质球粒陨石可能自身就含有一氧化碳（尼克尔斯，1991 年，第 546 页）。通过借鉴工业提炼经验，可了解如何通过其他烃生产工艺生成一氧化碳——这相当简单直观。可喜的是这一过程的运行似乎并不需要太多的一氧化碳，而且从理论上来说，使用过的一氧化碳几乎可以百分之百地回收（排除泄漏的情况）。

“羰基法只会消耗极少量的一氧化碳。唯一的损失是存在矿石和金属制品内的一氧化碳，但这个比例很小。因此，只需要补充少量气体就足以使一个超大型铸造厂运行起来。实际上这反驳了一种说法，即仅仅为了获取一氧化碳而对小行星进行开采。因为所需的一氧化碳完全可以从地球上以合理成本获取。但事实上一氧化碳的成本几乎为零，因为其他过程可以自行产生一氧化碳。”（尼克尔斯，1991 年）

需对一氧化碳如何在土体中弥散进行预估。我们以液体或气体渗透进行测量——可以从查看水文学或者石油和天然气流体动力学中的数据着手。也可以用陨石样本做实验，来计算出可能的价值范围。需要注意的是，气体在土体中的穿行速度比液体快得多。相关的问题包括：如果温度升高，会生成哪些其他气体？压裂将会对流速造成多大的改变？还需要注意的是要将塑料袋系紧，从而形成一个堵塞点，进而形成压力梯度。

寻找或者发明一种形成压力梯度的方法非常重要。亚尔科夫斯基效应已经产生了一个温度梯度——采用该效应的 3D 热模型来使气体析出并采用一氧化碳温度/压力/流量梯度模型来促进浸提过程。问题包括：我们是否可以在其表面混入一种材料来促进太阳能吸收？（也许我们需要做的就是给它涂上一层漆料）。是否存在放大地理特征的自然热量，例如，某些类型的岩石？

温室袋的尺寸必须大于目标小行星，而厚度和强度则需通过预期的磨损和磨蚀估计值进行确定。需对用于操作小行星的袋子的机制进行设计，并且密封盒紧系机制也需加以研发。增强的聚丙烯复合材料可用于包装，但前提是这种材料在真空环境下仍然保持柔韧状态。

②镍沉淀

从羰基气体中沉积出镍相当简单直观并且可以通过酶作用物或者沉镍粉生产纯镍，其纯度取决于温度。一旦提取出大量气体，需对沉淀镍的整个设备进行清洗和再利用，然后一氧化碳则从反应中生成。最终设备的形状可以十分简单，好比一个被羰基气体充大的薄塑料模板。输入和输出流量将决定孔口的最小尺寸（孔口不得被堵住，否则反应会停止进行）。需从结构外部对其进行加热。电阻加热或者太阳热能可以达到理想的结果。我们需要理解这一过程如何在当今的地基工业中完成。也可以用微波炉进行加热。一旦开始镀镍，就需要将热量均匀分布并确保镀敷正常进行。对时间和热耗率进行估计是很重要的，因为这二者会直接体现在支持宇宙飞船的能量设计要求上。

模板的形状可简单可复杂，需对其均匀加热，以便在所有部位沉积出厚度一致的镍。

作为一个遗留系统，回声 1 号和回声 2 号气球卫星的技术参数可能会对镍沉积模板的设计提供一定的帮助。具体而言，直径为 30.5 m 的回声 1 号气球由 12.7 μm 金属化 0.2 μm 厚的双向拉伸 PET 薄膜（通常又称为聚酯薄膜）构成。气球重 71.21 kg，内含 15.12 kg 升华粉（2014 年维基百科，http：//en.wikipedia.org/wiki/Project _ Echo）。这些都是在宇宙空间中飞行的巨型气球，堪比某种模壳或表面，且在其上可利用羰基方法进行镍沉积。由于具有耐热性，卡普顿可能是比聚酯薄膜更好的材料。这其中的不同需要进一步研究。

图 5 - 37　“回声”气球卫星（NASA 供图）

在英国威尔士有采用蒙德法处理的炼油设备，其每月产镍约为 790 万镑（4.7 万吨/年），约占每年世界镍产量的 3%。随着时间的推移，镍沉积总量是镍电镀表面面积的函数。这就是为什么小块镍、灰尘、沙、鹅卵石、岩石及小块状物上镍沉积最多的原因。注意，使用不规则系统和金属泡沫可以显著增加表面积，从而大幅度地增加结构镍的沉积量。可制造镍粉尘最好是将包装在镍金属包装内进行输送。包装仅约占总质量的 5%。

（2）建模

初始模型由羰基镍浸提和沉积构成，以引入上述变量，并研究使用该工艺进行小行星采矿的可行性。初始模型结果包括：

1）一块 160 m 的普通陨石（已知坠落陨石的 87%）足以在 50%的回收率下产出 16 000吨镍，并且平均含有近 13 吨的铂族金属（注：这是捕获任何小行星的最方便的最低基线——如果进行实际勘探，矿石品位可能会更高——这一策略可行的原因是，几乎每颗小行星上都含镍）。

2）最有可能的铂族金属产量为每16 000吨镍含12.9吨铂族金属；但分离将是一个大问题，需要机械破碎、分离、浓缩和复合等。作者建议在任何早期论证中避免此类做法。

3）普通的陨石可能含有足量的一氧化碳，能够在不引入任何试剂的情况下开始该过程，且其温度是在使用允许可见光进入并反射红外线的塑料袋时一氧化碳捕获镍的温度条件（因此利用被动加热的温室效应）。

4）产生20 m球体的“16 000吨纯锭”的时间是40多年（6 mm/天是镍金属的最大沉积速率）——这是重要的制约条件。

5）如果生产“镍粉”，则生产时间可以显著缩短（注意粉末的密度低得多，但可以由纯镍的外壳支撑；该粉末具有独特的用途，例如用在电池中和作为催化剂。关键是，它比在基底或模板上的气相沉积纯金属制造的速度快得多）。然而，还未预估这种生产率增加所需要的额外能量。

6）到目前为止，似乎矿石加工和沉积仅需几个塑料袋（尽管是相当大的塑料袋）、一氧化碳制造器和泵，以及用于加热的太阳能集中器和用于分离工艺“污染物”（亦称为其他有价值的产品，如水）的蒸馏装置。

7）出站系统的质量几乎完全可称量。乍一看，似乎生产16 000吨铸锭的系统可能足够小以适合现有的运载火箭（假设为单栈约束）。

8）需要化学工程来更详细地定义蒸馏、一氧化碳制造、浸提和沉积步骤（具有最高不确定性的最粗略估算是关于能量/热管理的假设条件。需要进行详细设计，特别是关于镍粉制造的速率）。

9）最佳小行星可以表示为：镍含量（和铂族金属含量）高，含有大量一氧化碳或一氧化碳化学前体。优选小体积（可袋装）的，随着裂缝或碎片增多，反应速率也会加快。最好不选择需要粉碎的小行星，因为其操成本作会更加昂贵。

10）使用现有陨石样本在地面上进行测试将得到确定性（即降低风险）和一个最重要变量的关键数据——矿石的碎裂程度。在国际空间站进行相关的测试将进一步降低风险，并以低成本产生公关机会。

（3）运输

离开小行星矿场回到地球需要瞄准/转向和推进系统。轨道力学有关方面需由专业人员进行设计，特别是临近操作的天体动力学家。已经针对具体目标计算了一些天文动力学关系。这些目标可作为迭代设计的起点。通过充分理解速度变化量，可对用水量进行估计（小行星中可能已存在水），返回过程则需要推进剂。另一个重要变量是出站和返回轨道的时间设置。资金的时间价值将是对金融模型的关键输入。目的地可以是EML－1，直到可被安排安全返回到地球表面。

（4）经济可行性方法

推荐的建立小行星上镍资源经济稻草人模型方法旨在：

1）创建一个估算关键架构元素的质量、能量和成本的技术模型（其开始见上文）；

2）创建估算生产量和收入的需求模型；

3）对两个模型添加刻度盘，以增加或减少关键变量（这是 Excel 中的控制页面）；

4）创建一个可行性页面，及时平衡成本和收入；

5）提供企业获利的保障条件；

6）评估实现上述条件之保障需求。

综合经济模型的主要内容包括技术、经济、运营和政策要素。技术要素包括小行星资源地质假设条件、采矿和矿物加工系统、运输要素和天体动力学及有效载荷输送特性的详细信息。经济假设条件包括产品、价格和数量、客户概况和背景变量，如假设折现率、税收和融资及风险假设和偏好。运营假设条件及相关概念包括任务时间表、直接人工与自动化水平对比、排序和控制架构。将影响短期和长期任务成功的政策、治理和管理假设条件则包括法律环境（例如：财产权和东道国政府的友好度等）、合同的签署及其性质（特别是与客户，但也包括与供应商和合作伙伴的合同 ）、专利和利益分享战略。假设在最坏情况下，对采矿和运输的投资呈线性变化。在最佳情况下，由于学习曲线而产生规模经济而且装配线的潜力将会呈现。因此，将 10 套采矿/加工装置部署在年度运行模型中将耗费其单位制造成本的 10 倍。

第6章　建模分析

6.0　前言

在现实中，有利可图的外空矿物产资源（SRM）商业活动将包括三个阶段：

第一阶段：普及概念——开发方法，降低风险，获得初始资金。

第二阶段：原型试验验证——开展初始资源获取加上与一些初始产品销售相关的加工活动。这必将导致对这一概念的大量投资。

第三阶段：生产——向付费客户提供产品的主要采矿设备。

本章将建立 SMR 商业企业第三阶段的经济学模型。对近期进行预测是困难的，对远期进行预测则充满了较多的误算。本报告采取的立场是，采用两个不同的例子可能是展示未来的最佳方式。本课题组选择的是：1）对一项名为“机器人小行星探测器”（RAP，Robotic Asteroid Prospector）的 NASA 研究进行总结；2）计算伊隆·马斯克在火星上安排 10 000 名移民者的愿景所需的水资源流量。第一项研究是用设计一套工作卫星结构的方法进行的，从而显示在 EML-1 完成燃料库的成本。第二项研究将估计在未来 60 年移居到火星的 10 000 人的需求。这两种情况下共同的问题是 EML-1 需要多少水资源，以及如何进行最好的供应。这两项研究得出了相同的结论，即加工水资源用于燃料、氧气和饮用可为 SMR 公司开采小行星带来很大利润。

在 EML-1 处供水将打开整个太阳系！

本章将讨论导致两组结果的假设条件。课题组认识到，未来不会完全像这里所描述的那样展开，但我们可以将之用于确认加工 SMR、将其运输到客户手上及在外空销售产品所带来的巨大的经济可行性。

我们这里举出的第一个例子，即 NASA 的 RAP 研究，表明该过程以利润为动机是可实现的。第二个例子则需要进行经济分析，将人们分布在我们的地球-月球-火星地区，并向在不同地点之间移动的人“卖”水。SMR 作为原位资源在月球和火星上进行加工，但最重要的是，水（和其他 SMR）将在小行星上进行加工。考虑不同轨道位置之间运动的任何分析都会得出的明显结论是“如果没有重力井将会带来低成本的运输!”。水资源被移动到许多地方，并以至少三种形式卖给客户：饮用水（也用于辐射屏蔽）、空气（主要耗材补给）和燃料（氧气和氢气）。在第 3 章中，我们估计了从地球表面向多个地点运送一吨水的成本，并用一张表给出了从地球表面向 EML-1 燃料库供水的成本约为 2 000 万美元/吨。显然，如果在 EML-1 水的销售价格低于 2 000 万美元/吨，就会产生利润丰厚的业务，并具有巨大的利润空间。这个想法不是新的，而是来自一项较早的研究，如图 6-1

所示。

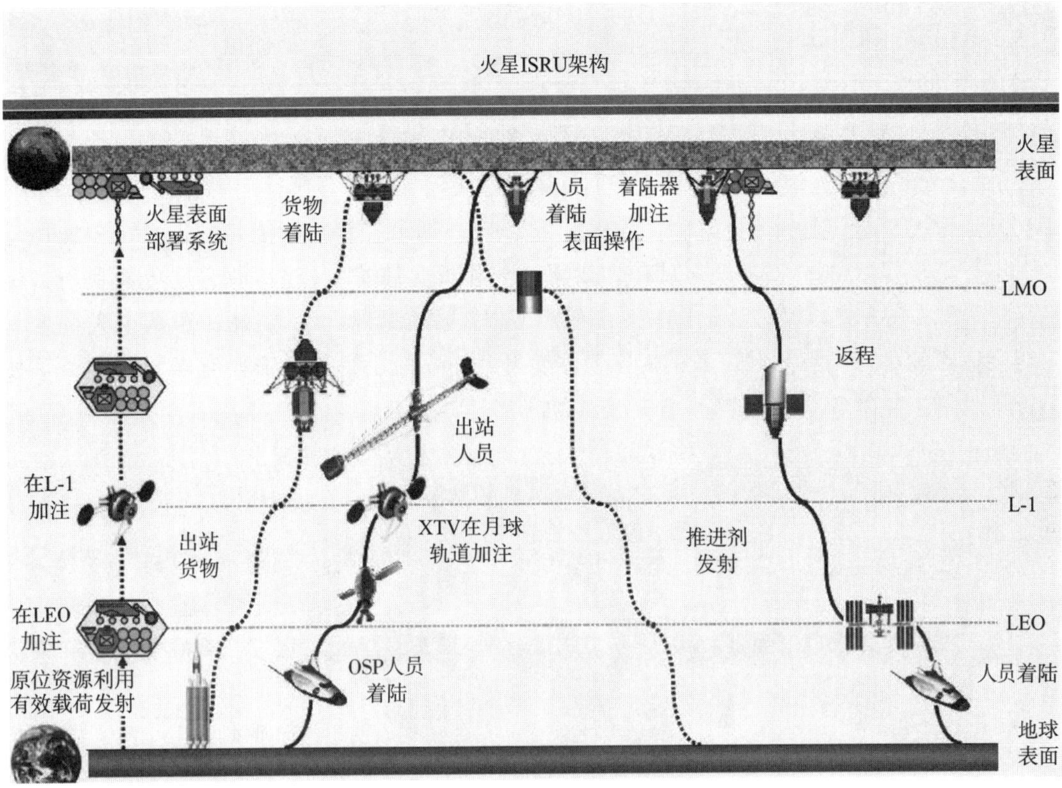

图 6－1　SMR 市场发展建模（NIA，NASA）

为了开始 SMR 活动的经济建模，本课题组总结了最近 NASA 对这个主题的研究。这项题为“NASA 创新先进理念”（NIAC，NASA Innovative Advanced Concept）的研究是在 2012 年和 2013 年之间进行的，并得出了与本次国际宇航科学院课题研究类似的结论。

6.1　机器人小行星探测器

NASA 最近完成了一项基于机器人小行星探测器架构的商业化小行星开采的详细研究，其中包含了对可行性的经济分析。课题团队设计和评估了一组航天器的成本，以完成小行星采矿工作，同时还评估了地球和太空的商业市场，从而为设计工作建立相关的经济背景。

“他们的提案研究了小行星采矿业面临的一些主要问题的基本原理。设计什么样的任务和航天器是必要的？是否有正确的采矿技术？最重要的是，起初是否有可行的商业模式？科恩博士本人对此有所怀疑，但他指出了对此项研究工作如此感兴趣的部分原因。这项提案所基于的很多假设条件都是出于他的怀疑而设定的，包括在金星轨道上放置望远镜以帮助寻找近地物体（NASA 的主要任务清单之一，类似于探寻近地小行星的 B612 基金会太空望远镜)、定期商业化地进入位于拉格朗日点的服务基地并从那里启动任务。‘我们试图使假设条件真正清楚、具体和明确，所以我们明白需要权衡的是什么，’科恩博士告诉《今日宇宙》(Universe Today)。‘我们非常注意的一件事情是，不会有任何先入之见。’基于这些假设，设计了一个航天器，可能使用太阳能热推进系统将其从拉格朗日点站发射到低地球轨道，在小行星上采矿并加工材料，然后返回到拉格朗日点并运回地球。”[托马斯威克(Tomaswick)，2012]

设计 RAP 采矿航天器的技术策略利用了 SMR，通过在其太阳能热推进系统中使用一些在小行星上提取的的水资源返回有效载荷(水和贵金属货物)，从而通过巧妙利用目标小行星资源提高航天器性能。图 6-2 中显示了基本的航天器设计，请注意两个大型的太阳能聚集器和小行星有效载荷舱。对于直径大于 20 m 的小行星，需要有航天器同行，使小行星脱落下直径约 20 m 的碎片，以进行加工。

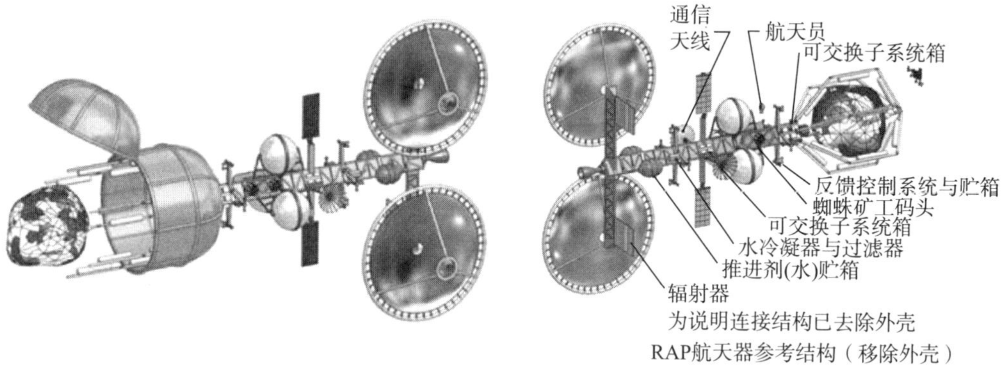

图 6-2 RAP 航天器设计(科恩，2013b)

在航天器及其部件的设计和尺寸上，仔细考虑了近地小行星的天体动力学。

“对于任何行星际任务，出发的和目标物体的轨道位置驱动着任务的能源成本。在选定目的地之后，选择出发时间的灵活性较小。此外，任务时机之间的时间受其会合周期影响，对于具有相似轨道周期的对象，其会合周期可能会非常长——几十年或更长。因此，RAP 任务架构中包含了一种高度灵活的方法来确定任务时机，该方法使用多个天体的引力辅助、多次旋转的行星际转移和深空操作，来最大限度地增加任务时机的数量，同时使总任务ΔV最小化。”(科恩，2013b)

“小行星采矿的挑战可以分解为四个关键方面，包括任务和轨道设计、航天器设计、微重力和真空操作的采矿和加工技术，以及这些方面如何能够汇集到一个商业案例中……这里假设从碳质陨石、风化层冰或化学结合源中收集的水资源可以作为推进剂，很少需要或不需要在提取之后进行加工。”(科恩，2013b)

由于小型(<20 m)和大型(>20 m)小行星的设计细节和操作概念的实用性，RAP 架构在稻草人 SMR 经济研究方面具有价值。此外，RAP 架构利用小行星上的水资源以使其范围扩展到公开文献中所给出的其他采矿系统概念之外，这使其具有强大的竞争优势。

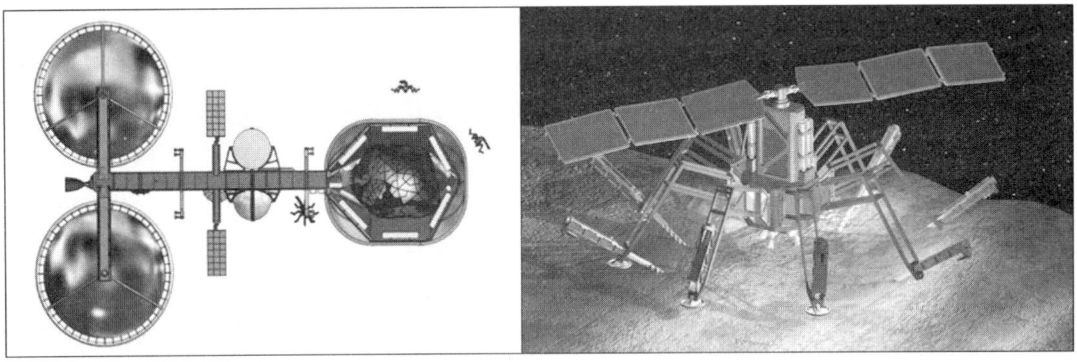

图 6－3　RAP 小行星采矿架构（科恩，2013b）

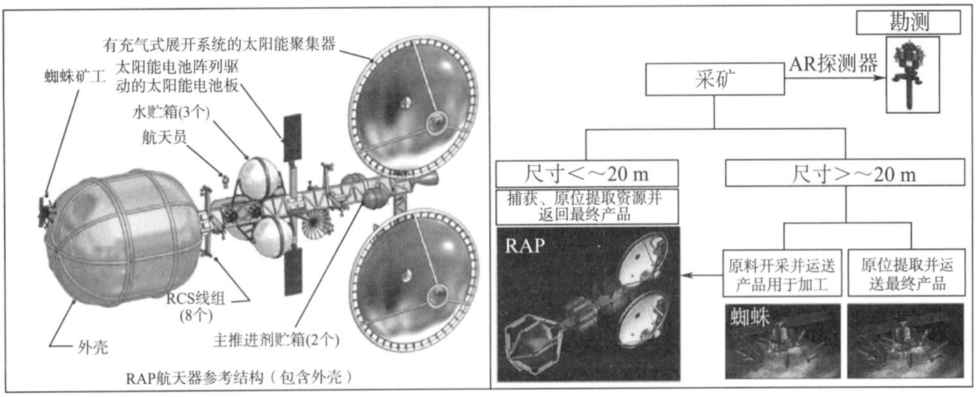

图 6－4　RAP 航天器和小行星策略（科恩，2013b）

采矿策略可以捕获较小的小行星或从一个更大的小行星中取出一部分。加利福尼亚州帕萨迪纳的蜂密机器人公司设计的子系统包括钻井、推进、锚固和水提取功能。

RAP 架构与航天器工程

航天器的设计反映了将运输、采矿、提取和产品运输功能合为一体的需要。

“RAP 团队设计了一个原型探矿和采矿航天器。其主要特点是使用太阳能热推进（STP）系统，结合抛物面太阳能聚集器，可将太阳光聚集到日射量的 10 000 倍。RAP 航天器的设计使以三种方式使用这种集中的日光成为可能。首先，它向太阳能热机提供高达 2 500 K 的热量，以将燃料从喷嘴送出产生推力。第二，它向航天器采矿、提取、加工和精炼系统提供工业用热。第三，它可以使用斯特林循环发动机产生约 1 兆瓦的电力。水是 RAP 太阳能热推进系统的首选燃料，因为它与常规的推进剂相比具有几个优点。与其低温副产物液氧和液氢相比，它是非常稠密的。它不仅避免了低温降温之后电解的复杂性和成本，而且水箱的质量可以比存储同样质量的液氧和液氢所需的贮箱质量小得多。此外，水可以存储在柔性贮箱中，从而简化在零重力环境下推进剂管理的任务，同时也可以在塌陷状态下被发射到外空中。”（科恩，2013b）

用于确定初始 RAP 系统大小的 ΔV，是基于之前多项小行星任务研究得到的。从地球上出发的基线将开始于地-月拉格朗日点（例如 EML－1），其速度大小也被确定为可以在出发时达到约 3.5 km/s 的。小行星捕获 ΔV 的基线约为 1 250 km/s，这里小行星出发速度约为 1 350 km/s。出发时使用 RAP 架构的推进剂将从当地小行星资源（前提是将被开采的小行星为正确的类型）中得到，并且如果有需要可以上调。返回地球的 ΔV 基线约为 2.5 km/s，可以反映出用于捕获到 EML 的 ΔV 减少量。额外增加的 ΔV 也可以通过添加/调整推进剂贮箱或交换推进剂的有效载荷来处理（科恩，2013a）。

RAP 架构巧妙地将 SMR 不仅作为客户，而且作为推进战略的基本组成部分，有效地降低了交通运输系统所增加的技术风险，并获得了更高的性能。为每个小行星采矿任务分配了 4 年的时间，预计其中 3 年用于飞行操作，1 年用于整修/维修。完整的 RAP 采矿系统的基线是向 EML－1 返回 150 吨可售水，并返回足够的水资源以支持该航天器的下一次出站旅程。图 6－5 对需求建模方法进行了总结。

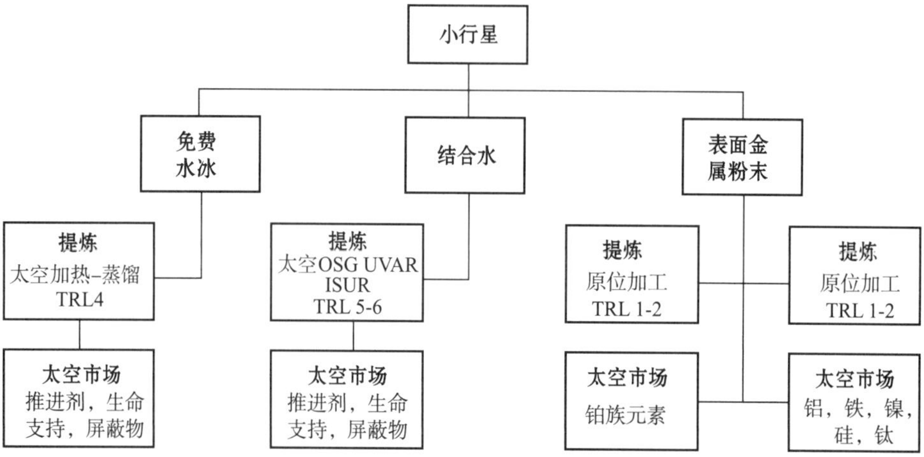

图 6－5　RAP 市场结构（科恩，2013a）

RAP 研究的小行星衍生产品的地球市场包括稀土元素和铂族金属。而在太空市场中考虑的则是水资源、农业土壤、建筑金属和屏蔽材料。

“RAP 团队认为水是太空中最有提取价值和最有可能作为推进剂销售给客户的商品。铂族金属是地球上潜在销售的最佳候选资源，但是其保证的范围要求以 10 吨的量级铂族金属返回到地球。虽然在地球上对稀土元素的需求日益增加，但由于加工矿石的成本和复杂性过高，这似乎不是一个可行的选择。此外，由于当前从地球提取的稀土元素的成本与该活动相关的环境修复成本相关，因此相比于小行星采矿，降低这些修复成本将更有可能成为提高稀土元素供给量的有效方式。未来潜在的经济资源包括科学样品、辐射屏蔽风化层、结构元素（如铝、铁、硅、钛等）、用于生命支持的已加工水，以及用于农业土壤的已加工风化层。”（科恩，2013b）

RAP 的结论，包括对稀土元素和铂族金属的观察结果，认为此前对这两类资源的价值估算并不符合实际情况。读者必须记住这是一项政府研究，而不是商业公司为获取未来利润而寻求的探险活动。在最终报告中没有提供关于稀土元素经济学分析的相关细节。然而他们估计，仅依靠将铂族金属返回地球的任务是不可行的。在研究时，铂的市场价格，按提炼成本折扣后估计为 41 000 美元/千克。如果总飞行任务成本为 7.5 亿美元/次，并假设利润为 25%，则任务将需要返回约 18.3 吨精炼后的纯铂（注意 18 300 kg 等于 635 000 盎司，或相当于 2012 年全球铂供应量的 10%），才可以达到平衡。报告并没有提供关于铂提取和提炼的假设信息，也没有提供需要返回到地球冶炼厂以生产该商品的铂族金属精矿的总增加量。该报告对小行星产品的太空市场的考察则进行得相当详细。

“RAP 经济的前提是人类将开发一套在太空生活和工作的基础设施。在 21 世纪，这套基础设施将有所增长，以供应数百人的生活和工作，并最终有成千上万的人类生活在整个太阳系。我们组建了一个空间基础设施发展框架，以描述这套基础设施在时间和空间上随生活人数连续增长的变化情况。这些外空定居者将对在外空中加工和制造的产品产生需求。我们最早看到的这种需求商品是水。水存在于月球和小行星上。从小行星返回水的 ΔV 通常可以小于进入和离开月球的重力井所需的水。我们相信，小行星上的水比月球上的水具有更大的相对优势，并且与地球上的水相比具有绝对优势。”（科恩，2013b）

水资源开采经济分析的假设条件是，小行星水源的主要竞争对手是通过低成本地面发射系统输送到太空的水。这就确立了 RAP 架构必须赢过的价格点。利用一个简单的技术论证并基于太空探索技术公司提供的低发射价格，我们计算出向 EML－1 提供地球水源的合理近似成本大约为 20 000 美元/千克。出于经济可行性考虑，在 RAP 必须做得更好才能取得成功。在 RAP 商业案例的总结中，对小行星衍生水成本的粗略量级（ROM）估计如下：一项持续 22 年的计划将包括 12 次水回收任务，并由 4 个采矿航天器完成；每次任务返回的净水量约为 15 万千克；粗略估计费用总支出为 92 亿美元（开发 25 亿美元，航天器生产 36 亿美元，操作成本 31 亿美元，总支出 92 亿美元）；先后 12 次任务回收的总水量将为 1.8 兆千克或 1 800 吨；计算出交付给 EML－1 水的 RAP 成本为 5 100 美元/千克。这些数字的确击败了假设的竞争对手（地球来源的水价为 20 000 美元/千克）。我们认为，水产量也可以在增加一倍的同时不会使总成本增加一倍，并得到了系统设计需要被改进和详细化、以便能够进行正式的成本估算的结论。该方法缺少的是假设的外空水市场的大小或规模随时间的变化趋势，而这正是量化未来需求的关键因素。

随着稀土元素和铂族金属的价值评估被宣布为不符合实际情况，如果没有为外空水资源需求建立客户基础，那么 RAP 架构将没有经济意义。为了回答这个问题，我们提供一个简化的“空间基础设施开发框架”，其需求可以随时间扩展，显示出外空水客户的潜在增长和进化路径。

“通过 RAP 项目了解外空资源前景市场的方法是开发一个定性的空间基础设施发展框架。为了预想深空经济的开端，RAP 团队构建了这个框架来对新生太空商业的价值和变量进行建模。这个模型描述了人类在外空居住和发展工业的潜在市场、客户基础和资本资金。这种人类发展将包括空间基础设施、“殖民地”、定居点、站点、采矿和加工操作。”（科恩，2013b）

由于架构和采矿航天器设计工作的精细水平，以及 RAP 团队发布的初步成本估算的有效性，架构的成本和性能假设条件为系统分析提供了重要的技术基准。本课题 SMR 系统分析将利用 RAP 研究中的一些技术结论及市场和空间基础设施框架，包括对小行星采矿系统成本和生产力的估计。

6.2 系统建模框架

了解 SMR 未来市场的一种方法是开发一个建模框架，该框架可以首先量化未来经济主体的预期需求行为。SMR 团队成员采用的方法创建了一个“空间基础设施开发框架”，作为概率需求建模的起点或参考模型。为了预想深空经济的开端，团队成员构建的这个框架基于最终消费者（未来的人类外空“殖民者”）建立了新生太空商业的价值和变量。这个模型假设了一个人类在外空居住和发展工业的潜在市场、客户需求和资本要求的起点估计。这为迭代过程创建了一个起点，可以用来求解这些值。通过假设未来的需求，设计和成本可以开始关注于是否可以以有利可图的方式满足该需求，是否可以完成模型的一次迭代或转向。人类外空开发最终将包括空间基础设施、“殖民地”、定居点、站点、采矿和加工操作。

（1）外空需求定量建模

SMR 的一个重要和有利的假设是，人类将逐步发展在外空生活和工作的基础设施。在 21 世纪，这种基础设施可以支持数以百计到数以千计的人类在月球、火星、近地天体上生活，并最终在太阳系中扩展到数百万人。SMR 团队建立的空间基础设施发展框架显示了交通节点和人类居住的目的地，以便估计基础设施在时间上随外空中居住人数连续增长的变化。这些外空定居者将作为未来商品和太空制造产品的需求基础。通过将人类定居者作为需求预测的基础，可以将人口统计分析的标准方法和结果映射到未来情景中，从而为利用当前趋势和市场数据预测未来商品和终端产品的使用而建立量化基础。

第一种具有较大预计需求的预期商品是水。已有证据表明，水资源以不同的条件和密度存在于月球和小行星上，包括最近在月球两极发现的高度沉积物。对于某些小行星，将有效载荷从小行星返回到地-月系统（即接近客户）稳定轨道的 ΔV 可以小于进入和离开月球重力井所需的 ΔV。虽然这些低能耗转移机遇中很多可能有很长的等待期。在这些条件下，相对于来自于月球的水，来自于小行星的水可能呈现出竞争优势。对于外空中的客户，根据当前运输技术的质量转移物理学，两种来源的水相对于来自于地球的水均具有绝对优势。然而，将有利的物理学分析转化为经济机遇，则需要技术、成本和市场的正确调整。“空间基础设施预测”（SIF）的主要输出是从低地球轨道到火星表面的各个系统节点对水资源的预计年需求量。对水资源需求量的预测将根据推进剂需求和人类对空气、水和食物的消耗相结合而确定。此外，基于人类消耗的“空间基础设施开发框架”也可以扩大，以适应其他潜在的月球或小行星产品，包括结构金属（铝、铁、锰、镍、硅、钛）、铂族金属、用于辐射屏蔽的风化层、为农业提供土壤的风化层和科学样品。

(2) 外空中持续生活的人数

“空间基础设施预测模型”中一个重要的变量给出了在以每 15 年为一个增量的时间结束时，连续居住在太空的预计人数。这些人数构成了对商品、消费品或未来在太空生产和运输产品的需求进行建模的基础或来源。在这个项目中使用的是人数的连续变化值而不是永久值，因为后者意味着人们不会再回到地球。相反，在估计时假设在可重复使用的运输网络中有一定数量的舱位，这些舱位将被机组成员或居民持续占据，在其“任务”旅行或旅居结束时可自由返回地球。因此，“空间基础设施预测”并不会要求人们“永久”移民到外空。假设建模的起始年份是 2010 年，大约是 6 个人开始在国际空间站连续生活的时间。到 2025 年的增长预测值将翻一番成为 12 个人，并在随后的时期内逐渐呈几何增加，这是由于假设了不再受制于地球约束条件的太空“殖民地”中 SMR 利用的增加。到 2025 年，可能有不止一家的新型太空公司会成为将人类送出低地球轨道的竞争者（例如王剑-奥马兹、金色道钉、沙克尔顿、火星灵感/Paragon SDC、太空探索技术/维珍 · 银河、毕格罗、波音和“火星一号”）。风险约束框架表明，每个公司成功的可能性是其竞争者数量的倒数。当前的一些行为体也有可能合并到更大的团队中，这些团队可能比迄今承担 NASA 商业化乘组和货物输送任务的公司或谷歌“月球探索奖”（Lunar - X）所支持建立的团队规模更大。估计随着这一系列在 45 年内的扩张，太空人口的平均数也会扩展到 26 046人。不可否认的是，这种分析方法是粗略且缺乏数据支撑的，但它有助于提供一个框架来将深空基础设施及其经济需求概念化。它是一个计算的起点，用于计算需要服务的潜在人口对工程和技术的要求。

为了解决可行性条件，我们在此提出一种数学建模方法。有人主张，可以对工程、成本、市场和政策对系统性风险的影响进行定量建模。模型的精确度或不确定性显然是建模工作量的函数，并在建模的初始阶段将处于非常高的水平。使用近似值使将要组装和升级的框架的基本建模成为可能，并做更多的工作来提高模型的精确度。报告变量和及其勾稽关系的透明度使审阅者能够核查基本的技术和经济假设条件是否合理。它还为决策者提供了评估降低风险（例如法律和政策或技术成熟度的变化）及信心建设（例如营销和客户评估）策略的框架。

一种理解 SMR 未来市场的切实可行且合理的方法是开发一个模型框架，该框架可以量化未来经济主体的预期需求行为，这是对上述工作的扩展。这将为以上进行的需求建模提供起点或参考模型。在新的信息或改变游戏规则的技术选项变得可用之时，还可以对工作进行升级。关键是要收集目前可用的最佳模型，而该模型应具有根据需要进行升级的能力。

(3) SMR 价值的经济基础

建立 SMR 的经济基础是进行前沿开发的关键赋能性步骤。这一基础取决于用户对在太空创造的对材料和产品属性的定义。可以对客户和他们的偏好进行建模、预测，甚至引导。这是开展市场研究、营销和广告工作的基本功。太空客户的偏好将遵循其天然的消费模式，因为人类将做他们习惯于总是做的事情：创造、消费、娱乐和扩张。这些因素都有助于创造和扩大经济价值。以可持续的方式向上，进入下一个前沿领域的基于市场的愿景，将映射未来经济价值的需求方向。当供应和价格用于求解均衡条件时，关于太空新兴及潜在市场的性质和行为的模型可以用来量化未来的消费。人类在太空进行消费的基础可以从地面模式中进行映射，这一基础将是位置、物流和成本的函数。这使得在现今的人类需求、偏好和未来的经济主体决定的消费模式之间建立勾稽联系成为可能，从而使人口、偏好和其他丰富的数据源能够用来对未来太空市场行为进行建模。

一般来说，从外埠输入产品的价格越高，则本地生产的价值就越高。直接消费模型及可能的技术替代性将决定未来 SMR 情景中哪些是可行的，以及潜在的 SMR 值可能位于哪里（例如在月球冷阱处的冰）。大胆的新思想和概念正在稳步向一个量化基础进行集聚，这一量化基础基于用户的人均 SMR 使用量来预测太空需求模式。通过使用经济和金融语言来量化供给和需求，可使具有真实资本的投资者开始定位，甚至参与早期的前沿开发。

“俗话说，多谋善断者得天下。当领导者考虑如何实现和获取经济可行的颠覆性技术的全部价值时，这一想法可能会成为行动的号召。”[马尼卡（Manyika），2013]

在生产或供给侧方面，从数学角度理解采矿和能源行业如何运作，则可以阐明未来的机遇，并有助于预测 SMR 的结构、时间和位置。大量的相关类比都是可用的，但是需要用于适应微重力和真空条件的技术论据。在矿业生产和制造业中，关于供应方经济和技术分析有着丰富和详细的文献资料。将工业、采矿和土木工程的专业知识与航天工程相结合将是一个良好的起点。

（4）市场需求的可能性

小行星铂族金属和贱金属如果作为地球产品出售，则具有很高的市场确定性。但是，其价格和那些与太空目的地相关的价格相比要低得多（类似的还有交易量或吞吐量限制，即市场量的小幅增加可能导致价格崩溃，这是当今采矿业面临的常见问题）。相比之下，基于太空的产品（例如由小行星或月球/火星上的水资源衍生的推进剂）具有较高的市场不确定性（迄今为止还没有客户存在），但预计其价格将随它到地球表面的距离（更具体地说，运输能量）以函数的形式增加。为了进行估计，可以通过考查现有交易的当前价格和数量信息，简单地对地球市场进行建模。对市场价格或低于市场价格的外空返回商品，客户将 100%进行购买。结果可以直接用于可行性分析，并且经常被误用来对非常大的小行星进行估值（通常发生在市场规模限制被忽略的情形下）。尽管该过程是直接的，但是迄今为止的经济分析还没有显示出 SMR 的价值足以返回市场的迹象（可参见上面的 RAP 工作）。

太空市场则存在更多问题，而且具有更低的确定性。也就是说，如果建立太空市场，客户会出现常常面临新产品和新技术的问题。然而，如果价格以三个数量级或更大的速度增加（例如国际空间站的水价相比于地球的水价），则可以轻松克服这一市场确定性差距。

“看起来，在贵金属之后水资源并不会是同样热门的商品。但该公司认为水资源是同样重要的，因为它可以分解并用于开发火箭燃料。事实上，对于同样的直径达 500 m 的小行星‘含有 80 倍于最大超级贮箱能够装载和提供的水量，如果可以将水转化为火箭推进剂，则有（小行星将产生）200 倍于人类历史上曾经发射过的火箭所需燃料的总和。’”（弗里茨，2012）。

由于其在航天商业界的新颖性和重要性，接下来将提出更详细的太空市场定量建模方法。可能性将被用于加权不确定的未来市场对现值的贡献。这将能够对货币的时间价值和累积的市场风险进行折现。鉴于建立市场似然函数所需的基本想法已就绪，我们很容易对低价值、高概率的市场进行建模和理解。这种市场有着广泛的现有客户。在SMR文献中已经多次对最可能市场（例如月球或小行星衍生的推进剂或空间太阳能发电）进行了讨论，并且它们将作为SMR价值建模的主要基础。而高价值、低概率的市场是特别有趣的，并且可能为早期投资者提供非线性回报（或产生一定的损失）。这方面的实例包括假设的宏观尺度月球冷阱爱因斯坦冷凝物（BEC，Bose－Einstein Condensate）的制造设施或商业月球天文台。与其他市场的联系也提出了一组需要回答的有趣问题，这些联系支持着基础设施和完全市场表现的要求。

6.3　基于人类旅行和定居的太空市场需求

关于火星旅行和人类定居点的明确目标正在从越来越多的“高将值人士”身上体现出来。从“贝宝”（PayPal）起家的亿万富翁伊隆·马斯克在这方面展现出卓越的领导力，确实为未来太空定居者建立了通往红色星球（火星）的可靠道路，并支持了商业航天企业的发展。

“在其‘海因莱因奖’获奖感言中，马斯克表示希望把10 000人送上火星。马斯克很少仅为了哗众取宠而做公开声明，但针对10 000名即将成为火星人的呼吁是很了不起的，即使是对于他的标准来说也是如此。当我询问他这一点时，他停顿了一下。他是在重新考虑吗？是的……但是，关于马斯克有太多其他的东西是不可预测的。‘最终我们不是真的希望有10 000人在火星上生存’，又暂停了几秒之后他说，‘我们想要数百万人。’”［克勒克斯（Klerks），2011］

将人类定居太空的技术要求转变为深空经济的可信、可行的愿景，可以从基于最终客户（未来太空“殖民者”）的未来太空商业开始建模。这种人均方法提供了一个出发点，然后可以将其分解为技术、财务和政策目标、里程碑和宗旨。在营销文献中可以找到很多关于人类消费模式和偏好的数据集。对未来太空定居者和游客也已经进行了多年的人口分析。太空市场将以与地球市场类似的方式发展，虽然同样受到自然环境和物理条件的限制，但孕育着大量新的机遇。其基本驱动因素相同，即消费者的需求或欲望、支持性基础设施的存在、新兴的提取或制造技术，以及运输和物流网络的创建。这些因素均有助于预测商业概念在这里是会繁荣还是会消失。我们可以对这些元素进行近似推算，以便一睹未来太空市场可能如何工作和彼此支持。从对未来需求情景的假设开始，满足需求的工程设计和成本计算阶段可以继续进行，从而关注是否可以用赢利的方式（也称为可行性）满足该需求，完成模型的一次迭代或转向。

(1) 将架构和操作转化为消费和成本

航天运输和生命支持的技术要求是为人熟知的。这使得能够建立物流和供应链模型，以满足未来太空定居者的预计需求和消费模式。人类太空发展最终将包括空间基础设施、“殖民地”、定居点、站点、采矿和加工操作。这些功能在地球上都具有类比项，从而使建模成为重新映射到新物理空间的简单过程。通过将这些模型连接到技术和经济可行性的有限区域，可以看到关于未来太空定居的发展路径在给定的时间框架内是否合理的更大图景。

（2）SMR 的供给功能

关于向未来太空经济中提取和供应 SMR 衍生产品的技术基础研究已经持续了多年。月球原位资源利用系统已经由 NASA 进行了建模分析，且现在处于原型的硬件开发和测试阶段。这些设计在火星或小行星上的应用也已经开始在概念和实验的基础上开展。概念硬件和操作的成本计算可以利用 NASA 之前的计划和任务的相关经验（布莱尔，2002）。然后可以将这些操作和成本模型聚合为 SMR 生产或供应功能，用以估计各种太空衍生产品的单位成本。

评估空间基础设施要素未来性能和成本的有价值的参考背景资料可借鉴 NASA 的工程、成本和运行经验。一个大规模载人航天计划组织（需要有足够的透明度来了解它如何运作、做出决策和将子系统集成为复杂功能）的存在，也使我们能够将所学到的经验应用到私人太空定居点。NASA 关于预算、大规模系统集成和计划经验的公开信息可以作为衡量或估计私人太空投资的有效性甚至效率的重要标准。

6.3.1 基本规则和假设条件

初步的稻草人模型假设与进入外空的能源成本（包括所谓的 ΔV 或速度变化量）、人类每日和每年的用水量（用于消费和运输）、运输和消费节点的位置、小行星采矿设备的成本和生产力，以及地球供给品竞争的价格相关。

“基本规则和假设条件包含了被认为可能发生的内部和外部情况或事件。它们描述了影响成本估算的主要决策和经济环境。基本规则和假设条件基于对系统的操作、维护和支持。基本规则和假设条件一般包括：运营维护期、美元基准年、美元类型、通货膨胀指数、要包括或排除的成本、对正确解释估值的指导方针，以及与获得里程碑节点有关的限制和范围的说明。”（NASA，2008）

（1）ΔV 假设条件

影响未来推进剂使用的最重要的变源是进入外空的能源成本，在航天工业中通常表示为速度变化量或 ΔV。鉴于 SMR 稻草人模型估计了太空定居者的人均水资源消耗量，而电解水则是目前已知的最有效的化学推进剂，因此这些 ΔV 值是建模工作中的关键参数。

对于 SMR 稻草人模型，以下近似值（如表 6-1 所示）将用于计算出发和返回时推进剂的质量。所有的 ΔV 均假定为常数。换句话说，假定各项任务都采用可用的最有效（或能耗最低的）运输路线。因此，我们认为稻草人模型估计的推进剂质量为未来的消耗量预测提供了下限值（即最小值，因为在客户的判断标准之下实际推进剂使用量可能会更高）。

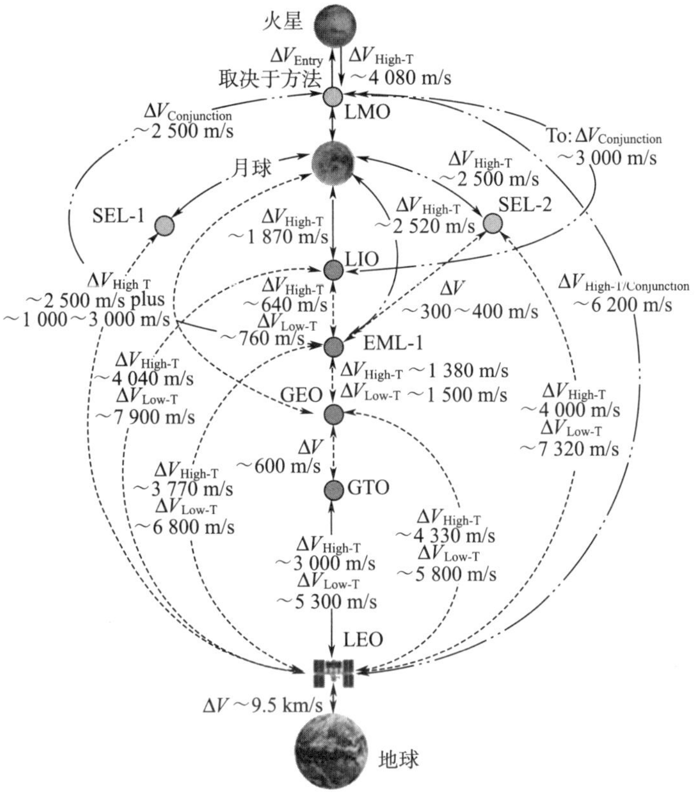

图 6－6　地球附近的 ΔV（曼金斯，2012）

表 6－1　“灵感火星”SMR 模型预测推进剂使用的 ΔV（曼金斯，2011）

ΔV 假设条件（平均）	出站	返回	参见图 6－6（曼金斯，2011）
地球-低地球轨道	10 000	0	假设地球返回时空气制动
低地球轨道-L1	3 800	500	假设地球返回时空气制动
L1-月球	2 500	2 500	月球着陆器可重复使用-在月球表面加注推进剂
L1-火卫一	2 700	2 700	火星出站空气捕获及环绕＋结合
火卫一-火星	500	5 000	假设火星空气制动

ΔV 值的计算将通过累加和收集有效载荷质量，然后估算在特意简化的运输网络中将有效载荷从一个节点送到另一个节点所需的推进剂用量来完成。这使得利用运输网络流建模、成本最小化或吞吐量最大化方法和软件进行后续优化成为可能。

对于某些小行星，将有效载荷从小行星返回到地-月系统（即接近客户）中稳定轨道的 ΔV 可以小于进入和离开月球的重力井所需的 ΔV。虽然这些低能耗转移机遇中很多时候可能需要很长的等待期。在这些条件下，相比于来自月球的水资源，来自小行星的水资源可能呈现出一定的竞争优势。对于太空中的客户，根据当前运输技术的质量转移物理学，两种来源的水资源相对于来自地球的水资源均具有绝对优势。然而，将有利的物理学分析转化为经济机遇，则需要技术、成本和市场等要素的综合平衡。

（2）技术基本规则和假设条件

一些其他的嵌入技术和简化假设条件将有助于构建需求模型，该模型对技术和非技术受众都是透明的和可理解的。技术假设条件可简单概括为以下内容：

1）水资源将同时用于推进剂生产并对月球、火星、火卫一及小行星上不断增长的太空定居活动提供生命支持。

2）水资源是特别选择的推进剂，我们并未对其他替代品进行建模（诸如煤油和过氧化物等衍生物是可以进行建模的，但替代品将增加复杂性和质量、同时降低效率，从而增加推进剂质量和消耗的下限）。

3）假定航天运输系统是可重复使用的，其中估计干质量与湿质量之比恒定为15%（即独立系统将自我优化到该水平）。

4）氢/液氧被选定为所有运输中的推进剂。

5）推进剂以约6∶1的比率从水转化为氢/液氧（接近化学计量的发动机可以提高转化为水需求的效率，即浪费更少的氧，这与约80%的转化效率相关）。

6）2010—2025年将进行化学品运输（比冲为460 s）。

7）2026—2070年将使用核热或太阳能热发动机（比冲为1 800 s）。

8）进口工业设备将直接与人口（工业需求的来源）成比例扩展，并且作为人均比率随时间增长。

9）淋浴是重要的，后来的“殖民者”对淋浴水的需求会比饮用水更多（视为豪华替代品）。

10）闭环系统最终将实现水的循环利用（以某种效率比实现）。

11）可以使用火箭方程来将乘客质量（满载）转换为基于人均的推进剂需求（如下所述）。

12）满载的乘客质量包括食物、水、设备，以及按比例分摊的SMR和工业硬件质量。

13）假设在火星大气捕获/着陆及返回地球时采用空气制动。

14）ΔV均由文献（曼金斯，2011）导出。

所有假设条件均将建立在先前假设的基础之上，以建立一个简单和透明的模板，用于问题确定并找到可行的解决方案。

（3）经济基本规则和假设条件

除了上述所列的技术假设条件外，还需要给出以下经济/财务假设条件。虽然其中许多均未在模型中明确执行，但仍假定它们存在，并且认为它们应当被包含在模型结果的可行性空间内。经济模型基本规则和假设条件包括：

1）操作周期和开始日期为2010—2070年。

2）用于一致性成本估算的美元类型基准为2013年的美元。

3）通货膨胀率和贴现假设包括25%的加权平均资本成本（WACC，包含基率为4%的年通货膨胀率）、6%的平均股权/债务成本、15%的附带但未指定的风险溢价。

4）数据点估计的频率或模型间隔设置为15年，其中假设将离散的线性年度插值用于累积值的计算。

5）对行星巡航，轨道插入/碰撞，进入、下降和着陆（EDL），地面操作，扩展操作和丢弃进行了假设，但未进行设计。

6）对部署、常规操作、维修/物流操作和丢弃的操作概念进行了假设，但未进行设计。

7）对于人类在太空和行星表面前哨站点的发射和装配、成熟操作、逐步淘汰操作和丢弃进行了假设，但未进行设计。

8）操作是多任务的（例如设施成本和操作小组在所有任务之间共享）。

9）与合作伙伴的成本分摊安排将同时包括公共和私人利益相关者。

10）商业、政府和非政府组织（NGO）实体将基于特定基础参与运营和管理。

11）政府监督的责任将在赞助国或发射国的层面上加以落实。

如果对 SMR 可行性的初步审查可以为进一步研究和建立/改进模型提供足够的理由，那么上文所列清单则可以为需要进一步扩展和付出努力的领域提供指导。在商业、金融和风险投资方面应将这份清单包括在内，因为其是增加政府成本估算师及专业人士信心的关键部分。

6.3.2　人均消费和运输

第一种具有较大预计需求的预期商品是水资源。已有证据表明，水资源以不同的条件和密度存在于月球和小行星上，包括最近在月球两极发现的高度沉积物。将水资源用作推进剂并在地月间航天器和行星际航天器中使用已被广泛研究。对于作为推进剂的水资源的定量需求将是系统吞吐量的函数，或者说有效载荷将流经运输网络。这实际上是一种次要需求，它由将有效载荷（人、货物和基础设施）移动到太阳系中某组期望目的地的主要需求来驱动。对主要需求（将人类和货物送到外空目的地）的预测将构成“空间基础设施预测”的基础，然后可用于求解推进剂的需求问题。水量需求模型的主要基础和基本单位是每个旅行者或定居者。然后 SMR 可以作为支持系统的基本部分，为其提供运输和消耗品。通过将 SMR 的利用定义为太空客户人均需求的函数，可使得模型的可扩展性随着时间的推移而增长，以满足相关需求。

“灵感火星”消费模型

NASA 和越来越多的航天承包商已经针对每天人体针对氧气和水的消耗需求进行了广泛研究。已将分析结果用于美国阿波罗号、航天飞机任务和国际空间站上生命支持和舱外活动（EVA）系统的设计。俄罗斯和中国的相关经验也反映了这些结果。为了简化 SMR 稻草人模型，我们可以利用丹尼斯·蒂托最近的工作和“灵感火星”消费模型推断总结人均消耗量。（蒂托，2013a 和 2013b）

图 6-7　“灵感火星”构架，预计 2018 年飞越火前（蒂托，2013b）

表 6-2 "灵感火星"消耗模型——代谢需求（蒂托，2013a）

乘组人员代谢界面值（汉福德，2006，表 3-3-8）[18]				
接口	每个乘组人员平均每天			共计 2 人 500 天*
总体重	70 kg			140 kg
呼吸商	0.869			N/A
	输入	输出		
空气				
产生的二氧化碳		0.998	kg/（人·天）	998 kg
消耗的氧气	0.835		kg/（人·天）	835 kg
水				
消耗的饮用水	3.909		kg/（人·天）	3 909 kg
污水		0.091	kg/（人·天）	91 kg
呼吸水与汗水		2.277	kg/（人·天）	2 277 kg
尿		1.886	kg/（人·天）	1 886 kg
代谢产水	0.345		kg/（人·天）	345 kg
食物				
消耗的干粮	0.617		kg/（人·天）	617 kg
热量				
N/A				
废弃物				
粪便固体废弃物（干基）		0.032	kg/（人·天）	32 kg
汗水固体废弃物（干基）		0.018	kg/（人·天）	18 kg
尿液固体废弃物（干基）		0.059	kg/（人·天）	59 kg

* 不包括包装与贮藏容器。

表 6-2 和同一报告中的其他输入经过浓缩和简化，得到了表 6-3 所示的版本，它给出了将人类送往太阳系目的地（例如月球和火星）出发和返回时计算有效载荷质量的主要基础。

表 6-3 简化版的载人消耗模型（蒂托，2013a）

	单位质量
单人体重	70 kg
食物（每天）	0.62 kg
水（每天）	0.91 kg
氧气（每天）	0.84 kg
水中氧的比率	80%
个人装备	559 kg

得到人均每日消耗量之后，可以对年消耗量进行估计。更重要的是，我们可以对将人类探险者送往他们选择的目的地所需的推进剂需求量进行估计。但首先需要选择目的地，并确定旅行者的数量。

6.4　空间基础设施预测

在外空生活和工作的人需要基础设施。以人均为基础对出发射时的有效载荷（人类定居者＋支持设备和消耗品的增量份额）进行估计可以建立一种理性、合理、简单的需求估计方法，该需求估计基于大家普遍关注的关键变量，即人类定居者的数量。这种方法是用 SMR 稻草人模型进行商业案例分析的核心。在 21 世纪，这种基础设施可以支持数以百计到数以千计的人在月球、火星、近地天体上生活。对基本的空间基础设施网络进行定量建模，为地球轨道、月球和火星之间不同目的地的旅行者和定居者设置交通节点。这是对人类支持性基础设施随时间变化而进行成长性预测的第一次迭代。第一次估计将基于 NIAC－RAP工作（参见表 6－4）。它将瞄准由太空探索技术公司创始人伊隆·马斯克所提出的 10 000 名火星定居者的目标，这也是他有生之年要实现的一个目标。

表 6－4　RAP 空间基础设施预测方法（科恩，2013b）

度量标准	最近		近期		中期		远期		长期	
里程碑年份（近似）	2010 年		2025 年		2040 年		2055 年		2070 年	
每 15 年在深空基础设施的投资与 2013 年的倍数关系			25		50		100		200	
里程碑年 NYB 投资率	0		0.2		0.4		0.8		1.6	
外空居住人数	6		12～20		144～400		1 728～8 000		20 736～96 000	
消耗在何处	外空	地球	外空	地球	外空	地球	外空	地球	外空	地球
商品 1：水	水		水		水		水		水	
商品 2：铂族金属				铂族金属		铂族金属		铂族金属		铂族金属
商品 3：辐射屏蔽物			辐射屏蔽		辐射屏蔽		辐射屏蔽		辐射屏蔽	
商品 4：科学样品				科学样品		科学样品		科学样品		科学样品
商品 5：土壤风化层					土壤风化层		土壤风化层		土壤风化层	
商品 6：结构材料							结构材料		结构材料	
商品 7：									待定	待定

注：NYB：NASA 年度预算，2013 年 NASA 预算约 170 亿美元。

生活在太空中的人数

开发“空间基础设施预测”（SIF）模型中的一个关键变量是太空中连续生活的人数（以每 15 年为增量进行报告，这与上述 RAP 模型相符，尽管以每 10 年为增量肯定会使得计算过程和结果更容易理解）。这个人口量构成了模拟商品、消耗品和未来外空生产和运输产品需求的基础或来源。在这里的估计中假定在可重复使用的交通网络中有给定数量的舱位被货物、乘组成员、游客或移民持续占用。其中有些人会选择在旅程结束时回到地球。假设建模的起始年份是 2010 年，大约是 6 个人开始在国际空间站上连续生活的日期。RAP 模型中的增长预测使用以下公式（注：这个模型是呈指数增长的，在第 11 个周期，即 2160 年将得到很大的数字或 GBN）：

$$第二周期首年人数=\frac{(第一周期首年人数)^2}{2^{周期}}$$

$$\frac{6^2}{2^1}=18$$

即预测 2025 年将有 18 人在太空持续生活。

相反，SMR -“空间基础设施预测”假设的年增长率也可以暂估为恒定的 15%。这导致后期的稳步增长，反映了繁荣的城市增长率，因此从可稳定供应移民数量的角度来看这是可持续的。另一个重要的假设是 SMR 使用量的逐渐增加，使其可以从地球约束条件中摆脱出来，这可能会导致定居者数量自发增长（这一点在当前的稻草人模型中予以忽略，但可以通过增加消耗品而不增加与此相关联的运输推进剂来建模）。最后还进行了一个假设，即认为可以用简单的比率、通过不同位置节点和目的地来捕捉旅行者和定居者的分布。上述假设的结果见表6－5，其中给出了“空间基础设施预测”中的人口预测子集。

表 6－5　空间基础设施预测中的人口预测

SMR -空间基础设施预测/太空人口预测模型					
年份	2010 年	2025 年	2040 年	2055 年	2070 年
每周期的增长率（指定）		15%	15%	15%	15%
太空中的人数	6	49	397	3 233	26 304
人口随时间的增长率		100%	100%	100%	100%
低地球轨道前哨基地	100%	75%	55%	35%	30%
EML－1 前哨基地		20%	20%	10%	10%
月球表面前哨基地		4%	17%	20%	20%
火卫一前哨基地		1%	3%	5%	5%
火星表面前哨基地			5%	30%	35%
太空人口分布	2010	2025	2040	2055	2070
低地球轨道前哨基地	6	37	218	1 131	7 891
EML－1 前哨基地	0	10	79	323	2 630
月球表面前哨基地	0	2	68	647	5 261
火卫一前哨基地	0	0	12	162	1 315
火星表面前哨基地	0	0	20	970	9 206

上述预测方法特意进行了过度简化，旨在为深空基础设施的概念化提供更大的框架。它可以作为估计产品和服务需求的嵌入式人类经济的基础。事实上，它甚至可以作为扩展工程和技术要求的出发点，以便为未来潜在的人口服务。它还可以作为一个有用的基准来考查技术或能力升级的价值。将人口预测与消费、有效载荷假设相结合来计算推进剂需求时，需要一套嵌套式假设条件。可以设置这些变量来满足各种研究者的偏好或信念。

表 6-6　主要的 SMR-空间基础设施变量预测

每年人均	2010 年	2025 年	2040 年	2055 年	2070 年
旅行频率（每年）	0	0.5	0.5	1	1
旅行时长/年	0	2	2	1	1
食物，空气及水的乘数/天	365	365	180	50	20
水使用量的奢侈乘数	1	2	4	8	20
居住及环控生保系统设备/人均比率	5	40	30	25	20
SMR/工业设备乘数比率	0	0.5	1.5	5	8
定居者留居太空因子	1	1	0.9	0.8	0.7
设备留居太空因子	1	0	0.2	0.3	0.5
回收度	0.8	0.4	0.5	0.6	0.7
单堆栈	1	1	0	0	0

表 6-6 中给出的主要模型输入的描述如下。旅行频率（每年旅行次数）是所有目的地的加权平均值，也是每人每年通过网络移动的次数（值得注意的是，与火星相比，低地球轨道和月球的游客数量将会更多）。在 2055 年和 2070 年通过使用高推力（1 800 s 比冲）技术来实现高速运输，使得送往火星的更大的年输出量合理化。旅行时长（以年为单位）是所有旅行者的平均值。食物、空气和水的乘数（每年的天数）反映了每年需要多少天的食物和空气供应，以便在旅行期间生存。假设本地食物、空气和水的生产技术的成熟度足以抵消这一点。水的奢侈乘数，旨在反映淋浴、热水浴缸等所需的额外水，因为客户对原始条件的容忍度将随时间降低，故需要额外水。居住地及环境控制和生命保障系统（ECLSS，Environmental Control and Life Support System）设备的人均比率是根据当前的国际空间站和火星任务进行设计的，是对每人可分配到的居住地与生命支持质量的相对比例的估计，并以此作为对人的体重的乘数。注意，航天器总线或推进模块被视为单独的线路项目。SMR/工业设备乘数比率被表示为出站的每人乘数效应，认为设备输送到最终目的地（例如火星表面）但不返回地球。旅行者也以类似的方式处理，设定一个定居者留居太空因子或旅行者转为定居者的比率，作为预测比率用来估计每年有多少人需要被运回地球。设备留居太空因子与此相关，它是留在最终目的地的个人效应的比率（如舱外航天服、专业工具等）。回收度（这也包括年损失百分比）是现场回收的水和氧（不需要作为消耗品更换）的量。最后，单堆栈乘数与返回到出站航天器（例如阿波罗号任务结构）的有效载荷相关，它们用于以前前往月球和火星的航程，并反映了早期探索和 SMR 的预实施。

如果将上述假设条件与表 6-7 所示的单位人均消耗量相结合，可以给出以下年度消耗增长量的估计值。然后需要将这些值传送到各个目的地。

表 6-7　每年的合计消耗量

年度质量增量（每人）	2010 年	2025 年	2040 年	2055 年	2070 年	单位
人的质量	70	70	70	70	70	kg
生命支持性设备质量	350	2 800	2 100	1 750	1 400	kg
食物质量	226	226	112	31	12	kg
水的质量	1 427	2 854	2 815	1 564	1 564	kg
空气（氧气）质量	383	383	189	53	21	kg
出站工业/SMR 设备质量	0	35	105	350	560	kg 基于乘数
出站个人装备质量	559	559	559	559	559	kg
返回有效载荷质量	2 457	6 893	5 733	3 859	3 347	kg 每人每次旅行
出站有效载荷质量	5 473	14 767	5 950	4 377	4 187	kg 每人每次旅行
单位年度人类水消耗量（kg/年）	381	3 713	2 895	712	522	空气和水（kg/年）

每位太空消费者或旅行者质量组合的基本总和为：人的质量＋个人效应＋居住地和生命支持性设备的比例份额＋食物＋水＋空气（氧气）。这实际上定义了最小返回有效载荷质量（对于留下的设备可以进行相应下调），因为它是使某人安全返回地球所需的最小质量。出站有效载荷质量定义为增加出站工业（SMR 加工）设备然后返回有效载荷的质量（对于单堆栈有效载荷来说）。这是每年人类消耗的基础（以千克/年为单位）。下一步将是对运输需求进行估计，以便求得每个周期的推进剂需求水平。

6.5　产品分配和推进剂加注的节点

SMR 活动将会生产水资源，然后将水资源运送到运输节点以分配给需要加注推进剂的顾客。水资源的生产将在下一步进行处理。本节给出了分配和加注推进剂方面的假设条件。使用简化的假设条件，通过使用人均出站和返回度量标准，使模型独立于运输系统的有关细节（即需要选择发射服务提供商、设计空间架构和运输阶段等）。通过假设干质量恒定为总质量的 15%，可以使得火箭方程免于迭代。假设这一比例不会随着运输技术的变化而改变，即忽略系统替代品如离子、太阳能、核聚变或裂变火箭的影响，同时基本上不干扰其他假设条件，我们便有可能针对更高比冲的特定系统的效果进行建模分析。尽管这可能不太实际，但它是更为保守的，因为它针对推进剂需求给出了一个下限。

假设推进剂分配、推进剂加注和补给节点由低地球轨道、EML-1（但可以是任何地-月拉格朗日点）、火卫一、火星和月球上的商业实体来逐步部署和维护。这些节点的间隔大约等于 ΔV 的平均增量（在 2～4 km/s 的范围内），从而使得能够在整个网络上使用可重复使用的运输系统，在需要时可使用空气制动和着陆装置。低地球轨道被假定为所有出站交通的目的地及运输和加推进剂节点。假定 EML－1 站点服务于月球和火星的出站交通，以及用于地球返回的来自相同目的地的入站交通。月球表面站点将服务于月球与 EML－1 之间的交通，包括推进剂、人员和货物的运输。火星表面站点将服务于火星/火卫一的交通，包括推进剂、货物和返回的旅行者和乘组人员。简单起见，近火轨道（LMO，low－Mars orbit）被认为是火卫一轨道的等价物。火卫一节点和站点将服务于所有入站的 EML－1/火星表面交通，以及出站的地球返回交通。为确保直观透明，这种流动网络特意进行了过度简化，并且以牺牲简洁度为代价可以很容易变得复杂化。使用蒙特卡洛方法模拟运输将是一个很好的出路，可以将有价值的细节添加到结果中。使用这些堆叠假设条件（并由表6－9中的乘数进行了调整）可以推算出表 6－8 中估计的出站和返回时的有效载荷质量，得到以下出站和返回时的推进剂需求。

表 6－8　人均出站推进剂用量

每个节点每人出站需求推进剂量/kg	2010 年	2025 年	2040 年	2055 年	2070 年
低地球轨道－L1	0	24 332	9 804	1 090	1 043
L1－月球	0	12 295	4 954	681	652
LI－火卫一	0	13 789	5 556	741	709
火卫一－火星	0	0	710	126	121

表 6－9　人均返回推进剂用量

每个节点每人返回需求推进剂量/kg	2010 年	2025 年	2040 年	2055 年	2070 年
低地球轨道－L1	0	822	684	111	97
L1－月球	0	5 740	4 774	601	521
LI－火卫一	0	6 437	5 354	654	567
火卫一－火星	0	0	16 714	1 328	1 152

然后将出站推进剂需求量和返回推进剂需求量相结合，以产生每人每节点的年度单位推进剂需求量，如表 6－10 所示。请注意，这些是以 15 年为间隔进行的每周期首年估计值。可以利用插值法对期间各年度的推进剂需求进行估计，并且将在总结部分用于计算累积经济结果。

表 6－10　每个间隔周期首年的人均总推进剂需求量

每个站点单位推进剂需求/kg	2010 年	2025 年	2040 年	2055 年	2070 年
低地球轨道站点	0	24 332	9 804	1 090	1 043
EML－1 站点	0	26 906	11 194	1 534	1 457
月球表面站点	0	5 740	4 774	601	521
火卫一站点	0	6 437	6 063	780	688
火星表面站点	0	0	16 714	1 328	1 152

下一步是结合先前在表 6－5 中导出并在表 6－11 中概括的人口模型，以便估计出使用推进剂所需的吞吐量。

表 6－11　每个节点的客户数量

每个节点的客户数量	2010 年	2025 年	2040 年	2055 年	2070 年
低地球轨道站点	6	37	218	1 131	7 891
EML－1 站点	0	10	79	323	2 630
月球表面站点	0	2	68	647	5 261
火卫一站点	0	0	12	162	1 315
火星表面站点	0	0	20	970	9 206

各类消费者的数量乘以其单位推进剂需求量，即可得出总消耗量，但其中既有前进也有回击。注意，火卫一具有两条流动线路，而 EML－1 具有三条流动线路。每个间隔周期首的乘客吞吐量的点估计可用于指定并累积每个方向的运动。与可能逐渐形成的交通网络相比，这种交通网络非常简单。这里以牺牲真实度为代价简化了模型，但很容易对其进行升级以满足未来的工作要求。

表 6－12　吞吐量——每个节点通过的旅行者数量

每个节点的运输吞吐量（人类交通）	2010 年	2025 年	2040 年	2055 年	2070 年
地球-低地球轨道	6	49	397	3 233	26 304
低地球轨道- L1	0	12	179	2 101	18 413
L1 -月球	0	2	68	647	5 261
L1 -火卫一	0	0	32	1 131	10 522
火卫一-火星	0	0	20	970	9 206
火星-火卫一	0	0	17	775	6 444
火卫一- L1	0	0	29	905	7 365
月球- L1	0	1	60	517	3 682
L1 -低地球轨道	0	12	160	1 680	12 888

以下蝙蝠图 6－8 阐明了简化版的地-月-火系统中的节点位置、定居者流动方向及相关的空间基础设施。

最后一项是计算推进剂和生命支持性消耗品的组合吨数，可通过每个节点的旅行者的流量乘以他们单独或单位消耗和运输需求来得到。运输过程中的单位消耗等于每个节点的年度水资源需求量，结果如表 6－13 所示。

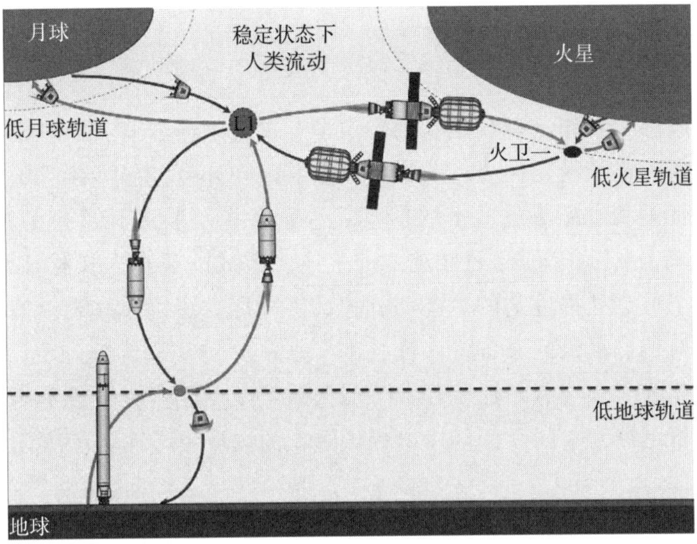

图 6-8　稳定状态下太空定居者和旅行者流动的蝙蝠图

表 6-13　每个节点的推进剂总估计量

每年每个节点的推进剂及生命支持用水（MT）	2010 年	2025 年	2040 年	2055 年	2070 年
低地球轨道站点	2	433	2 385	3 096	23 321
EML-1 站点	0	425	3 133	5 534	43 158
月球表面站点	0	13	482	771	4 665
火卫一站点	0	5	328	1 577	12 084
火星表面站点	0	0	342	1 720	12 230

注：表中数据是每个节点在单位时间内对水的累计预计需求量。

上述分析结果表明，EML-1 站点的推进剂需求量在数年内将达到最大值，每年将超过 4 万吨。这并不意外，因为它是具有最多人类吞吐量的枢纽。最大的意外是火星表面返回飞行所需的数量。商业化的小行星采矿公司应该注意这些结果，因为它们将构建长期商业案例。

最后，将水资源假设为未来载人空间交通运输所选择的推进剂是较为保守的。其他推进剂的选项例如煤油，可以从小行星或月球两极上的冰冻一氧化碳/二氧化碳中制取。但该过程效率更低，将消耗更多的能量并提供更少的推进力。简而言之，水需求量代表了供应 SMR 的运输网络的推进剂吞吐量的最小量。如果选择其他推进剂，则其需求量将更大，实际上会增加而不是减少年度吨数。

6.6 SMR 稻草人操作概念模型

结合上面开发的“空间基础设施预测”模型、推进剂需求节点预测模型及 RAP 架构，为经济可行性分析提供了简化但可行的操作概念（ConOps）。它解释了如何向 EML-1 输送水，同时提供任务和产品单位成本的估算。然而有些元素并示考虑在内，包括在月球、火星、火卫一表面及低地球轨道上推进剂的生产。集成的稻草人操作概念模型如图 6-9 所示。图中对每个节点处推进剂的生产和分配系统进行了建模和假设。假定未来的商业运营商在每个节点对他们提供的服务统一征收基本水费的 25%作为额外费用。由于需要大量的电能来将水转化为氢和液氧，这实际上可能低估了站点经营者的成本函数。对太空电力需求的进一步分析可以为空间太阳能发电提供重要的数据集，而空间太阳能是一种重要的非矿物外空资源。

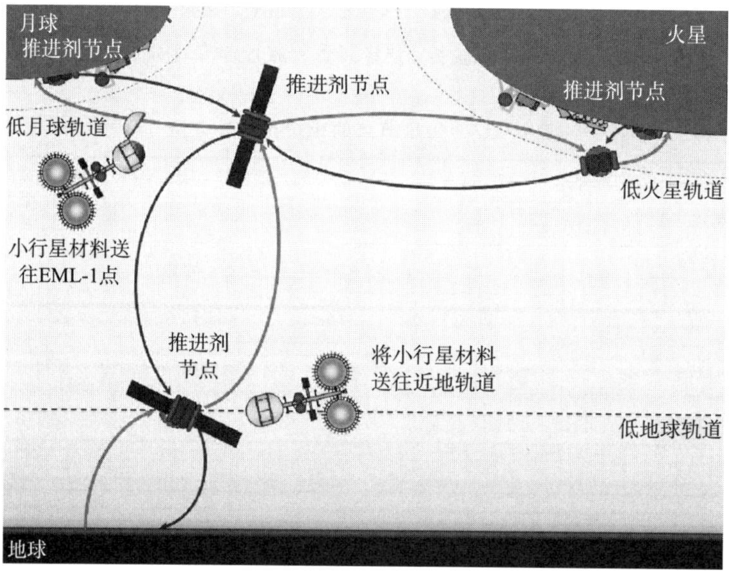

图 6-9　推进剂节点位置的稻草人操作概念模型示意图

小行星采矿系统工程细节（在子系统和组件层面）的发展及成本模型的验证是一个需要开展更多工作的领域。高度的不确定性取决于未经核对的 RAP 模型假设条件。但是，它是迄今为止具有最高细节度的设计方法。

6.7 SMR 定价与均衡建模

进一步向前发展需要考虑太空水资源的定价政策，该价格应随其与地球距离的增加而增加。经济学家将价格视为买方愿意支付和卖方愿意接受付款的交集。可以将其看作一个动态平衡过程，是使经济交易参与者达成协议的交流或谈判过程。需要指出，价格与成本有很大的不同。事实上，它们之间的差异也就产生了利润或亏损。太空商品价格的最高值将通过竞争来确定。对于早期 SMR，通常是与地球供给品的竞争。商业外空采矿从业者在销售其早期产品时，其价格不能高于从地球提供相同材料所需的成本。如果 SMR 运营商的价格高于地球发射相同材料的成本，则地球供给品的竞争将会尝试满足该需求。之后将出现其他运营商对 SMR 的竞争（例如月球采矿者试图打败 EML－1 小行星采矿者的价格）。从长期来看，太空竞争的结果将是通过稳定地降低商品价格来惠及最终客户。这可以通过设定若干限制条件来进行建模，这些限制条件基于预期成本与利润之和，渐近地接近那些限制条件将是竞争者总数的函数。将企业成本和价格建模为目的地或供应节点位置的函数的能力，使得能够利用经济学理论来构建竞争格局在太空如何演变的不同情形。更长远来看，这场竞争将推动太空商品的价格降低，低到 SMR 足以取代地球采矿从业人员开采的矿物和制造的商品（特别是危险或有毒的工业或产品）。

RAP 架构中假定了一个在 EML－1 站点的未指定的客户（可假设是一个拥有推进剂客户或其他用水客户的推进剂站点），它将在 4 年内需要 1 800 吨水，并愿意为每千克水支付近 20 000 美元。这是基于太空探索技术公司公布的对低地球轨道价格的估计（远低于一些行业网站给出的行业标准），并结合了简化版的上面级设计和成本估算。

进入月球和火星的工业成本估计可能更具挑战性。但是它们显然已经内嵌存在于太空工业数据集中，挑战之处在于如何把它们分离出来。尝试使用成本为质量百分比的论点来作为粗略估计月球和火星出站成本的方法，其中同时使用新兴的 NewSpace 数据集和已发布的火星探测器任务数据。天体机器人技术公司（Astrobotic Technologies）（谷歌“月球探测奖”的竞争者）最近发布了一个进入月球的商业价格表（天体机器人公司，2013b），具体数据在表 6－14 中进行了总结，并清楚地给出了可消耗技术的成本，其使价格呈指数增长。

表 6－14　月球表面的商业价格（天体机器人公司，2013b）

天体机器人 RFQv3－2013 年 7 月	http：//www. astrobotic. com/wp－content	质量/kg	单位成本/（千美元/kg）	目的地	总成本/（百万美元）
送往 TLI 的有效载荷	高达 663 kg，初始 99 000 美元/kg	663	99	TLI	65.6
送往月球轨道的有效载荷	高达 515 kg，初始 198 000 美元/kg	515	198	LLO	102.0
送往月球表面的有效载荷	高达 270 kg，初始 1 200 000 美元/kg	270	1 200	LS	324.0
送往月球表面目的地的机器人探测器的有效载荷	高达 120 kg，初始 2 000 000 美元/kg	120	2 000	LSR	240.0

利用“联合发射同盟”已发布的“德尔塔”四号重型火箭成本数据，可以将上述列表进行扩展，其中利用了它到达低地球轨道、地球静止转移轨道和地球静止轨道的额定有效载荷容量来填补这些轨道目的地之间的空白（韦德，2011）。并且，这与发射成本的常用计算方法相一致（即没有改变游戏规则）。最后，将最近的 NASA 火星探测漫游者任务（NASA，2003）所得到的数据添加到进入太空的成本-目的地模型之中，其中成本累积的近似值与所有一次性消耗任务的实际质量相匹配。表 6－15 中给出了整个地-月-火系统目的地的成本估计模型。虽然这种近似取值法相对粗糙（很容易利用更好的数据进行升级），

但其简单性对为评估 SMR 预计面对的地球竞争而建立的最高价格模型具有价值。最右列（调整后的单位成本）反映了统一的“1/3 实际成本折扣”（实现为表 6－15 所示的折扣率），用以解释太空探索技术公司引领下的新兴商业运营商的成本效率。

表 6－15　基于 1/3 折扣率的月球/火星映射价格

					折扣率：0.33333	
来源	质量/kg	总成本/（百万美元）	单位成本/（千美元/kg）	目的地	调整后的单位成本/（千美元/kg）	
德尔塔 IV－H	27 569	254	9.2	LEO		3.1
德尔塔 IV－H	12 999	254	19.5	GTO		6.5
德尔塔 IV－H	6 365	254	39.9	GEO/L1		13.3
天体机器人价格清单	663	65.6	99.0	TLI	TLI 级有效载荷	33.0
天体机器人价格清单	515	102.0	198.0	LLO	LLO 有效载荷	66.0
天体机器人价格清单	270	324	1 200.0	LS	着陆器有效载荷	400.0
天体机器人价格清单	120	240	2 000.0	LSR	探测器有效载荷	666.7
水星探测器单位成本估计	6 000	60	10.0	EL		3.3
水星探测器单位成本估计	1 062	110	103.6	TMI	TLI 级有效载荷	34.5
水星探测器单位成本估计	827	190	229.7	LMO	保护罩有效载荷	76.6
水星探测器单位成本估计	174	320	1 839.1	MS	着陆器有效载荷	613.0
水星探测器单位成本估计	50	350	7 000.0	MSR	探测器有效载荷	2 333.3

表 6－15 中的数据清楚地表现出进入太空的价格指数性质，这种性质是由当前一次性消耗系统和星际任务所需的指数堆积的组合产生的。图 6－10 中以线性和对数格式绘制了上述成本。注意在对数图表上数据的线性排列情况。1/3 的折扣率将作为 SMR 早期的定价基础，并作为 NewSpace 的预期价格结构的替代。注意，价格作为距离的函数呈指数增加是 SMR 商业案例的核心基本原理。这强调了使用原位资源进行推进剂补给的非常真实的经济论据，使得通过加注推进剂而重复使用资本资产（而不是在单次使用之后丢弃），从而获得极为显著的效率。

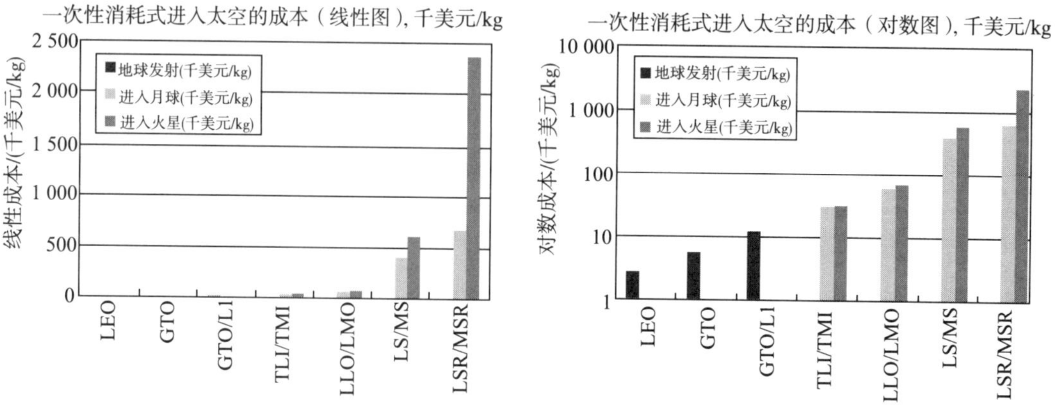

图 6－10　月球/火星映射价格（线性格式及对数格式）

6.8　稻草人模型分析和评价

对稻草人商业模式的系统分析和评价可以得到一组重要的结论。首先是观察到了 EML－1 和月球表面所支配的 SMR 早期可回收的经济价值（记住 EML－1 由小行星提供资源）。这并非一个令人惊讶的结果，而且它实际上并不是基于月球资源的。它同时基于两个作为人类居住目的地（在低地球轨道之外）的价值。

将稻草人模型扩大应用于其他产品

未来的各种市场情形可能限制其他产品的价值超过水的价值。如果可以建立生产功能，将产品开采和精炼分解为一系列技术投入，包括单位产品的质量和能量估计（例如减少火星氧化铁来制造钢产品），那么就形成了技术和经济术语之间进行转换的基础。在火星上使用钢，将能制造各种工业产品和消费产品及基础设施。通过创建与太空定居者额定参数相关的需求情景，可以建立与“空间基础设施预测”的钩稽关系并可以轻松地扩展其效用。区分不同商品或产品价格的简单方法是估计其在生产中的附加价值或能量。请注意，纯度是地球上开采和精炼产品的主要因素，并且具有与高纯度元素相关的显著溢价。成本分析的另一个替代品是产品复杂性或需求与愿望之间的辨别度（这是一种较为奢侈的溢价法）。

上面提供的市场可能性评估方法是另一种通过使用超低可能性的权重来对一些更古怪的想法进行建模的方法。需要注意到，太空市场与地球市场相比，其销售的许多外空资源的价格可以增加两到三个数量级。但是对于个别情景，其可能性则会较低（通常不会超过三个数量级，而且这是阐明太空中 SMR 价值的意义所在）。在媒体广泛讨论的太空产品包括稀土元素、铂族元素和贱金属（铝、铁、镁、镍、钴、钛）。对于月球，或许可以使用纯化的钙或钾作为电路应用中的导体。这些金属在地球环境中会快速氧化，因此未被使用，但其在独特的太空环境中则可以实现其他替换。

“稀土元素并不是一种经济的选择。虽然最初的 RAP 提案将稀土元素作为可能选项，但从经济角度上来说，将稀土元素从太空运回地球并没有优势可言。地球上的稀土元素并不罕见，不过是从生产经济上来说倾向于需要廉价劳动力和对环境退化的高度容忍，这也使得中国对稀土元素几乎实现了垄断。新的对环境更为安全的加工技术可以更广泛地获得稀土元素，虽然不一定会更便宜。”（科恩，2013b）

尽管目前的价格（但其受地球市场规模的限制）非常有吸引力，但将铂族金属运回地球可能会被证明是小行星材料未来主要市场的偏离，因为用水客户即将座落于太空中。对于铂族金属、稀土元素和用于太空工业的其他外来元素或材料，其太空需求可能会有所增加。然而，这些情况本身并不足以构成 SMR 的基准经济情形。用水来支付基础设施、铂族金属甚至贱金属，可能会使其作为水资源生产的副产品具有意义。在许多地球矿场，副产品的生产通常为矿业公司赚取利润。主要产品用于维持矿井的开办并支付各种账单，而副产品则用于创造经济利润。

只要采矿成本可以得到满足，那么从小行星回收铂就可以通过降低价格、扩大供给来加速燃料电池技术的利用。由于铂族金属的独特性且其性能具有价值（包括非氧化性），因此已成为人类已知的最珍贵的工业金属之一。它们是可以点燃太空工业革命的材料和技术的一部分。贱金属将通过提供在太空中建造巨大结构所需的原料而进一步加速这场革命的进程。

6.9 SMR 建模分析小结

太阳系资源的可持续发展需要确定月球、火星或小行星采矿的有利条件。综合运用技术和经济分析法是确定和限制未来外空资源私人投资可行区域的有用工具。

分析评估过程将有助于确定特定小行星采矿商业模型是否可行。这最终将基于一个可信市场的存在（除了可信的成本战略和供应函数以外）。使用建模工具来创建一组数据点进行估计，用市场、成本和技术术语定义 SMR 稻草人系统架构的经济可行性区域。利用技术和架构参数生成系统级供应函数，使用操作概念和客户预测来驱动成本模型。使用映射太空产品和不同位置的客户创建单独的需求函数。均衡点估计是通过将供应映射到需求，并阐明可行的解决方案来实现的。注意，这种解决方案通常会吸引地面条件和风险偏好下的商业投资（即如果其作为太空市场机会的属性被模糊）。

SMR 的工业化利用将不再是天方夜谭，而且它的可行性也不再完全是一个工程函数，传统的游戏规则为此处于变革之中并正在演变为政策、法律和经济。初步的经济结论包括：1）局限于将贵金属运回地球市场的设计似乎并不符合实际情况；2）在稻草人模型假设条件下，在外空中存在客户群来消耗推进剂、消耗品、结构材料或屏蔽物，这使小行星采矿在经济上是可行的；3）长远来看，地球客户和太空客户的混合式架构可能会随着成本下降和市场规模的扩大而变得可行。

SMR 的一个重要结论是，从地球进入太空的高成本直接有助于经济盈利。换句话说，维持较高的地球轨道发射成本反而有助于实现 SMR 的价值。虽然很明显，太空探索技术公司正在开发降低发射成本的可靠路径，但是可能会有动机来阻止迅速将价格降至新的成本水平，如果刺激太空经济发展符合这些人的长期利益。在这种情况下，大量利润的产生很可能加速航天企业所需资本的流动。

正在坐等完整信息的投资者或政府机构面临着错失良机的风险。根据定义，新兴的市场机遇从来没有完整的信息，并仍然属于高风险投资类别。如果在模型中显示出较高的投资回报率，则可以利用足够的风险资本来进一步细化模型输入，然后利用现实生活出现的各种机遇。降低已感知风险和实际风险在工业中是一个很好理解的过程。

> “等待过久的投资者可能会错失良机。”“历史经验已经证明，在多数投资者对新兴市场最悲观的时候，恰恰创造了一个强大的买入机会。”[蒂瑟林顿（Titherington），2013]

一旦人类定居者到达太空，就显然会形成一个开采水资源的商业模型。问题于是变成了是否可以建设空间基础设施，来支持人类迁移到太空。这一问题的答案将涉及建筑研究、商业建模和技术突破的搜索和开发，特别是在太空采矿、精炼、制造和修理方面。

本章本篇都是围绕运载火箭（化学火箭）作为基础设施而展开的，以逃离地球的引力。人们只有在实现太空电梯时才能想象整个财务预测的变化，此时的入轨成本已经从抵达低地球轨道需要每磅 10 000 美元变为每磅 100 美元（预估）。此外，电推进和核热火箭的进步将使我们在太阳系内的移动更为容易而经济。

第7章　政策与法律视角下的外空矿物资源

7.0　引言

随着越来越多的人们开始支持外空矿物资源（SMR）项目，在最近的许多会议上，关于SMR这一话题的讨论越来越多，菲利浦·哈里斯在其《外空法与外空资源》[①] 一文中很好地总结到：

“美国政府在联合国和平利用外层空间委员会的辩论中已清楚地阐明其官方立场，并将这些条款解释为允许任何国家或公司去开采并利用外空资源……即使在相对反资本主义的《月球协定》下，美国谈判代表在联合国和平利用外层空间委员会中已然表明该条约允许公司与国家开采月球资源的官方立场。例如，月球土壤中存在数量有限的氢、氮、碳等轻元素，但在月球两极可能存在大量的冰冻水。长期以来，美国法律解释为，发现这些资源的国家可以开采它们。这些国家并不会拥有那块土地，但通过劳动将赋予矿石所有权。”

本章将阐述当前的政策与法律问题，尤其是现有的规制SMR活动的联合国公约。与此同时，我们必须借鉴历史教训。拉尔夫·科迪纳[②]（Ralph Cordiner）很早之前就已经开始思考这一问题，他关注的一些问题在当今仍有重要意义：

1）“我们如何像在地球一样，利用我们极富活力的、具有竞争力的航天私有企业，使新发现的太空资源为人类所用？”

2）“私有企业与私有资产如何最大程度地作出贡献？”

3）“什么项目必须得到政府的领导与支持才能得以实施？”

4）“我们在国际太空竞赛中竞争之时，应该做些什么来保全这个自由社会？”

5）“当太空领域被开发之时，我们如何确保它将是一个自由之地而非严格管控的领域？”（科迪纳，1961）

然而路线图并非由历史界定，决策者和具有影响力的人的行动才是最关键的，SMR产业在严格监管和无所作为的严冬中最终仍然得以萌芽。政府对于SMR活动，已由默认转向开放与主动地扶持这一产业。在这个冰融的春天，政策与实践如雨后春笋般涌现，将最终强化私有SMR活动的正当性。

随着私有SMR活动逐步成为现实，其合法性在美国联邦航空管理局（FAA）和其他

---

① Phillip R. Harris, Space Law and Space Resources, in Space Resources vol. 4, Social Concerns, (NASA - California Space Institute, 1992) available at http://www.nss.org/settlement/nasa/spaceresvol4/spacelaw.html.

② Ralph Cordiner, Competitive Private Enterprise in Space, in Peacetime Uses of Outer Space, 213 - 140 (Simon Ramo ed. 1961).

国家的力度虽小但针对性特别强的支持下不断推进。乔治·尼尔德（George Nield，美国联邦航空管理局副局长）指出，“此刻我们尚未谈及产权……我们目前所做的是从美国政府的角度，建立一些能够提供确定性的监管体系，使他们能够进一步施展计划并募集资金。”［福斯特（Foust），2015a］尼尔德指出，建立国家监管体系还有许多工作要做，主要是确保政府可以在履行国际条约（如《外空条约》）义务的情况下，对私有领域活动进行监管（Foust 2015b）。“联邦航空管理局的决定‘并不意味着对月球拥有所有权’，毕格罗说，‘它仅表示不允许在你之上又许可别人着陆或在他人正在开发与勘探的地方着陆，这可能与月球站有着相当一段距离。’”［SpaceKSC，2015］鉴于美国联邦航空管理局的职权限于航天发射许可，上述声明并不能为 SMR 活动的合法性提供直接援引，但是可清楚地表明建立一套有着充分的法律确定性并与美国的国际义务相符合的国家监管体系，以便利私有活动的必要性和紧迫性。

7.1 一般性政策、法律与规则考量

各国的航天政策应当依据已批准的条约、普遍接受的原则及国际惯例而确立。确立太空探索与商业利用基础的最重要的成文法由以下联合国五大外空公约组成。

1)《关于各国探索和利用包括月球与其他天体的外层空间活动所应遵守原则的条约》③（简称《外空条约》或 OST），由大会在其第 2222（XXI）号决议中通过，1967 年 1 月 27 日开放供签署，1967 年 10 月 10 日生效；

2)《营救宇宙航天员、送回宇宙航天员和归还发射到外层空间的物体的协定》④（简称《营救协定》或 ARRA），由大会在其第 2345（XXII）号决议中通过，1968 年 4 月 22 日开放供签署，1968 年 12 月 3 日生效；

3)《外空物体所造成损害之国际责任公约》⑤（简称《责任公约》或 LIAB），由大会在其第 2777（XXVI）号决议中通过，1972 年 3 月 29 日开供放签署，1972 年 9 月 1 日生效；

4)《关于登记射入外层空间的物体的公约》⑥（简称《登记公约》或 REG），由大会在其第 3235（XXIX）号决议中通过，1975 年 1 月 14 日开放供签署，1976 年 9 月 15 日生效；

5)《关于各国在月球和其他天体上活动的协定》⑦（简称《月球协定》或 MOON），由大会在其第 34/68 号决议中通过，1979 年 12 月 18 日开放供签署，1984 年 7 月 11 日生效。

1967 年《外空条约》现有 105 个缔约国，近半个世纪以来被国际社会接纳为人类新维

---

③ Treaty on Principles Governing the Activities of States in the Exploration and Use of Outer Space, Including the Moon and Other Celestial Bodies, Jan. 27, 1967, 18 U. S. T. 2410, 610 U. N. T. S. 205 [hereinafter Outer Space Treaty].

④ Agreement on the Rescue of Astronauts, the Return of Astronauts and the Return of Objects Launched into Outer Space, April 22, 1968, 19 U. S. T. 7570, 672 U. N. T. S. 119.

⑤ United Nations Convention on International Liability for Damage Caused by Space Objects, March 29, 1972, 24 U. S. T. 2389, 961 U. N. T. S. 187.

⑥ United Nations Convention on Registration of Objects Launched into Outer Space, Nov. 12, 1974, 28 U. S. T. 695, 1023 U. N. T. S. 15.

⑦ Agreement Governing the Activities of States on the Moon and Other Celestial Bodies, Dec. 18, 1979, G. A. Res. 34/68, U. N. Doc. A/34/664, 1363 U. N. T. S. 3 [hereinafter Moon Agreement].

度内的大宪章（Magna Charta），并对所有航天大国的行为规范有着重大而深远的影响。然而，1979 年《月球协定》，作为外层空间第五个联合国条约，却没有被法国和印度以外的任何其他航天大国签署。[⑧]

如果进一步观察上述联合国五大外空公约的整体签署情况，如表 7－1 所示，我们将会发现 1979 年《月球协定》的加入情况是极其有限的。[⑨]

表 7－1 联合国五大外空公约的总体签署情况

状况	1967 OST	1968 ARRA	1972 LIAB	1975 REG	1979 MOON
R 总数	105	95	94	63	17
S 总数	25	24	20	4	4
D 总数	0	2	3	2	0

注：R—批准，接受，赞同，加入或继承；
S—签署；
D—接受权利和义务的声明。

因此，1979 年《月球协定》并没有在国际空间领域内获得广泛适用。目前尚无任何国际条约禁止在月球、小行星或其他太阳系内的天体上进行采矿活动，或者简单地认定这种行为本身即为非法。国际社会真正缺少的仅仅是一个被广泛接受的用以规范相关国家或国际活动的法律框架。商业航天产业界和空间法学界都在期待这一法律空白尽早得以填补。

我们不能低估国家航天政策的重要性，因为在条约法未能顾及之处，往往需要政策加以介入。

许多国家尚未加入《月球协定》，主要原因在于他们认为此条约限制了他们的根本利益，即盈利。具体在于各国不愿限制各自在月球和其他天体上的活动——盈利、研究或其他活动，从而导致《月球协定》的失败。在另一领域，相当多的国家为了继续在大洋海底采矿，明确表示不加入 1982 年《联合国海洋法公约》[⑩] 中的国际海底管理局。[⑪] 大国的普遍不接受，对应的就是条约的失败。

国际法中关于缔约国须受制于其所批准的条约也是许多国家不加入《月球协定》的原因。探索和利用外层空间（包括月球与其他天体）被视为“全人类的事情”[⑫]，但这绝不能妨碍他们的开发和探索。回溯《外空条约》的不得据为己有原则，我们可以推论其旨在尝试否定国家宣示外层空间（包括月球和其他天体）主权的正当性；因此，允许“对天体的所有区域均可自由进入”（《外空条约》第一条）是首要的。

---

⑧ 目前只有以下 17 个国家批准《月球协定》：澳大利亚、奥地利、比利时、智利、哈萨克斯坦、科威特、黎巴嫩、墨西哥、摩洛哥、荷兰、巴基斯坦、秘鲁、菲律宾、沙特阿拉伯、土耳其、乌拉圭、委内瑞拉。参见联合国外空司官方网站。

⑨ *Id*.

⑩ United Nations Convention on the Law of the Sea, Dec. 10, 1982, 1833 U. N. T. S. 3.

⑪ See Steven Groves, The US Can Mine the Deep Seabed without Joining the UN Convention on the Law of the Sea, The Heritage Foundation (December 4, 2012) available at http://www.heritage.org/research/reports/2012/12/the-us-can-mine-the-deep-seabed-without-joining-the-un-convention-on-the-law-of-the-sea.

⑫ Outer Space Treaty, supra note, art. 1.

不签署或不批准 1979 年《月球协定》的具体原因在于其第十一条的规定，它要求对源于月球和其他天体的资源和利益进行共享。《月球协定》第十一条第三款对“全人类的事情”作出了进一步的规定：

“月球的表面、地下或其任何部分及其中的自然资源均不应成为任何国家、政府间或非政府国际组织、国家组织或非政府实体或任何自然人的财产。”

第十一条第七款要求“所有缔约国公平分享这些资源带来的惠益”，这或许是导致《月球协定》失败的真正原由。政府、公司和企业家们不希望被拒在外空采矿获益的门外，另外大多数国家的政策都是支持（至少以默示允许的形式）在市场经济原则下的商业开发的。因此，必须出台 SMR 活动的政策以避免产生任何混淆；同时，应当在既不过度规制，也不疏于规制的前提下，鼓励有秩序地对太阳系进行开发。

7.1.1 近地操作安全问题

未来国际范围内可接受的惯例之一，可能是合作共享太阳系内航天器的位置信息。安全(既包括实质意义上的避免碰撞，也包括所有权意义上的排他性利用)、对于 SMR 的商业化至关重要。一个类似于空间 WARC 的系统，用以减缓近地小行星威胁、采矿运营和宣告资源所有权之时的冲突，或可成为建立国家、投资者、运营者以及相关方之间互信的方式。近地小行星的位置、获取和利用，不能成为轻易获取的成果，也不允许各实体在没有明确目的和开发能力的条件下，无限期地保留在月球、小行星或其他天体上的矿区。该目的究竟是以时间、技术还是资金来衡量，应当由在 SMR 社会各界充分参与下制定的法律框架来决定。

我们甚至可以构想一个外空交通控制中心，可以在全球意义上对行星际的、月球、拉格朗日点、地球静止轨道、中地球轨道、低地球轨道的交通和轨道进行协调和授时，以避免有害干扰和碰撞。它还有如下附加惠益：作为一个信息交流中心，可以最小化延误、阻隔机动飞行和空间碎片的产生。所有用户必须能够探测并规避彼此，但最具机动能力的空间活动行为体，应当负有与其他行为体合作的主要责任。

将小行星带入地球轨道的安全问题、近地空间的非污染问题（如碎片的产生等)、以及要求地球安全轨道的损减或提升问题等，或将鼓励，或将阻碍 SMR 活动的开展。风险减缓可以通过对审时的政策、条约和法律的合理利用而实现。越能针对风险创造更多的确定性，则越能提高创业成功的概率。SMR 政策、条约和法律举措将特别地成提供赋能作用或破坏稳定性的作用。

私人空间活动行为体要谨记《外空条约》规定的国际合作原则不仅旨在促进跨国合作，同时也为缔约国创立了国际义务。第九条规定国家“在外层空间（包括月球与其他天体在内）进行的各项活动，应充分注意本条约所有其他缔约国的相应利益”。该条款进一步规定了两项义务，避免“对地球环境造成污染以及不利变化”，以及避免“对其他缔约国活动的有害干扰”。如果我们结合第六条关于缔约国“国家活动”（不论这样的活动是由政府机构来进行还是由政府实体来进行）的国际责任来解释本条款，私人空间活动行为体应提高他们对其航天活动可能产生的国际影响的意识。

7.2 外空资源所有权

现行的国际空间法，被熟知为"国际空间法体系"（CJS，Corpus Juris Spatialis），存在许多不明确之处以及可能导致混淆和误解的问题。[13] 其中，最大的问题可能就是由SMR的提取和利用产生的，其不确定性让许多人思考商业化获取丰富的SMR的合法性问题。我们需要寻求《外空条约》第一条自由利用原则与第二条不得据为己有原则间的巧妙平衡。

历史上所谓的祖父条款中允许第一个在陆地上拥有属地优先权的先例，完全可以延伸并适用于外层空间。但是此处又必须参考反对意见，例如"不论是发现优先权，还是对科技设施的掌控，都不能构成在这一领域形成排他性的权利"[14]。国际社会应当对这些突出且重要的问题提供有效的解决方案，勇敢地面对法律制定漫长且艰巨的过程；但是在SMR产业化梦想实现并形成国家实践之前，这一立法的紧迫性和必要性很难得到证明。

从产业的视角来看，一个恰当且全面的分析将必然推论出SMR可以自由获取，与此同时，不能阻止主权国家对其管辖的选民与事务实施固有的统治权，前提是他们的行为符

---

⑬ *See* Bin Cheng, *Studies in International Space Law* 383 - 424 (1997); Stephen Gorove, *Developments in Space Law Issues and Policies* 18 (1991) (noting that many "vexing problems remain" with the current CJS); Julian Hermida, *Legal Basis for a National Space Legislation* 243 (2004) (commenting on the inadequate mechanisms for private companies to settle disputes under the CJS); Francis Lyall& Paul B. Larsen, *Space Law A Treatise* 42 (2009) ("As a result not all [treaty language in the CJS] is pellucid… [Current space activities] were not in contemplation when the space treaties were formulated"); Bryon C. Brittingham, *Does the World Really Need New Space Law?*, 12 Or. Rev. Intl L. 31, 37 (2010) (discussing difficult ambiguity in the CJS); Gennady M. Danilenko, *Outer Space and the Multilateral Treaty Making Process*, 4 High Tech. L. J. 217, 220 (1989) ("Not all the essential subjects amenable to treaty regulation have been resolved. Even during the 'golden age,' states failed to reach agreement on a number of important problems."); Art Dula, *Free Enterprise and the Proposed Moon Treaty*, 2 Hous. J. Int' l L. 3, 8 (1979) ("The Moon Treaty is vague, lengthy, and complex."); Ricky J. Lee, *Reconciling International Space Law with the Commercial Realities of the Twenty First Century*, 4 Sing. J. Int'l & Comp. L. 194, 206 (2000) (commenting on the "present inadequacies" of the current space law regime that has limited the CJS to "vague and abstract terms"); Mark J. Sundahl, *The Duty to Rescue Space Tourists and Return Private Spacecraft*, 35 J. Space L. 163 (2009) (noting and suggesting remedies for the deficiencies in the current rescue and return rules or persons and objects in space); Robert A. Ramey, *Armed Conflict on the Final Frontier: the Law of War in Space*, 48 A. F. L. Rev. 1, 74 - 100 (2000) (discussing and lamenting holes and ambiguities in the present CJS); Jefferson H. Weaver, *Illusion or Reality? State Sovereignty in Outer Space*, 10 B. U. Int' l L. J. 203, 218 - 232 (1992) (discussing ambiguities in the CJS which, purposeful or not, are causing present difficulties); Brian Wessel, *The Rule of Law in Outer Space: the Effects of Treaties and Nonbinding Agreements on International Space Law*, 35 Hasting Int' l & Comp. L. Rev. 289, 301 (2012) (Discussing current trends for states to continually reinterpret language within the CJS which is disruptive to the proper rule of law); Julie A. Jiru, *Star Wars and Space Malls: When the Paint Chips off a Treaty' s Golden Handcuffs*, 42 S. Tex. L. Rev. 155 (2000) (claiming ambiguities in the OST greatly stymie commercial efforts); Lynn M. Fountain, *Creating Momentum in Space: Ending the Paralysis Produced by the Common Heritage of Mankind Doctrine*, 35 Conn. L. Rev. 1753 (2003) (noting the specific provisions and schools of thought within the CJS are "antithetical to the economic development of space resources."); Philip De Man, *The Exploitation of Outer Space and Celestial Bodies - A Functional Solution to the Natural Resource Challenge* (Leuven Centre for Global Governance Stud. Working Paper No. 50, 2010).

⑭ See Manfred Lachs, *The Law of Outer Space, an Experience in Contemporary Law - Making* 45 (2d ed. 2010).

合其应承担的国际义务。下面将对正式的成文法和相关的习惯法、各种关键性、争议性问题，以及一些解决方案建议进行探讨。

7.2.1 法律背景

国际空间法体系的首要进展源于1958年联合国和平利用外层空间委员会（COPUOS）的成立。⑮ 意识到空间法将从本质上引发一系列国际范畴内的问题，联合国大会创立了和平利用外层空间委员会，将之作为一个国际论坛来思考和讨论空间法中出现的问题。⑯ 在本书付印之际，和平利用外层空间委员会已有84个成员国，⑰ 并促进了几乎所有的主要多边空间法条约的制定。除了在7.1节中引用的联合国五大外空公约，和平利用外层空间委员会还在一些其他重要的且迄今为止仍然相关的国际空间法文书发展中起到关键性作用。⑱ 然而，随着各国开始寻求在不同的方向解释、发展与扩张空间法（其中有许多模棱两可之处），空间法的主题正变得越来越具争议性，也因此使得情况进一步复杂化。⑲

国际空间法体系被视为是“管理国家、国际组织、个人与公司外层空间探索与利用的国际和国内的法律规则与原则”。⑳ 因此，其本身有三个主要渊源：国际条约与原则，习惯国际法（CIL），国家立法实践，下文中将逐一进行研究。有趣的是，空间法同时也是在与其他具有类比性的国际法领域（如海洋法和南极条约）的比较中形成的。借用而来的原则和规则有助于对发展中的外层空间法律体系有一个更加结构化但不一定是预测性的了解。类似的先例很大程度上塑造并形成了空间活动行为体在这一新的法律领域内的互动关系。

---

⑮ *International Co-operation in the Peaceful Uses of Outer Space*, G. A. Res. 1472 at ¶ A-8, U. N. GAOR, 14th Sess., U. N. Doc. RES 1472 (XIV) (Dec. 12, 1959), available athttp://www.unoosa.org/oosa/en/SpaceLaw/gares/html/gares_14_1472.html.

⑯ *Id.*

⑰ *See* chart outlining the evolution of membership in COPUOS *available at* http://www.unoosa.org/oosa/en/ourwork/copuos/members/evolution.html.

⑱ COPUOS spearheaded the passage of five United Nations General Assembly Resolutions that greatly helped shape the future of the CJS. *See Declaration of Legal Principles Governing the Activities of States in the Exploration and Use of Outer Space*, G. A. Res. 1962, U. N. Doc. A/RES/1962 (XVIII) (Dec. 13, 1963); *Principles Governing the Use by States of Artificial Earth Satellites for International Direct Television Broadcasting*, G. A. Res 37/92, U. N. Doc. A/RES/37/92 (Dec 10, 1982); *Principles Relating to Remote Sensing of the Earth from Space*, G. A. Res. 41/65, U. N. Doc. A/RES/41/65 (Dec. 3, 1986); *Principles Relevant to the Use of Nuclear Power Sources in Outer Space*, G. A. Res. 47/68, U. N. Doc. A/RES/47/68 (Dec. 14, 1992); *Declaration on International Cooperation in the Exploration and Use of Outer Space for the Benefit and in the Interest of All States, Taking into Particular Account the Needs of Developing Countries*, G. A. Res. 51/122, U. N. Doc. A/RES/51/122 (Dec. 13, 1996).

⑲ *See Declaration of the First Meeting of the Equatorial Countries*, Dec. 3, 1976, I. T. U. Doc. WARC-BS 81OE (1977) [hereinafter Bogota Declaration]. In the "Bogota Declaration," equatorial countries attempted to assert ownership of geostationary orbits, and they did so by interpreting the CJS to allow the appropriation of orbits. The attempt failed, but remains as an example of how states would seek to interpret legal ambiguities in their own favor.

⑳ Peter Malanczuk, *Space Law as a Branch of International Law*, 1994 NETH. Y. B. INT'LL. 143, 147 (1995).

7.2.2　与 SMR 相关的条约

现行的空间法体系几乎全部由联合国外空公约组成。这些公约构成了国际空间法的大部分内容也因此应当作为首要的研究对象。具体来说，讨论 SMR 时最为相关的两大公约是：1967 年《外空条约》和 1979 年《月球协定》。[21] 这两大公约的主题既清晰又带有混淆性，应进行具体分析。

在国际社会准备联合国外空公约之际，外层空间领域对所有的起草者和谈判者来说是如此之新，又是如此具有潜在的可变性，以至于习惯国际法只能构成最简单和最显而易见的法律概念问题。[22] 因此，习惯国际法虽然影响着空间法体系，但首先要进行研究的是现行条约法，简要地阐述条约解释的基本原理是十分重要的。《维也纳条约法公约》[23]（以下简称《维也纳公约》）是规范条约解释的主要渊源。[24,25]《维也纳公约》以最基本的形式规定“国家有义务制止任何足以妨碍条约目的及宗旨的行动”，[26]“凡有效之条约对其各当事国均有拘束力，必须由该国善意履行。”[27] 然而，当缔约各方对条约背后的内涵与宗旨产生分歧时，问题便会随之产生。《维也纳公约》同样对这样的分歧提供了解决的框架。[28] 在《维也纳公约》的规则不能够解决歧义时，当事国可诉诸国际法院以解决问题，[29] 或者当事国可以彼此通过和平方式解决问题。在实践中，常出现的情况是一个国家必须对条约进行单边解释，若解释是善意的且未提交国际法院，那么该解释应当至少对该当事国是成立的。[30]

随着一项有效解释的确立，随后默示或明示的实践与协议，将继续塑造条约，从而具有逐步创设开拓一个有潜在活力的定义的可能性。[31] 归根结底，国际法在本质上具有包容

---

[21] Moon Agreement.

[22] Ramey, *supra* note, at 73; Though CIL certainly exists, and has long existed, within the CJS, the majority of its principles have been derived though practices established by treaty with the exception of basic principles such as human rights and the laws of warfare.

[23] Vienna Convention on the Law of Treaties, May 23, 1969, 1155 U. N. T. S. 331 [hereinafter Vienna Convention].

[24] Many nations have signed the convention, and some such as the United States have not ratified the Vienna Convention, however, its courts have cited to it as CIL. Thus, it binding for most, and at least partially binding for all as domestic law. *See*, *e. g. Ehrlich v. American Airlines*, *Inc.*, 360, F. 3d 366, 373 n. 5 (2d Cir. 2004); See also Evan Criddle, *The Vienna Convention on the Law of treaties in U. S. Treaty Interpretation*, 44: 2 VA. J. INT' L L. 432, 434 (2004) (noting that many state and federal courts have cited the convention as CIL).

[25] The Vienna Convention says that agreements must be between "states," and this definition seems to exclude nations and belligerents which the Restatement does not by explicitly including non-state actors. *See* Vienna Convention, *supra* note 23, art. 2; But cf. Restatement (Third) of Foreign Relations Law § 102 cmt. f (1987).

[26] Vienna Convention, *supra* note, art. 18.

[27] *Id.* art. 26; This article is often described with the phrase "*PactaSuntServanda*" which roughly translates to "promises must be kept." *See* Friedrich Kessler, *PactaSuntServanda*: *A Meditation*, 34 VA. J. INT' L L. 405 (1994).

[28] Vienna Convention, supra note, art. 31, 32; *See Sale v. Hatian Centers Council*, *Inc.*, 509 U. S. 155 (1993) (applying the Vienna Convention' s rules of treaty interpretation, including articles 31 and 32).

[29] Vienna Convention, *supra* note, art. 66.

[30] Ramey, *supra* note 17, at 81. This is especially true in space law due to the still evolving nature of the CJS and the myriad of definitional interpretive issues. *See generally supra* note.

[31] Vienna Convention, *supra* note, art. 31 (3).

性，如果某一行为没有明确被禁止（书面或明确的暗示），那么它就是明确被允许的；[32] 空间法体系在这里也不例外。

（1）《外空条约》及其与 SMR 的关系

作为空间法体系的基石性法律文件，《外空条约》规定外层空间（包括月球和其他天体在内）在“为所有国家谋福利与利益”的基础上进行自由探索和利用，[33] 对外层空间（包括月球和其他天体在内）的探索和利用应当是“全人类的事情”，[34] 外层空间（包括月球和其他天体在内）是“不得由国家通过提出主权主张、通过使用或占领，或其他任何方法，据为己有。”[35] 另一方面，“各缔约国应当对本国在外层空间（包括月球与其他天体在内）的活动负国际责任。”[36] 这些条款的影响是，一些学者认为这要求从空间商业利用或者以私营目的对空间资源利用所产生的利润或其他有形收益都应当与所有国家分享[37]，不论其是否参与这些空间活动。[38] 然而，这项假设的国际义务，并不存在于现行法律中，尤其不存在于《外空条约》中。曾有建议指出，《外空条约》的禁止任何形式的“国家占有”，等于禁止单边获取 SMR，但这不是事实。外层空间不得由通过“提出主权”或“任何其他方式”进行“国家占有”。[39] 然而，这指的是新的领土主张，它与人类历史上国际法及其实践中所认可的新的领土主张有着极大的不同。[40] 现在普遍接受的是，对诸如月球土地所

---

[32] *SeeS. S. Lotus* (*Fr. v. Turk.*), 1927 P. C. I. J. (Ser. A) No. 10, at 4, 18 (Sept. 7) (“Restrictions upon the independence of States cannot therefore be presumed).

[33] Outer Space Treaty, *supra* note, art. 1.

[34] *Id.*

[35] *Id.* at art. 2. This article, has spawned an immense amount of debate, and its exact meaning is hotly contested.

[36] *Id.* at art. 6.

[37] This has been unfortunately neither the practice nor precedent set by the international satellite telecommunications industry over the continuing forty years of its existence, itself at present being the only mature and profitable business in space.

[38] See Ezra J. Reinstein, *Owning Outer Space*, 20 Nw. J. Int'l L. & Bus. 59 (1999) (“Developing nations argue that it is morally imperative to take the interests of the non - space - capable nations into account when designing a system of space property law. A regime based on the ‘right of grab,’ the first - come, firstserved theory of property acquisition, should be feared. By the time space - incapable nations develop the technological prowess and capital reserves to fund meaningful development of outer space, the earlier spacefaring nations, left unchecked, might already have locked up the most accessible and valuable resources. Present inequities of global wealth distribution thus would be carried forward into the space age. ”)

[39] Outer Space Treaty, *supra* note 7, art. 2 (“Outer space, including the moon and other celestial bodies, is not subject to national appropriation by claim of sovereignty, by means of use or occupation, or by any other means. ”).

[40] *See Territory and Boundaries of Nations*, 45 Am. Jur. 2d International Law § 32 (2004) (“When citizens or subjects of one nation, in its name and by its authority or with its assent, take and hold actual, continuous, and useful possession of territory unoccupied by any other government or its citizens, the nation to which they belong may exercise such jurisdiction and for such period as it sees fit over territory so acquired. While it is possible under principles of international law for individuals to obtain title to territory that they discover, such an occurrence is rare. ”).

有权的主张，是明显违背习惯国际法的。[41] 然而，在《外空条约》中，没有任何条款禁止商业利用和对 SMR 的私人占有。[42] 例如，每个参与航天活动的国家，都以某种形式，对外空资源进行占有，并对其自行利用。[43]

(2)《月球协定》及其与外空矿物资源的关系

苏联与美国在《外空条约》谈判与签署的过程中，假定《外空条约》第一条并不是陈述基本目标或制定具体义务，而是留给缔约各国去决定利用外层空间产生的利益该如何分享。[44] 因此，1979 年《月球协定》尝试由国际社会解决这一悬而未决的问题。然而，1979 年《月球协定》[45] 毫无疑问是构成空间法体系基础的联合国五大外空公约中最具争议，也

---

[41] *See Kelly M. Zullo*, *The Need to Clarify the Status of Property Rights in International Space Law*, 90 Geo. L. J. 2413 (2002) . *See also Hongkyun Shin*, *Emerging System of Property Rights in the Outer Space*, United Nations / Republic of Korea Workshop on Space Law: United Nations Treaties on Outer Space: Actions at the National Level, 2004, St/Space/22 ("In the absence of a legal definition regarding outer space, the nonappropriation principle is destined for narrower scope and applicability. Article II does not constitute a firm and stable basis for enforcing the non - appropriation rules in member States domestic law. As the ownership issue, including the legal status with respect to a part of outer space is dealt with in the context of domestic law, the right to use has been allowed.").

[42] Outer Space Treaty, *supra* note 7, art. III; *See also* Jiru, supra note 13, at 16 (quoting Richard D. Cunningham, *Space Commerce and Secured Financing TT New Frontiers for the U. C. C.*, 40 Bus. Law. 803, 805 (1985) [emphasis added] ("Article III provides that the exploration and use of outer space…shall be the province of all mankind [and] ... shall be free for exploration and use by all States…on a basis of equality. The developed nations, especially the United States and Russia, view this prohibiting an exercise of sovereignty over outer space and the celestial bodies within it; . nevertheless, appropriation and exploration of any natural resource which may be found are fair game. . It appears that resources may be exploited, so long as this is done with regard to other nations. This answers fears that the clause connected with allowing exploitation and use "for the benefit…of all countries" prohibit appropriation by one nation of resources found in outer space. *These phrases are accepted internationally as guidelines for space - faring nations to use in the development of their space activities, rather than as strict rules. Also notable is that there is no prohibition on private activities in space.* It is possible that, 'the establishment of a permanent settlement or the carrying out of commercial activities by nationals of a country on a celestial body may constitute national appropriation if the activities take place under the supreme authority of the state. Article III also states that all activities and exploration shall be in accordance with international law.")); See also Dr. Stephan Hobe, *Current and Future Developments of Space Law*, ST/SPACE/28 2, 7 - 8 (United Nations, 2005) (citing G. A. Res. 122, U. N. GAOR, 51st Sess. , Supp. No. 20, U. N. Doc. A/51/590 (1996)) ("The UN General Assembly has adopted a resolution with regard to the interpretation in view of current state practice of this provision [Article 1paragraph 1 of the Outer Space Treaty] . *And this resolution very clearly indicates that states are in principle free to choose solutions how to distribute the benefits from the exploitation of outer space resources. It is the state that shall determine the way of cooperation with other states and particularly with developing countries.* This may be regretted, particularly from the point of view of developing countries which in the 1960s and 1970s with their numerical majority in the General Assembly as a consequence of the decolonization process did struggle very much for a restructuring of the international economic legal order thus including respective exploitation provisions of the international commons. *But the already mentioned resolution of the UN General Assembly is certainly indicative of current state practice that is not supportive of such widespread sharing of benefits.*") (emphasis added).

[43] See *infra* note.

[44] Eric Husby, "Sovereignty and Property Rights in Outer Space," (1994) 3 J. Int' l L. &Prac. 359, 364; Kelly M. Zullo, "The Need to Clarify the Status of Property Rights in International Space Law," (2001 - 2) Geo. L. J. 2413, 2419.

[45] Moon Agreement, *supra* note.

是影响力最小的一个条约；并被普遍认为是一个失败的文件。[46] 在撰写本书之际，仅有 17 个国家批准了该条约，其中没有一个是主要的航天大国。[47]

针对《月球协定》的争议焦点在于它宣告，在太阳系内，除地球以外的所有天体，是“全人类共同继承财产（CHM）”。[48] 借用出自《联合国海洋法公约》[49] 的全人类共同继承财产概念，不仅由于其寻租性质，同时也有助于通过阻止对资源的争夺促进外层空间的和平利用。[50,51]尽管《月球协定》迄今为止已被各航天大国搁置且不具普遍效力，但它也许最终有助于解决其旨在防止的事情。《月球协定》曾被如此大张旗鼓地反对和拒绝，但它有效地提供了一个交流平台，让各国考量创立一些与公约的基本原理和预设条件公然对立的范式和实践。这些表现毫无疑问地助力了相邻的国际法，至少是部分地向其他方向发展。由于《月球协定》是不具有普遍约束力的多边条约，它的相关性目前仅表现为重申了与获取 SMR 相关的一些空间法基本原则。

对 1979 年《月球协定》有效性的客观评判应当避免对该条约全面否定的倾向。尽管其中存在明显的模糊之处，但它不仅为后续研究提供了充分的范本，同时也为国际社会在未来条件成熟时制定相关法律预见了诸多情形。条约的许多条款展现了条约起草者对 SMR 活动的远见，例如，“如果一个缔约国获知另一缔约国计划同时在月球上的同一区域、或环绕月球的同一轨道、或飞向或飞绕月球的同一轨道进行活动时，应立即将自己进行活动的时间和计划通知该缔约国。”[52] 这一条款为相关当事方以合作精神和平解决潜在的争端提供了一个很好的出发点。

---

[46] Cheng, *supra* note 13, at 161; Dula, *supra* note 13; Ramey, *supra* note, at 95.

[47] The United Nations Office for Outer Space Affairs maintains a public listing concerning the status of all major space treaties which is available at: http://www.unoosa.org/oosatdb/showTreatySignatures.do.

[48] To explain the origin of the concept and controversy, Cheng commented that “From the very beginning, the non-space powers wanted to have a share of the fruits of space exploration and exploitation in the form of scientific knowledge, technology, and in due course other material or pecuniary benefits apart from their desire to ban colonialism from, and the militarization of, outer space and celestial bodies. However, all that they succeeded in achieving, nay, all that they were granted by the space powers, in the all-important 1967 Treaty on Outer Space was to make the whole of outer space, including the moon or celestial bodies, *res extra commercium*, which, while it precludes the space powers from appropriating territorially portions of outer space, the moon or celestial bodies, leaves them free, notwithstanding views to the contrary, nevertheless to appropriate their resources.” Cheng, *supra* note, at 358. In effect, the non-spacefaring countries sought rents from those who were otherwise in a position to reap the fruits of space for themselves. By imposing the CHM doctrine on the moon and every other “celestial body” in the solar system, The Moon Agreement not only sought to distribute any such profit universally, [*supra* note, at art. 11 ¶ 7.] but it did so by proposing an international oversight board [*supra* note, at art. 11 ¶ 5.].

[49] United Nations Convention on the Law of the Sea, *supra* note.

[50] Cheng, *supra* note, at 361-80.

[51] However, space is literally infinite in scope, and there is an incalculable amount of useful material within the solar system. By preventing the harvesting of this vast bounty, it seems that such a provision might actually foster conflict over scares resources. That said, some space resources are far easier to reach and early on there is a potential for conflict over the “lower hanging fruit.”

[52] Moon Agreement, *supra* note, art. 5.

7.2.3　习惯国际法及其与 SMR 的相关性

尽管联合国各项公约构成了国际空间法体系的主体，但习惯国际法也几乎同等重要。很久以来，习惯国际法被许多渊源所认可。国际法院被认为是第一个界定习惯国际法的权威机构。[53] 尽管外层空间习惯国际法在空间法体系中相对稀少，但它仍然存在并界定着某些可接受的行为界限。[54] 仅因外层空间习惯国际法的存在，条约退出国不能认为退约会使其获取行动自由或者获得将主权延伸至外层空间的权利。[55]

习惯国际法通常可以被看作是一个平行的系统，在这个系统里各国[56]作为推定平等的主权国家[57]相聚集，并通过绝大多数国家的反复实践和预期形成了一个对全体当事方均具约束力的法律部门。[58] 经过一段时间，某些规则通过实践和预期而形成，其中有一些内容只具有很松散的约束力，而另一些则在某些特定情况下获取不得侵犯或不得违犯之地位。

习惯国际法被认为对所有当事方均具有约束力并且其义务是普适性的。[59] 习惯国际法

---

[53] *See* U. N. Charter, June 26, 1945 art. 92, 1 U. N. T. S. 16 ("The Statute of the International Court of Justice is annexed to the Charter of the United Nations, of which it forms an integral part. The main object of the Statute is to organize the composition and the functioning of the Court."); Statute of the International Court of Justice art. 38 (1) (b), 59 Stat. 1059 (1945) . States will only appear before the International Court of Justice if they have consented, and with the United States being a party to the above agreements, the Court is decidedly relevant in disputes of CIL.

[54] Ramey, *supra* note, at 66 – 67 ("Yet, what little customary law for space there is has been derived fromthe activity of very few States.").

[55] Lachs, *supra* note, 42.

[56] Note, that states, while they are certainly the most visible, are not the only actors that can affect CIL. See Restatement (Third) of Foreign Relations Law § 301 (1) (1987); Jordan Paust, *Customary International Law: Its Nature, Sources and Status as Law of the United States*, 12 MICH. J. INT' L L. 59, 67 (1990) ("Since each nation – state, indeed each human being, is a participant in both the attitudinal and behavioral aspects of dynamic [CIL], each may initiate a change in such law or, with others, reaffirm its validity); Jordan Paust, *The Complex Nature, Sources and Evidences of Customary Human Rights*, 25 GA. J. INT' L & COMP. L. 147, 158 (1995) ("[I] t is the reality of participation in processes of expectation and practice which allows one to recognize that individuals are not merely objects of [CIL], but are also participants in the creation, shaping, and termination of such law; that patterns of 'domestic' practice are relevant, not merely practice state – tostate or at the international level…") (citation omitted) [hereinafter Customary Human Rights]; See also, Christiana Ochoa, *The Individual and Customary International Law Formation*, 48: 1VA. J. INT' L L. 119 (2007) (discussing the gaps in existing law which creates ambiguity in how individuals affect CIL); Julie Mertus, *Considering Nonstate Actors in the New Millennium: Toward Expanded Participation in Norm Generation and Norm Application*, 32 N. Y. U J. INT' L L. & POL. 537 (2000) (discussing the extent to which non – state actors can impact CIL compared to state actors).

[57] Note that there is some friction here. Legal positivism asserts that the CIL system is almost completely egalitarian and that each state' s opinion and actions can affect the law as much as any other' s. Contrast that with legal realism which accounts for a state' s size, its level of interest in the subject, and other factors to create a view that not all actors are equal in the formation of CIL. This tension is especially present in the CJS as only a few nations might be considered space – faring.

[58] *See The Scotia*, 81 U. S. 170, 187 (1871) ("[CIL] rests upon the common consent of civilized communities. It is of force not because it was prescribed by any superior power, but because it has been generally accepted as a rule of conduct."); *Ware v. Hylton*, 3 U. S. 199, 227 (1796) ("The law of nations may be considered of three kinds, to wit, general, conventional, or customary. The first is universal, or established by the general consent of mankind, and binds all nations.").

[59] *Id*.

包含两个构成要素：普遍性实践或行为[60]，普遍性法律预期或法律确信（Opinio Juris）。[61]如果两个构成要素在恰当的时间同时存在，那么行为和预期很可能会融合形成一项新的习惯国际法规则。[62]然而，例外情况也确实存在，习惯国际法可以就某个具体情势、当事方甚或地理区域而形成。[63,64]

习惯国际法的第一个构成要素，普遍性实践或行为源于对相关方全体一致的普遍性行为的观察和一般性分析。[65]尽管许多资料表示只有国家才可以参与规则的制定，但现今的趋势是越来越多的非国家实体在推动习惯国际法的形成。[66]以联合国（包括其各专门机构）为代表的政府间组织以及一些著名的国际非政府组织，例如国际法协会[67]和国际空间法学会[68]的日益增强的作用是最好的证明。另外，本研究课题同时确信，随着商业航天活动规模经济意义上的开展，商业航天行为体通过在这一领域内的开创性商业实践，对习惯国际法的形成起着越来越重要的作用。

普遍性实践或行为这一要素有助于更好地理解空间法中的习惯国际法。随着越来越多的私营实体从事太空活动，他们的选择与行为对太空文化以及因此产生的书面或非书面的习惯国际法的制定有着重要作用。非国家行为体不仅其活动性质是私营的，同时也可能是

---

[60] Consider that Sol，earth' s sun，is a "Celestial Body" under the terms of the CJS. The light it casts off is no different from any other resource that exists in space，and nearly all space ventures，public or private，have freely utilized solar power without incident. If it is permissible to take solar power for private use，it is equally permissible to utilize the mineral wealth of space as well. No academic has yet put forth a serious notion that utilizing solar power is illegal，and this long history of use has helped cement and further solidify the custom that the SMR bounty of space may also be freely harvested.

[61] Paust，*supra* note，at 61.

[62] *Id*.

[63] At its heart，customary international law is，oddly enough，built upon custom. It stands to reason that relatively similar situations，if customarily handled in different ways，can lend themselves to the development of distinct norms and different rules of CIL. For example，it is entirely possible that some customs may arise regarding the use of Mars' moons，but no such custom may eventually exist for the moons of Saturn.

[64] Additionally，some debate exists over whether or not a "persistent objector" that began such objections is bound to the emerging CIL. See Paust，*supra* note，at 64 n. 14（noting strongly that while nations might disagree with a rule of CIL，that they are indisputably bound）. Note that it is important to distinguish between objecting to a potential rule of CIL and objecting to an already established rule. In the former case，the dissent is useful to dissuade the norm from forming，whereas the latter is illegal.

[65] Outer Space Treaty，*supra* note，art. 1.

[66] Nandasiri Jasentuliyana，*International Space Law and the United Nations* 19（1999）（"Space law has also made an important contribution to the procedural aspects of international law through its development of the consensus procedure. The [COPUOS] was the first UN body to work by consensus."）

[67] The International Law Association has a Space Law Committee which engages in a discourse on various topics relating to space law. See its official web site available at http：//www. ila - hq. org/en/committees/index. cfm/cid/29.

[68] The International Institute of Space Law（IISL）was founded in 1960. The purposes and objectives of the Institute include the cooperation with appropriate international organizations and national institutions in the field of space law and the carrying out of tasks for fostering the development of space law. It also includes the studies of legal and social science aspects of the exploration and use of outer space and the holding of meetings，colloquia and competitions on juridical and social science aspects of space activities. See its official web site www. iislweb. org/.

在国家机构的授权之下运行。[69,70]具体而言，国内法和其他国家行为将会极大地影响着习惯国际法的形成。那些开始为条约的可以逐步形成为习惯国际法，[71] 那些开始为国内法的可以规范所有受制于这些国内法的实践与行为，并逐步形成更为一致的实践与行为。因此，本课题组大胆地预测，非国家行为体（尤其当他们是有组织的），即使不是新的习惯国际法的创造者，也有机会成为商业航天领域（包括为所有国家的惠益和利益而获取和利用 SMR 的事业）最为重要的影响者。如果本课题可以使世界航天界认识到这一必要性和紧迫性，从而在国际和国家层面为 SMR 的探索和开采建立一个完善的法律环境，那么本课题的这一发现就有着特殊的意义。

习惯国际法的第二个要素是法律确信，或全人类的普遍性法律预期。法律确信应当源于最为普遍和可能的基础，其强度、持久性和对这一确信的意识应当仔细审查。[72,73,74]CJS 的法律确信比普遍性实践更加多样化，正如任何人均可对法律评头品足，但只有少数人得以真正到达太空。[75]

随着习惯国际法的上述两个构成要素被普遍接受，即使不是举世公认的，[76] 一条新规

---

[69] For example, NASA recently hired SpaceX to deliver cargo to the international space station, which SpaceX did successfully for the first time on March 3, 2013.

[70] Mertus, *supra* note 56, at 553 ("To some extent, states have reallocated elements of sovereignty to other actors, in particular to international regulatory and supervisory organizations, financial institutions, and other 'money managers.' States now operate within an increasingly dense matrix of transnational interactions involving other states, inter - governmental institutions, multinational corporations, and a whole range of cross - border groups.") (citation omitted).

[71] *See* Vienna Convention, *supra* note, at art. 38.

[72] *See* Paust, *Customary International Law: Its Nature, Sources and Status as Law of the United States*, *supra* note 56, at 63 - 64; Customary Human Rights, supranote 56, at 151.

[73] Generally, court decisions, U. N. Resolutions, scholarly commentary, legal documents, and actions such as specific recognitions can be seen as evidences of Opinio Juris, but never as actual sources. See generally Paust, *supra* note 56.

[74] In investigating proof of customary norms and *Opinio Juris* it is only necessary that normative content be sufficiently defined, and that every aspect need not be fully developed. *See Xuncax v. Gramajo*, 886 F. Supp. 162 (D. Mass. 1995)

[75] While the Opinio Juris of the CJS might enjoy more diversity, it is still very likely that it will be weighted by those in a position to utilize space because domestic cases and other legal products naturally exist in greater quantity in an environment where the concepts are put into practice as opposed to a non - spacefaring actor' s strictly academic environment.

[76] *Customary Human Rights*, *supra* note, at 151 ("Despite occasional rhetorical flourish, universality of behavior and unanimity are not required. Patterns of human practice need only be general, not uniform, and patterns of *Opinio Juris* need only be generally shared.") (citation omitted).

则可以就此出现。[77] 习惯国际法与条约的互动规则也同时体现在习惯国际法的诸项基本原则之中。当一般条约与一般习惯国际法相冲突时，对谁应当具有优先效力有着不同的看法。一些观点认为，条约与习惯国际法是相互平等的，除非当事方另有约定，条约将取代先前内容不相一致的习惯国际法规则；[78] 另一些观点则认为，习惯国际法形成于全人类的普遍性行为模式，其普适特性不容挑战。[79] 随着对外层空间的进一步开发，这些观点在空间法体系中将变得十分重要。例如，有主张认为，《外空条约》或其部分内容已经成为习惯国际法。[80] 如果这是成立的，那么这些规范在何种程度上是不可违犯的？或者这些规范的确立到底有多强的说服力，我们必须做什么才能解除或加强这些规范？当讨论 SMR 问题时，这些问题就极为相关。如果私有获取被某些实体甚或当局指控为非法，那么采矿者是否处于证实其正当性的困境？如果私人采矿并无不当之处（如本课题所指），那么应努力进一步界定和巩固这一行为的正当性。这在资源开发的早期尤为重要，因为开创性的努力可以为日后法律规范的形成奠定基调和氛围。

7.2.4 为何允许提取 SMR

前文对《月球协定》遭到拒绝的讨论是现行空间法体系一个有意思的现象。需要指出，1979 年《月球协定》并未在空间法价值创造层面为当事人扩展任何权利，它反而附加了一些限制。[81] 鉴于《月球协定》提出私人利用外空资源的活动将受制于一个有待建立的监管机制，对此明显具有过度监管之嫌，即使迄今为止并未受到阻止。虽然有人期望通过实践和政治现实有效阻挠外空资源的开采，[82] 但是并不存在法律层面的制约。即使《月

[77] The time frame for the generation of a new rule of CIL can vary, and some suggest that lengthy requirements are but an artifact of a less connected world wherein it was more difficult to observe general custom. [*See* Cheng, *supra* note 13, at 192.]; Some commentators have even gone so far as to suggest that CIL can now be "instant" in its formation, though this is a minority view without much traction. [*See Id.*; But see Ramey, *supra* note 13, at 68O69 (citing the International Court of Justice which declared that the passage of time is a requirement for the formation of CIL).]; Generally, CIL is regarded to form over decades, though legal realists consider environmental factors as a possible accelerant to the process. If CIL forms when both prongs exist simultaneously at a relevant point in time, it stands to reason that the loss of one or both prongs can alter or remove CIL as well. Simply put, " [i] f the patterns of violation become too widespread, [...], one of the primary bases of customary law can be lost. Similarly, if it is no longer generally expected that a norm is legally appropriate or required, the other base of customary law can be lost. When either base is no longer generally extant, there can be no conjoining of general patterns of legal expectation and behavior and, for such a social moment at least, a prior customary law will no longer be operative." [*Customary Human Rights*, *supra* note, at 151.

[78] Restatement (Third) of Foreign Relations Law § 102, cmt. j (1987) ("Customary law and law made by international agreement have equal authority as international law.").

[79] Generally, the opposing argument is that CIL is formed from a much larger pool of thought and action than any treaty. Because CIL is universal in scope, and it is formed from such a large body, treaties cannot generally supplant CIL. Essentially, it would be unfair to allow a few parties to invalidate a universal rule that the majority had created. That being said, some room does exist to argue that parties can place treaties above CIL if it would only affect them. See also, The Amistad, 40 U. S. 518 (1941) (recognizing that fundamental human rights law under CIL takes precedence over treaties).

[80] Cheng, *supra* note, at 229.

[81] Dula, *supra* note.

[82] *Id*.

球协定》认可外空资源可开采，目前仍然存在如何规制合作开发问题及跨国纠纷的国际法律空白。对《月球协定》压倒性的拒绝是因为它违背允许地球外资源开采的国际共识，限制了对现有 SMR 提取的既有权利。此外，《月球协定》规定，处于原位上未经动用的自然资源（Natural Resources in Place）不得被据为己有。[83] 这就暗示一旦他们被移动，就是可索取的。有意思的是，无论是拒绝加入《月球协定》的主要航天大国，还是对其接受的一些国家，都支持这一解释。通过认可《月球协定》的合法性，一些国家明确认可 SMR 开采的可允许性；另一些国家虽因其扼制商业开发而拒绝此条约，但也认可 SMR 开采的可允许性。这里，让我们来思考一下摧毁一颗飞向地球的危险小行星。

"如果现在某国家或国家集团能够使一颗小行星偏离其自然轨道，并对其进行引导，如将其导向太阳，这自然意味着对这一天体进行了蓄意毁坏，但没有人会质疑其合法性，或者这一行动的绝对必要性。但是摧毁一个物体（拉丁语中的物体为'res'）事实上却是彻头彻尾的另一种终极占有。当然，由于这种行为已经存在，并未演变为有悖国际空间法的行为。因此，如'通古斯陨星（Tunguska Meteorite）'，即便是很小的行星，在法律意义上也是一个天体，那么会有人在法律基础上反对这样的行为吗?"[84]

如果援引《维也纳公约》主张如此危险的天体依法不可以被摧毁，事实上这将是一个"荒谬的结论"。[85] 如果说摧毁某天体并将其作为天体的地位剥夺能够满足前述标准，那么对一颗小行星完全彻底拆解应该也是允许的。[86]

如前所述，为公共安全利益摧毁某物实际上也构成某种"终极占有"，但是，在现实生活中没有人会反对这一行为，这是很有说服力的主张。但这种情况又如何能够帮助理解国际空间法呢？它通过要求一致和对空间法术语可行的解释来达到。可能没有人会反对，摧毁这样一颗假设的小行星会构成事实上的占有从而被认定为非法行为，除非有法律框架另有解释。

"天体是不可被人为移动的物体"这一定义很好地说明了该问题。这一定义完全符合空间法下的解释规则，同时对证实 SMR 开采的正当性具有附加效应。根据《布莱克法律词典》对"不可动物体"和"可动物体"的定义：

---

[83] Article XI of the 1979 Moon Agreement states "[n] either the surface nor the subsurface of the Moon, nor any part thereof or natural resources in place, shall become property of any State, international intergovernmental or non—governmental organization, national organization or non—governmental entity or of any natural person." Article XI of the 1979 Moon Agreement states "[n] either the surface nor the subsurface of the Moon, nor any part thereof or natural resources in place, shall become property of any State, international intergovernmental or non - governmental organization, national organization or non - governmental entity or of any natural person."

[84] Ernst Fasan, Asteroids and Celestial Bodies - Some Legal Differences, 26 J. Space . L. 33, 36 (1998) (discussing the difficulties and trends in defining celestial bodies).

[85] See Vienna Convention, *supra* note.

[86] It might be tempting to ask, in light of this sentence, whether or not Dr. Fasan' s definition has any meaning at all. Indeed, some may ask what can truly be said to be a celestial body if complete destruction could remove an objects status as a celestial body. This fear is unfounded at best. As already noted, it is easier to move an object than it is to destroy it. Secondly, should technology progress to moving and destroying planet - sized objects, the CJS would be utterly ill—suited to handle that environment. While it might be academically pleasing to have a definition that serves every conceivable concern and situation, such is not, at the present, feasible.

不可动物体（通常为复数形式）指的是“不可被移动的财产；一个与土地如此紧密相连，以致被视为是该土地的一部分的物体”。[87]

可动物体（通常为复数形式）指的是“可以被移动或取代的财产，例如个人物品；一个有形或无形的物品，其利益构成的个人财产；具体来说，所有根据当地法律规定的不依附于土地，以致不被视为土地一部分的物体。也被称为可动财产、可动物。”[88]

SMR一旦被移动，不再是其原母系天体的一部分之时，应当获取其本身特有及独立的地位，甚至于可以不再被归入1979年《月球协定》第十一条所规定的所谓“处于原位上未经动用的自然资源”。这些SMR一旦成为“可动物体”就不再列入天体的概念范畴，因此是可以被商业获取的。从鼓励SMR商业开发活动为全人类利益有序进行的大环境来看，未来国际法律机制应当明确，一旦SMR被提取、开采或移动，其运营者应当获取其财产权。[89]

尽管学术评论常常让人非常困惑，目前的空间法体系却十分明确地表示可以从外层空间和天体提取SMR。[90] 对此已完好确立实践与行为的范式，而实践事实是国家和私人早已经走在各自商业化开发的道路上。

（1）实践事实

早在各航天大国发展之初，普遍使用的三种资源分别是太阳能、地球（还有其他天体）重力井及外层空间的真空环境。其关键之处表现为：

1）这些资源已经存在；

2）在付出一定代价和努力下这些资源是可以获取利用的；

3）这些资源已被广泛利用且没有受到质疑。

商业实体在没有政府干预的情况下已经利用了上述资源，并且从中获取了丰厚的利润。为了开发太阳能，有必要生产适用于太空的太阳能电池、电池板和电池阵列；每个天体的重力井使卫星被放置于可预期及重复的轨道，因此，在高可靠性的基础上进行商业化开发显得经济可行。最后，外层空间的真空环境使空间物体一旦被放置在一个固定的轨道，它在许多年内保持原位几乎不需要额外的燃料。

从工程学角度看，这些资源从第一颗商业化通信卫星（Telstar于1962年开始运营）开始就已经被不断利用了。让国际社会认可太阳能至少是一种外空资源，过去50年里已经使全人类受益并获取商业利润，这看起来道理简单之极。通信卫星表明全人类的利益是存在的——我们现代生活里可获得这些产品和服务，并且其确立的利润流和商业模式没有受到任何严重挑战，都已经成为被大众所接受的实践。这有力地证明了上述外空资源（太阳能、真空与重力井）作为国际惯例实践可以用于以盈利为基础的商业活动。上述例证表明，如果SMR并不具有特殊性，包括SMR在内的外空资源应该可以进行以赢利为目的

[87] *See* Black’s Law Dictionary 867 (10th ed. 2014).

[88] *See* Black’s Law Dictionary 1172 (10th ed. 2014).

[89] *See* Zhenjun Zhang, *Study on the International Legal Regime Governing Lunar Resources Exploitation Activities* 83 (2012).

[90] *See* Cheng, *supra* note, at 401. De Man, *supra* note 13, at 17; Dula, *supra* note, at 10 - 12 (discussing currently permissible exploitations and the differences between “use” and “exploitation” under the Moon Agreement).

的识别、提取和利用活动，同时也要符合《外空条约》所规定的“为所有国家的惠益和利益”之要求。

（2）在外层空间和天体上行使管辖权

从国际角度来看，存在着几种管辖权。首先，“在有管辖权可以制定法律的前提下，一个国家可以采取司法或非司法措施进行引导遵守或强制遵守其法律法规，抑或处罚触犯其法律法规的行为……”[91] 规则制定权可以有如下考量。一个国家就以下问题有权制定法律：

1）全部或绝大部分行为在其领土内发生；自然人的地位，或财物利益存在于其领土内；发生在其领土以外的行为存在或者意图在其领土内造成实质性影响；

2）本国公民在领土外以及在领土内的活动、利益、身份或关系；

3）非本国公民在领土外的行为直接危害本国国家安全或者在一定程度上危害到本国的其他国家利益。[92]

也就是说，一个国家可以就其领土内的任意活动、在领土外的本国公民、任何意图危害本国国家的行为制定法律。[93] 然而，由于“不得据为己有”原则阻碍了领土管辖权的行使，国家治理和管理其空间事务的工具是不完整的。

所幸的是，《外空条约》赋予一种被郑斌称为“准领土”管辖权的管辖权形式。[94]《外空条约》第八条规定：

“凡本条约缔约国为发射外层空间物体的登记国者，对于该物体及其所载人员，当其在外层空间或在某一天体上时，应保有管辖权和控制权。向外层空间发射的物体，包括在某一天体上着陆或建筑的物体及其组成部分的所有权，不因其在外层空间或在某一天体上或因其返回地球而受影响。”[95]

来自《联合国海洋法公约》的规定表示，“船舶航行应仅悬挂一国的旗帜，除国际条约或本公约明文规定的例外情形外，在公海上应受该国的专属管辖。”[96]

通过授予“准领土管辖权”，《外空条约》创立了可以恰当地管理地外活动的方式。郑斌具体描述了“准领土管辖权”：

“在属地管辖权和属人管辖权之间存在准领土管辖权。这是一个国家对有其国籍或注册的船只、航空器和航天器（在它们也被授予法人资格时）的权力的总称。对海盗船的管辖权按照国际法也纳入这一范畴。“准领土管辖权”不同于属人管辖权，它不仅延伸至该航天器，还延伸至其上的所有人和物，包括这些人的活动，不论在航行器上还是在其他地方。”[97]

---

[91] Restatement (Third) of Foreign Relations Law § 431 (1987).

[92] *Id.* at § 402.

[93] There are additional principles of jurisdiction such as “Universal” and “Victim Theory” which cover breaches against the law of nations and offenses against a state’ s nationals outside of its territory, but these principles are not relevant to the current discussion.

[94] Cheng, *supra* note, at 70－87.

[95] Outer Space Treaty, at art. 8.

[96] *See* United Nations Convention on the Law of the Sea, *supra* note 10, art 92 (1).

[97] Cheng, *supra* note, at 73.

准领土管辖权给予国家制定行为准则并恰当地管理地球外人口的能力。这一概念在1996年联合国大会的一项决议中受到着重强调。决议指出，"国家可自由决定他们参与外层空间探索和利用的国际合作的所有方面……"[98] 国家始终有权授权私营企业为商业目的利用外层空间。[99] 商业利用的授权案例包括通信卫星和遥感卫星。

尽管"准领土管辖权"具有相关性和实用性，但它确实缺少一些构成属地管辖权"权利组合"的一些"强制性要素"。郑斌指出，规制属地管辖权实在法层面的传统国际法规则在外层空间领域并不存在，其原因在于，"例如像那些没收外国人私有财产的规则，将不会适用于月球，即使当那里有相当规模的人口之时也不适用，除非确立并认可了领土主权。"[100]

（3）"人类共同继承财产"及类似原则

在国际空间法体系所有主要的原则中，没有任何一个比"人类共同继承财产"原则更具争议性却又同时饱受赞美。发达国家担心再分配的可能后果，而发展中国家因同样的原因欢呼，"人类共同继承财产"原则一直是一个热议的概念。首先由阿根廷出席联合国外空委大会的授权代表率先提出将之纳入1967年《外空条约》的设想；但"人类共同继承财产"原则被纳入1979年《月球协定》之前，并没有获得国际空间法体系的实质性接受。考虑到《月球协定》的失败性，"人类共同继承财产"原则在外层空间语境下显得不具有操作性。然而，有主张指出，《外空条约》第一条规定的"探索和利用外层空间（包括月球和其他天体在内）……应是全人类的事情"创立了一个极其类似甚或相同的机制。情况果真如此吗？或者"人类共同继承财产"原则已经过时，如果确实如此，"全人类的事情"是什么意思？

最重要的是，如何理解有可能推动"人类共同继承财产"原则成为习惯国际法或者国际空间法体系的重要且有约束力的渊源。"人类共同继承财产"原则因其自身模糊未定的特点，很难用于证明从外层空间获取的资源应该罔顾一切地与别人共享，更不可能用于证明这种"分享论"已经自动成为习惯国际法了。即使已经成为习惯国际法，各国仍然能够力排众议，使用符合解释规则的方式对其进行解释。[101]

此处必须着重强调，《外空条约》从未主张"外层空间应是全人类的事情"，虽然很遗憾有许多学者认为这是事实。仔细研读《外空条约》第一条可以发现，"探索和利用外层

---

[98] G. A. Res. 122, U. N. GAOR, 51st Sess., Supp. No. 20, U. N. Doc. A/51/590 (1996). "States are free to determine all aspects of their participation in international cooperation in the exploration and use of outer space on an equitable and mutually acceptable basis. Contractual terms in such cooperative ventures should be fair and reasonable and they should be in full compliance with the legitimate rights and interests of the parties concerned, as, for example, with intellectual property rights.")

[99] See Kunihiko Tatsuzawa, The ' Regulation ' of ' Commercial ' Space ' Activities ' by ' the ' NonTGovernmental 'Entities' in 'Space' Law, Space Future, available 'at http: //www. spacefuture. com/archive/the _ regulation _ of _ commercial _ space _ activiti es _ by _ the _ non _ governmental _ entities _ in _ space _ law. shtml. ("The principle of freedom of outer space includes the right of free access, the right of free exploration, and the right of free use. This freedom is granted only to the States.")

[100] Cheng, *supra* note, at 79.

[101] Consider the Western view that capitalism and commerce is a beneficial activity. It would be a likely interpretation that resource sharing is simply a very broad commerce channel.

空间（包括月球与其他天体在内），应本着为所有国家谋福利与利益的精神，不论其经济或科学发展的程度如何，这种探索和利用应是全人类的事情。”[102] 有人指出，“人类共同继承财产”原则和“全人类的事情”在语义上有所不同，后者则由于各国均有参加开发外层空间的权利而更与“自由利用”这一概念密切相关。如果某一国家没有为特定航天项目作出任何作出贡献，那么该国就不会自动享有从该项目“分一杯羹”的权利。如果该国没有为这一项目贡献，那么其不会自动享有来自于该项目成果的分成”相关。[103] 我们这里引用针对国际空间法学者斯蒂芬·格罗夫（Stephen Gorove）文献的一则评论如下：

“《外空条约》对天体的资源分配至‘所有’国家的方式和程度几乎没有给出任何指导意见，即使其文本‘预设了对全人类政治团结等特定意识形态的强调，这一条件在可预期的未来都将可能是过于遥远的目标。’”

“对‘所有’一词的严格解释将包括所有国家，不论他们是否被国际社会认可。格罗夫指出，对‘所有’国家应被视为一个普遍意义上的政策陈述，而不是一项具体可强制执行的义务。此外，格罗夫还主张‘全人类的事情’一词目前更多的是一种希望的表达，而不具有实质性内涵，因为该条款存在的本身就是一个发展中国家和那些航天大国间利益的折中。在任何情况下，‘为所有国家谋福利与利益，不论其经济或科学发展的程度如何’因其特殊性，看起来符合发展中国家的愿望；同时‘全人类的事情’因其模糊性，看起来又满足航天大国的要求。”[104]

类似于把航天员视为“人类的使者”，[105] “外层空间的探索和利用”“应当是全人类的事情”的表述已经成为一条没有真正强制性后果的条款，成为号召开展国际合作的一种单纯的情感表达，即便当初的立法者暗含了其他意图。此外，我们应该还记得，普遍性的实践和行为模式是习惯国际法的构成要素之一。当前，几乎没有任何国家在真正意义上占有天体，也许在未来会拥有一些不太重要的近地小行星。尽管各国已经开始对天体进行探索，即使方式极为初级，他们从来没有真正对外空资源进行规模化获取，更不用说再分配。那么何以辩称实践已经确立并可能使“人类共同继承财产”原则转化为习惯国际法呢？[106]

综上，虽然“人类共同继承财产”原则确实存在，但它并不构成国际空间法体系的一项有效原则。如前所述，1967年《外空条约》并没有将之纳入其中，而国际主流社会对1979年《月球协定》的拒绝也发出了一个明确信号，即这一概念不会在国际空间法体系中被欣然接受。

---

[102] Outer Space Treaty, at art. 1.

[103] Weaver, *supra* note, at 225.

[104] Id. at 225 - 226.

[105] Outer Space Treaty, *supra* note, at art. 5.

[106] The author notes that this question seems to challenge previous statements made in this work. For example, it was noted that the nonOappropriation principle in Article II of the OST has passed into CIL, and this thought is not meant to challenge the notion so much as beg a reexamination as to the strength with which that principle entered into CIL. It seems quite interesting to ponder how a general pattern of practice can develop around a behavior that cannot actually occur due to technological limitations.

7.2.5 外空资源所有权小结

虽然仍有疑虑存在，一些学者可能会提出不同的其他主张，但现行国际空间法体系已然明确，为了私人航天活动行为体以及全人类的利益，可自由获取丰富的 SMR。因此，任何不存固有偏见的人均可得出一个经得起推敲的结论，只要他或她能够想象得到，矿物资源供给的增加能够同时满足所有国家在地球上及地球外的需求所带来的诸多益处，特别是当我们地球上传统的矿物资源正在以前所未有的速度走向枯竭之时。国家不只是可自由利用，他们同时被要求解决国际空间法体系中定义模糊的问题，因为“与外层空间相关的国家行为必须符合法治要求”[107]。随后的实践将巩固现有法律框架并确保宇宙的成果可以提高全人类的整体福利。一些思想家的创新精神将会受到现行国际空间法体系的束缚，如果 1967 年《外空条约》所规定的应确保外层空间“由各国不受任何歧视地进行自由探索和利用”被“不能让任何人自由利用”所取代，将会导致那些拥有先进技术以及其他必要先决条件的航天国家反而受到事实上的歧视。[108] 只有当人类的原始创造力获得国际空间法体系的尊重和激励，外层空间的复兴才会到来。正如普罗米修斯将火种送给人类，在外层空间赋予自由和个性的张扬将会释放人类的原始创造力，那才是真正的“为全人类谋福利与利益”。

7.3 SMR 系统的政策考量

SMR 事业虽然处于萌芽期，但对于今后的开发阶段，还有若干因素需要评估。随着在方法、目标以及工程或采矿技术等方面不断的知识积累，这些政策指南将会获得持续改进。未来需要研究的一些技术问题包括以下几点：

1）地球及地外的环境保护；

2）采矿场的维护；

3）小行星开采路径；

4）移动小行星进入地月系统。

我们提出的政策建议将基于以下陈述。

SMR 开发方式之二：运输产品至月球轨道——凯克研究院（Keck Institute）在小行星回收的研究中建议首选月球轨道，主要因为任何漂移至不受控状态的小行星最终都会被吸引并撞击月球表面。物体运送之后其安全性被提上日程，但风险存在于物体运输的全过程。因此，为安全起见，不论选择在外层空间的哪个位置进行矿物加工，都不能运输一个大到足可以幸存进入地球的物体。

7.4 法律与政策小结

寻求获得外空矿物财富的国家和个人，不仅面临技术壁垒，同时也面临法律障碍。目

---

[107] Lachs, *supra* note, at 5.

[108] Outer Space Treaty, at art. 1.

前，外层空间受到国际空间法体系的规制，但这个体系是由国内法和国际法一起构成的一个松散体系。尽管许多国家均制定了监管其本国航天活动的国内法，但外层空间及人类航天活动的性质决定了国际社会的关注同样需要。国内法通常不能解决在这些领域内的国际困扰。因此，国际空间法围绕着这些领域缓慢成长并在那些需要的地方进行规制。近几年，外空治理的关键问题，如外空活动长期可持续性、外空交通管理、外空环境保护、天基武器以及 SMR 利用等已经成为国际社会的共同关注点。尽管我们赞赏在不同国际场合进行的各种多边规则谈判进程，我们同时也不得不承认，国际空间法的效力范围在一定程度上仍然存在争议，针对一些法律的真正涵义及其效力等级的辩论其实一直在持续进行。

一般情况下，国际法是优先于大多数国内法的，尤其在国际合作和（或）国际冲突层面。国际法有两个主要渊源：国际条约和习惯国际法。条约是两个或两个以上当事方的协议，但他们仅对缔约方具有约束力。“造法性”条约在很长一段时间内，对缔约国构成法律义务和普遍规范力，因此也值得特别关注。国际法的第二个渊源是习惯国际法。习惯国际法是绝大多数国际社会成员之间的普遍性实践和行为模式，是具有普遍性法律预期的国际习俗或习惯的一部分。对一个法律习俗而言，必须同时具备两个要素才可以称为习惯国际法，从而对国际舞台上的所有行为体具有约束力。

在国际空间法体系中，条约中术语的准确表意以及习惯国际空间法的性质与范围都存在着争议，如特定术语“天体”和“航天器”的表意，某些习惯和预期是否已经成为了习惯国际法，以及外空资源相关产权属性等。关于这一话题的讨论仍在继续，一个事实已经变得极其明显：国家和个人正在准备获取 SMR，并且他们很快就会“走出去”。他们开创性的航天实践必然彰显开发“造法性”条约的必要性和紧迫性，也因此会对现行国际空间法体系的发展作出重要贡献。

本章旨在了解 SMR 法律的同时营造有利于 SMR 活动的法律环境。例如，一些学者和国家认为，外空资源属于所有国家，仅当所有国家都同意时才可以进行回收和利用；另外很多学者和国家则主张在不违悖任何国际法的前提下，资源可以私有利用，并可自由提取。哪一个观点是正确的呢？这些都是具有争议性的问题，但答案正在开始浮现。本课题既考察了航天活动的历史先例，也审视了现今发展。国际法在后续具有活力的实践中并非一成不变。即使之前的活动存在法律问题，随着更多行为体根据需要从事这种行为，他们将变得越来越具有正当性。

人类不可阻挡的前进步伐被一些所谓的远见之士和实干家所中断，但人类追寻国际空间法内在本真的努力并非没有受到重视。一些国家开始通过宣示航天活动管辖权和可允许获取财产权的边界显示其立法力量；同时，越来越多的国家支持《外空条约》中所明确的关于所有外空（含资源）均可自由探索和利用的观点。从英属马恩岛发布的支持私人航天活动的政策，到美国 2015 年 11 月 25 日通过《2015 年外空资源探索和利用法》，以及卢森堡近年来积极推进国内立法促进外空资源开发的不懈努力，国际社会正在快速强化国际空间法体系作为适应当代社会需求而且可操作的法律部门形象。

第 8 章　研究发现、结论与建议

8.0　重要成果

本课题在假定国际航天业界能够主动作为、开创未来的前提下进行。我们作为一个新兴产业以及人类的成员，可以使历史进程朝着更好的积极方向发展，从而使人类整体福利得以提高和扩展。为达成这一目标必须利用太阳系中的丰富资源。

国际宇航科学院针对外空矿物资源（SMR）的本项课题形成了一些初步的研究成果，同时也形成了一些应当使商业实体更确信地前进、使政府得以采取有加有利的方式支持和规制这些活动的建议。作为一项集成全球创意和专家智慧的研究成果，本课题得出的重要结论是商业航天企业进入深空进行太空探索的赢利预期应该是可以实现的。

首要发现：以政治与科学作为主要驱动力，太空探索任务在传统上曾经是国家的特权。与此同时，支持这些任务的民用航天、与国防有关的航天及商业航天三个领域内的产业在全球范围内不断发展。现在，随着可用的科技资源呈几何级数增长和航天发射成本的不断降低，私营产业正在将从太空探索获取经济收益视为未来发展的主要驱动力，SMR 的利用将是这些敢于承担风险的企业获取经济收益的主要来源。产业界旨在开发和量化小行星上的可用资源，随后开展矿物资源的实际利用或获取，其计划是矿物勘探第一，原位资源的实际开采次之。1969 年人类实现载人登月后，早在 1991 年，开发小行星的技术对航天机构来说已经是可用的。然而 SMR 企业不能坐等政府从技术上和系统上降低风险的计划，商业企业必须决定确保商业成功和竭力走出低地球轨道的最优路径。在 21 世纪上半叶，航天事业主导权将极有可能来自商业企业，而不是仅仅依靠政府项目。一个可以影响着一系列开创性活动的理念，是说服政府机构同意让商业企业首先从事这些活动，并允许商业航天企业通过在外层空间的指定位置售卖其产品而支持政府的探索活动。与此同时，为使投资者确信 SMR 利用是一项具有生存和发展能力的商业活动，应制定明晰的国内和国际法律机制，以在最大程度上确保在承担必要风险、获取投资回报方面的法律确定性。然而，监管机制应是灵活的且不应限制工业和创新活动，因此，应与政府的航天探索活动同步进行，支持和鼓励商业企业。

主要结论：本课题研究发现，开采 SMR 可实现地球表面与太阳系内临近位置间的经济旅行。开采小行星、月球或火星上的水资源可确保未来太空基地的关键要素是可获得的。水资源将确保人类的探索应当且可以扩展到低地球轨道以外，包括在利润驱使下开发 SMR 的活动。在理解上述结论的基础上，本课题提出下述建议：

首要建议：以本项课题研究所做出的重要努力为新起点，成立一个新的课题研究团队，重点要紧密结合正在进行的 SMR 研究活动。本课题报告涉及到的不少信息还存在不足之处，同时对产业也缺乏重点分析。由于 SMR 活动的兴盛对人类而言非常重要，进一步的研究应当侧重于通过更为具体的分析，来界定向营利性企业演化的关键步骤。纳入本报告的路线图确实应当包括降低风险论证，及其所需要达到技术成熟度 8 和 9 的必要技术。考虑到现有研究可以作为未来具体研究的新起点，后续研究应当侧重以下话题，例如：

1）技术风险降低及工程设计；

2）国内和国际法律机制；

3）心理与社会因素；

4）经济路径；

5）对小行星的同步保护。

8.1　主要发现

本课题在 SMR 研究的起步阶段有如下发现。

发现 1——技术风险降低及工程设计：开采小行星和月球风化层确定在现有科技水平范围内是可实现的。在外层空间，对目标开采区的鉴定、开采设备的开发以及将这两项活动结合起来的能力，对现今的发射、绕轨和操作能力而言是可实现的。

建议 1—1：首先应当建立一支队伍，具体研究开采 SMR 所需的设计参照任务和必要的工程措施，由商业和学术专家组成，并提出作为初始勘探目的地或小行星捕获/返回任务的小行星的类型和大小。商业航天采矿公司的需求也许与技术专家们的兴趣点不同，但是为确保正确的抉择，促使各项观点协调一致的努力是值得的。这项建议包括以下一些具体任务：

任务 1—1—1：联合各国航天局负责人开始一项多年期且全面的国际性行业研究。尽快建立外空采矿所需的载人与机器人操作不同组合的基于价值判断及决策选项的相关数据库。初步行动要与国际空间探索协调小组（ISECG）[109] 相协调，共同努力。

任务 1—1—2：由相关利益攸关方开展行业研究，评估在长期辐射环境下开展外空采矿活动的解决方法和措施。现有的研究已经界定辐射防护是大规模外空采矿活动的一个主要技术挑战。

任务 1—1—3：明确 SMR 物理特性与地球上的采矿和生产不同。通过同时开发这两个领域，可以创造出一系列的关联惠益，未来将在多个产业间传递。界定相似点和不同点的研究项目应当立即由各国航天局承担，目标应为发现新的方式以及激励新科技的发展，从而推进地球和外空采矿活动。小行星撞击地球的风险减缓技术、新的推进方式和可替代能源再利用的战略等领域，都将立即且直接从该研究项目中获益。

---

[109] International Space Exploration Coordination Group

任务1—1—4：成立一个子小组，负责处理未来的长期栖居地（包括自由降落到小行星或月球基地）的问题。大规模开展SMR活动中，“在太空”与“在地球上”的心理影响与社会影响并不清楚，有关国家航天局和国际宇航科学院应当与大学（例如法国斯特拉斯堡的国际空间大学）一起来界定这一问题的要素。本课题组认为，源于史海钩沉、长期苛刻环境下的操作以及高压小组作业（例如在海上核潜艇中）的研究成果输入是有意义的，对人类的裨益应当被量化而商业成功的利润应当被肯定。

任务1—1—5：评估在太空和地球上大规模开发SMR的经济效益。在各国航天局的协助下，国际宇航科学院应开展更多的有关SMR潜在经济利益的分析。鉴于经济模型是预测商业伙伴行为的基础，应当在一个包括地球在内的、以系统为基础的语境中进行构架。例如，它需要证明所有的经济投入终将转化为地球上整体福利的增长，它将创造就业岗位并改善基础设施条件。这将为全球航天领域带来活力，包括：

1）通过借鉴国际空间站（ISS）或和平号空间站（MIR）的经验，关于地球支持性岗位与太空探索者的比例的经济贸易研究应由新课题组承担。通过详细的成本测算和结构设计将可以界定利润点；同时，它使得把握SMR活动的商业确定性成为可能。

2）小行星的回收成本高度依赖于轨道转移能量结构和入轨时间选择（会合周期）。应针对这些问题进行具体研究，以便相关成本可准确地反映在SMR标准化经济模型中。

任务1—1—6：鉴于小行星撞击地球风险是一个国际上高度关注的问题，应考虑与各国航天局合作，审视和规划跨界的公私合作制（PPP）。公私合作制价值最大化的选项应当予以鉴别和推动，包括开展一项行业性课题研究，旨在利用政策和法律手段制定符合自然规律的激励和奖励机制，为所有相关方实现成本最小化和价值最大化。

发现2——国家和国内法律机制：尽管外层空间范畴在本质上是多边的和国际的，但经验表明，国内法是主要的规范框架，即每个私营和政府的航天活动行为体都照此在外层空间开展活动。SMR的开采和所有权属于国内法规制的范畴，但也应符合现行国际法。国际空间法已经确立，国内法应在现有法律框架内规制本国在外层空间的活动。一些国家的国内法需要修订以便有利于SMR的商业发展。历史经验已经反复证明，主要由国内法而不是国际法规制的领域最容易获得快速成功和繁荣（例如遥感、通信和导航卫星）。

国际法的固有价值和内在本质理应获得商业航天行为体的应有尊重。尤其当许多关键性的全球治理问题需要国际解决方案之时。一个有效的国际法法律框架最能够在有利于国际空间合作的同时，阻止和解决来自不同国家的航天活动行为体之间潜在的国际利益冲突。非国家行为体更应理解如何在一个国际性竞争的领域内及法治环境下主张权利、履行义务并规避法律风险。在各国国内航天立法符合基本国际法原则的前提下，各国开展的实践有助于在探索和开采SMR领域内推动确立和应用这些国际规则，从而在国际视角为所有利益攸关方提供最大程度的法律确定性。本课题组成员期待，在现有的研究中，商业航天产业的先驱者将在为全人类谋福利这一新维度下为国际空间法的进一步发展作出其应有的贡献。

建议 2—1：考虑到国际法律框架承认国家立法是规制一个国家已有的航天内部事务的恰当方式，建议所有的航天局、政府机构和学术界认可并推动 SMR 开采活动的国内法机制。新的课题子小组应与国际宇航科学院第五委员会及国际空间法学会（IISL）一起，制定一个规范 SMR 开采活动的国内示范法。这项课题研究应当建议制定具体规则，允许就外空采矿活动开展相关知识产权和技术信息的保护及转让，同时规定在近地移动大质量货物的空间安全协调机制。各国航天局处于推进和促成空间法律环境的最佳位置；同时各国航天局负责人作为“关键少数”，是确保外空自由并让所有国家从太空探索中大面积受益的最重要的人物。

建议 2—2：新的课题研究应当继续且与尽可能多的航天机构合作，以就 SMR 活动在国际方面达成一致、增进国际谅解以及具体发展进程。跨机构间的议定书是协调所有相关问题的有力工具。与此同时，建议在研究如何激励 SMR 运营的全球产业合作的同时，支持国际宇航科学院的后续工作。

发现 3——低成本进入外层空间将促进 SMR 活动：尽管外层空间在其范畴内和本质上是多边的和国际的，但是任何活动的财务问题均聚集于最初进入轨道的成本。目前，进入外层空间耗资巨大，仅在没有其他可替代物的必要情形下才会被认定为合理。发现表明：

低成本进入外层空间可以使 SMR 商业活动受到支持并得以维持。运送至 EML-1 拉格朗日太空港的成本如果能够降低两个数量级，将会确保商业航天企业大量涌现，并将追逐那些现实可及的巨大机遇。

建议 3—1：继续努力创造和支持商业发射活动。本课题支持如太空探索技术公司(SpaceX)、轨道科学公司（Orbital Sciences）和波音公司（Boeing）等企业对国际空间站的商业运输。这应当扩展至在地月生态圈中任何地点的常规物资的运输。

建议 3—2：研究并开发革命性的路径，以进一步降低进入轨道的成本。应当鼓励现有的各种努力，例如可再利用火箭、太空电梯（包括地球电梯和月球电梯）、更大的离子发动机以及可变比冲激磁场火箭发动机（VASIMR）。

本课题于 2012 年及时立项、2015 年及时结题，无论是在课题研究过程中还是在课题成果发布后，均在国际上引起了积极反响（详见本书文前的“全书内容摘要及相关事件概述”部分）。

8.2　SMR 基础路线图

在本课题研究过程中，若干家 SMR 公司提交了他们在外层空间实现盈利和可持续采矿的运营路线图。归纳起来，其基本路径可以描述如下：

第一阶段：2014—2020 年间，在地球启动商业基础设施建设，创办企业并进行前期投资，同时制定地球上的商业模式。

第二阶段：2015—2022年间，在低地球轨道验证相关的硬件设施，并到潜在的小行星执行试验飞行任务。

第三阶段：2018—2029年间，正式启动外空采矿经营项目并销售相关产品，实现产品返回及投资回报。预期结果：在EML-1销售水资源。

第 9 章　面向未来的概念设计

在研究了 SMR 各方面的问题，并将这些问题与我们全球日益增长的人口问题相对照之后，一个面向未来的概念浮出水面。利用 SMR 应使得进入太空变得更为便宜，同时促使商业企业显著增长。空间技术创新将引领地球溢出效应的发展并改善人类的生存条件。成功的商业企业将使人类得以成长并扩展，包括太空活动在内的视域。商业企业必须明智前行并开拓最优路径，以实现商业成功，进而引领开发太阳系之路。他们不应坐等政府项目来降低技术或项目风险。在 21 世纪上半叶，商业航天先驱将通过进取性的投资成功使投资者和地球上的人类整体获益，并为在太空建立企业做好准备。

促动商业太空的概念来源于水供给这一简单理念，同时包括为开发者及在地月经济圈内的商业投资者提供燃料、空气、氧气及电力。勘探与开发水资源丰富的区域，处理、储存、运输及出售水资源，可使企业从中获利，并为所有的太空旅行者提供必要的资源。人类最终会采用某种方式，特别是通过 SMR 活动，在外层空间中给自己确立一个更好的定位。

特别是，建立太空港以及出售在月球或小行星上采掘的水资源，将使人类参与开发太阳系的活动变得更为积极主动。因为取自月球或小行星的水资源的基本元素价格相较从地球表面发射运送成本而言是如此之低廉，探索外层空间这片广袤的未知领域的努力成果将更为显著。当得到从地球表面发射场发射到达月球轨道的空间物体，燃料占据其总重的 80%以上，人们就意识到了对一个轨道载荷而言，价格是过高的。经济学分析显示，相较于从地球运输而言，在月球或小行星开采水资源的价格要比其低两个数量级。出售月球或小行星的水资源的商业企业应当是成功的。纵观人类探索前沿的历史，许多早期的商业投资均通过发现可以出售给探索者的当地资源而获得成功。在地月经济体系里，这一资源就是水。这个概念可以简单地概括为：水资源是太空的通用货币！

附录 A 术语及缩略词

ACES 高级通用演化平台
ADCS 姿态确定和指挥系统
AIAA 美国航空航天学会
APA 预约定价协议
ARM 小行星重定向任务
ASAP 尽快
ATP 美国商务部先进技术项目
CCSDS 国际空间数据系统咨询委员会
CHM 全人类共同继承财产
CIL 习惯国际法
CJS 国际空间法体系
CME 日冕物质抛射
CO_2 二氧化碳
COTS 商业轨道运输系统项目
CSA 加拿大航天局
DII 主管创新项目
DRM 设计参考任务
ECSS 欧洲航天标准化合作组织
ECLSS 环控生保系统
EERE 能源高效与可再生能源项目
EML-1,2 地月轨道拉格朗日点 1,2
ESA 欧洲空间局
ETO 地球-轨道
EVA 舱外活动
LMO 近火轨道
LOX 液氧
LOX/H_2 液氧-氢
MCC 任务控制中心
MEO 中地球轨道
MER 火星探测漫游车
MEV 火星探测飞行器
MilStd 美国军用标准
MIR 和平号空间站
MSL 火星科学实验室
MT 吨
NASA 美国国家航空航天局
NEA 近地小行星
NEO 近地天体
NHATS 近地天体载人航天飞行可访问目标研究
NIAC NASA 创新先进理念
NPV 净现值
NRO 国家勘测局
OPEC 石油输出国组织
ORU 轨道替换单元
OST 《外空条约》
PGE 铂族元素
PPP 公共私营合作制
PV 现值

FAA	美国联邦航空管理局
FV	未来值
GCR	银河系宇宙辐射
GDP	国内生产总值
GEO	地球同步轨道
GES13	2013 年全球探索战略
GEV	十亿电子伏
GLXP	谷歌月球探索奖
GOST	俄罗斯国家标准
GPS	全球定位系统
GTO	地球静止转移轨道
IAA	国际宇航科学院
IAS	国际会计准则
ISECG	国际空间探索协调小组
ISO	国际标准化组织
ISP	比冲——测量火箭效率
ISRU	原位资源利用
ISS	国际空间站
ITU	国际电信联盟
JAXA	日本宇宙航空研究开发机构
JORC	澳大利亚联合矿石储量委员会
JSC	约翰逊航天中心
KPI	关键性能指标
KRI	关键风险指标
KSC	肯尼迪航天中心
LEO	低地球轨道
LIDAR	激光雷达
LLO	低月球轨道
R&D	研究开发
RAP	机器人小行星探测器
REE	稀土元素
ROI	投资回报率
ROM	粗略量级
SBIR	小企业创新研究
SDO	标准开发组织
SE－AA	太空电梯顶点锚节点
SE－GEO	太空电梯地球同步轨道节点
SEC	沙克尔顿能源公司
SEI	太空探索计划
SEP	太阳能量粒子事件
SETI	地外文明搜索研究所
SIF	空间基础设施预测
SMR	外空矿物资源
SSP	空间系统电源
STEM	科学、技术、工程及数学
STP	太阳能热推进系统
STS	航天运输系统
TRL	技术成熟度
UNCLOS	联合国海洋法公约
UNCOPUOS	联合国和平利用外层空间委员会
USD $	美元
VASIMR	可变比冲激磁场火箭发动机
WACC	加权平均资本成本
WARC	世界无线电行政大会
WBS	工作分解结构
WGER	地外资源工作组

附录B　IAA课题管理大纲

关于成立IAA课题组SG 3.17的项目建议书

一、课题题目：外空矿物资源——挑战与机遇的全球评估

二、课题发起人：阿尔瑟·M·杜勒先生

三、IAA委员会最高优先级：第三委员会，空间技术与系统开发

四、IAA委员会次等优先级：空间物理科学；法律，经济与政策

五、课题组成员

共同主持人：阿尔瑟·M·杜勒先生，张振军先生

秘书：阿娜特·弗里德曼女士

其他成员：罗格·李纳德先生，汉斯·E·W·霍夫曼先生，博赫丹·I·拜吉姆克先生，乔治·C·尼尔德博士，李芙蓉教授，藤原浩·吉由弘先生，奥列格·阿里夫诺夫教授等。

六、课题总体目标简述

推动外空矿物资源的短期评估、开发和利用，提供合理、系统且务实的路线图。

本课题领域概述：

（一）外空矿物资源（SMR）类别、分布及范围；月球、小行星、火星等。

（二）现今分别在太空和地面进行SMR识别、回收及利用的技术水平。识别所有所需的技术工艺及系统，提出具体的技术开发建议以及评估相关技术。相关技术具体应用在系统级和子系统级的SMR勘探、开采、富集、运输、交付及使用等方面。需针对空外矿物的可利用运输和提取方案进行专项研究。

（三）对在太空/地面开采/利用SMR起到控制、限制、推动及其他相关作用的法律、监管制度和政策（包括在现行国际法和国内法指导下利用SMR的权利）进行分析。根据分析找出尚未解决的法律及监管问题，并提出解决这些潜在问题方法的建议。

（四）通过对备选情景进行研究，得到与太空/地面开采/利用SMR相关的商业分析，重点研究SMR带来的经济影响；同时对大量相关权益方进行评估，具体包括国际采矿及资源开发公司、银行及资本市场。

（五）为在太空/地面开采/利用SMR专门绘制技术、法律和经济路线图。

（六）结论与建议。

注意：虽然已有一些已出版的书籍和/或知名的学术报告对SMR进行过研究，但据本项目发起人所了解，并未如本书一样能够如此全面总结公开的文献。与空间太阳能不同，

未有任何政府或工业部门赞助SMR方面的研究。该IAA课题将是第一份综合性专题研究，对造福人类具有十分重要的意义。

七、中期目标

2012年11月中旬，各小组成立，主要由科技、经济、法律与政策方面的专家组成。

2012年11月底，用于课题组及各小组进行电子会议的技术设备准备就绪。2012年12月底，制定出工作规划、划分职责并列出工作清单。

2013年，邀请加拿大及澳大利亚的权益相关方参与课题研究，并召开专题会议，从而确保课题组可以得到在矿物提取、加工及营销方面颇有经验的公司提出的观点。

与IAA第三委员会配合于2013年在北京举办的第64届国际宇航大会期间展示阶段性研究成果。

八、研究方法

定期召开课题组电子会议。工作大纲确定后进行具体的分工并明确任务完成时限。虽然该课题研究是自愿性的，但各小组都应明确其分工和职责，并进行专业化管理。

九、时间安排

2012年10月—2015年5月

十、最终成果（报告、出版物等）

由IAA或其他赞助商对本课题研究报告正式出版。

在航天领域期刊上发表文章（待定）。

2013年10月在北京召开国际宇航大会期间举行研讨会或新闻发布会。

召开新闻发布会，发表《宇宙研究》的主要成果。

十一、目标受众

商业化空间科学、技术及实业团体。

世界范围的矿物开采、加工和营销企业。

制定太空政策的负责人或官员，其制定的太空政策可保证一些关键矿物的未来供应能力。

资助航天活动，以及矿物开采和加工的资本团体和银行团体。

航天工程师及科学家。

十二、潜在赞助商

美国海因莱因基金会、美国王剑探索有限公司

十三、日期

2012年11月5日

十四、最初阶段

接受申请：2012年11月

委员会批准：2013年3月

SAC通过：2013年3月

IAA正式确定成员：2014年3月

十五、最终阶段

委员会同行评审完成：2015 年 3 月

委员会完成评审：2015 年 3 月

收到终稿：2015 年 3 月

SAC 通过：2015 年 4 月

BOT 通过：2015 年 5 月

出版商是否确定：是

课题报告出版：2015 年下半年

附录C 针对水资源的需求分析

为证明水资源可变为一种极为珍贵的 SMR，本课题作者特选取具有类似结论的 NASA RAP 的课题成果来支持本书结论。结论如下：为 EML－1 燃料航天器供水可以带来经济效益。

RAP 小行星采矿成本模型

分别对 12 个不同任务的 RAP 模型进行成本评估。采用参数成本评估法，针对开发、生产和操作耗资进行评估。

“课题组针对将 RAP 航天器及其有效载荷建造、运营并返回到地月系统时编制参数成本模型，考虑到了相关价条因素及市场弹性假设（即供给量的增加对价格的影响程度）。”（扎西尼，2013）

表 C－1 RAP 结构再利用成本评估

针对 RAP 航天器及任务的首次近似成本评估					
	2013 年（百万美元）	S/C 之一	S/C 之二	S/C 之三	S/C 之四
一次性开发成本	2 500				
航天器	500				
推进剂	1 000				
开采技术	1 000				
2013 年度经营成本		1 550	860	695	630
航天器		300	150	125	125
推进剂		500	250	200	175
开采		500	250	175	150
集成		100	90	80	75
运营		150	120	115	110

进行 RAP 航天器成本评估（单位：美元）时参照了先前的行星际航天器。其独有的开采设备及太阳能热推进剂成本为 5 亿美元。根据该航天器质量，预计其生产成本约为 3 亿美元。任务间的整修成本预计约为采购成本的 10%。

在不考虑学习曲线收益的情况下，太阳能热推进剂系统的开发成本为 10 亿美元；开采/提取系统的开发成本约为 10 亿美元，生产成本为 3 亿美元。因此，该航天器的开发成本预计为 25 亿美元。每组航天器的成本为 9 亿美元。拟定开发周期为 5 年。3 年内完成各航天器的组装，并预计花费 3.75 亿美元发射一枚航天器。该航天器计划在低地球轨道进行组装，并自行转移到 EML－1。每次在 EML－1 的发射成本预计为 5 000 万美元。首枚航天器的运营成本预计为每年 4 000 万美元，随后每增加一枚航天器将产生 250 万美元的运营支出。

虽然对模型进行了大量的简化处理，但利用前面章节所述的、基于定量需求的单位成本方法仍在未来收益预评估中有效。然而，作为最后一个要素——价格模型的建立，在该方法中仍未被考虑。需要注意的是，这种单位成本核算法确立了成本的最低水平。如果可以提供准确的成本和技术假设模型，那么得到的成本会更低；即使不能提供足够准确的模型，成本也不会超过预估水平。该模型成功应用的话，可为竞争方提供数据并刺激其开发成本更优的函数模型。而该优化措施有可能同时刺激针对其他小行星矿物资源开采而进行的设计和开发，并用于评估其效能。

附录D　针对镍资源的需求分析

预期目标：通过小行星开发满足10%的世界镍资源需求。这能否造就一个市值300亿美元、年创利润30亿美元的公司？具体表现如下。

镍资源需求：随着经济的发展，镍资源用量也随之增长。2001—2011年间，全球对镍资源的需求从110.4万吨增加到157.2万吨，年均增长率为4.2%。然而，这种增长势头并非一成不变：2011年镍资源需求量达到峰值；2007年，需求量在经济危机冲击下降低到132.3万吨，2008年再次跌落至128.6万吨；这种下降趋势一直延续到2009年，需求量低至124.1万吨。但2010年迅速回升至146.4万吨，并在2011年增长到157.2万吨。亚洲作为最大的需求区，其需求量占世界需求总量的65%。仅中国就占据需求总量的44%，而十年前中国的需求量仅为世界需求总量的8%。

首次使用：通常镍都会被回收，因此新制造出的产品与回收品之间必然会出现差别。“首次使用”是针对新制造产品而言的。新镍主要用于制造不锈钢，迄今为止占新镍总使用量的2/3；而在过去30年中该方面的使用量仅为总量的1/3。不锈钢市场现以每年5%的速率增长。“首次使用”在其他方面的应用包括：制造其他合金钢、高镍合金、铸造物、电镀版、催化剂、化学品及电池。

镍产量：直到2007年，世界经济迅猛的发展势头带动了初始含镍金属产量的提升。2007年，世界主要产值达到141.6万吨。尽管如此，2008—2009年的经济危机仍对世界范围的镍产量造成了负面影响；2009年，初始金属产量下降至132万吨。2010年，产值迅速回升至144.6万吨；2011年继续上涨至158.9万吨。2001—2011年的年均增长速率为3.7%。2005年，不同形式和等级的镍生铁（NPI）在中国兴起炼制。在起初的几年中，镍产量增长缓慢；2010年，产量迅速增长，据估计已超过16万吨，2011年可能达到25万吨。镍生铁在中国基本用于代替传统镍金属和不锈钢废料生产不锈钢。2001—2011年间，除了上述中国生产的镍生铁外，世界上还出现了几种其他的镍产品。例如在巴西的巴洛阿尔托（Barro Alto）和昂查普马（Onca Puma），在全面达产的情况下，两地的年均总产能超过10万吨。在马达加斯加，建设中的安巴托维（Ambatovy）项目计划产能为6万吨。缅甸原计划2012年在太公当（Tagaung Taung）开业的第一个镍生产项目投产。在新喀里多尼亚（New Caledonia），淡水河谷公司的罗镍矿（Vale's Goro）项目已通过审核，但仍处在较为缓慢的进展中。

镍价及库存量：在过去的40年中，镍价浮动剧烈。下图所示为1991—2011年间伦敦金属交易所镍的历史票面价值。在20世纪80年代末曾出现过一个镍价峰值。20世纪90年代前期，“东欧集团”国家的崩塌引发了一波镍出口狂潮，使得镍市价低于其生产成本，西方各国的镍产量因此而锐减。直到2003年，镍市价仍低于10 000美元/吨。2005年价格上涨到 14 000 美元/吨，经过 2006 年一年的疯狂上涨，2007 年 5 月达到了平均市价的顶峰 52 179 美元/吨。随后市价持续下降，直至 2008 年 12 月，其已下降到 9 678 美元/吨。2009 年初，市价开始回升；到 2010 年底，市价回升至 24 103 美元/吨。这种势头保持到 2011 年，2011 年 3 月，市价达到峰值 26 015 美元/吨。之后总体保持下降态势，12 月下降至 18 144 美元/吨。2012 年 1 月份再次回升到 19 815 美元/吨。

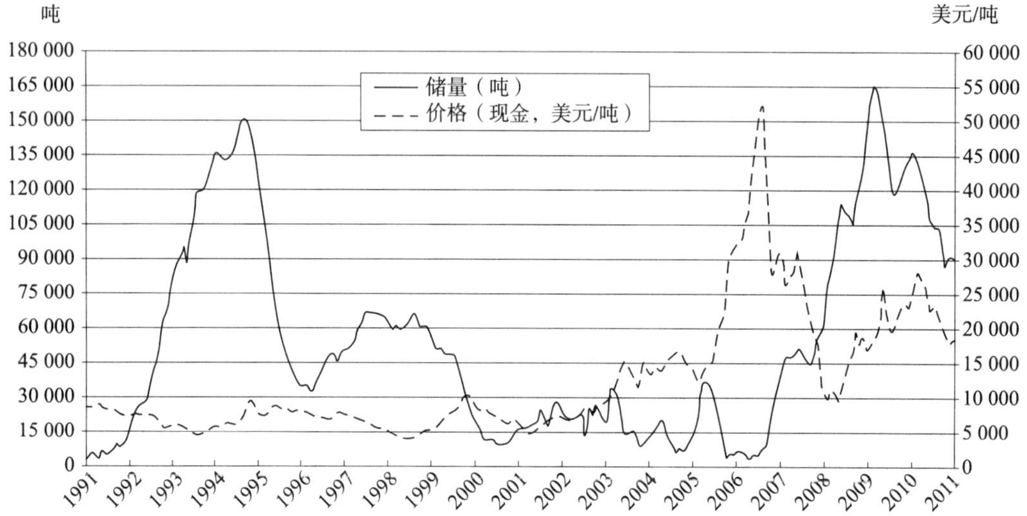

图 D-1 镍储量与价格走势图

结论：如果运输成本可以控制在 15 000 美元/吨，则镍交易可以带来巨大收益。

附录E 全球战略情景分析

在此列出从最差到最好的全球情景用于参考。小行星撞击效应不容忽视，它终结了恐龙时代并使生物进化倒退了1亿年。而另一方面，外空矿物资源（SMR）可以帮助我们将遥不可及的科学幻想变为现实。

E.1 小行星撞击——物种灭绝

虽然几率几乎为零，但是小行星撞击的确可以引起人类的灭绝。地球形成后，人类作为主导生物首次有足够的时间和集体意志应对这种灭种危机，从而在某种意义上将其减缓。假如恐龙时代就有了太空项目，那么有可能其还活跃在地球舞台上主宰这个世界。

“在当今世界，可以使人类灭绝的事件太多了。尽管这类事件发生的几率很低，预防成本却十分高昂，因为这代表着所有未来人类生命的价值所系。为了了解人类灭绝风险，我们需要评估面临的挑战。举个例子，评估阻止灭种级小行星撞击的成本效率。”[马西尼(Matheny)，2007]

尽管地球防御十分重要且关联性很强，但本文所述的SMR并不涉及该方面内容。如有读者想要了解更多关于小行星撞击的危害等级、减缓概念及国际相关政策，可另行查阅其他资料。不过，鉴于小行星撞击对经济有一些直接影响，一些防御事项会在公共-私人合作课题的结论及建议部分提及。

“如果我们预估人类将于一代人的时间内灭绝，传统的生命估值统计将认可每年在小行星防御上进行160～320亿美元的投入。”（马西尼，2007）

定量经济理论可以且应该用于评估与弥补和防御有关的公共-私人机构合作的成本价值。这一过程可以为评估改革效能提供基础，同时平衡公共-私人投资比例。

E.2 小行星撞击——文明终止

相较于物种灭绝，小行星撞击更可能导致的是文明的终止。不同于行星轰炸，较小范围的小行星撞击就可能造成这一后果。某片大陆出现小范围的撞击后，可能导致全球范围内的资源再分配战争，而这种战争可能将过去累积的一切毁于一旦。人类文明是相对脆弱的，较小的小行星撞击可能引发相当大的社会重组，而不会将影响封闭在撞击区域。

“根据目前探测到的数据，已知的13 000～14 000颗小卫星中，只有大约10%的直径超过140 m，霍尔德伦（Holdren）曾表示，如果这种规模的小行星撞击到地球上，‘一片大陆上较好的那部分便可能消失殆尽’。不过霍尔德伦还指出，这类事件20 000多年才可能发生一次。博尔登（Bolden）表示，在发现的太空岩石中，只有不到1%的直径在30～

100 m 这一范围。这种级别的小行星不足以毁掉一片大陆，但其比上个月出现的车里雅宾斯克（Chelyabinsk）流星要大，潜在破坏力更强。”［波义耳（Boyle），2013］

直径/m	动能E/Mt	空中爆炸/Mt	凹坑直径/km	
2	0.001	0.001	0	日常可见
3.3	0.002	0.002	0	微不足道
4	0.004	0.004	0	很小
5	0.008	0.008	0	小
6	0.017	0.017	0	可被注意到
8	0.032	0.032	0	可被注意到
10	0.063	0.063	0	恐怖，但安全
13	0.14	0.14	0	可击碎玻璃
16	0.26	0.26	0	
20	0.5	0.5	0	车里雅宾斯克
25	1.0	1.0	0	
33	2.2	1.5	0.7	可毁灭城镇
40	4.0	2.0	0.9	可毁灭郊区
50	7.8	2.8	1.3	可毁灭城市
65	17	4	1.8	通古斯大爆炸
80	32	6	2.2	
100	63	8	2.8	地铁瘫痪
125	122	11	4	州级破坏
160	256	16	5	国家级破坏
200	500	22	6	
250	977	31	7	次大陆级破坏
330	2 246	47	10	文明受到威胁
400	4 000	63	12	文明面临挑战
500	7 813	88	15	文明遭到破坏
650	17 164	131	19	生存受到威胁
800	32 000	179	24	生存受到挑战
1 000	62 500	250	30	气候变化
1 250	122 070	349	37	气候反转
1 600	256 000	506	48	区域消失
2 000	500 000	707	59	
2 500	976 563	988	74	发生灭绝事件
3 300	2 246 063	1 499	98	
4 000	4 000 000	2 000	119	
5 000	7 812 500	2 795	149	世界末日
6 500	17 164 063	4 143	193	细菌存活受到威胁
8 000	32 000 000	5 657	238	
10 000	62 500 000	7 906	298	星球灭亡

图 E-1　小行星大小-危险关系表［Wong，2013］

现代文明的终结与开启新纪元之间的区别是巨大的，且其间还有大量的不确定因素存在。对统计探索及减缓技术投资价值进行评估时，可且应该将经济学理论考虑在内。这项基本的研究可以使制定出的政策和法律更好地为人类的最高利益服务。实现前提是我们只要确定正确的研究焦点，就可以减缓小行星危害，并且从现在就着手为这一目的做准备。

E.3　全球冲突——文明倒退

即使在没有小行星影响的情况下，人类也是有可能发生倒退的。全球性侵略是真实存在的威胁。从核能交换到环境变化，再到资源减少，这一切都可能引发社会与技术支持系统的崩溃。全球经济中的依赖性会在系统性冲击或其他类型的蔓延中被无形放大。[科罗维茨（Korowicz），2012] 这最终可能导致人类进入太空的能力迅速丧失，切实可行的太空移居选项随之减少。

“历史经验告诉我们，人类文明的发展是循环式的。你总能在远古探寻到踪迹——从古巴比伦、苏美尔，再到后来的古埃及、古罗马和中国。我们目前正在一个循环上升通道中，并且希望这种势头可以保持不变。但恐怕这是不现实的。总会发生一系列事情使得科技水平倒退。鉴于这是45亿年来人类首次可能将生命足迹扩展到地球之外，似乎比较重要的是当机遇来临时我们应该怎样明智地应对，而不是寄希望于机遇的长期存在。”[伊隆·马斯克（Elon Musk），2013年接受卡罗尔（Carroll）的采访]

SMR可谓是解决这一难题的一个出路。曾经保障国家安全的特别系统现在却可能导致其主人灭亡，因此，为了人类的生存和繁荣，我们必须将其转化。当今最重要的政策挑战之一就是如何重新聚焦企业元素，利用这些企业元素从事和平活动而不是战争来达到国土安全。资本主义为颇具侵略性的企业行为提供了一个令人信服的动机。这种动机一旦运用在SMR方面，就会将高效有序的企业转变为更高产出率的进取行为，从而引发又一次的淘金热潮。

国际科技进步正在加快推动人与人、人与自然以一种新型关系去相处。新工具潜在的滥用随时可能引发社会的瓦解。如果没有一个合理且有创意的解决方案，将极有可能发生一次或多次社会瓦解（科罗维茨，2013）。通过铸剑为犁的方式，人类可以将具有极大破坏性的能量转化运用于外空探索和移居活动，那么这种转化而来的能力将是空前的。现实也确实如此，全球防护力量将首要目标锁定在潜在危害小行星［PHA——作为近地天体（NEOs）的一个子集］及空间碎片上。相关操作层面的工作已经启动。

“参与者一直都在强调，这种偶然事件的复杂性和交叠本质需要提前描述责任，规范通知程序，阐明授权及命令链，包括代表授权及被支持/支持关系。各方认为，在任何实质性近地天体紧急情况出现之前仔细考虑并通过相关文案是十分重要的。”[希斯（Hiss），2008]

ITAR是一项限制美国全球领导力的制约因子。将SMR技术规划为矿物开采工程而不是军用技术的豁免政策可能会缓解这一现象。没有该政策的指导，ITAR反而可能会直接为对SMR有兴趣的非美国政府机构和私人公司提供便利。

E.4 照常运行的商业行为——无变化

当今的太空探测主要受制于机器人系统，为数不多的载人航天活动谨慎有余，冒险不足，进程时而进步，时而倒退（阿波罗）。我们的历史遗产为新技术和能力的缓慢发展提供了解决方案。NASA在如何避免主导政府航天计划方面吸取了很多惨痛的教训。机构运行透明化的一个附带效应是使得其学习曲线过于公开。阿波罗计划带来的一项负面结果表明，在其管理结构中，各个强大的航天中心缺少集中统一指挥。资金受限的国会支持使这一问题变得更加严重。再加上行政部门新授权的周期性冲击，共同酿成了最终的悲剧。在执行期超过四年以上的航天计划中，任务取消的风险成为任何计划决策树的主导影响因素。组织开发一项载人航天探索任务的周期通常为8～12年，NASA随后又出现了一系列的计划失败。实际上这是一个很不幸的现实，早在1961年就已有人对此进行成功预见：

“展望未来，当人类探知到太空前沿并为相关经济发展做好准备时，我们却会发现这一领域已被政府抢先占领，政府占据了大部分的人力资源和基础设施。这最终将导致只有国有工业才能在太空发展。”（科迪纳，1961）

现在中国已在月球上投放了漫游车并且将拥有自己的空间站。根据当今的发展趋势，中国很有可能成为未来太空探索的主导国家。这条巨龙的崛起取决于中国人的奉献精神，成本有效性，统一的目标和坚持不懈的努力。其实不只是中国。

“当俄罗斯计划建设新的东方航天发射场并引领世界商业航天发射的时候，美国国会与美国航天工业联合体中的一些人却正在为保证NASA继续20世纪60年代的发展模式进行复杂的斗争，而该斗争的本质是保证美国政府对美国进入太空具有控制权——并将一些工作岗位分配到由国会议员按照区划行使代表权的各个航天分委员会中。”（史密斯，2011）

在过去的55年多中，有两个国家拥有将人类运送至轨道上的能力——中国和俄罗斯。2003年航天发射计划的取消事实上中断了对老旧航天飞船的替换任务。当美国的航天项目进展逐渐被其自身阻碍的时候，其国际竞争者却从中获益取得优势。尽管对于纳税人来说，NASA颇为成功的航天中心之间内部竞争体系带来了大量的就业机会，但其造成的负面反馈回路大大降低了系统的有效性。

一个成功的政府航天计划包括以下属性：

1）有权限使用现代工具的杰出人才；

2）具有健康反馈回路的、具有良好组织性的系统；

3）具有统一的管理体系（无制度化内斗）；

4）奖惩分明；

5）具有明确的目标；

6）得到政治体制的全力支持。

国际航天机构在太空探索方面的新进展包括鉴别并绘制出广阔的新领域地形，通过先进技术的整体推进，可能实现人类的外空定居。但是这是正确的、政府引导下的航天发展方向吗？想要回答这个问题，就必须先检测最优行为下的奖励系统。很有可能使用一个经过尝试并验证的治理系统，该系统可以轻而易举地将空间基础设施的增长率和开发速率最大化。

E.5　勇于将人类文明带入太空

留下自属设备后，商业企业就可以轻而易举地跟着探索者进入有前景的领域。私人资助的地球同步卫星就是这一过程获得成功的确凿证据。的确，将探索、经济开发及成熟的经济运营作为影响因子进行可视化处理，处理成为由这三部分组成的球面，对描述先前帝国（从腓尼基到罗马，再到英国，直到近期的美国）的成功过程十分有用。如图 E－2 所示，该模型用于描述人类未来在太空的定居。预期将转化为矿物，矿石将转变成产品，太空制造将用于扩展太空支持性基础设施。

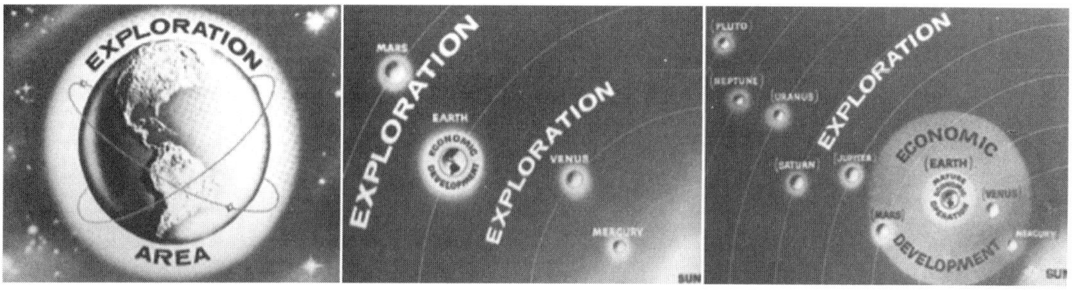

图 E－2　太空探索、经济开发及成熟的经济运营（科迪纳，1961）

人类若想进一步深入太空，就需要一个正确的反馈回路系统，从而使增长率实现最大化。可以通过建立一个健全的治理系统来实现奖励系统的建立，该奖励系统应激励承担风险。历史证明，相较于从上到下的管控而言，自由竞争和自由市场可更高效地最大化向外拓展的进程。对其进行科学规划固然很好，但执行起来却很难到位。到最后，企业家精神和风险投资的可达性也将会成为美国航天计划最后的希望。

“竞争系统通过其盈亏定律首次将员工和其所在公司同时进行测试，而其他系统并没有这样做。这个系统奖励具有创造性和高效性的行为，惩罚缺乏想象力及低效的行为。其不仅鼓励就显而易见创意承担风险，还鼓励在远景规划中承担可能存在的风险。该系统可以有效地消除失败，遏制自满和延迟的出现。当这一竞争性经济体制充分运作的时候，其表现出来的活力、多样性、创造力及有效性是任何行政管控型经济系统不可比拟的。……可以这样说，这个充满竞争关系的私有企业系统能够推动一个国家达到世界上前所未有的生活水平，而且没有其他国家可以与之展开竞争。”（科迪纳，1961）

在这里举出的最后一种情形可视为人类新的黄金时代。在太空中开启新一轮“淘金热”的前景是十分现实的。企业家精神在自由企业，尤其是自由市场的大环境中已经改变了当今世界。实际上，它的确就是现代中国国力的基石，也是令美国、欧洲及日本经济强大的重要因素。

SMR 的物理属性是其最引人瞩目的赋能元素，可以引发迅速扩张和几何式的增长。然而，必须将这种物理属性转化为经济学语言，继而才能获得建设支持性基础设施所需要的资金。为什么要建设这种基础设施呢？因为通过建设这种基础设施可以将此刻闲置的过剩资本转变为长期的现金流——这种转化可以保证相关公司和企业家在整个进程中创造巨大财富。

附录 F　国际宇航科学院简介

一、成立：1960 年 8 月 16 日，由西奥多·冯·卡门（Theodore Von Karman）发起成立于瑞典的斯德哥尔摩。1996 年被联合国认证为独立的非政府组织机构。

二、宗旨：以和平为目的推进宇航领域学科发展；表彰在航天科学或技术领域的杰出个人；为可能对国际事业有贡献的成员提供研究平台；促进可推动航天科学进步的国际合作。

三、结构：例行会议（每两年一次）。主席团会议（一年两次），具体包括：1 名主席；4 名副主席；分别来自 4 个学部的 28 名主席团成员，每个学部委派 7 人；这 4 个学部分别为基础科学、工程科学、生命科学和社会科学。现任主席：Madhavan G. Nair 博士；前任主席：Edward C. Stone 教授，美国。副主席：Yannick d' Escatha 先生，法国；刘纪原教授，中国；Hiroki Matsuo 博士，日本；Anatoly Perminov 教授，俄罗斯。秘书长：Jean - Michel Contant 博士，法国。

四、活动：鼓励以学术研讨会和专题会议的形式在以下领域开展国际科技合作：

1）航天物理科学；

2）航天生命科学；

3）航天技术与系统开发；

4）航天系统操作与利用；

5）航天政策法律与经济；

6）航天与社会文化及教育。

国际宇航科学院主要的任务之一就是编写一系列“宇宙研究课题报告”和“立场文件”，并在多个层面推进国际合作，比如：

1）太阳系及其以外的探索和定居；

2）空间碎片；

3）小卫星；

4）关于地球外生物探索背景下相关活动原则的声明；

5）舱外活动安全和航天服互操作性；

6）价格低廉的科学卫星任务；

7）月球和火星探测；

8）深空探测后续规划；

9）航天对和平的推进；

10）空间交通管理；

11）航天活动知识管理；

12）对地观测任务性价比。

五、主要事件：与以下国家的国立科学院建立合作关系：瑞典皇家科学院（1985），奥地利科学院（1986，1993），法国科学院（1988，2001），芬兰科学院（1988），印度科学院（1990，2007），西班牙皇家科学院（1989），德国科学院（1990），荷兰王国（1990），加拿大艺术、人文及科学研究院（1991），美国科学院（1992，2002），美国工程院（1992，2002），以色列人文与科学研究院（1994），挪威科学与文学学院（1995），中国科学院（1996，2013），都灵科学院（1997），澳大利亚科学院（1998），荷兰皇家艺术与科学研究院（1999），巴西科学院（2000），美国医学研究院（2002），南非科学院（2011），南非皇家学会（2011）等。

六、出版物：国际宇航科学院学报，宇航学报（64家科技期刊中影响因子排行第4）；IAA电子版时事通讯；年刊，包含24国语言的词典及CD-ROM（新添加的2种语言为南非语和斯瓦希里语），立场文件及宇宙研究课题报告（http：//shop.iaaweb.org/），IAA小行星系列丛书——项目，任务；IAA会议及学术报告会进展系列丛书；IAA地球系统遥感系列丛书——科学、技术及应用；IAA网站科技论文数据库。

七、成员组成：四大学部的正式院士和通讯院士（1 123人）；荣誉院士（3）；上述院士分布在81个国家。具体国家分布如下：

非洲：阿尔及利亚，布基纳法索，喀麦隆，埃及，埃塞俄比亚，象牙海岸，肯尼亚，利比亚，摩洛哥，尼日利亚，塞内加尔，南非，突尼斯；

美洲：阿根廷，玻利维亚，巴西，加拿大，智利，哥伦比亚，古巴，危地马拉，墨西哥，秘鲁，乌拉圭，美国，委内瑞拉；

亚洲：巴林，缅甸，中国，印度，印度尼西亚，以色列，日本，哈萨克斯坦，韩国，科威特，吉尔吉斯斯坦共和国，马来西亚，蒙古，巴基斯坦，沙特阿拉伯，新加坡，斯里兰卡，叙利亚，泰国，土耳其，越南；

欧洲：亚美尼亚，奥地利，白俄罗斯，比利时，保加利亚，克罗地亚，捷克共和国，丹麦，爱沙尼亚，芬兰，法国，德国，希腊，匈牙利，冰岛，意大利，拉脱维亚，马其顿，荷兰，挪威，波兰，葡萄牙，罗马尼亚，俄罗斯，塞尔维亚，斯洛伐克，斯洛文尼亚，西班牙，瑞典，瑞士，英国，乌克兰；

大洋洲：澳大利亚，新西兰。

总部位于瑞士的伯尔尼。秘书处地址：法国巴黎75116，伽利略路6号。在班加罗尔（印度）和北京（中国）IAA研究中心均设有分支机构；在阿布贾（尼日利亚）、突尼斯（突尼斯）、布埃亚（喀麦隆）和内罗毕（肯尼亚）均设有区域办公室。

邮箱地址：IAA，PO Box 1268-16，F-75766 Paris Cedex 16，France。

电话：33 1 47 23 82 15，传真：33 1 47 23 82 16，电子邮箱：sgeneral@iaamail.org

网址：http：//www.iaaweb.org；http：//shop.iaaweb.org/

附录G　近地天体经济学

美国国家航空航天局（NASA）专题

研讨会概要，NASA研究园，莫菲特场，加利福尼亚，2014年9月6～7日。

作为NASA小行星重定向机器人任务的领军合作伙伴及应对“小行星巨大挑战”的支持中心，NASA艾姆斯研究中心为响应人类对近地天体日益增长的研究兴趣，于2014年9月6～7日针对“近地天体经济学”这一议题进行研讨。本次研讨旨在促成学术交流，推动工业界、学术界及政府之间的协作。研讨主要分为三个专题分会，包括专题一：背景及动机；专题二：近地天体经济学；以及专题三：政策及法律框架。本文是对上述三个专题讨论发言观点的总结，但所述观点仅代表发言者个人，并非与会者的一致观点，亦不能代表美国政府及NASA相关政策。

一、研讨会主要结论

1）行星防护、科学研究、太空探索和商业航天活动之间存在巨大的协同性，包括矿物和挥发物的开采过程。这种协同性能够通过公共-私人合作关系获得加强。

2）为了广泛地探测及描述小行星，将天基望远镜设计到探测任务中是必须的。同时，这也可满足近地天体共同体中所有利益相关方的利益需求。

3）大量技术壁垒需要被攻克，尤其是在远距离机器人开采及原位资源利用方面；但是很多与会人员认为，只要采取有针对性的措施，他们有信心在近期克服这些困难。

4）经济障碍的存在主要是由现金投资的长周期回报引起的高风险性造成的，这种高风险性有些是预估的，有些是已实际存在的。尽管如此，一些行业内的私人公司表示，相关产品的短期收益流已经形成。

5）某些高净值人士具备用于历史丰碑式建设项目的必要资本和动机，其中包括近地天体开采项目。

6）需要着重解决与近地天体活动相关的国际法分歧。无论相关活动是以科研为目的还是商业化的，这一问题都须着重考虑。

7）政府航天机构、国际监管体制、私人公司和学术机构需要通过紧密合作来制定与近地天体相关的长期战略规划，为工业发展提供一个稳定的支持环境。

8）为适应应用的法律政策及短期投资机会，私人机构在进行与近地天体活动相关的政策法律改革时可能表现得更加勇于表达诉求。

9）法律政策框架的形成可以促进商业化外空采矿业的发展。

二、背景简介

2013 年出现在俄罗斯车里雅宾斯克的流星证明，目前我们对于近地天体的认知还有很多不确定项。虽然危险性小行星撞击发生的几率很低，但是一旦发生，后果将极为严重。在过去的 20 年中，NASA 已经建立了包括一系列探究近地天体课题的项目。尽管如此，能够更加有效地探测、追踪、描述、减缓潜在威胁的科技手段仍然需要被进一步开发。尽管小行星具有一定的危害性，但也能带来机遇。当今社会，很多具有商业目的的开采活动活跃在私有领域中。本次研讨会的中心问题正是在上述活动中存在的经济及监管问题。

三、专题一：背景及动机

人们关注近地天体背后的动机多种多样。本次研讨会的第一部分就是对相关动机进行定义分类，并且明确哪些目标是相通的，或者哪些重要的工程具有重叠部分。以下是 5 个近地天体探索的主要动机，顺序不分先后：

（一）科学探索：天文学家曾是首批进行远程小行星探索的人类，其使用的观测设备一般来自于私人慈善家的捐赠。得益于当今政府和学术机构对研究项目的支持，使得科学仍为近地天体探索的动机之一。小行星能够告诉我们太阳系的形成过程及地月系统的早期历史。因此，很多学术团体仍对巡天望远镜、原位资源分析和样品返回任务十分感兴趣。

（二）地球防护：虽然很难发生，但是小行星撞击地球可造成毁灭性后果是现实存在的危险，而政府和科学团体已经开始重视对该课题的研究。因此，NASA 和其他机构已经启动统计和跟踪近地天体的项目，其中包括 NASA“小行星巨大挑战”计划及 NASA 近地天体观测计划。在上述某些计划中，民间科学家的参与机会不断增加。

（三）资源提取：虽然通常被归类至“纯粹的科学幻想”，但对近地天体上的矿物和挥发物（运至地球或在太空使用）的开采已经受到高度重视。关键激励因子包括：

- 珍贵的提取物运回地球后，通过售卖获利；
- 用日益稀少的矿物满足不断增长的人口；
- 保护地球环境；
- 为支持深空任务和经济上可行的太空经济建立相关基础设施。

（四）支持低地球轨道以外的任务：鉴于地球重力井使得飞离低地球轨道任务成本十分高昂，与会人员认为，如果我们不改变现在的经营范式，人类不可能在深空维系牢固的存在。如果可以开采到小行星矿物并对其进行加工，那么人类就很有可能实现通过较低成本和再生能源发射更轻的航天器，进行在轨加注和在轨维修，甚至有一天直接在太空中实现航天器建设行为。

（五）载人太空探索：NASA 小行星重定向任务（ARM）表明，小行星已被定位为载人航天飞行的下一个目标，以及除月球外第一个超越低地球轨道的目的地。除了为下一个飞离低地球轨道的载人航天任务提供目的地以外，这类任务还可提供关于小行星结构的重要信息，并为偏移危险性小卫星提供技术支持。

四、专题二：近地天体经济学

专题二重点介绍 NASA 针对近地天体开展的活动，以及一些商业公司的预期活动。来自 NASA 和一些私有公司的代表展示了其项目概况，一些商业航天企业也介绍了他们的相关业务案例。主要话题如下：

- 对小行星进行综合性识别和描述的需求；
- 长期、中期及短期的项目赢利能力；
- 在地球上销售小行星资源及在太空使用上述资源；
- 最初定位目标的挥发性物质。

（一）小行星识别和描述：协同进行业界感兴趣的候选小行星识别工作可以避免重复劳动。如果可以得到更多小行星坐标、大小和构成的信息，近地天体研究将从中获益匪浅。研讨会与会者认为，为此目的建造地基及天基望远镜十分有必要。如果政府对利用科技手段实现地球防护有兴趣，就会对有兴趣进行能源提取的公司进行投资。各方参与者可以共享探测基础设施和设备。出于该考虑，业界可借鉴 NASA 的小行星重定向任务："所追寻的目标是满足科学及参与者的利益，扩展我们对小天体的认知，实现满足商业和探索需求的小行星资源开采。"[110]

（二）短期项目收益性：随着私人太空工业逐渐成熟，各个领域的公司开始真正从太空获益。小行星开采投资的关键是通过小行星采矿这种方式实现获利，因为市场和基础设施的开发有可能很缓慢。利用已有知识产权及其他基石工程的收益可为更长周期的项目提供资金支持的一种方式。一些公司声称已经从短期项目中获利。另一值得注意的现象是，保险政策的推出能够促使一些谨慎的投资方开始提供资金支持。

（三）中期项目收益性：很多项目参与者希望政府可以成为其第一批顾客。该愿想的成功性已经在商业航天领域和近期对低地球轨道进行的商业化运送货物及乘组人员计划中得到体现。虽然在轨加注站目前并未实现，但类似于 NASA 这样的管理组织将定期以固定价格购入一定量的类似于水资源这样的基本外空资源。这使得投资方对中期项目收益更有信心。

（四）长期项目收益性：计划利用天基资源的商业公司拥有从近地天体开采并售卖矿物质的共同意愿。其中某些计划的探索对象为水资源。但考虑到售卖水资源目前对于地球来讲意义并不明显，各方普遍将注意力放在更加稀有和昂贵的近地天体矿物资源上。尽管一些公司准备双管齐下，但最终这两种类型的开发方式将全然不同。有些人认为，想要获得收益必须依靠向地球市场售卖稀有元素，而其他人则持反对意见。持反对意见的人认为，地外开采应能支持低地球轨道外的太空旅行。在上述各种任务情形中，基础设施、消费者和所获资源都将是不同的。目前在各个团体之间，关于这两种开发路径争论激烈，但

---

[110] NASA，Asteroid Initiative Opportunities Forum - Update on Asteroid Redirect Mission（2014）available'at http：//www.nasa.gov/sites/default/files/files/AsteroidRedirectMission _ Update _ Panel.pdf.

宣究竟哪种更有经济效益业界尚无定论。在本次研讨会上出现的部分支持/反对意见如下：

资源提取：返回地球

支持方观点：

• 我们有可能在小行星上找到充足的稀有元素，其构成与地球地壳有所不同；

• 地球资源逐渐紧缺甚至有枯竭之虞，不足以支撑不断增加的地球人口；

• 在小行星上进行开采可能将地球还原成其原生态环境。

反对方观点：

• 将矿物运回地球成本高昂；

• 传说中的的“铂金小行星”并不可能存在；

• 地球上的必要资源并没有用尽；

• 地球上还有70%的海底资源储量未经开发。

• 资源提取：在太空使用

支持方观点：

• 若想在太空中建立一个牢靠的空间工业，在太空中直接提供燃料和建设维修服务是实现经济可行性的必要前提；

• 地球重力井使得发射材料、燃料和零部件的成本十分昂贵；

• 在轨或小行星、月球补给站可以降低到达其他太阳系星球任务的成本；

• 在近地空间关键位置设立推进剂补给站可能实现空间运输再利用；

• 我们必须证明，我们首先要能够在近地环境提取、加工资源，从而确保在火星等更远的天体上建设自给自足的人类社会。

反对方观点：

• 目前并无太空消费者；

• 目前实现复杂的原位资源开采仍存在大量技术壁垒；

• 目录并无可利用的基础设施或设计标准来支持这种系统。

水资源作为首要目标：普遍认为，将水资源作为首要目标主要因为对其进行开采是最可能实现的。水及其所含元素贮备丰富、用途广泛，并且从地球发射水资源成本十分高昂。直接在小行星上提取的水资源可运用在推进剂、生命供给水、氧气，以及其他矿物加工计划中。

政府作为第一批顾客：鉴于目前空间资源供给尚未形成一个市场，建议政府作为第一批顾客参与到其中。政府定期以固定价格在外层空间购入一定量的水，这样稳定的资金回报可以刺激私人企业筹集更多资金，继而快速开启这一产业模式。

五、专题三：政策与法律框架

专题三重点关注国内国际法律、所有权及政策制定者角色的相关问题。业界人士普遍意识到，现今实行的国际条约——主要是1967年《外空条约》和1979年《月球协定》，逐渐无法适用于当今日新月异的发展环境中。关键问题包括：1）政府扮演的角色；2）对法律确定性的需求；3）是否需要修订或重写现有政策；4）政府在鼓励工业发展方面的角色和责任；5）对工业领导力的需求。

政府在提供法律确定性方面所扮演的角色：国内、国际管理机构决定着新兴小行星开采经济的兴衰存亡。参与者认为，国家政策应该鼓励这种创业形式。具体实施手段如清除障碍，以税收优惠的形式进行资助，以及通过提供有保障的业务订单、保险机制及公共-私人合作机制来保护早期投资者。尽管如此，如果政府在小行星商业活动开展之前就坚持建立全方位的政策制度，那么将有可能导致该产业胎死腹中。政府角色引起的一个基本问题就是，未经政府授权的行为是否意味着明令禁止的。

本次研讨会与会人员认识到，政府考虑制定新立法的能力与科技创新的步伐并不匹配的。与会商业代表普遍认为，如果小行星开采是未被禁止的，那么它就是合法的。然而，一些政策分析家和律师则更谨慎地认为，在企业投入大量财力精力进行项目开发前，应制定一套稳定的商业空间政策体系并对立法机构进行游说。事实上，虽然《外空条约》并未明令禁止外空资源开采，但并非所有国家都认同该解释，这无形中增加了法律不确定性。

法律确定性：这一问题之后演变为：为了更好地发展新的商业航天企业，我们需要将政策条款尽量明确还是做适当的模糊处理。

修订还是重写：这一话题引起了一轮关于现行国际法框架的讨论。实际上，现在已经存在大量国际公约，我们是需要对其中某些条约进行修订还是重新制定出新的法律条约值得仔细研究。无论是哪种情况，都需要确定哪个机构将引领、推动这一变革。对这一议题高度关注的国家可以率先在其国内制定相关政策，其他国家随后进行效仿；久而久之，影响逐渐扩大，就有可能实现对国际公约大方向的引导。

不同的时代：现行的国际空间法系为一个完全不同的年代而制定。20世纪60年代制定的条约反映的是冷战背景下地缘政治问题而不是现今的创业创新环境。除此之外，考虑到太空本身的原生态属性，法律解释更多选择限制性用语而不是具有推进意义的词语。这使得各类机构并不明白如何推进太空开采工程。

针对可能的政府行动和目标的讨论：如上所述，本次研讨并没有对如何推动发展得出一致意见。问题总是围绕以下几点：模棱两可的法律环境，所有权问题对《外空条约》的解释与修订，其中某些问题将很难得到快速解决。尽管如此，政府仍然可以采取一些初步行动来支持该新兴经济的生态体系。以下列出了大量在本次研讨会上指出的特定政府责任和行动建议。这些行动建议可以帮助近地天体业界在缺少基础设施、缺少潜在消费者、国内/国际法律模糊或过时的大背景下实现成功。

▲可能的政府目标：

• 促进产业发展，帮助产业成功；
• 培育并支持新兴产业；
• 专注于目标导向型的政府项目；
• 必要时进行监管；
• 承担对于新兴产业来说过高的必需成本；

• 为保证新领域市场形成，扮演第一批顾客的角色。

▲可能的政府行动：

• 提供地理科学信息，例如绘制地图并进行分析；
• 开展研究开发活动；
• 建立有利的所有权及矿物声索制度；
• 在产业初期实行免税政策；
• 当出现监管问题时研究特殊处理程序；
• 定期以固定价格购买商品；
• 允许私人公司运用自身交流能力。

产业领导：为了缓和公司和投资者的焦虑，本次研讨会探讨了选出一个权威人物或机构以便为高业航天的愿景而奋斗的设想，无论未来选择上述哪种发展路径，这位代表人物或机构都将维护商业航天的未来发展权益。一些与会者甚至指出，法律过多地限制探索和开发太空是对未来的犯罪。

结论

近地天体经济学研讨会是一次重要且成功的尝试。这一新兴领域中超过100名嘉宾参加了这次会议，他们分别来自学术界、科学界、国际机构和航天机构、商业工业领导人、政策分析师和律师。他们对公共及私有航天产业发展起着至关重要的作用。

高质量的讨论便于与会者独立地展现在近地天体业界面临的最尖锐的挑战和机遇。通过严肃而又发人深思的发言、提问和小组讨论，与会人员已经为迎接即将到来的挑战和机遇做好了更加充分的准备。

作为开启太空时代新篇章（地球防御、太阳系探索、资源利用在其中融合发展）的重要事件，本次近地天体经济学研讨会的与会者在塑造未来的航天活动中无疑扮演着重要角色。

参考文献

Achenbach, Joel "Going to Mars: Billionaire Dennis Tito plans manned mission with possible 2017 launch," Washington Post Health & Science, Published: November 20, 2013, http://www.washingtonpost.com/national/health - science/going - to - mars - billionaire - dennis - tito - plans - manned - mission - with - possible - 2017 - launch/2013/11/20/b859bc76 - 51e8 - 11e3 - 9fe0 - fd2ca728e67c_story.html

Ad Astra Rockets, VAISAMIR High Efficient Rocket, http://www.adastrarocket.com/aarc/

AIAA, Global Exploration Roadmap to Transportation Committee

https://info.aiaa.org/tac/SMG/STTC/Minutes/STTC Meeting APL May 21, 2012/

AIAA SCTC SRTC position paper "Robust Implementation..."

https://www.aiaa.org/uploadedFiles/Issues _ and _ Advocacy/Space/MOON - BASE - 2015 - AIAA - SCTC.pdf

ASTRA, "ISU asteroid mining technologies roadmap and applications final report", 2010

http://isulibrary.isunet.edu/opac/doc_num.php? explnum_id=73

Astrobotic 2013a "Astrobotic Unveils Lower Lunar Delivery Pricing," Features, Releases, www.astrobotic.com, July 8, 2013, http://www.astrobotic.com/2013/07/08/astrobotic - unveils - lower - lunar - delivery - pricing/

Astrobotic 2013b "Astrobotic Payload User Guide V3.0," www.astrobotic.com, 7/13, http://www.astrobotic.com/wp - content/uploads/2013/07/Astrobotic_PayloadUserGuide_v3_0.pdf

A.T. Kearney, Freyberg, A., Arms, H., Dannath, U., Maier, R., "Pulling the Capex Lever," A T Kearney Inc., 2010

http://www.atkearney.pl/documents/10192/252623/Pulling_the_Capex_Lever.pdf

Atkinson, Joe and Catherine Jourdan, "A practical guide to risk assessment: How principles - based risk assessment enables organizations to take the right risks," Price Waterhouse Coopers, Dec 2008, http://www.pwc.com/en_us/us/issues/enterprise - risk - management/assets/risk_assessment_guide.pdf

AZoNano, "Applications of Metal Carbonyl Precursors for CVD and ALD Processes," http://www.azonano.com/article.aspx? ArticleID=3429

Bagenal, Fran. "Class 6 - Equilibrium Temperature." University of Colorado Boulder, Laboratory for Atmospheric and Space Physics. Accessed June 20 2014. http://lasp.colorado.edu/~bagenal/3720/CLASS6/6EquilibriumTemp.html

BAH "INDEPENDENT COST ASSESSMENT OF THE SPACE LAUNCH SYSTEM, MULTI - PURPOSE CREW VEHICLE AND 21ST CENTURY GROUND SYSTEMS PROGRAMS," EXECUTIVE SUMMARY OF FINAL REPORT, Booz Allen Hamiltion, AUGUST 19TH, 2011, http://www.nasa.gov/pdf/581582main_BAH_Executive_Summary.pdf

Baiden, Greg, Louis Grenier, and Brad Blair, "Lunar Underground Mining and Construction: A Terrestrial Vision Enabling Space Exploration and Commerce," Space Manufacturing 14: Critical Technologies for Space Settlement - Space Studies Institute October 29 - 31, 2010. http://ssi.org/2010/SM14 - proceedings/Lunar - Underground - Mining - and - Construction - A - Terrestrial - Vision - Enabling - Space - Exploration - and - Commerce - Baiden - Grenier - Blair.pdf

Bansa, Partice. "Property Characterization of CVD Nickel." Master's thesis, University of Toronto, 2001. Accessed June 20 2014. https://tspace.library.utoronto.ca/bitstream/1807/16094/1/MQ63137.pdf

Barbee, Brent, Near - Earth Object Human Space Flight Accessible Targets Study, http://neo.jpl.nasa.gov/nhats/

Barton, Roger et al. "High - Impact Reservoirs." Oilfield Review 21, #4, Winter(2009/10).

Baurens, S. and T Hens, "Valuation of Metals and Mining Companies," University of Zürich, Swiss Banking Institute, BasInvest, July 2010

http://www.basinvest.ch/upload/pdf/Valuation_of_Metals_and_Mining_Companies. pdf.

Beaty, D.W., Snook, K., Allen, C.C., Eppler, D., Farrell, W.M., Heldmann, J., Metzger, P., Peach, L., Wagner, S.A., and Zeitlin, C., "An Analysis of the Precursor Measurements of Mars Needed to Reduce the Risk of the First Human Missions to Mars." White paper, 77 p, June, 2005 by Mars Exploration Program Analysis Group (MEPAG), http://images.spaceref.com/news/2005/MHP_SSG_(06 - 02 - 05)1.pdf. http://www.spaceref.com/news/viewsr.html? pid=16934

Bennett, Michael 2013. "To mine the sky - harvesting materials from asteroids." Materials World Magazine. Accessed June 13 2014. http://www.iom3.org/news/mine - sky - harvesting - asteroids - metals

Bérczi, Szaniszló and Luckács, Béla. "Existence, Survival and Recognition of Icy Meteorites on Antarctica with Respect to Palaeotemperatures." ACTA Climatologica et Chorologica, Universitatis Szegedinesis 34 - 35 (2001): 51 - 68

Blair, Brad R., Javier Diaz and Dr. Michael B. Duke, "Economic Analysis of Lunar Resource Utilization Architecture," Center for Commercial Applications of Combustion in Space, Colorado School of Mines, Presented at the Space Resources Roundtable V, October 28 - 30, 2003, Golden, Colorado

Blair, Brad R., "Unit Costs for Lunar - Derived Propellants," Presented at STAIF 2004, February 8 - 11, 2004, Albuquerque, New Mexico, 8p., http://adsabs.harvard.edu/abs/2004AIPC.699.1044B

Blair, B. R. "The role of Near - Earth asteroids in long - term platinum supply." In Space Resources Roundtable II, vol. 1, p. 5. 2000. http://www.nss.org/settlement/asteroids/RoleOfNearEarthAsteroidsInLongTermP latinumSupply.pdf

Blair, B.R., "EE Asteroid Nickel Research ground & space test work plan," Work accomplished for Excalibur

Exploration, 7/16/2014.

"Space Resource Economic Analysis Toolkit: The Case for Commercial Lunar Ice Mining", Final Report to the NASA Exploration Team, Center for the Commercial Applications of Combustion in Space, Colorado School of Mines, Golden, Colorado, December 20, 2002. http://www.isruinfo.com//docs/LDEM_Draft4 - updated.pdf

Bock, E., ed., (1979), Lunar Resources Utilization for Space Construction, General Dynamics Convair Division, Volume 1 - Executive Summary, 68p., Volume 2 - Study Results, 486p., Volume 3 - Appendices, 408p., http://www.nss.org/settlement/moon/library/index.htm

Bock, E. H., and Fisher, J. G., "In - Space Propellant Processing Using Water Delivered as Shuttle Contingency Payload", AIAA Paper 78 - 941, July, 1978.

Borenstein, Steth, "Obama's asteroid goal: tougher, riskier than moon," boston.com Apr 16, 2010.

Botbyl, George 1991. "Asteroid Exploration and Utilization: The Hawking Explorer." New Worlds, Inc. Accessed June 13 2014. http://thehuwaldtfamily.org/jtrl/research/Space/Asteroids/Asteroid%20Exploration%20and%20Utilization,%20Hawking%20Explorer,%20NASA - CR - 192027,%201991.pdf

Boyle, A. and A. Weinberg, "Congress hears options for asteroid defense: Pay now or pray later," NBC News Science online, March 19, 2013 http://www.nbcnews.com/science/congress - hears - options - asteroid - defense - pay - now - or - pray - later - 1C8954915

British Geological Survey 2005. "Nickel." Accessed June 13 2014. http://www.bgs.ac.uk/downloads/start.cfm? id=1411

Braukus, Michael. News release, "NASA and ESA Complete Comparative Exploration Architecture Study" July 9, 2008.

Brophy, John R. and Louis Friedman et al 2012. "Returning an Entire Near - Earth Asteroid in Support of Human Exploration Beyond Low - Earth Orbit." Keck Institute for Space Studies. Accessed June 13 2014 http://www.kiss.caltech.edu/study/asteroid/papers/returning.pdf

Brundtland, Gro Harlem, Our Common Future, Oxford University Press, 1987.

Bush, President George W. "Bush unveils vision for moon and beyond," January 15, 2004.

Buet, et. Al., "CORNUCOPIA MISSION" Robotic Mining System for Rapid Earth Orbit Capture of Asteroid Resources, March 12, 2013

http://stottspace.com/images/Robotic% 20Mining% 20System% 20for% 20Rapid% 20Earth% 20Orbit% 20Capture%20of%20%20Asteroid%20Resources%20FINAL_3 - 13 - 2013.pdf

Buet, M. et.al., "Robotic Mining System for Rapid Return of Asteroid Resources"

Paper for Presentation at the ISDC, San Diego, May 2013. http://www.kesellc.com/? q=system/files/KESEOLLC_Cornucopia Mission Paper.pdf

CalculusWarrior 2014. "[Pic Heavy] Asteroid Redirect Mission." Kerbal Space Program. Accessed June 13

2014. http://forum.kerbalspaceprogram.com/threads/74629 - Pic - Heavy - Asteroid - Redirect - Mission

Cardiff,Eric 2012. "Volatile Extraction and In Situ Resource Utilization for the Moon Applied to Near Earth Objects."NASA Lunar Exploration Analysis Group. Accessed June 13 2014. http://www. lpi. usra. edu/meetings/leag2012/presentations/Cardiff.pdf

Carroll, Rory , "Elon Musk's mission to Mars," The Guardian Online http://www. theguardian. com/technology/2013/jul/17/elon - musk - mission - mars - spacex

Case,Andrew and Ian Stirling 2000. "Re: Cole Process Asteroids as Space Habitats?" yarchive.net. Accessed June 13 2014. http://yarchive.net/space/exotic/carbonyl_asteroid.html

Chabot,Nancy et al 2007. "The effect of Ni on element partitioning during iron meteorite crystallization." Meteoritics & Planetary Science 42, no. 10 (2007): 1 - 15 http://www. geol. umd. edu/~ mcdonoug/Chabot.pdf

Chamberlin,Alan B. Near - Earth Asteroids (NEAs) slide,15 April 2014. www. spaceref.com

Charania,A.C. and D DePasquale,"Economic Analysis of a Lunar In - Situ Resource Utilization (ISRU) Propellant Services Market,"IAC - 07 - A5.1.03,58th International Astronautical Congress, Hyderabad, India,September 24 - 28,2007. http://www.sei.aero/eng/papers/uploads/archive/IAC - 07 - A5.1.03.pdf http://www.sei.aero/eng/papers/uploads/archive/IAC - 07 - A5.1.03_present.pdf

Cheng, Haiyan, "Uncertainty Quantification and Uncertainty Reduction Techniques for Large - scale Simulations," Dissertation submitted to the Faculty of the Virginia Polytechnic Institute and State University,Blacksburg,Virginia,July 15,2009,http://scholar.lib.vt.edu/theses/available/etd - 07282009 - 102917/unrestricted/Hcheng_dissertation.pdf

Club of Rome report - also known as Limits to Growth [see Meadows] 341 Cohen,Marc M.,"Robotic Asteroid Prospector (RAP),Staged from L1: Start of the Deep Space Economy,"NASA NAIC Final Report 17 July 2013

Cohen,Mark M.,"Robotic Asteroid Prospector (RAP) Staged from EML - 1: Start of the Deep Space Economy" - presentation http://www.nasa.gov/pdf/740784main_Cohen_Spring_Symposium_2013.pdf

Cohen,M,B Blair,W James,K Zacny and J Craft,"Robotic Asteroid Prospector (RAP) Staged from EML - 1: Start of the Deep Space Economy,"NIAC Spring Symposium,12 MARCH 2013,http://www.nasa.gov/pdf/740784main_Cohen_Spring_Symposium_2013.pdf

Cohen,M. ,W. James,K. Zacny,J. Craft,P. and B. Blair,"Robotic Asteroid Prospector (RAP) Staged from EML - 1: Start of the Deep Space Economy - Final Report,"NASA NIAC Grant NNX12AR04G,17 July 2013,http://www.nasa.gov/sites/default/files/files/Cohen_2012_PhI_RAP.pdf

[Cohen 2013a] Cohen,M.,B Blair,W James,K Zacny and J Craft,"Robotic Asteroid Prospector (RAP) Staged from EML - 1: Start of the Deep Space Economy,"NIAC Spring Symposium,12 MARCH 2013, http://www.nasa.gov/pdf/740784main_Cohen_Spring_Symposium_2013.pdf

[Cohen 2013b] Cohen,M.,W. James,K. Zacny,J. Craft,P. and B. Blair,"Robotic Asteroid Prospector (RAP) Staged from EML - 1: Start of the Deep Space Economy - Final Report,"NASA NIAC Grant

NNX12AR04G,17 July 2013,www.nasa.gov/sites/default/files/files/Cohen_2012_PhI_RAP.pdf

Cohen,M.,W. James,K. Zacny,J. Craft,P. and B. Blair,"Robotic Asteroid Prospector (RAP) Staged from EML-1: Start of the Deep Space Economy - Final Report,"NASA NIAC Grant NNX12AR04G,17 July 2013,www.nasa.gov/sites/default/files/files/Cohen_2012_PhI_RAP.pdf

CSTS,1994,Commercial Space Transportation Study,Phase 1 Study,HTML version of material provided to NASA HQ by the Boeing Company, Updated 1/4/97, http://www. hq. nasa. gov/webaccess/CommSpaceTrans/

Commercial Space Transportation Study,1996,http://www.hq.nasa.gov/webaccess/CommSpaceTrans/

Cook,Hugh,discussion about cost of water,Newport Beach,California,25 June 2014

Cordiner,R.,"Competitive Private Enterprise in Space",Chapter 10 in Peacetime Uses of Outer Space,Simon Ramo,editor, McGraw Hill Book Company, 1961, pp. 213 - 240. http://rjacobson. files. wordpress. com/2011/02/cordiner-article-1961.pdf

Crandall,William B.C.,"Profitable Asteroid Mining: A Pragmatic Policy Goal?"http://www. spacewealth. org/files/P@M-Pragmatic-2012-07-20.pdf

Crawford, I. A., "Asteroids in the service of humanity," Invited foreword to the book "Asteroids: Prospective Energy and Material Resources"edited by V. Badescu (Springer, 2013) http://arxiv.org/pdf/1306.2678v1.pdf

Cristea,Anca D.,Rasmus Jørgensen,and Daniel X. Nguyen,"Transfer Pricing by Multinational Firms: New Evidence from Foreign Firm Ownerships," (2013), Department of Economics, Pennsylvania State University,http://econ.la.psu.edu/papers/Cristea100413.pdf

Criswell,D.,"Testimony of Dr. David R. Criswell at Senate Commerce,Science,and Transportation Subcommittee on Science,Technology,and Space Hearings: 'Lunar Exploration'",Thursday,November 6,2003,2:30 PM-SR-253 http://commerce.senate.gov/pdf/criswell110603.pdf

Culbertson,John. Space News Profile article,Sept 29,2014,pg. 23.

Curtis,Patchin and Mark Carey,"Thought Leadership in ERM: Risk Assessment in Practice,"Committee of Sponsoring Organizations of the Treadway Commission (COSO),October 2012, https://www.deloitte.com/assets/DcomUnitedStates/Local% 20Assets/Documents/IMOs/Governance% 20and% 20Risk% 20Management/us_grc_coso_riskassessment _102312.pdf

CVMR Corporation,"The Carbonyl Nickel Coin Manufacturing Concept.". Accessed June 20 2014. http://cvmr.ca/news/? p=344

CVD Manufacturing Inc. "Process Description." Accessed June 19 2014. http://www. cvmr. ca/nvd/process.html

Cygo's Space Initiative,"Near Asteroid Mining.". Accessed June 13 2014. http://www.cygo.com/asteroid-mining/

David,Gabrielle. "Asteroid Resources." Clowder. net. Accessed June 13 2014. http://clowder. net/hop/

railroad/asteroidresources.html

DCDC,"Global Strategic Trends to 2040," Development, Concepts and Doctrine Centre (DCDC), UK Minister of Defense,12 January 2010,http://www.mod.uk/defenceInternet/microsite/dcdc/

DSI,Deep Space Industries website,http://deepspaceindustries.com.

Dunn, Bruce P., "Commercial Space Transportation Study - Analysis and Commentary," Original commentary posted in sci.space newsgroups 1995,Revised 2001,http://www.dunnspace.com/csts.htm

Dvorsky,George ,"Soon,3D printers could be building houses on the Moon out of lunar dust,"io9 Futurism, 2/01/13,http://io9.com/5980863/new - proposal - for - 3d - printed - houses - on - the - moon - made - from - lunar - dust

Dyck,Robert. "Asteroid Mining."The Mars Homestead Project. Accessed June 13 2014. www.marshome.org/files2/AsteroidOMining.ppt

Eddy, Max, "SpaceX on Track for Space Station Mission Tomorrow," May 18, 2012, http://www.themarysue.com/spacex - iss - mission - tomorrow/

Economist 2013. "Fool's Platinum?" Accessed June 13 2014 http://www.economist.com/blogs/babbage/2013/01/asteroid - mining

Ehricke,K. "Lunar Industrialization And Settlement - Birth of Polyglobal Civilization," Chapter 12 in Lunar Bases and Space Activities of the 21st Century,Lunar and Planetary Institute,1984,pp. 827 - 855. http://www.lpi.usra.edu/publications/books/lunar_bases/LSBchapter12.pdf

Elvis,Martin 2013. "How Many Ore - Bearing Asteroids?"Harvard - Smithsonian Center for Astrophysics. Accessed June 13 2014. http://arxiv.org/pdf/1312.4450.pdf

Ernst & Young,"Transfer pricing global reference guide,"February 2012,http://www.ey.com/Publication/vwLUAssets/2012 - Transfer - pricing - global - reference - guide/ $ FILE/Tranfer - Pricing - Reference - 2012.pdf

Excalibur Almaz,2013,http://www.excaliburalmaz.com

Excalibur Exploration,Shepherd Concept Study,internal project,2013.

Finney,Ben and Eric Jones,eds. 1986. Interstellar Migration and the Human Experience. Oakland: University of California Press.

Foeing,Bernard,"Roadmap for Robotic and Human Exploration of the Moon and beyond"Chapter DOI: 10.2514/6.IAC - 06 - A5.1.08 Publication Date: 02 October 2006 - 06 October 2006 http://arc.aiaa.org/doi/abs/10.2514/6.IAC - 06 - A5.1.08

Foust,Jeff. 2015a,"FAA Review a Small Step for Lunar Commercialization Efforts."http://spacenews.com/faa - review - a - small - step - for - lunar - commercialization - efforts/

Foust,Jeff. 2015b,"FAA Review a Small Step for Lunar Commercialization Efforts." http://spacenews.com/faa - review - a - small - step - for - lunar - commercialization - efforts/

Frassanito & Associates/ AIAA/MIT, http://lunarnetworks.blogspot.com/2012/05/aiaahouston - develop - cislunar - space.html

Frisari, Gianleo, Morgan Hervé - Mignucci, Valerio Micale and Federico Mazza, "Risk Gaps: A Map of Risk Mitigation Instruments for Clean Investments," A CPI Report, Climate Policy Initiative, January 2013, http://climatepolicyinitiative.org/wp - content/uploads/2013/01/Risk - Gaps - A - Map - of - Risk - Mitigation - Instruments - for - Clean - Investments.pdf

Fritz, Justin, "Planetary Resources Taps into a Trillion - Dollar Industry… in Space," Wall St Daily (online), Published Wed, Apr 25th, 2012, http://www.wallstreetdaily.com/2012/04/25/planetary - resources - taps - into - a - trillion - dollar - industry - in - space/

Futron Corporation: Space Transportation Costs: Trends in Price Per Pound to Orbit 1990 - 2000 September 6, 2002, http://www.futron.com/upload/wysiwyg/Resources/Whitepapers/Space_Transpo rtation_Costs_Trends_0902.pdf

Gannon, Megan, "One - Way Mars Colony Project Draws 200,000 Volunteers," SPACE.com, September 11, 2013 03:42pm ET, http://www.space.com/22758 - mars - colony - volunteers - mars - one.html

Ge, Shen. "Asteroid Mining Concepts." Scientific Preparatory Academy for Cosmic Explorers. Accessed June 13 2014. www.spaceacad.org/docs/presentation/Shen% 20Ge% 20% 20Asteroid% 20Mining% 20Concepts.pptx

George, Anita and Morisset, Jacques, "Does Price Uncertainty Really Reduce Private Investment? A small model applied to Chile," Policy Rsearch Working Paper WPS 1114, Country Operations, Country Department, The World Bank, March 1993. http://ideas.repec.org/p/wbk/wbrwps/1114.html

Gerlach, C. L. "Profitably exploiting near - Earth object resources." Proceedings of the 2005 International Space Development Conference, National Space Society, Washington DC. 2005. http://abundantplanet.org/files/Space - Ast - Profitably - Exploiting - NEO - Gerlach - 2005.pdf

Greenemeier, L, "New Menu Item on Space Station: Drinking Water Made from Recycled Urine: NASA works to develop more efficient systems to convert urine and cabin condensation into potable water for long missions to the moon or Mars," Scientific American online, October 26, 2007, http://www.scientificamerican.com/article.cfm? id=new - menu - item - on - space - st

Grossman, Lisa, "Ambitious Mars joy - ride cannot succeed without NASA," New Scientist Space Column, 21 November 2013, http://www.newscientist.com/article/dn24633 - ambitious - mars - joyride - cannot - succeed - without - nasa.html

Hague, 2015. Space Mineral Resource Governance The Hague Institute Hosts First Multi - stakeholder Dialogue, 5 Dec 2014. http://thehagueinstituteforglobaljustice.org/index.php? page=News - News_Articles - Recent_News - Space_Mineral_Resource_Governance_&pid=138&id=330

Hanford, Anthony (2006),) NASA CR - 2006 - 213693 Exploration Life Support Baseline Values and Assumptions Document.

Harris, Philip, "Space Law and Space Resources," http://www.nss.org/settlement/nasa/spaceresvol4/spacelaw.html

Hartmann, Thom, The Last Hours of Ancient Sunlight, Random House Australia, 1999.

Hartmann, William, Estimate at Planetary Science Institute, 1994.

Hawking, Stephen: Human Survival Depends on Settling Space, Nov 23, 2011. http://abcnews.go.com/blogs/technology/2011/11/stephen-hawking-human-survival-depends-on-settling-space/

Henson, Keith 2014. "Mining Asteroids." HyperText Yellow Pages. Accessed June 13 2014. http://www.htyp.org/Mining_Asteroids

Hidaka, Hiroshi 2012, Shigekazu Yoneda "Radioactive Cs Capture in the Early Solar System," http://www.nature.com/srep/2013/130225/srep01330/fig_tab/srep01330_F5.html

Hiss, S. and P. Garretson, "Natural Impact Hazard (Asteroid Strike) Interagency Deliberate Planning Exercise," USAF/A8XC After Action Report, December 2008 http://neo.jpl.nasa.gov/neo/Natural_Impact_After_Action_Report.pdf

HOLLAND, T. "Mining on the moon? That's sheer lunacy: When it comes to space, costs are in a different orbit, but China can't admit its grand dreams are more about national vanity than economics," China Business Monitor, South China Morning Post online, Dec 3, 2013 http://www.scmp.com/business/china-business/article/1371320/mining-moon-thats-sheer-lunacy

Hogue, Michael D., Robert P. Mueller, Laurent Sibille, Paul E. Hintze, and Daniel Rasky, "Regolith Derived Heat Shield for Planetary Body Entry and Descent System with In Situ Fabrication," NASA Innovative Advanced Concept (NIAC) Final Report November 13, 2012.

Hoover, Thomas. 1959. Process of coating with nickel by the decomposition of nickel carbonyl. U.S. Patent 2881094 A, filed Jul 16, 1953, and issued Apr 7, 1959.

Human Development Report, United Nations Development Programme, 1992

Ingebretsen, Mark, "Mining Asteroids: Melting trapped ice could turn a profit for private companies, with metal processing not far behind," IEEE Spectrum, Posted 1 Aug 2001, http://spectrum.ieee.org/aerospace/space-flight/mining-asteroids/0

Inspiration Mars Foundation, Tito, D.C., et. al. "Inspiration Mars Architecture Study Report Summary," Inspiration Mars Foundation, Document Number: 806800151NC, Nov 25, 2013, http://www.inspirationmars.org/IM%20Architecture%20Study%20Report%20Su mmary.pdf

International Astronautical Federation, Troutman, P., D. Mazanek, F. Stillwagen, J. Antol, T. Sarver-Verhey, D. Chato, R. Saucillo, D. Blue, W.H. Siegfried, D. Carey and S. Krizan, " Orbital Aggregation and Space Infrastructure Systems (OASIS)," IAC, Houston, 2002.

ISECG, Global Exploration Roadmap, International Space Exploration Coordination Group, Aug. 2013. http://www.nasa.gov/sites/default/files/files/GER-2013_Small.pdf

ISEGG, The International Space Exploration Coordination Group (ISECG), "The Global Exploration Roadmap" August, 2013, http://www.globalspaceexploration.org/documents

ISECG, "2011 Annual Report of the International Space Exploration Coordination Group", http://www.

globalspaceexploration.org/documents

ISECG International Architecture Working Group," Summary Report: The ISECG Reference Architecture for Human Lunar Exploration," July 2010. http://www.globalspaceexploration.org/documents

ISU "Asteroid Mining Technologies Roadmap and Applications final report,"2010 http://isulibrary.isunet.edu/opac/doc_num.php? explnum_id=73

Itokawa image, http://www.wolaver.org/space/itokawa.htm, 2005

Japanese Aerospace Exploration Agency, (JAXA) NASA, Constrained Space Exploration Technology Program: A Review of NASA's Exploration Technology Development Program (2008)

Jenkin, William 2012. "Production of Steel Products in Space Using ISRU Iron Sources and Cabonyl Metallurgy." Galactic Mining Industries, Inc. Accessed June 13 2014. http://www.lpi.usra.edu/meetings/leag2005/pdf/2012.pdf

Jenniskens, Peter, et.al., "Sheperd: A Concept for Gentle Asteroid Retrieval with a Gas Filled Enclosure," New Space, pg 36, 2015.

Jockers, Klaus 2005. "Small Bodies of the Solar System."International Max Planck Research School for Solar System Science at the University of Göttingen. Accessed June 13 2014. http://www.solar-system-school.de/lectures/jockers/asteroids2.pdf

JORC, 2012. Australasian Code for Reporting of Exploration Results, Mineral Resources and Ore Reserves (The JORC Code) [online]. Available from: <http://www.jorc.org> (The Joint Ore Reserves Committee of The Australasian Institute of Mining and Metallurgy, Australian Institute of Geoscientists and Minerals Council of Australia)"http://www.jorc.org/docs/jorc_code2012.pdf

JPL Office for Near-Earth Asteroids, http://neo.jpl.nasa.gov/nhats/

Kaliciak, Jan. "Asteroid Mining an Overview." Academia. edu. Accessed June 13 2014. http://www.academia.edu/6213930/Asteroid_Mining_an_Overview

KAMINSKI, Paul, Pre-Milestone A and Early-Phase Systems Engineering: A Retrospective Review and Benefits for Future Air Force Acquisition, Committee on Pre-Milestone A Systems Engineering, National Research Council, ISBN: 0-309-11476-4, 150 pages, (2008) http://www.nap.edu/catalog/12065.html

Kargel, Jeffrey S. "Asteroids: Sources of Precious Metals."Space Resource News 3, no. 12 (1994): 1-4 http://www.outofthecradle.net/WordPress/wp-content/uploads/srn_v3n12.pdf

Kargel, Jeffrey S., "Metalliferous asteroids as potential sources of precious metals," Journal of Geophysical Research - Planets, 24 Oct 1994.

Kargel, J. S., "Metalliferous asteroids as potential sources of precious metals," JOURNAL OF GEOPHYSICAL RESEARCH, VOL. 99, NO. El0, PAGES 21,129-21,141, OCTOBER 25, 1994

Keck Institute for Space Studies California Institute of Technology Jet Propulsion Laboratory, Asteroid Retrieval Feasibility Study, 2 April, 2012. http://www.kiss.caltech.edu/study/asteroid/asteroid_final_report.pdf

Kew, Juliana. "Methods for Extracting Metals from Asteroids."The Scientia Review. Accessed June 13 2014. http://www.scientiareview.org/pdfs/170.pdf

Klerkx, G., "I'll Put Millions of People on Mars, says Elon Musk," New Scientist, 12.22.11, http://www.marssociety.org/home/press/news/illputmillionsofpeopleonmarssays elonmusk

Klien, Eric, "Lifeboat Foundation Response to: NNH13ZCQ001L ASTEROID INITIATIVE," http://lifeboat.com/reports/lifeboat.rfi3.response.pdf

Korotev, Randy. "Meteorite or Meteorwrong?"Washington University in St. Louis, Department of Earth and Planetary Sciences. Accessed June 19 2014. http://meteorites.wustl.edu/id/metal.htm

Korowicz, D., "Catastrophic Shocks Through Complex Socio - Economic Systems: A Pandemic Perspective,"6 June, 2013, Metis Risk Consulting & Feasta http://www.davidkorowicz.com/publications

Korowicz, D., "Trade - off: Financial System Supply - Chain Cross - Contagion - a study in global systemic collapse," 30th June (revised), 2012, Metis Risk Consulting & Feasta http://www. davidkorowicz.com/publications

Klotz, Irene, , "Exclusive - The FAA: Regulating Business on the Moon."Reuters Feb 3, 2015

KPMG., Elter, VC and M Castedello, KPMG International, "Cost of Capital Study 2011/2012: Developments in Volatile Markets," KPMG Corporate Finance, 2012. http://www.kpmg.com/CH/en/Library/Articles - Publications/Documents/Advisory/pub - 20120427 - cost - of - capital - study - 2012 - en.pdf

Kuck, Peter. "Nickel."United States Geological Survey, Mineral Commodity Summaries, January 2013. 108 - 109. 2013. http://minerals.usgs.gov/minerals/pubs/commodity/nickel/mcs - 2013 - nicke.pdf

Kutter, Bernard, "ULA proposed on - orbit re - fueling architecture,"2009 http://lunarnetworks.blogspot.com/2009/08/ula - proposed - on - orbit - re - fueling.html

Kutter, Bernard and Zegler, Frank; (September 2, 2010). "Evolving to a Depot - Based Space Transportation Architecture". AIAA SPACE 2010 Conference & Exposition. AIAA.

Lachs, Manfred, "The Law of Outer Space, an Experience in Contemporary Law - Making". Martinus Nijhoff Publishers, Leiden · Boston 2010.

Leahy, B., "Book Review: Mining the Sky," National Space Society online, 2006. http://www.nss.org/resources/books/non_fiction/NF_011_miningthesky.html

Lewis, J.S, "Mining the Sky: Untold Riches from the Asteroids, Comets, and Planets," Perseus Books Group, 300 p., 1997 http://www.nss.org/resources/books/non_fiction/NF_011_miningthesky.html

Lewis, John 1987. Space Resources: Breaking the Bonds of Earth. New York: Columbia University Press. http://books.google.com/books? id=E4onaMUeHM8C&pg=PA262&lpg=PA262 &dq=asteroid+carbonyl&source=bl&ots=tlraAiE1Qr&sig=ljufKcXMt - HwnN4vTlERDgzd51U&hl=en&sa=X&ei=JemUU87xMsWtyASc0oKoDg&ved=0CF4Q6 AEwCQ#v=onepage&q=asteroid%20carbonyl&f=false

Lindros, Marcus, "Lunar Base Studies in the 1990s - 1992: First Lunar Outpost,"NSS website: http://

nss.org/settlement/moon/FLO.html

Lewis,John,Mining the Sky: Untold Riches from the Asteroids,Comets,and Planets,Addison - Wesley Publishing Company,1997,p. 194.

Lockheed Martin,NASA,Systems - of - Systems Lunar Architecture Point - of - Departure Concept,Concept Evaluation and Refinement final report for NASA's Exploration) Vision. 2005. exploration. nasa. gov/documents/reports/cer.../Lockheed_Martin.pdf

Lodders, Katharina. "Solar System Abundances of the Elements." Principles and Perspectives in Cosmochemistry. Accessed June 20 2014. http://arxiv.org/pdf/1010.2746.pdf

Lunex Project,USAF,1961. http://www.astronautix.com/articles/lunex.htm

Lupo,Mark Joseph. "Carbonyl Transport of Metal in Meteorite Parent Bodies."M.S. thesis,Massachusetts Institute of Technology, 1981. Accessed June 13 2014 http://dspace. mit. edu/bitstream/handle/1721. 1/54921/07957970.pdf? sequence= 1

Luszczek,K. and T.A. Przylibski. "Resources of Selected Metals in Parent Bodies of Ordinary Chondrites." Proceedings from the 76th Annual Meteoritical Society Meeting,Houston,TX,2013. Accessed June 20 2014 http://www.hou.usra.edu/meetings/metsoc2013/pdf/5075.pdf

MacDonald, Dettwiler and Associates; DEXTRE, the robot, 2013. http://www. mdacorporation. com/corporate/index.cfm

Mckay,David S. Science and In Situ Resources Utilization (ISRU): Design reference mission for the First Lunar Outpost,NASA Technical Report,Jan 01,1992.

Mankins, John C., First International Assessment of Space Solar Power, International Academy of Astronautics; 2011.

Mankins,John C. "TECHNOLOGY READINESS LEVELS,A White Paper,"Advanced Concepts Office, Office of Space Access and Technology,NASA,April 6,1995
http://www.hq.nasa.gov/office/codeq/trl/trl.pdf

Mankins,John C. "SPS - ALPHA: The First Practical Solar Power Satellite via Arbitrarily Large Phased Array,"FINAL REPORT,2011 - 2012 NASA NIAC Phase 1 Project,15 September 2012,116p.,(see chart on p.58 for solar system delta - Vs) http://www. nasa. gov/pdf/716070main_Mankins_2011_PhI_SPS_Alpha.pdf

Mann,M.,"Tech Billionaires Plan Audacious Mission to Mine Asteroids,"wired.com,04.23.12 http://www.wired.com/wiredscience/2012/04/planetary - resources - asteroid - mining/

Manyika,James ,Michael Chui,Jacques Bughin,Richard Dobbs,Peter Bisson,and Alex Marrs,"Disruptive technologies: Advances that will transform life, business, and the global economy," McKinsey Global Institute,May 2013 http://www. mckinsey. com/~/media/McKinsey/dotcom/Insights%20and%20pubs /MGI/Research/Technology% 20and% 20Innovation/Disruptive% 20technologies/ MGI _ Disruptive _ technologies_Full_report_May2013.ashx

Marks,Howard,"In the End,The Devil Usually Wins,"Interview of the Chairman of Oaktree Capital,Swiss

Finanz und Wirtschaft, February 28, 2014, http://www.zerohedge.com/news/2014 - 02 - 28/howard - marks - end - devil - always - wins

Martin, Paul K. , "STATUS OF NASA' S DEVELOPMENT OF THE MULTIOPURPOSE CREW VEHICLE," OFFICE OF INSPECTOR GENERAL, National Aeronautics and Space Administration, AUDIT REPORT NO. IG - 13 - 022 (ASSIGNMENT NO. A - 12 - 002 - 00), OFFICE OF AUDITS, AUGUST 15, 2013 http://www. recovery. gov/arra/Accountability/inspectors/Documents/Final% 20Report%20 -% 20IG - 13 - 022% 20 - % 20Status% 20of% 20NASA's% 20Development% 20of% 20the% 20Multi Purposc%20Crew%20Vehicle.pdf

Matheny, Jason G. "Reducing the Risk of Human Extinction," Risk Analysis, Vol. 27, No. 5, 2007 DOI: 10.1111/j. 1539 - 6924. 2007. 00960. x http://users. physics. harvard. edu/~ wilson/pmpmta/Mahoney _ extinction.pdf

Matrajt, Graciela et al 2004. "FTIR and Raman analyses of the Tagish Lake meteorite: Relationship with the aliphatic hydrocarbons observed in the Diffuse Interstellar Medium." Astronomy & Astrophysics 416, (2004): 983 - 990 http://staff.washington.edu/matrajt/Tagish.pdf

Matson, John, "Phased Out: Obama's NASA Budget Would Cancel Constellation Moon Program, Privatize Manned Launches," Feb 1, 2010.

Meadows, Donella H. , Dennis L. Meadows, Jørgen Randers, and William W. Behrens III, Limits to Growth, Universe Books, 1972.

Mendell, Wendell, Lunar Bases and Space Activities of the 21st Century, Lunar and Planetary Institute, 1985.

Messier, Dou, "Brin, Bezos Top Forbes' List of New Space Billionaire Backers", Parabolic Arc, http://www.parabolicarc.com/2011/03/10/brin - bezos - top - forbes - list - space - billionaires/

MPC, Minor Planet Center and NASA JPL, www.asterank.com

Murphy, Ken, "The Cislunary Econosphere (Part I)," The Space Review, http://www.thespacereview.com/article/2027/1

National Academy of Sciences (NAS), "A Constrained Space Exploration Technology Program: A Review of NASA's Exploration Technology Development Program," 2008. http://www. nap. edu/download. php? record_id=12471

National Academy of Sciences (NAS), "NASA Space Technology Roadmaps and Priorities: Restoring NASA's Technological Edge and Paving the Way for a New Era in Space", 2012. http://www.nap.edu/catalog.php? record_id=13354

NASA, Asteroid Watch, http://www.jpl.nasa.goc/asteroidwatch/facts.cfm

NASA, "Asteroid Initiative Opportunities Forum - Update on Asteroid Redirect Mission," http://www.nasa.gov/sites/default/files/files/Asteroid RedirectMission_Update_Panel.pdf, 2014.

NASA, Constrained Space Exploration Technology Program: A Review of NASA's Exploration Technology Development Program (2008) http://www.nap.edu/download.php? record_id=12471

NASA. “Echo 1.”National Space Science Data Center. Accessed June 18 2014. http://nssdc.gsfc.nasa.gov/nmc/spacecraftDisplay.do? id=1960 - 009A

NASA. “Echo 2.”National Space Science Data Center. Accessed June 18 2014. http://nssdc.gsfc.nasa.gov/nmc/spacecraftDisplay.do? id=1964 - 004A

NASA, NASA Cost Estimation Handbook 2008, NASA Cost Office, 2008, http://www. nasa. gov/pdf/263676main_2008 - NASA - Cost - Handbook - FINAL_v6.pdf

NASA, Operation 'Plymouth Rock': Astronauts on an Asteroid, 2012. http://www. space. com/12942 - photos - nasa - giant - rocket - space - launch - system.html

NASA, “Mars Exploration Rover Launchcs,” NATIONAL AERONAUTICS AND SPACE ADMINISTRATION, Press Kit, June 2003 http://www.jpl.nasa.gov/news/press_kits/merlaunch.pdf

NASA, Orion Docking Approach, http://www. nasa. gov/content/orion - docking - approach/#. U6SMPxaCaf0

NASA Selects Studies for the Asteroid Redirect Mission, June 19, 2014 http://www. nasa. gov/content/nasa - selects - studies - for - the - asteroid - redirect - mission/#.VPT9nUsmbnc

NASA Space Technology Roadmaps and Priorities: Restoring NASA's Technological Edge and Paving the Way for a New Era in Space (2012) http://www.nap.edu/catalog.php? record_id=13354

NASA, “An Interim Report on NASA's Technology Roadmap”(2011) http://www.nap.edu/download.php? record_id=13228

NASA, “SHEPHERD: Secure Handling by Encapsulation of a Planetesimal Heading to Earth - moon Retrograde - orbit Delivery,”Proposal for NASA Broad Agency Announcement, SETI Institute, Mountain View, Ca. 2014.

NASA - ESA, “The NASA - ESA Comparative Architecture Assessment,”2008 http://www.nasa.gov/pdf/259237main_NASA_ESA_CAA - Report.pdf

NASA - JPL - Near Earth Asteroid Statistics. Number of known Near Earth Asteroids over time, http://neo.jpl.nasa.gov/stats/

NASA - JPL 2015, Number of Known Accessible Near - Earth Asteroids Doubles Since 2010 http://neo.jpl.nasa.gov/news/news189.html]

NASA, t - space, 2005, “The Great Enterprise, t/space final briefing,” http://exploration. nasa. gov/documents/reports/cer_final/tSpace.pdf

National Institute of Aerospace, “Defining a Successful Commercial Lunar Mining Program, MAVERIC: Mission for the Acquisition of Valuable Extraterrestrial Resources for Industrial Commercialization” http://www.nianet.org/getattachment/RASCAL/2011 - Winners/UWash_Written_RASCOAL.pdf.aspx

National Institute of Aerospace, “Earth Independent Mars Pioneering Architecture,” Revolutionary Aerospace Systems Concepts Program, http://nia - cms.nianet.org/RASCAL/index.aspx

National Space Policy of the United States of America (June 28,2010) [www.infomine.com] http://www.infomine.com/investment/metal - prices/nickel/5 - year/ 2010.

Nbcmews,http://cosmiclog.nbcnews.com/_news/2013/04/04/17602968 - incoming - asteroid - miners - are - getting - financial - boost - from - nasa - cash

Nichols,Charles R. "Volatile Products from Carbonaceous Asteroids." Resources of Near - Earth Space, edited by John S. Lewis, Mildred Shapely Matthews, Mary L. Guerrieri. 543 - 568. University of Arizona Press,1993. http://www.uapress.arizona.edu/onlinebks/ResourcesNear EarthSpace/contents.php

Olson,Joohn and Douglas Craig,"Voyages: Charting the Course for Sustainable Human Space Exploration," NASA Langley Research Center,Report # NP - 2011 - 06 - 395 - LaRC,7 June,2012,http://www.nasa.gov/exploration/whyweexplore/voyages - report.html

O'Neill,Gerard K.,The High Frontier: Human Colonies in Space,William Morrow Publishing,1976.

"Ordinary chondrite."Wikipedia. Accessed June 20 2014. http://en.wikipedia.org/wiki/Ordinary_chondrite

Otto,James,"Position of the Peruvian Taxation System as Compared to Mining Taxation Systems in Other Nations",Prepared for: Peru Ministry of Economy and Finance, 2002, 64p. http://www. mef. gob. pe/contenidos/pol_econ/documentos/perufinalreport_28050 4Otto.pdf

Otto,James,M.,"Competitive Position of Mongolia's Mineral Sector Fiscal System: the Case of a Model Copper Mine," Paper by Dr. Otto,Jan 2007.

Paserin,Vladimir et al. "CVD Technique for Inco Nickel Foam Production."Advanced Engineering Materials 6, no. 6, 2004. Accessed June 20 2014. http://www. cnemcorp. com/uploads/3/2/3/6/3236864/advancedengmaterials 2004_cvd.pdf

Pearson,Jerome,Eugene Levin,John Oldson and Harry Wykes,Lunar Space Elevators for Cislunar Space Development,Phase I,A NAIC study,2005.

Pearson,Jerome,"Anchored Lunar Satellites for Cislunar Transportation and Communications."2005.

Pittman, Bruce. Daniel J. Rasky, "The COTS Model" AD ASTRA, Spring 2013, www. nasa. gov/pdf/750526main_Adastra_2013_Pittman - Rasky.pdf

Planetary Resources Inc. ,http://www.planetaryresources.com

Pongtip Aroonvatanaporn, Chatchai Sinthop, Barry Boehm, "Reducing Estimation Uncertainty with Continuous Assessment: Tracking the "Cone of Uncertainty,"SE'10,September 20 - 24,2010,Antwerp, Belgium, Copyright 2010 ACM 978 - 1 4503 - 0116 - 9/10/09 (2010) http://csse. usc. edu/csse/TECHRPTS/2010/usc - csse - 2010 - 525/usc - csse - 2010 - 525.pdf

Portree,David S.F.,Fifty Years of Mission Planning,1950—2000,Monographs in Aerospace History # 21 NASA SP - 2001 - 4521,2001.

Ramcharan, A J., "Mineral Reserves Reporting Standards," IAMGOLD Corporation, 2013, http://technology.infomine.com/reviews/reportingstandards/welcome.asp? view=full

Rasky, Daniel, "Public - Private Partnerships for Space Capability Development: Driving Economic Growth and NASA's Mission, Interim Report," Study conducted in collaboration with the Office of Strategy Formulation and the Office of the Chief Technologist's Emerging Space Office, July 30, 2013. http://www.nasa.gov/sites/default/files/files/CSC_PotentialMarkets_July2013.pdf

Raytheon, Concept Evaluation and Refinement final report for NASA's Exploration Vision. 2005.

Richards, Bob, "Renowned scientists join tech visionaries at Moon Express to mine the Moon for planetary resources," Google Lunar X - Prize Moon Express Blog, April 24, 2012, http://www.googlelunarxprize.org/teams/moon - express/blog/renowned - scientists - join - tech - visionaries - moon - express - mine - moon - planetary

Riskviews, "Frequency vs. Likelihood," Riskviews: Commentary on Risk and ERM Blog, June 26, 2011, http://riskviews.wordpress.com/2011/06/26/frequency - vs - likelihood/

Roberts, C. THE VALUATION OF ADVANCED MINING PROJECTS & OPERATING MINES: MARKET COMPARABLE APPROACHES, National Bank Financial, 2006. http://www.infomine.com/library/publications/docs/Roberts2006.pdf

Rodriggs, Mike, "EXPLORATION RISK BUY - DOWN APPROACH UTILIZING ISS AS AN EXPLORATION TESTBED," NASA International Space Station as a Testbed for Analog Research (ISTAR) Program Update, 2013 NASA Human Research Program Investigators' Workshop, February, 2013, www.hrpiws2013.com/documents/Rodriggs.pdf

Sanders, Gerald et.al., "Results from the NASA Capability Roadmap Team for In - Situ Resource Utilization (ISRU)", International Lunar Conference 2005, Toronto, Canada, September, 2005, http://sci2.esa.int/Conferences/ILC2005/Manuscripts/SandersG - 02 - DOC.pdf

Sanders, Gerald, "LUNAR IN - SITU RESOURCE UTILIZATION IN THE ISECG HUMAN LUNAR EXPLORATION REFERENCE ARCHITECTURE", IAC - 10. A5. 1. 7, 61st International Astronautical Congress, Prague, CZ. http://www.globalspaceexploration.org/c/document_library/get_file? uuid=d7128681 - b13d - 4231 - bbfe - 912ae50e70a1&groupId=10812

Sanders, Concept Evaluation and Refinement final report for NASA's Exploration Vision. 2005.

Sanner, Scott and Craig Boutilier, "Practical Linear Value - approximation Techniques for First - order MDPs," Proceedings of the Twenty - Second Conference on Uncertainty in Artificial Intelligence (UAI2006), 2006, http://arxiv.org/pdf/1206.6879.pdf

Schubert, Peter J., "Costs, Organization, and Roadmap for SSP" http://spacejournal.ohio.edu/issue16/schubert.html

Sen Gupta, J. G., and Beamish, F. E. "The Determination of Platinum Metals in Siderite Meteorites." The American Mineralogist 48, (1963): 379 - 389 http://www.minsocam.org/ammin/AM48/AM48_379.pdf

Shackleton Energy Company, http://www.shackletonenergy.com

"SHEPHERD: Secure Handling by Encapsulation of a Planetesimal Heading to Earth - moon Retrograde - orbit Delivery," Proposal for NASA Broad Agency Announcement, SETI Institute, Mountain View, Ca. 2014.

Slane, Fred, "Space Industry Open Standards Update," AIAA Rocky Mountain VIEW Spring 2012

Slane, Fred,. Presentation to the UN COPUOS STSC LTSSA Workshop ISO Space Standards, 14 February 2013.

Smith, L D, "Mineral Property Valuation 2 - Approaches and Methods," EduMine Online Professional Development and Training for Mining, October 28, 2009, http://www.edumine.com/courses/online-courses/mineral-property-valuation-2-approaches-and-methods/

Smitherman, David - "New Space Industries for the Next Millennium," http://citeseerx.ist.psu.edu/viewdoc/download?doi=10.1.1.200.8787&rep=rep1&type=pdf

Smitherman, David, Space Elevators Concept Overview, Marshall Space Flight Center Flight Projects Directorate Advanced Projects Office. David.Smitherman@nasa.gov http://flightprojects.msfc.nasa.gov/fd02.html. 2004.

Sonter, Mark. "Applying Mining Concepts to Accessing Asteroid Resources." Asteroid Mining Group. Accessed June 13 2014. www.asteroidmininggroup.com/Papers/Mining%20Concepts%20for%20Accessing%20Asteroid%20Resources.ppt

Sonter, Mark, "Applying Mining Concepts to Accessing Asteroid Resources," 2012. http://www.asteroidmininggroup.com/papers.htm

Sonter, Mark 2013. "Near-Term Asteroid Mining Concepts." Deep Space Industries. Accessed June 13 2014. http://www.acser.unsw.edu.au/oemf/Presentations/22.%20Project%20Concepts %20for%20Near-Term%20Commercial%20Asteroid%20Mining%20%20Mark%20Sonter.pdf

Sonter, M J "The Technical and Economic Feasibility of Mining the Near-Earth Asteroids," A thesis submitted in fulfillment of the requirements for the award of the degree of Master of Science (Honours) from the Department of Physics and Department of Civil and Mining Engineering, University of Wollongong, Wollongong, Australia, 97. http://www.nss.org/settlement/asteroids/MiningNearEarthAsteroids(Sonter).pdf http://www.nss.org/settlement/asteroids/sonter.html

SpaceKSC, "FAA: Bigelow Can Stake a Moon Claim," Web article, Feb 3, 2015. http://spaceksc.blogspot.com/2015/02/faa-bigelow-can-stake-moon-claim.html

SpaceX Capabilities, http://www.spacex.com/about/capabilities

Stack Exchange: http://space.stackexchange.com/questions/2015/what-is-the-current-cost-per-kg-to-send-something-into-gso-geo

Sternback, Rick. Asteroid Retrieval artwork, http://www.projectrho.com/public_html/rocket/infrastructure.php

Stine, William and Michael Geyer 2001. "The Sun's Energy." Powerfromthesun.net. Accessed June 20 2014. http://www.powerfromthesun.net/Book/chapter02/chapter02.html

Stone, William, "Shackleton Energy Company to Mine the Moon for Water with Manned and Unmanned Systems," 2011 http://www.uasvision.com/2011/11/14/shackleton-energy-company-to-mine-the-moon-for-water-with-manned-and-unmanned-systems/

Sullivan & Mckay "using space resources" (summary of sp509), 1991. http://ares. jsc. nasa. gov/HumanExplore/Exploration/EXLibrary/docs/ISRU/00toc. htm

Swan,Peter A.,David I. Raitt,Cathy W. Swan,Robert E. Penny,and John M. Knapman,Space Elevators: An Assessment of the Technological Feasibility and the Way Forward. Virginia Edition Publishing Company,2013.

TAI ,Fitzgerald,Michael,Working documents,Technology ,Architectures and Integration (TAI),2014.

Titherington,Richard,"Investment Insights: If you wait for certainty,you miss opportunity,"J.P.Morgan Asset Management,Posted on September 16,2013,http://insights.jpmorgan.co.uk/adviser/commentary - and - analysis/investment - insights - if - you - wait - for - certainty - you - miss - opportunity/

[Tito 2013a] Tito,Dennis A.,Grant Anderson,John P. Carrico,Jonathan Clark,Barry Finger,Gary A. Lantz,Michel E. Loucks et al.,"Feasibility Analysis for a Manned Mars Free - Return Mission in 2018," Aerospace Conference,2013 IEEE,pp. 1 - 18. IEEE,2013. http://www.inspirationmars.com/Inspiration%20Mars_Feasibility%20Analysis_IE EE.pdf

[Tito 2013b] Tito,D.C.,et. al. "Inspiration Mars Architecture Study Report Summary,"Inspiration Mars Foundation, Document Number: 806800151NC, Nov 25, 2013, http://www. inspirationmars. org/IM%20Architecture%20Study%20Report%20Su mmary.pdf

Tomaswick,Andy ,"Study Looks at Making Asteroid Mining Viable,"Universe Today online,September 25,2012,http://www.universetoday.com/97582/study - looks - at - making - asteroid - mining - viable/

Troutman,Pat,"Hybrid Propellant Module,"Block Two Upgrade,12/2/2001.

Troutman,P.,D. Mazanek,F. Stillwagen,J.Antol,T.Sarver - Verhey,D. Chato,R.Saucillo,D. Blue,W.H. Siegfried,D. Carey and S. Krizan," Orbital Aggregation and Space Infrastructure Systems (OASIS),"IAC, Houston,2002.

Tsiolkovsky,K. E.,Dreams of Earth and Sky,1895.

t - space, 2005, "The Great Enterpirse, t/space final briefing," http://exploration. nasa. gov/documents/reports/cer_final/tSpace.pdf

Turner,Graham M.,"A Comparison of the Limits to Growth with Thirty Years of Reality",CSIRO,2008, www.csiro.au/files/files/plje.pdf

United Nations,"Human Development Report," Oxford University Press,1992.

US Army,Project Horizon Study,Army Ballistic Missile Agency,1958.

Wade,Mark,"Delta IV Heavy,"Encyclopedia Astronautica,January 20,2011,http://www.astronautix.com/lvs/delheavy.htm

Wall,Mike. Space.com, 2015 "How Jeff Bezos and Other Billionaires Are Transforming Space Travel" http://www.space.com/30557 - jeff - bezos - billionaires - private - spaceflight.html

Wall,Mike. Space.com,2012 "Asteroid Mining Is Just Latest Billionaire's Club Space Project" http://www.

space.com/15419 - asteroid - mining - billionaires - private - spaceflight.html

Wall, Mike, "78,000 Apply for Private Mars Colony Project In 2 Weeks," SPACE.com, May 07, 2013 02:34pm ET, http://www.space.com/21005 - mars - one - colony - applications.html

Wang, Hua and Jie He, "Willingness - to - Pay Estimation Using Likelihood Data with Random Valuation," World Bank paper draft, January 2006, http://www.webmeets.com/files/papers/ERE/WC3/63/Willingness - to - Pay -- Hua%20Wang.pdf

Wang, Hua and Jie He, "Willingness - to - Pay Estimation Using Likelihood Data with Random Valuation," World Bank paper draft, January 2006, http://www.webmeets.com/files/papers/ERE/WC3/63/Willingness - to - Pay -- Hua%20Wang.pdf

Waugh, Rob, "Single asteroid worth £60 trillion if it was mined - as much as world earns in a year" mail online, daily mail, 21 May 2012, http://www.dailymail.co.uk/sciencetech/article - 2147404/Found - The - single - asteroid - thats - worth - 60 - billion -- years - financial - output - entire - WORLD.html

Webster, I. "Asteroid Database and Mine Rank," Asterank website, visit date Dec 6, 2013. www.asterank.com

Wellmer, F.W., and J.D. Becker - Platen, "Global Nonfuel Mineral Resources and Sustainability," U.S. Geological Survey Circular 1294, Keynote Address, Proceedings, Workshop on Deposit Modeling, Mineral Resource Assessment, and Sustainable Development (2007) 16p.http://pubs.usgs.gov/circ/2007/1294/paper1.html

Westfall, Richard 2002. "Near Earth Asteroid Utilization and Carbonyl Metallurgical Processes." Galactic Mining Industries, Inc. Accessed June 13 2014. http://www.angelfire.com/co/rwrwrw/carbonyl.htm

White, Nat, art by. http://www.projectrho.com/public_html/rocket/infrastructure.php

Whitford, Andrew B. "The Reduction of Regulatory Uncertainty: Evidence From Transfer Pricing Policy," Saint Louis University Law Journal [Vol. 55:269], Saint Louis University School of Law, 2010, pp. 269 - 306, http://slu.edu/Documents/law/Law%20Journal/Archives/Whitford_Article.pdf

Wikipedia "roadmap," http://en.wikipedia.org/wiki/Technology_roadmap

Woolsey, Robert, The Woolsey Papers, Lionheart Publishing, Edited by Richard L. Hewitt, 164 p., 2003, ISBN: 1 - 931634 - 25 - 4, http://greenor.wordpress.com/2008/07/24/the - woolsey - papers - part - i/

Woolsey, Gene "The fifth column: homage to Doc Savage 1, or on knowing your right from your left," Article from: Interfaces, March 1, 2006, Woods, Arthur and Marco Bernasconi, "The Space Option," http://thespaceoption.com

Wong, Brian, "202,586 People paid to apply to become Mars Settlers," Nexbigfuture.com, September 09, 2013, http://nextbigfuture.com/2013/09/202586 - people - paid - to - apply - to - become.html

Wong, Brian, "Mars One will work with Lockheed Martin and Surrey Satellite Technology for a 2018 robotic mission," December 10, 2013, http://nextbigfuture.com/2013/12/mars - one - will - work - with - lockheed - martin.html, http://www.mars - one.com/mission/roadmap

Wong, Brian, "NASA is unwilling to share the costs of a Mars Flyby so Dennis Tito must look to Russia or

China,"NextBigFuture blog,November 22,2013,http://nextbigfuture.com/2013/11/nasa - is - unwilling - to - share - costs - of.html

Wong,B. and G. Guy, "Asteroid size danger chart," Nextbigfuture blog, November 08, 2013 http://nextbigfuture.com/2013/11/asteroid - size - danger - chart.html

Wong,Brian,"Intelsat advocating the business case for servicing satellites," NextBigFuture blog,November 28,2013,http://nextbigfuture.com/2013/11/intelsat - advocating - business - case - for.html

Wootton,A. "Earth's Inner Fort Knox: Searching for a pot of gold? Try the center of the Earth,"Discover Magazine, SEPTEMBER 2006 ISSUE, Friday, September 01, 2006. http://discovermagazine. com/2006/sep/innerfortknox

Yarnoz,D. García et.al.,"EASILY RETRIEVABLE OBJECTS AMONG THE NEO POPULATION",Celest Mech Dyn Astr 116:367 - 388,DOI: 10.1007/s10569 - 013 - 9495 - 6.,2013. http://link.springer.com/article/10.1007/s10569 - 013 - 9495 - 6 http://arxiv.org/abs/1304.5082

Yoder,G.L. From the Global Exploration Strategy (GES) to the International Space Exploration Working Group (ISECG),2008.

Van Roy, Benjamin,"Learning and Value Function Approximation in Complex Decision Processes,"PhD Thesis,Department of Electrical Engineering and Computer Science,MIT,1998,http://www.stanford.edu/~bvr/pubs/thesis.pdf

Young H. Lee,Donald E. Eagles,Frank Moreno,Mike Rodriggs,Susan Beisert,and Debbie Stapleton,"The International Space Station:Unique In - Space Testbed as Exploration Analog,"Space Ops 2012 Conference, Stockholm, Sweden, 2012 http://www. spaceops2012. org/proceedings/documents/id1274874 - Paper - 002.pdf

Zacny,K ,P Chu,J Craft,MM Cohen,WW James,B Hilscher,"Asteroid Mining,"AIAA 2013 - 5304,AIAA SPACE 2013 Conference and Exposition, September 10 - 12, 2013, San Diego, CA, http://www.spacearchitect.org/pubs/AIAA - 2013 - 5304.pdf

Zapata, Edgar, Carey McCleskey, " An Analysis and review of Measures and Relationships in Space Transportation Affordability,AIAA Join Propulsion Conference,July 28 - 30,2014.

Zhang, Zhenjun, " Study on the International Legal Regime Governing Lunar Resource Exploitation Activities",published in 2012 in Beijing by China Astronautic Publishing House.

Zwicky,Ritchey,T. "Fritz,"Morphologie and Policy Analysis",General Morphological Analysis,presented at the 16th EURO Conference on Operational Analysis,Brussels,1998.